Sigmar Gabriel

Zeitenwende
in der Weltpolitik

Sigmar Gabriel

Zeitenwende in der Weltpolitik

Mehr Verantwortung in ungewissen Zeiten

HERDER

FREIBURG · BASEL · WIEN

MIX
Papier aus verantwor-
tungsvollen Quellen
FSC® C014496

© Verlag Herder GmbH, Freiburg im Breisgau 2018

Aktualisierte Taschenbuchausgabe
© Verlag Herder GmbH, Freiburg im Breisgau 2021
Alle Rechte vorbehalten
www.herder.de

Mit Dank an den Keyser-Verlag, München, für die Vermittlung des Buchprojekts

Umschlaggestaltung: Verlag Herder
Umschlagmotiv: © Freepik
Satz: Daniel Förster, Belgern
Herstellung: GGP Media GmbH, Pößneck
Printed in Germany

ISBN Print: 978-3-451-07225-3
ISBN E-Book (E-Pub): 978-3-451-82586-6
ISBN E-Book (E-PDF): 978-3-451-82561-3

Inhalt

1.

Warum dieses Buch

Das britische Nachrichtenmagazin *The Economist*, vielleicht das beste der Welt, widmete 2018 eine ausführliche Titelgeschichte nur einem einzigen Thema: »*Cool Germany*«.[1]

Voller Respekt und Sympathie beschreiben die Autoren darin eine deutsche Gesellschaft, die in den vergangenen Jahren offener und vielfältiger geworden ist. Pluralistischer und entspannter. Eine Gesellschaft mit einer historisch niedrigen Arbeitslosigkeit auf dem Weg zur Vollbeschäftigung. Eine Gesellschaft, die von einer bärenstarken Wirtschaft profitierte und von Freunden umgeben ist. Nie in seiner Geschichte ging es unserem Land so gut.

Ein »goldenes Jahrzehnt« liegt hinter uns. Deutschland wuchs vor der Pandemie in 10 Jahren fast doppelt so stark wie Frankreich, und Italien stagnierte praktisch in dieser Zeit. Die Grundlage für diese enorme wirtschaftliche Entwicklung war die Exportstärke. Etwa 47 Prozent des Bruttoinlandsprodukts wird im Export erwirtschaftet (2019). In Frankreich sind dies nur knapp 32 Prozent und in Italien etwas weniger mit 31,6 Prozent. Deutschlands Maschinen- und Anlagenbau, seine Elektrotechnik, die Chemie, die Fahrzeugtechnik und der Automobilbau, letztlich die gesamte Palette industrieller Fähigkeiten machten das Land zu einem der großen Globalisierungsgewinner. Deutschland wurde zum großen Warenhaus für die Industrialisierung der Welt.

Die wirtschaftliche Stärke, die Vielzahl an Beschäftigungsmöglichkeiten, die soziale Sicherheit sowie die Stabilität seiner Demokratie und der individuellen Freiheits- und Menschenrechte ließen Deutschland in jeder Hinsicht zu einem Sehnsuchtsort werden. Für Zigtausende junge *party people,* die nach Berlin kommen, auf der Suche nach dem vielleicht besten Nachtleben der Welt. Aber auch für Hunderttausende Flüchtlinge und Migranten, die nach Deutschland kommen – auf der Suche nach Sicherheit und einem besseren Leben.

Hier allerdings endet die »coole« Komfortzone: Denn in der Analyse des *Economist* geht es auch um die unzureichende deutsche Flüchtlingspolitik: Sie steht stellvertretend für die Herausforderungen an Deutschland in einem neuen Zeitalter. Eine Epoche, in der die Grundfesten der (west-)deutschen Nachkriegsordnung massiv infrage gestellt werden. Sosehr die Kanzlerschaft Angela Merkels auch für ein hohes Maß an Stabilität angesichts vielfältiger europäischer und internationaler Krisen steht, so wenig hat sie ihr Land und seine Menschen auf das neue Zeitalter vorbereitet. Ihr Spitzname »Mutti« steht sinnbildlich dafür, dass sie mit einigem Erfolg die Deutschen vor den dramatischen Veränderungen in der Welt der Gegenwart »beschützt« hat. Am Ende ihrer Kanzlerschaft allerdings ist Deutschland deshalb nicht gut vorbreitet auf die anstehende Zeitenwende in der Weltpolitik, deren Augenzeuge wir sind.

Innenpolitisch fällt nach dem bereits erfolgten Abstieg der Sozialdemokratie nun mit der CDU auch die zweite ehedem große Volkspartei in sich zusammen. Die Individualisierungsschübe der letzten Jahrzehnte führen fast schon naturgesetzlich auch zur Auffächerung des Parteiensystems. Der Anspruch, die gesamte Gesellschaft in einzelnen Parteien zu repräsentieren und in der innerparteilichen Willensbildung quasi den Mehrheitswillen der Bevölkerung vorwegzunehmen, um dadurch einen möglichst großen Zuspruch bei Wahlen zu erlangen, gehört mindestens vorerst der Vergangenheit an.

Das Konzept der Volksparteien wird durch eine Art neuer »Honoratiorenpartei« ersetzt, in der allerdings nicht mehr ein fortgeschrittenes Lebensalter oder berufliche Seniorität die Funktionseliten der Parteien prägen, sondern deren nahezu vollständige kulturelle und berufliche Abhängigkeit von Parteiämtern und Mandaten. Vor allem bei der Sozialdemokratie und der Partei Die Linke gibt es immer weniger Interesse an einem möglichst breiten innerparteilichen Diskurs, der früher die in der gesamten Gesellschaft vorhandene Bandbreite der Meinungen abbilden sollte.

An die Stelle dieses Diskurses werden immer stärker »Bekenntnisse« zu einer als »objektiv richtig« empfundenen »Haltung« gefordert. Und wer sich nicht zum aktuellen Mainstream der Partei bekennt, der wird isoliert, gebrandmarkt oder notfalls aus der Partei gedrängt. Das in der politischen Linken schon immer verwurzelte Jakobinertum feiert seine Auferstehung.

Nicht ein möglichst breites Wissen und der Zugang zu den Alltagserfahrungen der unterschiedlichsten Teile der Gesellschaft sind dafür wichtig, sondern die Kenntnis der innerparteiliche »Strömungen«, der Mehrheits- und Machtfähigkeit und ein hohes Maß von Anpassungsfähigkeit. Es geht zuvörderst um Mehrheiten in der Partei und nicht mehr um die Mehrheitsfähigkeit innerhalb der Wahlbevölkerung.

Der Gegenentwurf sind stärker programmatisch orientierte Parteien, die nie den Anspruch erhoben haben, Volksparteien zu sein, sondern Wert auf inhaltliche und programmatische Konzentriertheit und scharfe Profilbildung gelegt haben. Sie erreichen in ihrer Wählerbindung nicht die frühere Stärke der Volksparteien, aber ihre Attraktivität wächst mit der zunehmenden inhaltlichen Beliebigkeit und Orientierungslosigkeit der anderen.

Hinzu kommt: Weil sich das Parteiensystem aufgefächert hat in vielleicht zwei Parteien, die zwischen 20 und 30 Prozent rangieren, und drei Parteien, die sich aktuell zwischen 10 und 20 Prozent bewegen, werden die Koalitionsmöglichkeiten auf der einen Seite vielfältiger, zwingen aber die größeren Parteien andererseits zur strategisch-taktischen Vorsicht, weil z. B. eine Koalition mit der AfD ausgeschlossen ist und mit der Linkspartei auf Bundesebene bisher kaum vorstellbar erscheint.

Auf der Strecke bleiben die Wählerinnen und Wähler, die mit den weitgehend selbstreferenziell agierenden früheren Volksparteien nichts mehr anfangen können und deren materielle und soziale Anforderungen an die Politik auch nicht im programmatischen Zentrum der anderen Parteien stehen. Im Ergebnis ist vor den Bundestagswahlen 2021 ein allgemeiner Wunsch nach Veränderung unübersehbar, der aber bislang nicht zu einer klaren »Wechselstimmung« wird, weil es keine Partei und kein Parteienbündnis gibt, das ausreichend Projektionsfläche bietet, um zum Träger des Wunsches nach Veränderung zu werden. Allerdings: Eine klare Veränderungsstimmung gibt es schon jetzt.

Aus Sicht vieler Wählerinnen und Wähler dürfte daraus am Ende der Wunsch nach der Kombination aus Veränderung und Kontinuität werden. Und diesen Wunsch wird vermutlich auch die neue Regierungskoalition in Berlin abbilden.

Wirtschaftlich erleben wir einen furiosen technologischen Wandel, dessen Dynamik durch die Coronapandemie noch einmal beschleunigt wurde. Das Megathema künstliche Intelligenz und die Neuerfindung des Autos durch Elektromobilität und autonomes Fahren haben für zusätzliche Beschleunigung gesorgt. Die Konsequenzen für den Industriestandort Deutschland, zumal für seine Vorzeigebranche Fahrzeugbau und den gesamten Automotive-Bereich, lassen sich kaum überschätzen.

Geostrategisch sind wir Zeitzeugen der Auflösung der liberalen Weltordnung, wie sie nach dem Ende des Zweiten Weltkrieges vor allem von den USA aufgebaut wurde. So wie einst die »Pax Britannica« läuft jetzt die Uhr der »Pax Americana« ab, allerdings ohne dass ein anderes Land oder eine überstaatliche Institution an ihre Stelle treten würde. Der amerikanische Analyst Ian Bremmer nennt es die G-Zero (G-Null)-Welt, in der niemand die Kraft oder den Willen hat, die existierenden Konflikte oder globalen Herausforderungen durch Formen der internationalen Zusammenarbeit zu lösen. Gleichzeitig ist offen, wie die Europäische Union und das transatlantische Bündnis, ja der Westen überhaupt, als Eckpfeiler deutscher Außenpolitik, die jeweiligen Sinnkrisen überwinden sollen.

Und auch sozial verändern sich unsere Gesellschaften rasant angesichts von Zuwanderung und demografischem Wandel. Vor allem aber angesichts einer Arbeitsgesellschaft, die sich rasch verändert und unser Verständnis von Bildung und Berufstätigkeit vor neue Herausforderungen stellt. Experten des Instituts für Arbeitsmarkt- und Berufsforschung etwa gehen davon aus, dass perspektivisch nicht weniger als 25 Prozent der Arbeitsplätze in Deutschland automatisierbar sind – und wir reden hier nicht nur von Blue-Collar-Jobs. Das Szenario, dass in naher Zukunft Roboter Roboterautos bauen, ist längst keine Science-Fiction mehr.

Zum ersten Mal betrifft eine technische Revolution auch massiv Berufe, die bislang nicht nur als sicher galten, sondern von denen man eher einen Aufbau von Beschäftigung angenommen hatte: technische Angestellte,

Betriebswirte, Kaufleute, Designer, Ingenieure und viele mehr. Führten in der Vergangenheit Rationalisierungsprozesse eher zum Verlust von Arbeitsplätzen mit geringeren Qualifikationsanforderungen, so trifft die digitale Revolutionierung unserer Wirtschaft jetzt vor allem mittlere und gehobene Qualifikationen. Ganz unten und ganz oben in der Qualifizierungsdifferenzierung bleiben die Arbeitsverhältnisse eher konstant oder wachsen sogar, in der Mitte aber geraten die Beschäftigten massiv unter Druck. In dem gesellschaftlichen Segment also, das für die innere Stabilität unserer Demokratien so wichtig ist.

Vollzogen sich grundlegende technologische Veränderungen früher weitgehend im Takt der Generationen, so müssen Menschen heute mehrfach in ihrem Berufsleben mit dramatischen Änderungen ihres Qualifikationspotenzials rechnen. Hinter dem Schlagwort Disruption verbirgt sich also weit mehr als »nur« das Verschwinden klassischer Unternehmen und das Entstehen neuer. Es ist die Ungleichzeitigkeit von Generations- und technologischer Entwicklung, die zum erheblichen Stressfaktor nicht nur für jeden einzelnen Menschen, sondern vor allem für unsere demokratischen Gesellschaften insgesamt werden wird. Dieser Prozess vollzieht sich weltweit, sodass es schwieriger wird, auf Wachstumsmärkte außerhalb Deutschlands und Europas auszuweichen.

Immer klarer wird: Die großen Fragen nach Deutschlands Zukunft, nach seiner gesellschaftlichen Perspektive, seiner ökonomischen und sozialen Zukunft und nach seinem Platz in der Welt bleiben in fahrlässiger Weise unbeantwortet. Die Zentralmacht Europas ist schon deshalb orientierungslos, weil sich Coronapandemie, technologisch-digitale Veränderungsschübe in fast allen Branchen und tektonisch-global-politische Verschiebungen überlappen: Wirtschafts-, Sicherheits- und Migrationskrisen drohen sich so zu einem »perfekten Sturm« zu bündeln. Das Fatale ist: Deutschland hat den Ernst der Stunde noch nicht begriffen, wie der britische Historiker Timothy Garton Ash zu Recht schon 2018 meinte.[2]

Wie begegnen wir also diesem Sturm? Um die Antworten ist in Deutschland längst ein politischer Kampf entbrannt, der allerdings im Frühsommer 2021 eher unter der Oberfläche schwelt, weil er von Deutschland in Europa mutige Antworten erfordert. Ein Kampf zwischen denen, die den Rückzug aus der Welt und die Rückbesinnung auf das Nationale durchsetzen wollen, und denen, die sich in die risikoreiche neue Welt des 21. Jahrhunderts einmischen und sie gestalten wollen. Ohne sicher zu sein, dass uns das gelingt. Es ist auch ein Kampf um Deutschland und um die Seele der Deutschen. Weil ich davon überzeugt bin, dass wir nicht tatenlos abwarten können, sondern neue Verantwortung für unser Land, für unseren Kontinent und für die künftige Welt, in der wir leben wollen, übernehmen müssen, habe ich dieses Buch geschrieben. Und ich freue mich, dass es der Verlag Herder nun nach der Erstausgabe 2018 eine aktualisierte Ausgabe als Taschenbuch verlegt hat. Insbesondere die Kapitel 3, 4, 7, 8 und 10 habe ich einer intensiven Bearbeitung unterzogen.

2.

Die Rückkehr der deutschen Frage

Deutschland, ein Sehnsuchtsort

In Deutschland leben mehr als 80 Millionen Menschen. Es ist mit einem Bruttoinlandsprodukt von 3,26 Billionen Euro vor Großbritannien mit 2,32 Billionen Euro die mit Abstand größte Volkswirtschaft Europas und nach den USA, China und Japan die viertstärkste Wirtschaftsnation der Welt. Wir gelten als einer der Motoren der Weltwirtschaft und als »Zugmaschine« Europas. Und auch der deutsche Anteil am Weltsozialprodukt ist mit 3,47 Prozent angesichts unseres weltweiten Bevölkerungsanteils von 1,1 Prozent durchaus bemerkenswert. International ist unser Land als friedliebend und demokratisch geachtet und bei vielen anderen Nationen sogar überaus beliebt.

Kein Wunder also, dass Deutschland zu einem Sehnsuchtsort geworden ist. Ein Ort, wie es die Vereinigten Staaten von Amerika an der Schwelle zum 19. und später zum 20. Jahrhundert waren. Für unser Land schafft die millionenfache Zuwanderung der letzten Jahre Herausforderungen und Probleme, die uns noch lange beschäftigen werden. Denn so verständlich die Hoffnung vieler Menschen ist, hier bei uns ein besseres Leben für sich und für ihre Kinder aufbauen zu können, so klar muss auch sein, dass wir nicht alle aufnehmen können. Uns fehlen, geografisch gesehen, die Weiten Amerikas und wohl auch die Mentalität dieses Landes, das jeden einlud, dort *the pursuit of happiness*, das Streben nach einem glücklichen Leben, für sich zu finden.

Und doch ist es wirklich ein Wunder, dass Deutschland, vor etwas mehr als einer Generation noch ein furchterregender Ort, der im Rest der Welt Angst und Schrecken verbreitete, heute dieser Sehnsuchtsort geworden ist. »Wir wollen ein Land der guten Nachbarn sein, im Innern und nach außen.« Dieses Credo, das der erste sozialdemokratische Bundeskanzler Willy Brandt 1969 in seiner Regierungserklärung vor dem Deutschen Bundestag ausgab, ist Realität geworden.[3]

In meiner persönlichen Erinnerung war dies keineswegs immer selbstverständlich. Meine Kindheit verbrachte ich in einem Viertel meiner Heimatstadt Goslar, das für Flüchtlinge und Vertriebene aus den ehemaligen deutschen Ostgebieten neu gebaut worden war. Ich wuchs mitten unter Schlesiern, Ostpreußen und auch Balten auf, die als frühere Angehörige der Waffen-SS nicht mehr in die nunmehr von der Sowjetunion besetzte Heimat zurückkehren konnten. Am Ortseingang hing ein großes Plakat mit einer Deutschlandkarte in den Grenzen von 1937. Die Farben Schwarz, Rot und Gold standen für Westdeutschland, die »Ostzone« und die von Russland und Polen annektierten ehemaligen deutschen Ostgebiete. Darunter der Schriftzug: »Dreigeteilt? Niemals!«

Etwas weniger farbig, aber mit den gleichen Grenzmarkierungen waren die Landkarten für unseren Erdkundeunterricht bis zur 10. Klasse der Realschule ausgestattet. Die DDR wurde als »SBZ« – Sowjetische Besatzungszone – bezeichnet, Ostpreußen und Schlesien als »derzeit unter russischer beziehungsweise polnischer Verwaltung«. Die Anerkennung der Oder-Neiße-Grenze, wie sie erst viele Jahre später unter Willy Brandt und dann völkerrechtlich abschließend unter Helmut Kohl 1990 erfolgte, galt als »Landesverrat«. Auch mein aus dem Riesengebirge in Schlesien stammender Vater diffamierte die Polen nur als »Polacken«, und für meine Großmutter war Frankreich der »Erbfeind«.

Viele Jahre später holten mich diese Kindheitserinnerungen ein. Ich war inzwischen Ministerpräsident des Landes Niedersachsen und traf auf Herbert Hupka, damals bereits Ehrenvorsitzender der Landsmannschaft der Schlesier. Hupka war für viele Sozialdemokraten in Deutschland lange Jahre der Inbegriff eines »Revanchisten«. 1972 kehrte er als Bundestagsabgeordneter der SPD den Rücken, wechselte zur CDU und wollte helfen, Willy Brandt als Kanzler wegen dessen Ostpolitik zu stürzen.

Die schlesische Landsmannschaft bat im Jahr 2000 darum, ihre Treffen wieder in Hannover abhalten zu können. 1990 waren sie nach der Wahl von Gerhard Schröder als Ministerpräsident von Niedersachsen nach Nürnberg ausgewichen, weil der damals neu ernannte Minister für Bundes- und Europaangelegenheiten, Jürgen Trittin, der Landsmannschaft die Zuschüsse gestrichen hatte. Die Begründung für die Einstellung der Zuschüsse hatten jahrelange rechtsradikale Ausfälle auf den Schlesiertreffen und entsprechende Artikel im Verbandsorgan *Der Schlesier* geliefert. Ich stellte der Landsmannschaft eine erneute finanzielle Förderung für den Fall in Aussicht, dass sie derartige rechtsextreme Propaganda unterlasse. Die Vertreter der Schlesier versprachen hoch und heilig, diese Zeiten seien endgültig vorbei. Nur am Rande sei bemerkt, dass die Schlesier am Ende leider doch nicht nach Hannover zurückkehrten. Vermutlich zahlten die Bayern einfach besser als wir Niedersachsen.

Als ich im weiteren Verlauf des Gesprächs mit Hupka über meine Besuche auf früheren Schlesiertreffen in meiner Kindheit erzählte und berichtete, dass ich dort sogar in einem Akkordeonorchester musiziert hätte, fragte mich Herbert Hupka vorsichtig, ob ich denn einen Walter Gabriel kennen würde. »So könnte man es ausdrücken«, antwortete ich, denn der sei mein Vater. Die schockierten Blicke der Vertreter der Landsmannschaft werde ich nie vergessen. Denn dieser Walter Gabriel war ihnen natürlich gut bekannt: als Autor rechtsradikaler und revanchistischer Propaganda in der Zeitung *Der Schlesier* und in deren Beilage *Die Bergwacht*. Ein Sozi mit einem Nazi zum Vater!

Die Deutsche Frage beschäftigte bis 1990 viele als Teil ihrer Familiengeschichte und der politischen Realität. Keineswegs musste das wie bei meinem Vater enden. Bemerkenswert war etwa die Haltung in der Familie meiner Mutter: Auch sie waren Flüchtlinge aus dem katholischen Ostpreußen. Vor allem die Frauen hatten auf der Flucht Fürchterliches erlebt, und manche waren davon für ihr Leben gezeichnet. Doch sosehr sie sich auch der verlorenen Heimat verbunden fühlte, so wenig spielten dort revanchistische Ideen eine Rolle. Im Gegenteil: Ich sehe meine Mutter und ihre

Schwestern noch vor mir, wie sie Anfang der 1980er-Jahre Carepakete für die in ihrer alten Heimat lebenden Polen packten, die sie bei einer ihrer späteren Reisen dort kennengelernt hatten und die unter dem kommunistischen Regime jetzt in großer Not lebten. Vielleicht erinnerte sich meine Mutter daran, wie wenig die Bauern im kleinen Dorf in Ottbergen nahe Hildesheim nach 1945 bereit gewesen waren, der zwangseinquartierten Flüchtlingsfamilie aus der Nähe von Königsberg beim Überleben zu helfen. Hätte es im benachbarten Kloster nicht einen Mönch aus der Heimatstadt der Familie meiner Mutter gegeben, der sie ab und zu mit Nahrungsmitteln versorgte, ihre Lebensumstände wären noch dramatischer gewesen.

Aus diesem in sich zerrissenen und orientierungslosen Deutschland entstand erst die westdeutsche und dann die gesamtdeutsche Bundesrepublik. Ein friedliebendes und wohlhabendes Land. Es war die Frucht harter Arbeit vieler Millionen Frauen und Männer, unter ihnen auch die Vertriebenen, ohne deren Leistungswillen und Kraft unser Land diesen Aufstieg nicht geschafft hätte. Nicht zu vergessen diejenigen, die aus anderen Ländern zu uns kamen, die wir viel zu lange zu »Gastarbeitern« erklärten und die sich auch selbst viel zu lange so sahen.

Dieses neue Deutschland in der Mitte Europas konnte entstehen, weil unsere Nachbarn bereit waren, mit uns einen neuen Anfang zu wagen. Sie waren nämlich mit einer anderen »Deutschen Frage« beschäftigt: der friedlichen Einbindung Deutschlands in Europa. In Frankreich, den Niederlanden, Belgien, Luxemburg und Italien waren es mutige Politikerinnen und Politiker, die nur wenige Jahre nach den Verheerungen des Zweiten Weltkrieges ausgerechnet uns Deutsche einluden, an den Tisch zivilisierter Völker zurückzukehren. Es dürfte für die Menschen in diesen Ländern nicht gerade populär gewesen sein, ausgerechnet auf die Deutschen zuzugehen, die doch erst wenige Jahre zuvor brandschatzend und mordend durch ihre Heimatstaaten gezogen waren.

Nicht zuletzt haben wir den Vereinigten Staaten von Amerika zu danken. Der Aufbauplan für Europa, der berühmte Marshall-Plan des früheren Generals George C. Marshall, war durchaus kein karitativer Akt, sondern eine weitsichtige strategische Leistung, um den alten Kontinent nicht abermals in reaktionäre und nationalistische Zeiten zurückfallen zu lassen.

Nicht noch ein drittes Mal innerhalb eines Jahrhunderts wollten die Amerikaner ihre Söhne und Töchter in einen Krieg nach Europa entsenden müssen. Deshalb musste Deutschland eingebunden und ein erneuter deutscher Sonderweg verhindert werden.

Dem früheren US-Präsidenten Donald Trump habe ich einmal empfohlen, den »Marshall-Raum« im Weißen Haus zu besuchen. Dort hätte er sich davon überzeugen können, dass Europa keine antiamerikanische konspirative Vereinigung ist, wie er gelegentlich behauptete, sondern einer amerikanischen Idee folgt. Gleich hinter der Tür dieses Raumes kann man an der Wand die kurze Rede George Marshalls lesen, die großer strategischer Weitsicht folgt. Für George C. Marshall war ein geeintes Europa keine Gefahr, sondern ein Interesse der Vereinigten Staaten.

Für mich ist das europäische Projekt heute auch deshalb noch ein Wunder, weil es mit der Europäischen Union gelungen ist, in nur etwas mehr als einer Generation aus erbitterten Feinden erst Partner und dann sogar Freunde werden zu lassen. Meine Großmutter und mein Vater hätten sich nicht vorstellen können, dass Frankreich eines Tages unser wichtigster Verbündeter werden und Polen gemeinsam mit uns der Europäischen Union angehören würde. Noch als Jugendlicher, daran erinnere ich mich, stießen wir auf einer Konfirmandenfreizeit in den Niederlanden auf erhebliche Ressentiments gegenüber uns Deutschen. Wer damals prophezeit hätte, dass die niederländische Regierung wenige Jahrzehnte später einen Teil ihrer Streitkräfte unter deutsches Kommando stellen würde, wäre ins Reich der Fantasie verwiesen worden.

Während sich die Deutsche Frage innerhalb Deutschlands immer auf die Überwindung der deutschen Teilung bezog, stand sie bei unseren Partnern und Alliierten also für eine Strategie, die Deutschland unauflöslich mit seinen früheren Feinden verbinden sollte. Geschichte und Geografie Deutschlands sollten in neu geschmiedeten Allianzen ein Gegengewicht und der jahrhundertlange Konflikt zwischen Zentrum und Peripherie Europas ein Ende finden. Die Antwort auf diese Deutsche Frage war die Einbindung in die westlichen Bündnissysteme. Sie waren und sind bis heute der Garant, dass das große Deutschland auch nach seiner Wiedervereinigung nie wieder zu einer Gefahr für seine Nachbarstaaten werden kann.

Alles gut also? Deutschland, der sanfte Hegemon Europas? Ein Land, vor dem niemand mehr Angst haben muss? Es stimmt, dass die Bundesrepublik ein friedfertiges Land geworden ist. Wir sind keine militärische Bedrohung für unsere Nachbarn und wollen es auch nicht sein. Und es gibt keinen ersichtlichen Grund, warum sich daran etwas ändern sollte.

Doch die Deutsche Frage ist zurückgekehrt – allerdings mit umgekehrten Vorzeichen. Wir halten uns raus, wo unsere Partner und Nachbarn sich mehr Einmischung wünschen. Der deutsche Sonderweg heute könnte darin bestehen, uns von der Verantwortung für Europa und seine Rolle in der Welt fernzuhalten. Nicht militärische Dominanz, sondern die Dominanz des Nichthandelns ist heute die Gefahr, die von Deutschland ausgeht. Wir können jedoch nicht den Wunschtraum mancher erfüllen wollen, eine »größere Schweiz« zu sein. Deutschland ist schlicht zu groß, um sich raushalten zu können. Weder bei der Stabilisierung der Währungsunion noch bei der Bekämpfung sozialer Ungleichheit, weder bei der Wettbewerbsfähigkeit Europas noch in der Sicherheits- und Verteidigungspolitik kann Deutschland einfach abwarten. Das gegenwärtige Kurzpassspiel der deutschen Politik riskiert Europas Zukunftsfähigkeit und politische Durchschlagskraft.

In vielen Ländern Europas verstärkt dies den Eindruck, dass die Idee eines geeinten Europas nur noch eine hohle Phrase von Berufseuropäern geworden ist. Oder wie es der ehemalige Präsident des Europäischen Parlaments, der Sozialdemokrat Martin Schulz, formuliert: »Wir haben die großartige Idee eines geeinten Europas in die Hände der Bürokraten gegeben. Und jetzt verwechseln die Bürger die Technokraten mit der Idee.«

Deutschland wird also lernen müssen, seiner Rolle auf eine neue Art gerecht zu werden. Nicht als Hegemon, aber auch nicht als politischer Abstinenzler. Sind wir auf unsere neue Rolle vorbereitet? Offenbar nur unzureichend. Anders lässt sich nicht erklären, warum wir Deutschen die dramatischen Veränderungen in der Welt und in Europa nicht endlich zum Anlass nehmen, mindestens so viel Mut aufzubringen wie die Gründungsväter des europäischen Projektes nach dem Zweiten Weltkrieg. Damals ging es um Leben und Tod. Was für ein Glück wir doch haben, dass es heute nur meist noch ums Geld geht.

Neue deutsche Sonderwege

Wie aber kann Deutschland sich ändern? Wir Deutschen sind oft damit zufrieden, uns im Reich des Wünschbaren aufzuhalten. Wir fühlen uns dabei anderen überlegen, die im schnöden Hier und Jetzt verhaftet zu sein scheinen. Dies ist keine neue deutsche Eigenschaft. Schon Heinrich Heine machte sich darüber in seinem »Wintermärchen« lustig:

»Franzosen und Russen gehört das Land,
Das Meer gehört den Briten,
Wir aber besitzen im Luftreich des Traums
Die Herrschaft unbestritten.
Hier üben wir die Hegemonie,
Hier sind wir unzerstückelt;
Die andern Völker haben sich
Auf platter Erde entwickelt.«

Nun werden viele einwenden, dass Deutschland in den letzten Jahren doch viel Verantwortung übernommen habe und neben seiner Rolle als wirtschaftliche Führungsnation längst auch die politische Führungsposition behaupte. Das gelte mindestens bis zur Präsidentschaft von Emmanuel Macron in Frankreich. Seither erlebten wir allerdings einen »Wachwechsel« in Europa von Merkel zu Macron.

Dieser Einwand mag bezüglich der Wirtschafts- und Finanzpolitik berechtigt sein. Hier hört in Deutschland der Spaß auf. In keinem anderen Politikfeld verteidigt Deutschland seine ökonomischen Interessen derart hart und kompromisslos. Sosehr wir etwa in der Außen- und Sicherheitspolitik hin- und hergerissen erscheinen mögen, so klar ist die deutsche Haltung, wenn es um Bewahrung der wirtschaftlichen Dominanz geht. Europa wird in Deutschland oft mit Wirtschaft und Finanzen gleichgesetzt. Einer der Gründe, warum selbst überzeugte Europäer wie Wolfgang Schäuble und gewiss auch Angela Merkel derart vehement für die Einhaltung der finanzpolitischen Regeln in der Europäischen Währungsunion gestritten haben, war ihre Sorge um das Vertrauen der Deutschen in

Europa. Beide sind gewiss auch überzeugt von der europäischen Schulden-bremse und davon, dass niemand zulasten anderer Mitgliedstaaten unkon-trolliert seine Schulden vergrößern darf. Vor allem aber glaubten die beiden Christdemokraten, dass ein Vertrauensverlust der deutschen Bevölkerung in die Seriosität und die Stabilität der Währungsunion gleichbedeutend mit der Abkehr vom gesamten europäischen Projekt gewesen wäre. Ehe die Deutschen den Wert ihrer Währung aufs Spiel setzen, würden sie sagen: Dann lieber allein. Das ist der tiefere Sinn des Satzes von Angela Merkel: »Scheitert der Euro, scheitert Europa.«

Diese Bereitschaft, in Europa die eigenen deutschen Interessen in der Wirtschafts- und Finanzpolitik durchzusetzen, passt zur Tendenz, sich an anderer Stelle aus der Suche nach einigenden europäischen Strategien und Lösungen herauszuhalten. Als Mitglied der Bundesregierung, als Vorsit-zender der SPD und als Vertreter Deutschlands auf internationalem Feld hatte ich erlebt: Unsere Nachbarn nehmen ein Deutschland wahr, das so sehr an seine gute Mission glaubt, dass es dabei die anderen um sich herum nicht mehr versteht, ja sogar missachtet und auf sie herabschaut. Ein Land, das sich damit zufriedengibt, sich im Recht zu fühlen, und oft gar nicht bemerkt, wie sehr sich unsere europäischen Nachbarn von uns entfernen, wie unverständig und am Ende ablehnend sie reagieren. Ich nenne mit Energiewende, Freihandelsabkommen und Flüchtlingskrise drei Beispiele, die meine Beobachtungen verdeutlichen.

Beispiel Energiewende

Nach Jahrzehnten einer harten und unversöhnlichen inneren Auseinan-dersetzung war sich Deutschland spätestens nach dem Reaktorunglück im japanischen Atomkraftwerk Fukushima im Jahr 2011 einig, dass ein Aus-stieg aus dieser Technologie bei gleichzeitig verstärktem Ausbau erneuerba-rer Energien unabdingbar geworden war.

Doch die deutschen Nachbarländer haben damals völlig irritiert auf uns geblickt. Kurz vor dem Reaktorunglück hatte die Bundeskanzlerin Angela Merkel in ihrer Regierungskoalition von CDU/CSU und FDP nämlich verkündet, die alten Kernkraftwerke in Deutschland – entgegen den früheren Ausstiegsbeschlüssen der Regierung von SPD und Bündnis 90/Die Grünen unter Kanzler Gerhard Schröder – rückgängig machen zu wollen. Statt ab 2020 aus der Atomenergie zur Stromerzeugung auszusteigen, wollte die neue Regierung nun sogar auch die älteren Kernkraftwerke um 12 bis 14 Jahre länger nutzen als geplant. Der Jubel unter den Kraftwerksbetreibern war entsprechend.

Dann die plötzliche Kehrtwende innerhalb nur weniger Monate. Wegen eines Reaktorunglücks im viele tausend Kilometer entfernten Japan galten ab sofort all die Atomkraftwerke in Deutschland als zu risikoreich, für deren sicherheitstechnische Spitzentechnologie die Kanzlerin und ihre Regierungskoalition eben noch so vehement eingetreten waren. Die drohende Wahlniederlage von Union und FDP im Kernkraftwerksland Baden-Württemberg vor Augen, sollte nun schneller als unter SPD und Grünen aus der Atomenergie ausgestiegen werden. Vor allem die deutsche Wirtschaft sah sich in kurzer Zeit zwei diametral entgegengesetzten energiepolitischen Grundsatzentscheidungen gegenüber. Nur eine sehr starke Volkswirtschaft wie die deutsche konnte dieses waghalsige Wendemanöver überstehen. Oder anders ausgedrückt: Den Wechsel von Diagnose und Therapie mitten in der energiepolitischen Operation am offenen Herzen der deutschen Volkswirtschaft überstand der Patient nicht wegen der Fähigkeiten der Chefärzte, sondern nur aufgrund seiner robusten Gesundheit.

In der Folge aber wuchsen natürlich die Treibhausgasmengen, die Deutschland aufgrund seines Ausstiegs aus der CO_2-freien Nukleartechnologie mit seinen Kohle- und Gaskraftwerken produzierte. Die in Europa vereinbarten Klimaziele, die in unserer nationalen Diskussion bereits als zu schwach kritisiert wurden, erforderten nach dem Ausstieg aus der Atomenergie nun noch dringlicher auch den Ausstieg aus der Stein- und Braunkohle zur Stromerzeugung und einen schnelleren Ausbau der erneuerbaren Energien.

Spätestens jetzt wäre eine Diskussion über die deutsche Energiewende und ihre Konsequenzen für Europa dringend erforderlich gewesen. Ebendiese erfolgte aber nicht. Deutschland war viel zu sehr mit sich selbst beschäftigt, um sich europäischen Fragen zu stellen. Endlich schien der innerdeutsche Konflikt gelöst, der Jahrzehnte Menschen in großen Demonstrationen auf die Straße getrieben und im geplanten Atommüll-Endlager Gorleben zum Teil bürgerkriegsähnliche Verhältnisse erzeugt hatte. Endlich waren wir auf der richtigen Seite der Geschichte, konnten auf den internationalen Umwelt- und Klimakonferenzen unsere erfolgversprechenden Strategien und Ausbauziele für klimafreundliche Technologien vorführen. Endlich hatte das Gute gesiegt. Der deutschen Politik waren die Unebenheiten und Fahrbahnverengungen auf diesem Weg, zumindest in Teilen, durchaus bewusst. Dennoch gab es keinen Versuch, sich mit den europäischen Nachbarn über die Energiepolitik zu verständigen. Zum einen bestand die Sorge, dass die anderen Europäer unangenehme Fragen und Anforderungen an Deutschland stellen würden. Zum anderen wurde das europäische Recht schlicht über Jahre vor allem in der Regierungsperiode von CDU/CSU und FDP zwischen 2009 und 2013 ignoriert, um die deutsche Wirtschaft von den Kosten zu befreien, die mit der Förderung der erneuerbaren Energien über die Abgaben an den Strompreis verbunden waren. Vieles davon war nach europäischem Wettbewerbsrecht schlicht eine verbotene staatliche Beihilfe für die deutsche Wirtschaft.

Das Hauptproblem war aber ein anderes: Weil es für einen schnellen Kapazitätsausbau aus Wind- und Sonnenenergie gar nicht genug Stromleitungen in Deutschland gab, wurde der Strom in die benachbarten Stromnetze europäischer Mitgliedstaaten gedrückt. Der dort verfügbare und in Deutschland subventionierte Strom der erneuerbaren Energien zwang vor allem unseren Nachbarn Polen dazu, die eigenen Kraftwerke herunterzufahren – mit entsprechenden negativen wirtschaftlichen Folgen beispielsweise für die polnische Energiewirtschaft.

Aber auch in Deutschland hatte die fehlende europäische Einbindung des Ausbaus erneuerbarer Energie teure Folgen: Die Stromkunden mussten und müssen auch heute noch oftmals ihren Strom aufgrund fehlender Leitungen zweimal bezahlen – einmal zum Preis an der Strombörse und ein zweites Mal über eine Umlage für den Fall, dass der Strom aufgrund fehlender Leitungen nicht geliefert werden konnte. Dann nämlich sprangen andere Kraftwerksbetreiber ein – natürlich gegen erneute Bezahlung. Selbst alte österreichische Ölkraftwerke mit einem immensen Ausstoß von

Treibhausgasen kamen so noch einmal ans Netz. Dass sie einmal die deutsche Energiewende und den deutschen »Klimaschutz« absichern würden, damit hatten die Betreiber in Österreich gewiss nicht gerechnet und kamen vermutlich vor Lachen nicht in den Schlaf. Eine Milliarde Euro mussten allein die Stromkunden des Netzbetreibers Tennet 2017 auf diese Weise aufbringen.

Vor allem bei den osteuropäischen Nachbarstaaten stieß dieses Gebaren der Deutschen auf erheblichen Unmut. Während wir uns in Deutschland auf dem einzig richtigen Weg zur Rettung künftiger Generationen, der Umwelt und des Klimas wähnten, interpretierten unsere osteuropäischen Nachbarn das ganz anders: Die technologisch überlegenen Deutschen würden die europäischen Klimaziele nur zu verstärken versuchen, um anderen europäischen Mitgliedstaaten ihre Technologien im Bereich der erneuerbaren Energien zu verkaufen. Deutschland setzte seine wirtschaftlichen Interessen unter dem Deckmäntelchen des Klima- und Umweltschutzes gegen seine Nachbarn durch. Aus Polen mit seiner stark kohlebasierten Stromversorgung kam der Vorwurf, »wieder einmal« der Verlierer zu sein.

Erst in der Legislaturperiode 2013 bis 2017 gelang es, diesen europäischen Fehlstart der deutschen Energiewende wiedergutzumachen. Dass dies gelang, ist vor allem dem Wirken des Staatssekretärs im Bundesministerium für Wirtschaft und Energie Rainer Baake zu verdanken. Als Mitglied der Grünen hatte er es weder in seiner eigenen Partei noch bei den Sozialdemokraten leicht, auf europäischen Realismus, auf die Abstimmung mit unseren Nachbarn und vor allem auf marktwirtschaftliche Lösungen beim Ausbau der erneuerbaren Energien zu drängen. Auch die Ministerpräsidenten einiger Bundesländer, die selbst nicht in der Lage waren, Stromleitungen zu bauen, aber wirtschaftliche Interessen vor allem am Ausbau der Windenergie hatten, wären lieber weiter dem Motto »je schneller, je besser« gefolgt, statt auf wirtschaftliche Effizienz und einen systematischen Ausbau zu setzen. Das über Jahre gewachsene Ressentiment vor allem unserer osteuropäischen Nachbarn, dass wir Deutschen nicht etwa das Richtige, sondern vor allem das für uns Lohnende im Auge hatten, ist dabei leider nicht so schnell auszuräumen.

Beispiel Freihandelsabkommen

Fast die gesamte letzte Legislaturperiode stritt Deutschland – und hier vor allem die Sozialdemokratie, die Linkspartei, die Grünen, die Gewerkschaften, die Umwelt- und Verbraucherverbände und nicht zuletzt die Kirchen – über und vor allem gegen den Abschluss neuer Freihandelsabkommen. Im Mittelpunkt standen die Verhandlungen mit Kanada über das sogenannte Umfassende Wirtschafts- und Handelsabkommen CETA (*Comprehensive Economic and Trade Agreement*) und mit den USA über das Transatlantische Freihandelsabkommen TTIP (*Transatlantic Trade and Investment Partnership*). Beide Verträge – so der Vorwurf ihrer Gegner – seien nichts anderes als ein Türöffner für internationale Konzerne, die deutschen und europäischen Umwelt-, Sozial- und Gesundheitsstandards zu unterlaufen, erneute Privatisierungen öffentlicher Dienstleistungen zu erzwingen und die Interessen der Bürgerinnen und Bürger denen des Kapitals zu unterwerfen.

In Wahrheit kam mit Kanada ein Abkommen zustande, dass all diese Standards sicherte und deren Ausbau förderte. Dies nicht zuletzt, weil sich Kanada mit der progressiven Regierung von Justin Trudeau eine faire und gerechte Globalisierung zum Ziel gesetzt hatte. Das nördliche Nachbarland der USA ist geistig europäischer als mancher europäische Mitgliedstaat. Trotzdem blieb das Abkommen CETA im Grunde bis zur Wahl Donald Trumps zum US-Präsidenten für viele Deutsche reines »Teufelszeug«. Das schlagende Argument der Debatte war: »CETA ist böse.« Nachdem sich Europa vor allem wegen Deutschland und der belgischen Region Wallonien vollständig verausgabt hatte, um wenigstens das Abkommen mit Kanada unter Dach und Fach zu bringen, fehlten für einen TTIP-Abschluss mit den USA unter dem scheidenden Präsidenten Obama Kraft und Zeit. Aber nicht nur das: Bis heute, vier Jahre nach der Verabschiedung durch die Europäische Union, hat der Deutsche Bundestag das fortschrittlichste Freihandelsabkommen der Welt nicht ratifiziert. Immer wieder finden sich im Parlament zum Teil haarsträubende »Argumente« dagegen. Und wenn alles nichts hilft, wird eben auf ausstehende Urteile des Bundesverfassungsgerichts verwiesen, obwohl das Gericht selbst alle Eilanträge bislang abgelehnt hat. Vor allem die ehedem »progressiven« Parteien des politischen Spektrums haben offenbar vergessen, dass schon im Wort »Fortschritt« erkennbar ist, dass Reformen und Veränderungen zum Besseren eben »Schritt für Schritt« kommen und nicht mit einem einzigen »großen Wurf« entstehen.

Deutschland sieht sich gern als »Vorreiter der europäischen Einigung« – solange sich das nach unseren nationalen politischen Vorlieben vollzieht. Inzwischen fordert die deutsche Politik sogar eine europäische Armee – vermutlich so lange, bis wir darin im Ernstfall unsere Beiträge zu leisten haben! Wir fühlen uns wie große Golfspieler, die den politischen Ball zielsicher weit in die Zukunft schlagen. In Wahrheit beherrschen wir nicht einmal das europäische »Minigolf«, bei dem in berechenbaren Bahnen Ziele auf kurzer Distanz anvisiert werden.

Mir geht es nicht um die Erkenntnis, dass wir Deutschen es uns gelegentlich unnötig schwer machen, sondern um etwas anderes: Niemand außerhalb Deutschlands hat diese deutsche Debatte über die Freihandelsabkommen verstanden – vom Regionalparlament der Wallonie mal abgesehen, das aber eher innerbelgische Gründe für seinen Widerstand hatte. Denn der Blick Deutschlands war ausschließlich nach innen gerichtet, sodass wir unser Handeln unseren europäischen Partnern nicht erklärten. Ganz Europa schüttelte den Kopf ob unserer deutschen Unnachgiebigkeit und Härte, mit der die Gegner dieser Freihandelsabkommen diese Auseinandersetzung führten. Im Europäischen Rat der Wirtschafts- und Handelsminister ist mir die Bemerkung eines Ministerkollegen besonders in Erinnerung geblieben, die deutlich macht, wie sehr unsere Nachbarn auf unser Treiben mit wachsender Verärgerung reagierten: »Wenn ihr eurer Wirtschaft schaden wollt, dann ist das eure Sache. Ihr seid so reich, ihr könnt euch das vielleicht leisten. Wir nicht.« Wo wir Deutschen dachten, wir würden um das Gute und Richtige streiten, sahen unsere Nachbarn nur deutsche Egozentrik.

Beispiel Flüchtlingspolitik

Das dritte und wohl einschneidendste Beispiel ist die Flüchtlingspolitik. Als die überwältigende Mehrheit der Deutschen im Herbst 2015 dachte, wir würden mit einer großen Geste unsere inzwischen erreichte Humanität unter Beweis stellen, fühlten sich die meisten anderen europäischen Mitgliedstaaten von uns erpresst.

Ich muss vorbehaltlos eingestehen, dass ich das damals auch nicht gesehen habe. Als mich Angela Merkel am Freitag, dem 4. September 2015, gegen 21 Uhr anrief, sprachen wir von etwa vier- bis sechstausend Flüchtlingen, die seit Tagen unter unhaltbaren Zuständen auf dem Bahnhof der ungarischen Hauptstadt Budapest festsaßen. Nach geltendem europäischen Recht und der Genfer Flüchtlingskonvention hätte Ungarn diese Menschen aufnehmen und in einem geordneten rechtsstaatlichen Verfahren prüfen müssen, ob ein Anspruch auf Asyl als Verfolgte oder auf eine Duldung als Flüchtling vorlag. Gemeinsam mit dem damaligen Bundesaußenminister Frank-Walter Steinmeier stimmte ich an diesem Freitagabend dem Vorschlag der Kanzlerin zu, die Flüchtlinge aus Budapest nach Deutschland zu holen und die Verfahren hier zu betreiben, da Ungarn ganz offensichtlich dazu nicht bereit war. Die deutsche Bundeskanzlerin hatte zuvor auch mit ihrem österreichischen Amtskollegen Werner Faymann über die explosive Lage in Ungarn gesprochen. Bundeskanzler Faymann, Sozialdemokrat und einer meiner wirklich engen Freunde, war ebenso wie die Christdemokratin Merkel der Überzeugung, dass diesen Menschen geholfen werden müsse.

Unmittelbar nach Bekanntgabe, die Flüchtlinge vom Budapester Bahnhof zu übernehmen, meldete sich der CSU-Vorsitzende und damalige bayerische Ministerpräsident Horst Seehofer zu Wort und kritisierte die Entscheidung. Er war entweder von der CDU-Vorsitzenden nicht vorher gefragt worden, weil Angela Merkel seine Antwort ahnte, oder er ließ sich von ihr telefonisch nicht erreichen, weil er die Frage der Kanzlerin kannte. Auf Verlangen des Koalitionspartners CSU tagte dann aber am darauffolgenden Sonntag, dem 6. September 2015, der Koalitionsausschuss von CDU, SPD und CSU im Bundeskanzleramt. Im Beschluss dieses Gremiums heißt es: »Die am Wochenende getroffene Aufnahmeentscheidung von Deutschland und Österreich soll eine Ausnahme bleiben.« Der Rest ist bekannt: Dieser Beschluss erwies sich als pure Illusion.

Aus den vier- bis sechstausend Flüchtlingen wurden im Verlaufe des Wochenendes bereits 20 000. Täglich strömten jetzt Tausende Menschen über die deutschen Grenzen. Unkontrolliert und ohne dass wir darauf in irgendeiner Weise vorbereitet gewesen waren. Die überbordende Hilfsbereitschaft in Deutschland war für viele von uns in der Regierung eine große Überraschung. Auch ich war anfangs von der Willkommenskultur überwältigt. Endlich konnten wir mit diesem unübersehbaren Beispiel unsere neue deutsche Mitmenschlichkeit und Hilfsbereitschaft beweisen. Es war das Gefühl, der Welt belegen zu können, dass von dem nationalistischen und unmenschlichen Deutschland nichts mehr übrig war. Für mich schien der Nachweis erbracht, dass nicht nur die Alliierten damals Nazideutschland besiegten, sondern wir es auch selbst geschafft hatten.

So sehr, wie wir uns und unsere Moral feierten, so heftig schüttelten unsere Nachbarn den Kopf. »Die Deutschen sind verrückt geworden«, lautete das Urteil nicht nur in Osteuropa über uns. Der völlige Kontrollverlust über unsere Grenzen machte Europa sprachlos. Wir schienen erhebliche Sicherheitsrisiken in Kauf zu nehmen, wir ließen es vor allem an jeder Absprache mit unseren europäischen Nachbarn fehlen. Neben dem offiziellen Lob der Vertreterinnen und Vertreter europäischer Institutionen wuchs schnell die Kritik an unserem Handeln. Und spätestens seit der Idee, die zu uns strömenden Flüchtlinge in Europa nach Quoten in andere Länder zu verteilen, spaltete sich die Europäische Union wie nie zuvor.

Der bulgarische Intellektuelle Ivan Krastev sieht in den Auseinandersetzungen um die Öffnung der Grenzen im Jahr 2015 einen Schock, der für die europäischen Gesellschaften mit der Wirkung der Attentate des 11. September 2001 auf die Twin Towers in New York vergleichbar sei: »Seit einem Jahrzehnt – seit die Lehman-Pleite eine weltweite Rezession einleitete – vollführt die EU einen Tanz mit ihren eigenen Krisen: der Eurozone, dem Brexit, der Revolution (und möglichen Konterrevolution) in der Ukraine. Ich behaupte jedoch, die Flüchtlingskrise kann als Primus inter Pares der aktuellen Krisen und als der ›Tanzpartner‹ gelten, den die EU letztlich heimführen wird. Als einzige wirklich gesamteuropäische Krise stellt sie das politische, ökonomische und soziale Modell Europas infrage. Die Flüchtlingskrise hat die Lage in Europa grundlegend verändert. Sie lässt sich nicht einfach durch den Zustrom von Flüchtlingen oder Arbeitsmigranten erklären. Wir erleben unter anderem auch eine

Migration der Argumente, Emotionen, politischen Identitäten und Wählerstimmen. Die Flüchtlingskrise erweist sich als Europas 11. September.«[4]

Nicht nur Ungarn und Polen lehnten Flüchtlingsquoten als »Diktat aus Brüssel« ab. Ich denke noch an die Mitteilung des sozialistischen Ministerpräsidenten Manuel Valls in der französischen Nationalversammlung, dass Frankreich nach einem ersten kleinen handverlesenen Kontingent keine weiteren Flüchtlinge aufnehmen werde. Wie sehr sich Deutschland von wesentlichen Teilen Europas entfernt hatte, merkte ich spätestens am 18. September 2015 bei einem Treffen mit Valls, dem österreichischen Kanzler Faymann und dem schwedischen Premierminister Stefan Löfven in Wien. Valls fragte mich damals sichtlich erregt: »Dass ihr Deutschen Europa wirtschaftlich führt, wissen wir. Dass ihr es seit einiger Zeit auch politisch führen wollt, haben wir lernen müssen. Aber sag mal, wollt ihr uns jetzt auch moralisch führen?«

Schlagartig war klar: Nicht die »zurückgebliebenen und unmodernen« Osteuropäer mit ihrer Weigerung der Flüchtlingsaufnahme brachten Europa Probleme, sondern wir Deutschen hatten das zu verantworten. Was bei uns einem humanitären Impuls folgte, wurde in großen Teilen Europas als deutsche Arroganz verstanden. »Erst ladet ihr die Flüchtlinge ein, ohne uns zu fragen, und dann sollen wir sie euch abnehmen«, so lautete der Vorwurf meiner europäischen Kollegen, wenn kein Mikrofon eingeschaltet war und keine Kamera lief.

Ivan Krastev erklärte in einem *Spiegel*-Interview dazu: »Die eigene Verletzlichkeit in einer globalisierten Welt wurde erkannt. Diese Umdeutung ließ reaktionäre Kräfte erstarken und führte letztlich auch zu der Polarisierung, die wir heute im Trump-Amerika beobachten können.«[5] Anders ausgedrückt: Die in jeder Gesellschaft schlummernden Dämonen wurden wachgerüttelt, und überall schauen wir jetzt ihren hässlichen Fratzen ins Gesicht. »Auf diese Weise hat die Migrationskrise nicht nur das Links-rechts-Gleichgewicht in der europäischen Politik verschoben und den liberalen Konsens unterminiert, der jahrzehntelang in Europa herrschte, sondern zudem auf der Linken wie der Rechten eine Identitätskrise ausgelöst (…)«, meint der Bulgare Krastev.[6] Auch in Deutschland haben wir seitdem unsere äußere Liberalität mit dem Verlust innerer

Liberalität bezahlt. Rückblickend kann man sagen, dass wir bereit sein mussten, diesen Preis für gelebte Humanität zu zahlen. Damals aber waren wir uns darüber nicht im Klaren. Unser Regierungshandeln erscheint eher intuitiv als politisch überlegt.

Es soll an dieser Stelle nicht um die Frage gehen, ob es eine Alternative zur Grenzöffnung gegeben hätte. Für mich ist die Antwort auf diese Frage ohnehin eindeutig: Nein, die gab es nicht. Die Öffnung der Grenzen war auch rückwirkend betrachtet ohne vertretbare Alternative. Weder wir noch andere hätten Tausende Menschen an den europäischen Grenzen von heute auf morgen aufhalten können. Ich werde nie eine Situation vergessen, in der mich die deutsche Bundeskanzlerin nach einer Nacht voller Diskussionen über den Umgang mit der großen Zahl an Flüchtlingen im Koalitionsausschuss beim Herausgehen aus dem Kanzleramt morgens gegen 4 Uhr zur Seite nahm und mir sagte: »Aber eines versprechen Sie mir, Herr Gabriel, wir beide bauen keine Zäune.« Zuvor hatten Experten der Innenpolitik solche Empfehlungen abgegeben. Mein Respekt gegenüber Angela Merkel und meine Zugewandtheit ihr gegenüber sind jedenfalls in dieser Nacht sehr gewachsen. Denn diese Nacht zeigte, dass mir da eben nicht die kühle Taktiererin der Macht gegenüberstand, die sie ohne Zweifel auch sein kann. Sondern eine demokratische Führerin unseres Landes mit tief verankerten christlichen und humanitären Überzeugungen. Und auch wenn später andere diese Zäune an den Außengrenzen Europas bauten und gerade wir Deutschen durch diese sogenannte Schließung der Balkanroute entlastet wurden, wirken mein wegen dieses einen nächtlichen Satzes gewachsener Respekt und meine Zugewandtheit zu Angela Merkel fort. Die Alternative wäre damals eine bis an die Zähne bewaffnete Grenzpolizei gewesen, die in Italien, Österreich oder Deutschland den Tausenden erschöpften Frauen, Kindern und Familien die Aufnahme unter Androhung von Gewalt versagt hätte. Der Aufschrei der Empörung in der Weltöffentlichkeit wäre mehr als berechtigt gewesen, und nicht einmal die Kritiker aus der CSU hätten das auch nur wenige Tage lang durchgehalten.

Mir geht es auch nicht um eine Aufarbeitung der berechtigten Fragen, welche Fehler nach der Entscheidung zur Aufnahme von mehr als einer Million Flüchtlingen gemacht wurden. Ja, es gab jede Menge Fehler. Die

Naivität, mit der wir in der Politik, große Teile unserer Gesellschaft und die Medien damals an die Aufnahme so vieler Flüchtender herangingen, hatte etwas Jugendhaftes, Inspirierendes und Hoffnungsvolles. Aber es war eben auch unpolitisch, weil die möglichen Wechselbeziehungen in unserer eigenen Gesellschaft, vor allem aber zu unseren Nachbarstaaten nicht mitbedacht wurden.

Mehr noch: Wer die damit verbundenen Fragen zu stellen wagte, geriet schnell in öffentliche Kritik, weil er »nicht die richtige Haltung« an den Tag legte. Wenn politisches Handeln aber auf die »richtige Haltung« reduziert wird, kann daraus leicht eine gewagte Wette werden: eine Wette zugleich auf die innere Liberalität derjenigen, die kommen, und derjenigen, die bereits bei uns leben. Diese Wette ist zumindest in Teilen unserer Gesellschaft schiefgegangen und hat Europa tief gespalten. Da Kriege, Bürgerkriege, Not und Armut immer mehr Menschen auf die Flucht treiben, werden wir in unserem Handeln klüger und abgestimmter vorgehen müssen. Nationale Alleingänge jedenfalls, egal ob zur Aufnahme von Flüchtlingen oder zur Begrenzung der Zuwanderung, sind keine tragfähige Lösung.

Es geht mir darum, deutlich zu machen, dass unser moralischer Impuls von unseren Nachbarn gänzlich anders verstanden wurde.

Dies als Deutsche zu verstehen ist wichtig, um Wege aus der anhaltenden Krise zu finden und die Fehler nicht zu wiederholen. Wir dürfen nicht glauben, Europa würde am besseren und guten deutschen Wesen genesen. Vor allem werden wir uns künftig mehr Mühe geben müssen, andere zu verstehen, bevor wir selbst handeln und uns ihnen moralisch überlegen fühlen. Die Erwartung, dass unsere Sicht auf die Welt für unsere europäischen Partner logisch und intuitiv nachvollziehbar ist, hat sich derweil wiederholt als Trugschluss erwiesen.

Runter vom hohen Ross

Alle drei aufgeführten Beispiele zeugen symptomatisch von der Rolle Deutschlands in Europa in den vergangenen Jahren: Wir sind überzeugt vom richtigen Weg und vor allem von der Werthaltigkeit unseres Handelns. Wir meinen, wir verfolgen keine deutschen Interessen, sondern handelten im Interesse Europas. Und dann reagieren wir nicht selten verärgert, wenn andere das anders sehen. Und sind irritiert, wenn andere uns kritisieren, weil wir uns vorher nicht mit ihnen abgestimmt haben.

Man darf davon ausgehen, dass keine Bundesregierung zuvor, kein Kanzler von Adenauer über Brandt bis Schröder, so wenig Rücksprache mit unseren europäischen Nachbarn gehalten hätte. Sie waren sich über die Einbindung Deutschlands in die Europäische Union ungleich bewusster, als wir es heute sind. Wir fühlen uns wirtschaftlich und politisch stark, und vor allem fühlen wir uns im Recht. Gut ist am Ende aber nur, was auch gute Ergebnisse bringt. Die deutsche Entscheidung zur Öffnung der deutschen und damit auch der europäischen Grenzen jedenfalls hatte auch ganz gravierende Konsequenzen, deren politische Weiterungen im Land und innerhalb der EU bis heute reichen.

Wir hätten in der Flüchtlingskrise wesentlich schneller und intensiver mit unseren europäischen Nachbarn reden müssen: über die gemeinsame Sicherung der EU-Außengrenzen, über die Absprachen mit der Türkei, mit Jordanien und dem Libanon bis hin zur verstärkten Hilfe für die Flüchtlingslager außerhalb Syriens. Vieles hätte gemeinsam in Gang gesetzt werden können, wie es in der Vergangenheit in nächtelangen Gipfeln und Sitzungen auch möglich war. Und sosehr man das Verhalten Ungarns gegenüber den Flüchtlingen im eigenen Land kritisieren darf und auch muss, so sehr ist es nicht zu kritisieren, dass Ungarn seiner Verpflichtung nachgekommen ist und die Außengrenze des Schengenraums gesichert hat. Erst seit der Schließung der Balkanroute und dem Flüchtlingsabkommen mit der Türkei hat die Zahl der ankommenden Menschen eine beherrschbare Größenordnung angenommen. Kamen 2015/2016 noch 2,6 Millionen Flüchtlinge nach Europa und 1,2 Millionen nach Deutschland, waren es 2017 noch 650 000 in Europa ankommende Flüchtlinge und 173 000, die in Deutschland Aufnahme fanden.

Ungarns Premier ist ein radikaler Scharfmacher, der sich nicht scheut, mit seiner hartherzigen und menschenverachtenden Propaganda Ressentiments und Vorurteile zu schüren. Er verletzt wesentliche Grundsätze europäischer Rechtsstaatlichkeit und ist mitverantwortlich für die Spaltung

Europas. Aber zur unbequemen Wahrheit gehört, dass uns erst die Zäune von Viktor Orbán Luft verschafft haben. Wenn heute auf einmal alle einen gemeinsamen europäischen Grenzschutz fordern, dann darf man sich keine Illusionen darüber machen, dass das nichts anderes ist, als der ungarische Premier an den Grenzen Ungarns zum außereuropäischen Ausland umgesetzt hat. Der eigentliche Unterschied zu Orbán und seinen Anhängern besteht nicht im robusten Schutz der EU-Außengrenzen, sondern darin, dass er niemanden ins Land und in die EU hineinlassen will. Wir hingegen treten für legale und geregelte Flüchtlingsaufnahmen und eine faire Verteilung innerhalb Europas ein. Die Voraussetzung für geregelte und legale Zuwanderung ist allerdings die kompromisslose Bekämpfung der illegalen Zuwanderung. Das eine ist nicht ohne das andere zu haben.

Meine drei Beispiele haben eines gemeinsam: Zum einen erschien uns Deutschen unser eigenes Handeln quasi interessenlos. Unsere Nachbarn sahen das allerdings ganz anders. Wir glaubten, wir handelten nicht, weil wir deutsche Interessen verfolgten, sondern in der Überzeugung, etwas für die Menschheit an sich zu tun. Für das Gute, Humane, das Richtige. Und wir meinten, im Interesse Europas zu handeln – allerdings ohne die Europäer nach ihrer Meinung zu fragen. Deutschland handelte dabei nicht wie eine imperiale Macht, die sich über internationale Normen hinwegsetzt. Wir handelten als Staat, der überzeugt ist, das Richtige zu tun.

Selbst die Schweden, die ein deutlich ausgeprägteres moralisches Sendungsbewusstsein haben als wir Deutschen, reagierten nüchterner auf die Flüchtlingsströme. In Stockholm stoppte eine Regierung aus Sozialdemokraten und Grünen vollständig den Familiennachzug von Personen, die nicht Opfer von Verfolgung, Krieg oder Bürgerkrieg waren. In Deutschland streiten wir dagegen darüber, ob man nicht auch die Familien derjenigen nachziehen lassen soll, die zu den terroristischen Gefährdern zählen. Fast ist man geneigt zu sagen, diese Entscheidungen waren im Grund unpolitisch, ihre Folgen allerdings nicht. Wir spalteten damit Europa in einem bis dahin nicht gekannten Ausmaß.

Es gibt also auch nichtaggressive deutsche Sonderwege, die Europa in Unruhe versetzen oder sogar spalten können. Es gibt einen gefährlichen Chauvinismus und Nationalismus von rechts, aber es gibt auch einen dummen von links. Und es gibt nicht nur einen rechten Nationalismus, sondern auch einen linken. Der rechte Nationalismus stellt die Interessen des eigenen Landes über die seiner Nachbarn und führt zum Krieg. Der linke Nationalismus verhindert die Einigung Europas, weil er nicht bereit ist zu akzeptieren, dass unsere Nachbarn andere historische und aktuelle Perspektiven auf die Welt haben als wir. Der bereits zitierte linke Intellektuelle Ivan Krastev drückte das in einem Gespräch mit mir fast zynisch mit dem Satz aus: »Es ist ganz gut, dass ihr jetzt die AfD habt, dann versteht ihr Osteuropa vielleicht besser.«

In der Vergangenheit haben deutsche Sonderwege zu zwei Weltkriegen, Völkermord und unfassbarem Leid in Europa und darüber hinaus geführt. Diese Gefahr ist gebannt. Die Selbstbindung an die Europäische Union und die NATO hat unser Land nach 1945 davor bewahrt, erneut auf solche Sonderwege zu geraten. Es war das große Verdienst des ersten Bundeskanzlers Konrad Adenauer, diese Einbindung in den Westen durchzusetzen. Adenauer war bewusst, dass die deutsche Teilung der Preis dafür war. Die Alternative zur Westbindung und einer schnelleren Wiedervereinigung wäre nicht die seinerzeit debattierte »Neutralität« Deutschlands gewesen, sondern ein massiver Einfluss der Sowjetunion unter Josef Stalin auf Gesamtdeutschland oder die Gefahr eines erneuten Sonderweges.

In dieser Situation war es der ehemalige Kommunist und aufrichtige Streiter für die Wiedervereinigung Herbert Wehner, der erst im Jahr 1960 im deutschen Bundestag in einer großen und historischen Rede diese Entscheidung Adenauers zur Westbindung als richtig und dauerhaft anerkannt hatte. Wehner wusste, dass Stalin ein wiedervereinigtes Deutschland niemals hätte »neutral« sein lassen. Deutschland wäre vielleicht wiedervereinigt, gewiss aber nicht frei geworden. Mit der Einbindung in die westlichen Bündnisse wurde die Deutsche Frage für unsere Partner beantwortet. Nur innerhalb Deutschlands dachten wir, es ginge dabei um die Überwindung der deutschen Teilung. Außerhalb unseres Landes ging es darum, wie man dieses große Land in der Mitte Europas daran hindern konnte, in reaktionäre Zeiten und in einen Nationalismus zurückzufallen, der andere Staaten bedrohte und erneut zum Krieg führen konnte. Mit der Bindung an Frankreich und die USA hatten wir zwei maßgebliche »Aufpasser« an unserer Seite. Und dies hat uns und allen unseren Nachbarn gutgetan.

Jetzt müssen wir Deutschen lernen, ohne diese »Ordner« auszukommen. Wir müssen selbst auf uns aufpassen. Unsere Lehren aus dem Zweiten Weltkrieg können dabei auch in Zukunft hilfreich sein. Die erste lautet: Nie wieder! Nie wieder Krieg, Völkermord, Rassismus und Unterdrückung. Und die zweite Lehre besagt: Nie wieder allein! Nie wieder ein deutscher Sonderweg! Die erste Lehre ist in unsere Verfassung eingegangen, in die politische Genetik aller demokratischen Parteien in Deutschland und vor allem in die Köpfe und Herzen der weit überwiegenden Zahl unserer Bürgerinnen und Bürger.

Die zweite Lehre haben wir nur militärisch im Geleitzug mit unseren Verbündeten verinnerlicht. Politisch haben wir uns in den letzten Jahren mit unserer wirtschaftlichen Stärke und der politischen Stabilität unseres Landes oft dazu verleiten lassen, auf die anderen um uns herum nicht wirklich zu achten. Oder haben etwa nicht die wirtschaftlichen, politischen und medialen Eliten auf die angeblich »faulen Griechen« oder die »unfähigen Italiener« herabgesehen? Wie arrogant war unser über lange Jahre fast schon verachtender Blick auf das wirtschaftlich schwache Frankreich unter den Präsidenten Nicolas Sarkozy und François Hollande?

Und nicht viel besser entwickelte sich das Verhältnis der deutschen Bundesregierung seit 2018 zu dem neu gewählten französischen Präsidenten Emmanuel Macron. Fast allen Initiativen Macrons zeigten das offizielle Deutschland und insbesondere die deutsche Kanzlerin dröhnendes Schweigen und Desinteresse. Initiativen in der Außen- und Sicherheitspolitik Europas ließ die deutsche Kanzlerin demonstrativ entweder unbeantwortet, oder sie delegierte nichtssagende Antwort an Kabinettsmitglieder. Lud der französische Präsident die deutsche Kanzlerin und den damaligen EU-Kommissionspräsidenten Jean-Claude Juncker zum Besuch des chinesischen Staatspräsidenten Xi nach Paris ein, um so die Einheit Europas zu demonstrieren, so entsandte die deutsche Bundesregierung beim Gegenbesuch in China lediglich die völlig einflusslose deutsche Wissenschaftsministerin, die schon in Deutschland niemand kannte – geschweige denn in China. Und der anlässlich des 50. Jahrestages des Élysée-Vertrages

Anfang 2019 mit großer öffentlicher Geste beschlossene Aachener Vertrag entfaltete bis heute keinerlei Wirkung in der Realität. Nachvollziehbar, dass der französische Präsident inzwischen seine europapolitischen Vorstellungen allein und ohne Abstimmung mit Deutschland vorantreibt.

Der Élysée-Palast scheint dabei zu ahnen, dass es mit der Kenntnis des Französischen nicht weit her ist in Deutschland. Im sprachlichen wie im übertragenen Sinn. Jedenfalls präsentiert er nach vielen gescheiterten Anläufen der Zusammenarbeit mit der deutschen Kanzlerin seinen flammenden Appell für ein geeintes und starkes Europa auf seiner Website vorsichtshalber gleich auch in deutscher Sprache. Schon zum dritten Mal innerhalb des Jahres 2019 präzisierte der französische Staatspräsident seine Ideen über die Zukunft Europas. Wie kein anderer führender Politiker unserer Zeit machte Macron Europa zu seiner Sache und zu der seines Landes. Nicht, um Europa »französischer« werden zu lassen. Sondern weil selbst die stolzen Franzosen allein in der Welt von heute und noch mehr in der von morgen keine Stimme, kein Gewicht, nicht mehr zu sagen haben werden. Frankreichs Souveränität hängt von der Souveränität Europas ab. Und nicht umgekehrt. Darum ist Europas Einigung die Sache Frankreichs. Punkt.

Noch nie hat ein französischer Präsident so realistisch und klar die Selbstbehauptung seines Landes mit der des europäischen Projektes verbunden. Nicht mehr nur die traditionelle Erzählung von den Verwüstungen durch europäische Kriege begründet seine Haltung zur europäischen Einigung, sondern es sind mindestens ebenso sehr die dramatischen Verschiebungen der wirtschaftlichen, politischen und militärischen Machtachsen in der Welt. Sie drohen, Europa zu einer Randerscheinung der Weltpolitik zu machen. Macron spürt den epochalen Wandel in der Welt und wendet die europäische Erzählung aus der Geschichte in die Zukunft.

Dabei ging Macron weiter als jemals zuvor: Sein Entwurf für die Selbstbehauptung Europas reicht von der sozialen Bändigung des ungezügelten Finanzkapitalismus über soziale Grundrechte aller Europäer bis zur Stärkung des Euro als einer internationalen Alternativwährung zum Dollar. Um die Glaubwürdigkeit der Europäischen Union wiederherzustellen, räumt er auch mit den Lebenslügen der Grenzsicherung im Schengenraum auf und fordert einen gemeinsamen Grenzschutz und ein gemeinsames Asylrecht. Besonders bemerkenswert war dabei, dass Macron diese gemeinsame Außen- und Sicherheitspolitik gerade nicht auf das Thema Rüstungsexporte verengt hat, wie es in den letzten Monaten in der politischen Debatte zwischen Deutschland und Frankreich immer wieder geschehen war. Sein Bogen ist viel weiter: in der Außen- und Sicherheitspolitik wirft er sogar die traditionelle Abgrenzung von Großbritannien über Bord und will einen gemeinsamen europäischen Sicherheitsrat. Man mag einwenden, das vieles davon nur auf dem Wege von Vertragsänderungen in der Europäischen Union erreichbar wäre. Die richtige Antwort darauf müsste lauten: Na und? Nur für solche Aufgaben braucht es doch die Politik, die Zustände nur zu verwalten braucht es nur Beamte.

Was ist nun die Antwort Deutschlands? Zunächst mal ist es bemerkenswert, dass diese Initiative Macrons nur wenige Wochen nach der großen Inszenierung des Aachener Vertrages erfolgte. Dieser Aachener Vertrag sollte den Weg ebnen für neue gemeinsame europäische Initiativen Deutschlands und Frankreichs. Stattdessen nun ein Alleingang des französischen Staatspräsidenten. Zum dritten Mal dröhnendes Schweigen aus Berlin oder diplomatisch verpackte Ignoranz. Der deutsch-französische Motor stottert nicht einmal mehr, sondern er steht schlicht still.

Der Grund dafür dürfte nicht in der Eitelkeit Macrons zu suchen sein, sondern in der erneuten Unwilligkeit – oder Unfähigkeit – der deutschen Politik. Weder Unterstützung noch eigene Initiativen Deutschlands sind zu erkennen. Dabei gäbe es auch aus deutscher Sicht vieles einzubringen: beispielsweise einen gemeinsamen Vorschlag für eine europäische Industriepolitik und ein gemeinsames Auftreten gegenüber China.

Oder eine gemeinsame Sicherheits- und Verteidigungsinitiative für Osteuropa, um diese Aufgabe nicht länger von der Willigkeit oder Unwilligkeit der USA abhängen zu lassen und zudem die Polen und die Balten von der Bereitschaft zu überzeugen, gerade als Deutsche und Franzosen für ihre Freiheit einzustehen. Einen neuen Anlauf für eine Konferenz über Entspannung, Sicherheit und Zusammenarbeit in Europa, um der weitgehenden Auflösung der europäischen Sicherheitsarchitektur auch mit Blick auf Russland zu begegnen.

Frankreich ist im Inneren unruhig und unsicher. In dieser Unsicherheit sucht die politische Führung nach festem Grund und findet ihn in der Idee eines gestärkten Europas. In Deutschland ist es umgekehrt: Zumindest an der politischen und wirtschaftlichen Oberfläche des Landes ist es windstill, auch wenn darunter vieles in Bewegung ist. Wir aber scheinen die Abwesenheit von Stürmen für eine ruhige See zu halten, in der wir uns bewegen. In Wahrheit ist es die Windstille im Auge des Orkans. Es wäre gut, Deutschland würde seine Komfortzone rechtzeitig verlassen, bevor die Stürme uns ungeschützt erfassen. Gemeinsam mit Frankreich könnten wir Europa wetterfester machen.

Wer Europa zusammenhalten will, muss sich immer in die Schuhe des politisch und ökonomisch Schwächeren stellen. In der Sicherheitspolitik in die der Balten und der Polen; in der Wirtschafts- und Finanzpolitik in die des europäischen Südens und in der Migrationspolitik in die der Italiener und Griechen (und inzwischen auch der Spanier, seitdem sich die Fluchtrouten ins westliche Mittelmeer verschoben haben) – und gelegentlich auch in die zu engen Schuhe der Osteuropäer. Man muss deren Position nicht einfach übernehmen. Aber es hilft zu verstehen, warum andere Partner in Europa anders denken als wir. Wir Deutschen haben uns politisch zu lange nur in unseren eigenen Schuhen bewegt. Dieser Blick auf die europäischen Nachbarn war zu Zeiten der »Bonner Republik« immer einer auf Augenhöhe – gerade auch gegenüber den kleineren Mitgliedstaaten. Dass Deutschland vor allem wirtschaftlich Führungsaufgaben wahrzunehmen hatte, ergab sich fast zwangsläufig. Eine politische oder gar moralische Führung Europas hätte sich die »Bonner Republik« nie angemaßt. Und selbst die ökonomische wurde eher mit unsichtbarer Hand vorangetrieben als lautstark und fordernd.

Die »Berliner Republik« muss diesen Bonner Blick wieder lernen. Vielleicht ist es gut, dass wir im aktuellen Handelsstreit mit den USA jetzt lernen, wie es sich anfühlt, schwach und auf die Solidarität anderer angewiesen zu sein. Denn auf diesem Feld ist Deutschland aufgrund seiner Exportstärke am verwundbarsten. Gerade ein starkes Land wie Deutschland muss sich dieser Mühe des Perspektivwechsels zur Sichtweise des

Schwächeren unterziehen. Sonst betreten wir einen neuen Sonderweg, der uns von dem entfernt, was für unsere Rolle in der Welt so zentral werden wird: ein geeintes und handlungsfähiges Europa. Ohne ein geeintes Europa werden wir in der Welt des 21. Jahrhunderts verloren gehen. Diese Welt verändert sich so rasant und dramatisch, so viel sicher Geglaubtes ist infrage gestellt, und so viel Ungewohntes fordert uns heraus. Dem werden wir Europäer nur gemeinsam begegnen können. Allein auf sich gestellt wird selbst das scheinbar so starke Deutschland in dieser veränderten Welt keine kraftvolle Stimme mehr besitzen. Europa braucht es, damit unsere Kinder und Enkel eine Stimme in der Welt haben. Nur als gemeinsame europäische Stimme werden sie gehört werden. Jeder für sich allein wird in der Welt von morgen überhört und übersehen werden. Selbst das große Deutschland ist in der Welt von heute und erst recht von morgen ein kleines Land.

Noch fühlen wir uns sicher. Wirtschaftlich sind wir trotz der asymmetrischen wirtschaftlichen Folgen von Corona für einige Branchen immer noch obenauf, und trotz auch bei uns vorhandener sozialer Spannungen und eines wachsenden Unverständnisses über das Handling der Bekämpfung der Pandemie sind wir verglichen mit vielen anderen Ländern ein weitgehend gelassenes Land. Das verführt dazu, sich viel mit der Gegenwart und wenig mit der Zukunft zu befassen. Wir investieren sehr viel in unser Leben heute und viel zu wenig in das Leben von morgen. Vor allem verführt es dazu, den bequemen Weg fortzusetzen, den wir in den letzten Jahrzehnten gehen konnten, weil andere für die unbequemen Aufgaben zuständig waren. Genau das aber ändert sich gerade. Mit einiger Zeitverzögerung geht auch für uns das 20. Jahrhundert zu Ende: Die Nachkriegsordnung des Zweiten Weltkrieges verschwindet. Die neue Weltordnung ist noch nicht in Sicht. Wir befinden uns in einer Phase des Übergangs und sollten uns mehr damit beschäftigen, selbst Einfluss auf die Gestaltung dieses Übergangs zu nehmen. Sonst werden wir von anderen gestaltet.

3.

Auf dem Weg in eine neue Welt

Mir geht es vermutlich wie vielen Menschen, wenn sie abends mit wachsender Besorgnis die Nachrichten im Fernsehen oder tagsüber atemlos die sich ständig wechselnde und widersprüchliche Nachrichtenlage zu verstehen versuchen. Man möchte am liebsten abschalten. Als Vater von drei Töchtern frage ich mich immer häufiger, wie meine Kinder wohl leben werden, wenn sie so alt sind wie ich. Ob meine drei Töchter in ihrem späteren Leben noch die gleiche Sicherheit empfinden wie ich, der sich trotz der nahen »Zonengrenze« zum damaligen Machtbereich der Sowjetunion nie wirklich Sorgen um den Frieden machte. Werden sie als Erwachsene – wie ich es konnte – sicher, frei und weitgehend ohne existenzielle Ängste ihr Leben gestalten können oder nach etwas mehr als zwei Generationen wieder die Angst ihrer Großeltern vor Nationalismus, Rassenhass und Krieg kennenlernen? Als meine inzwischen erwachsene Tochter geboren wurde, hätte ich nie vermutet, dass ich mir eines Tages solche Fragen stellen würde. Die Welt aber gibt Anlass dazu. Vieles an sicher Geglaubtem ist unsicher geworden. Die Welt und damit auch Europa und Deutschland sind in Bewegung geraten. Noch ist unklar, wohin sie uns führen wird.

Die verstorbene ungarische Philosophin Agnes Heller sagte in einem Interview mit der *FAZ* kurz vor ihrem Tode: »Wenn man die Welt vernünftig ansieht, schaut sie vernünftig zurück. Das heißt nicht, dass die Welt vernünftig wäre; aber wir geben ihr Sinn durch die Art des Blicks, den wir auf sie richten. [...] Die Europäische Union ist Europas letzte Chance. Wenn sie zerfällt, wird Europa untergehen wie das Römische Reich.«

Wie muss unser vernünftiger und nicht angst- oder ideologiegetriebener Blick auf die Welt aussehen? Und was müssen wir tun, um Europa für unsere Kinder zu erhalten? Nicht um seiner selbst willen, sondern weil die Generation meiner Töchter nur dann eine Stimme in der Welt haben wird, wenn es eine gemeinsame europäische Stimme ist. Selbst das große Deutschland ist zu klein für die Welt.

Europa ist zu allem fähig. Zum Guten und zum Bösen. Empirisch war es häufiger in den letzten Jahrhunderten zu Letzterem fähig, vor allem im 20. Jahrhundert. Denn erst seit 70 Jahren gibt es zumindest im Westen Europas keinen Krieg. Wir sind sozusagen noch im Stadium des Experiments. Oder wie Agnes Heller es ausdrückt: »Beides sind europäische Erfindungen: Hier die Werte der Aufklärung und der liberalen Demokratie, dort die Werte des Totalitarismus. Beide sind europäische Erfindungen.« Trotz mehr als 70 Jahren liberales Deutschland und fast ebenso langer europäischer Zusammenarbeit: Es ist nicht zwangsläufig, dass beides auch in den kommenden Jahrzehnten die Grundlagen unseres Zusammenlebens bildet. Es kommt erneut sehr auf uns an, wohin sich unser Land und Europa entwickeln.

Die Coronapandemie

Australien: 30 000 Tote; zwei Millionen Infizierte; China: über zwei Millionen Tote, 100 Millionen Infizierte; Südkorea: 80 000 Tote; 4 Millionen Infizierte. So sähe es im Fernen Osten aus, wenn sich die Zahlen der Infizierten und Toten so entwickelt hätten wie in den USA, Großbritannien oder auch Schweden. Ein makabres Gedankenspiel? Keineswegs! Die tatsächlichen Zahlen in diesen Ländern liegen überdeutlich niedriger; sie erreichen (bezogen auf die Bevölkerung) nicht einmal fünf Prozent dessen, was wir in Deutschland und Europa während der Pandemie erlebt haben und erleben. Wollte man die deutsche Entwicklung auf – zum Beispiel – Südkorea übertragen, dann hätte dieses Land 17 Mal mehr Infizierte und sogar 27 Mal mehr Tote zu beklagen.

Das hat Ursachen – und Folgen. Natürlich: Die Gesellschaften, die Kultur, das soziale Verhalten, die Leistungsfähigkeit des Gesundheitssystems, die Wohnverhältnisse – das und vieles mehr macht Unterschiede.

Sie erklären aber nicht die drastischen Differenzen – und schon gar nicht ändern sie etwas an den Folgen.

Niemand mehr in den wirtschaftlichen, kulturellen, sozialen oder politischen Eliten dieser Asiens Länder akzeptiert, dass die Europäer oder Amerikaner einfach mal so Führung beanspruchen, Standards bestimmen, Regeln vorgeben wollen. Das gilt umso mehr, wenn weder Europa noch die USA in der größten globalen Krise seit Ende des Zweiten Weltkrieges bereit waren, den Kampf gegen die Pandemie international anzuführen oder zumindest substanzielle Hilfe für die weniger gut entwickelten Regionen und Staaten der Welt anzubieten. Diese Aufgabe übernimmt derzeit China und setzt damit sozusagen seine Seidenstraßen-Initiative auf dem Gebiet medizinischer Hilfeleistung fort. Das Problem ist nicht, dass China auch auf diesem Feld eine geopolitische Strategie hat, sondern eher, dass sie auf Seiten der USA oder Europas komplett fehlt. Wo immer Europa und die USA ein Vakuum in der internationalen Politik hinterlassen, wird es von China gefüllt. Statt darüber zu klagen, wäre es besser, den Wettbewerb an- und aufzunehmen.

Im Jahre 2020 hat beispielsweise China mit 14 anderen Ländern die größte Freihandelszone der Erde geschaffen; sie umfasst 2,2 Milliarden Menschen, repräsentiert fast 30 Prozent des Welthandels und rund ein Drittel der weltweiten Wirtschaftsleistung. So unvollkommen dieses Abkommen im ersten Schritt auch sein mag, diese *Regional Comprehensive Economic Partnership* (RCEP) ist wirtschaftlich fast so groß wie die EU, wird diese aber bald überholen. Und auch mit der EU hat sich China kurz vor Ende 2020 politisch geeinigt auf ein Investitionsabkommen – mit Verpflichtungen, die China noch in keiner anderen Übereinkunft eingegangen war (und die auch die demokratischen Staaten, die Mitglieder von RCEP sind, China gar nicht erst abverlangten). Das taten übrigens auch die USA nicht, als sie Anfang 2020 mit China den »Phase One«-Deal abschlossen, um den Handelskrieg einzudämmen, den Trump vom Zaun gebrochen hatte.

Die Pandemie ist in vielerlei Hinsicht ein Beschleuniger von Entwicklungen, die schon vorher sichtbar waren: allen voran die Digitalisierung aber eben auch die wachsende Konkurrenz zwischen den entwickelten demokratischen Industriestaaten und einem immer selbstbewussteren

China. Sie fordert alles heraus, nicht nur unsere Geduld oder die Leistungsfähigkeit unseres sozialen und wirtschaftlichen Systems. Die Pandemie fordert auch die Glaubwürdigkeit und Leistungsfähigkeit der politischen Systeme heraus. Die Welt war schon vor der Pandemie neu vermessen: Nach
600 Jahren ist der Atlantik nicht mehr das Gravitationszentrum der Welt
und die Welt nicht mehr auf Europa ausgerichtet. Die neuen Wirtschafts-
und Machtachsen verlaufen durch den Indo-Pazifik. Wie unter einem
Brennglas wird das auch in der Pandemiebekämpfung überdeutlich. Amerika und Europa stellen sich besser ein auf Mitbestimmung und Führung
gemeinsam mit anderen Nationen, gerade aus und in Asien.

Es wird jetzt viel nachgedacht über die Zeit nach Corona. Dass das überhaupt möglich ist, haben wir vor allem der sehr schnellen Entwicklung
von Impfstoffen und der inzwischen besser laufenden Impfkampagne in
Deutschland und Europa zu verdanken. Die chaotischen Wochen und
Monate Ende des Jahres 2020 und zu Jahresbeginn 2021 treten langsam in
den Hintergrund, obwohl man in Deutschland noch nie ein so offensicht-
liches und beinahe alltägliches Versagen der staatlichen Verantwortungsträ-
ger in den Bundesländern und der Bundesregierung erlebt hatte.

Aber auch nach dem Abflachen der Infektionszahlen wird es nicht einfach sein, zur »Normalität« zurückzukehren. Nicht nur wegen der weltweiten Rezession, die auch in Deutschland zu Arbeitslosigkeit und sozialen Verwerfungen führen wird. Die zentrale Frage lautet also, um mit
Udo Lindenberg zu sprechen: »Hinter dem Horizont geht's weiter« –
nur wie? Machen wir weiter wie bisher, oder nutzen wir die Erfahrungen
aus der Krise zu einer Neujustierung unseres Politik-, Wirtschafts- und
Gesellschaftsmodells?

In der Wirtschaft ist das Virus schon jetzt der große Beweger. Die Unternehmen, die es sich leisten können, gehen zu völlig veränderten Arbeits-
formen über. Das Homeoffice wird im Zeitraffer zur Massenerscheinung
moderner betrieblicher Arbeit – und es wird auch nicht mehr verschwinden. Wer braucht noch große Bürogebäude, wenn dezentral gearbeitet werden kann? Dabei dürfte die Heimarbeit meist eher im Interesse der Arbeitgeber liegen als im Interesse der Arbeitnehmer, denn für Letztere bedeutete

bisher die Trennung von Arbeits- und Wohnort auch den Schutz der eigenen Privatheit. Außerdem hilft ihnen ein fester, gemeinsamer Betriebsort, um ihre Interessenvertretung zu organisieren. Betriebsräte sind eben keine Home-Office-Beauftragten. Es ist daher erstaunlich, wie derzeit ausgerechnet Sozialdemokraten der Entbetrieblichung das Wort reden.

Die größten Gewinner der Sonderkonjunktur nach der Pandemie dürften jene Digitalunternehmen sein, die sich schon in den vergangenen Jahren über enorme Gewinnentwicklungen und wachsende weltweite Bedeutung freuen konnten: Amazon wird am meisten profitieren und dabei unzählige Einzelhändler und ihre Geschäfte in der Insolvenz zurücklassen. Auch hier gilt: Die Pandemie wird am Ende das Verhalten der Konsumenten dauerhaft verändern – eine komplette Rückkehr der Einkäufe in den analogen Handel wird es nicht geben. Aber auch die digitalen Infrastruktur-Unternehmen, die Cloud Anbieter, der E-Commerce, das Online-Shopping und die Webinar-Anbieter gehören zu den Gewinnern der Krise. Die Coronapandemie könnte die Bruchkante von digitaler und analoger Welt in der globalen Wirtschaftsgeschichte markieren.

Dazu kommen eine Rückkehr und Besinnung von der Höhe in die Fläche. Schon jetzt spüren Branchenexperten Kaufzurückhaltung in den städtischen Zentren. Man will nicht mehr die hohen Preise zahlen für das Leben in der Großstadt, wenn ihre Vorteile (Kultur, Veranstaltungen, Lesungen etc.) mit gesundheitlichen Gefährdungen oder – mangels Angebot – mit Limitierung bestraft werden. Dann lieber raus aufs Land! Anders als in der frühen und frühesten Neuzeit macht jetzt nicht die Stadtluft, sondern die Landluft frei. Zumal die Provinz längst fast ähnlich liberal ist wie die Metropolen.

All das setzt aber voraus, dass sich die Gesellschaft wieder öffnet und mehr Eigenverantwortung übernimmt. Der demokratische Staat kann für den Einzelnen weder jedes Lebensrisiko bannen noch alles bezahlen. Eine politische Führung, die jeden Tag etwas mehr den Eindruck zu vermitteln versucht, sie könne alle Risiken durch die Kombination von Verboten und Geld gegen null reduzieren, wird schnell an ihre Grenzen kommen – oder diese Grenzen überschreiten. Eine freie Gesellschaft kann auf Dauer nicht allein auf den ordnenden Staat setzen, sondern braucht die Vernunft und Verantwortungsbereitschaft ihrer Bürgerinnen und Bürger. Das aufgeklärte und von staatlichen Ermahnungen unabhängige Risikobewusstsein, das wir gerade einüben, wird uns auch danach helfen. Gelingt das nicht, droht die Rückkehr der Pandemie mit weit größerem wirtschaftlichen Schaden und einem dramatischen Vertrauensverlust in die staatliche Handlungskompetenz. Es kann auch unser Land ins Wanken geraten, denn wo schon beim Klopapier in Panik geraten wird, ist man vom Chaos nicht viel weiter als drei Mahlzeiten entfernt.

Schaut man über die Grenzen des eigenen Landes hinaus, wirkt Covid-19 wie ein Brandbeschleuniger all dessen, was wir schon vor der Krise sehen konnten. Es wird jedenfalls wohl kaum zu einer neuen und besseren Weltordnung kommen, wie jetzt viele erhoffen. Denn das Virus verändert nicht die strategischen Konstellationen und Rivalitäten, es verschärft und beschleunigt sie. Die beiden derzeit wichtigsten Mächte, die für eine veränderte Weltordnung gebraucht würden, – die USA und China – bleiben auch nach der Pandemie Rivalen. Vieles spricht dafür, dass Covid-19 dem Konflikt eher neue Nahrung gibt als ihn zu befrieden. Europa wiederum ist viel zu sehr mit sich beschäftigt, um das Vakuum in der globalen Ordnung zumindest teilweise füllen zu können. Das Drama um die Finanzhilfen für Südeuropa hat das gezeigt.

Die ganze Welt wird nach der Pandemie im wahrsten Sinne des Wortes erst einmal ärmer sein. Aber so wie die Ausgangsbedingungen vor der Pandemie sehr unterschiedlich waren, so werden auch die Chancen nach der Krise höchst ungleich sein. Ökonomen haben ja lange Zeit darüber gestritten, ob die wirtschaftliche Erholung wie ein V verlaufen wird – also wie z. B. in China schnell runter und danach schnell wieder rauf – oder in Form eines L – also schnelles Herunterfahren der Ökonomie und dann vorerst Verbleib auf einem niedrigeren Niveau. Tatsächlich dürfte die wirtschaftliche und soziale Entwicklung nach der Pandemie wohl wie ein K aussehen: die Starken werden sich schnell erholen und stärker werden, wogegen die wirtschaftlich und sozial instabileren Länder noch schwächer aus der Krise herauskommen, als sie vorher schon hineingegangen sind.

Kurz gesagt: Die Ungleichheit auf der Welt nimmt zu – auch innerhalb der Europäischen Union. Innerhalb der Währungsunion des Euro wird die Distanz zwischen den wohlhabenden und den schwächeren Ökonomien zunehmen und die Frage nach einem dauerhaften und deutlich höheren Transfer von Finanzmitteln von Nord nach Süd immer drängender werden lassen. Die Staatsschulden, die wir derzeit machen, um unsere nationalen Ökonomien zu stabilisieren, belasten schon die wohlhabenderen Länder enorm. Ärmere Länder haben oft nicht mal die Möglichkeit, mit noch höheren Schulden das Elend ihrer Bürger zu lindern. Hier kann die Viruspandemie für sehr viele Menschen schnell zu einer Hungerpandemie werden.

Wer sich durch die weltweite Pandemie eine Art »Weckruf« erhofft hatte und schon das Ende der vermeintlich ungerechten Globalisierung kommen sah, muss das gerade jenen Ländern und ihren Bürgern erklären, die erst dank des weltweiten Austauschs von Waren und Rohstoffen den Sprung aus der Armut geschafft haben. Denken wir nur an die fast eine Milliarde Chinesen, die eben nicht mehr ohne Schuhe zur Schule gehen und sich mit einer Handvoll Reis zufriedengeben müssen. Die soziale Ungleichheit ist eher dadurch gewachsen, dass am oberen Ende die Reichen unverhältnismäßig viel reicher geworden sind.

Für sehr viele Menschen aber hat die Globalisierung doch eine Tür zu einem besseren Leben aufgestoßen und nicht wenigen gar den Aufstieg in die Mittelschicht ermöglicht.

Dieser Aufstieg ist gefährdet, wenn nun gerade die reicheren Länder die Globalisierung zurückdrehen wollen. In den USA werden angesichts der gigantischen Arbeitslosigkeit »jobs at home« im Mittelpunkt stehen. Sei es durch gezielte wirtschaftliche Förderung oder durch noch stärkere Abschottung der heimischen Märkte und Druck auf eine Relokalisierung bislang im Ausland gelegener Produktion – die Deglobalisierung wird konkret. Die demokratische Partei der USA ist in dieser Hinsicht traditionell weit protektionistischer als die Partei Donald Trumps, die Republikaner.

Auch in Europa will man auf Zulieferungen nur aus dem Inland setzen, auf mehr Lagerhaltung, auf Digitalisierung statt Auslagerung in andere

Länder. All das verspricht nach der Pandemie-Erfahrung mehr Sicherheit. Der Preis dafür aber sind geringere Effizienz und geringere Erlöse – vor allem für die ärmeren Staaten der Welt. Die Schwellen- und Entwicklungsländer werden am härtesten getroffen, wenn die globalen Wertschöpfungsketten wieder kürzer und nationaler werden. Die Welt wird vor allem dort ärmer, wo sie ohnehin schon viel zu arm ist.

Dahinter verbergen sich nicht nur ökonomische Probleme und menschliche Dramen, sondern auch eine politische Gefahr. Denn wenig mobilisiert gesellschaftliche Wut und Gewalt so sehr wie die Gefahr des Verlusts eines sozialen Status, den man sich kurz zuvor erst erarbeitet hat. Das ist nicht nur eine deutsche Lehre aus der Weimarer Republik, sondern eine ganz konkrete und aktuelle Gefahr vor allem die in den jüngeren und oft noch instabilen Demokratien in den ärmeren Regionen der Welt. Die Erfahrung Lateinamerikas ist, dass Armut selbst noch nicht zu schnellem Aufruhr führt, der Rückfall aus einem mit harter Arbeit erreichten mittleren Einkommen aber durchaus. Nicht wenige fürchten in Lateinamerika den Ausbruch neuer Gewalt und das Ende demokratischer Entwicklungen als Folge des wirtschaftlichen Desasters, das Covid-19 in diesen Ländern anrichtet. Von den humanitären Folgen eines zusammenbrechenden Gesundheitssystems ganz zu schweigen.

Nein, der Konstruktionsfehler der Globalisierung besteht nicht in offenen Märkten und weltweiter Arbeitsteilung, sondern im Fehlen einer die Märkte begrenzenden und regelnden globalen politischen Ordnung, die für einen angemessenen sozialen Ausgleich sorgt und die natürlichen Ressourcen unseres Planeten nicht immer weiter überfordert. Weitsichtig hat der frühere katholische Bischof von Hildesheim dies angesichts des Terrorangriffs am 11. September 2001 in einem Satz formuliert: »Das Ziel der Globalisierung muss Gerechtigkeit für alle statt Reichtum für wenige sein.« Bisher galt politische Einmischung in die weltweite Arbeitsteilung und den damit verbundenen Handel als Hindernis für den wirtschaftlichen Erfolg. Die Ideologie von Deregulierung, Privat vor Staat und Wettbewerb um möglichst geringe Arbeits-, Umwelt und Sozialstandards wurde zur ökonomischen Wissenschaft erhoben. Jetzt steht sie vor den Trümmern ihrer Theorie. Das haben uns die Finanzkrise, die Klimakrise und nun die Viruskrise gezeigt.

Der marktradikale, neoliberale Entwurf der Globalisierung hat sich ja gerade als Gegenentwurf zur politischen Regelsetzung verstanden. Politik sollte so weit wie möglich verbannt werden – national wie international. Märkte sollten – befreit von Regeln, Grenzen, politischen Rahmen und Zielsetzungen – rein auf Effizienz getrimmt werden. Angeblich zum Wohle aller. Das Aufkommen digitaler Plattformen hat dieser Sichtweise nochmals Schub verliehen. Die Idee einiger Silicon-Valley-Manager, ihre Unternehmen auf künstliche Inseln fernab jedes staatlichen Einflusses zu verlegen, ist nur die absurdeste Erscheinungsform einer Haltung und Wirtschaftspraxis, die sich aus Prinzip der staatlichen Regulierung entziehen will – nicht nur beim Steuerzahlen.

Man sollte meinen, dass diese Erfahrungen zum Innehalten und zu neuem Engagement für eine gemeinsame internationale Ordnung führen. Die Komplexität, die Vernetzung und das gegenseitige Aufeinander-Angewiesensein der Welt des 21. Jahrhunderts schreien ja geradezu nach internationaler Zusammenarbeit. Energie, Nahrungsmittel, Rohstoffketten, Datensicherheit: Überall sind wir auf die Integrität des globalen Systems und nicht nur einzelner Länder oder einzelner Regionen angewiesen.

Aber nach einer Wiederbelebung des Multilateralismus sieht es in der Pandemie gerade nicht aus. Stattdessen setzt sich eher die Sicht durch, dass die Gefahr angeblich immer von außen kommt. Covid-19 ist ein Düngemittel für die Idee von »we versus them«. Die chinesische Führung nutzte das aus, um die innere Kritik an der Staats- und Parteiführung am Missmanagement zu Beginn der Coronakrise kleinzuhalten. Und auch der frühere US-Präsident Donald Trump zeigte lieber auf andere, um von seinen Fehlern abzulenken.

Das Virus legt unbarmherzig offen, wie sehr die Welt, in der wir leben, längst eine ganz andere geworden ist als die, auf deren Grundlagen gerade wir im »Westen« bislang unseren Wohlstand und unser Selbstvertrauen entwickeln konnten. Wenn auf dem Höhepunkt der Finanzkrise 2008/2009 sich sofort in Washington die größten 20 Industrieländer trafen, um gemeinsam die Krise zu bekämpfen, so gab es ein ähnliches Treffen in der Coronapandemie bis heute nicht. Covid-19 ist ein Beschleuniger der vielen kleinen und größeren Brände, die wir im eigenen Land, in Europa und in der Welt seit längerer Zeit unabhängig voneinander beobachten konnten und die sich jetzt zu einem gemeinsamen Flächenbrand auszuweiten drohen.

Leider scheint Europa nicht in der Verfassung, diesen vielen Bränden etwas entgegenzusetzen. Es brennt ja selbst. Eigentlich wollte es gerade ein neues Kapitel aufschlagen: mit Klimaschutz im Mittelpunkt und dem Ziel, die EU zu einem »globalen Akteur« zu machen, so die neue Kommissionspräsidentin Ursula von der Leyen. Covid-19 macht diesen Plänen nicht nur deshalb einen Strich durch die Rechnung, weil es die Nationalstaaten waren und sind, die als Einzige der Pandemie und ihren Folgen gegenübertraten.

Das ist erst einmal selbstverständlich, denn die Mitgliedstaaten sind für den Gesundheitsschutz nicht nur formell zuständig, sondern auch schnell handlungsfähig. Wenn dann aber selbst aus Deutschland heraus ein Exportstopp für medizinische Hilfsmittel nach Italien verhängt wird, obwohl dort schon die Todeszahlen in die Höhe schossen, oder über Wochen Streit darüber herrscht, ob der reiche Norden Europas dem ärmeren Süden finanziell beim Wiederaufbau helfen muss oder nicht, dann bleibt von der Idee europäischer Werte und europäischer Solidarität nicht mehr viel übrig.

Derzeit jedenfalls sehen laut Umfragen die Italiener China als größten Freund und Deutschland als größten Feind. Gerade noch rechtzeitig einigten sich die Staats- und Regierungschefs der Europäischen Union auf einen Europäischen Wiederaufbaufonds und auf echte Hilfsprogramme für die am härtesten betroffenen Mitgliedstaaten statt nur auf neue Kredite. Aber wir werden viel damit zu tun haben, die schweren Schäden wieder zu beseitigen, die bis zu dieser Entscheidung in Europa angerichtet wurden. Der Wiederaufbau muss auch ein kultureller und politischer sein, nicht nur ein wirtschaftlicher.

Damit eng verbunden ist die Frage, wie die ohnehin schon mit relativ hohen Schuldenbergen belasteten Volkswirtschaften Europas (und der

Welt) aus dem jetzt noch dramatisch wachsenden Schuldenturm herausfinden sollen. Europa droht ein verlorenes Jahrzehnt, wenn es sich nur noch mit Schuldenabbau beschäftigt und nicht mit den drängenden Zukunftsfragen. Das Beispiel Griechenlands zeigt, wie groß dabei die sozialen Verwerfungen werden können. Autoritäre und antieuropäische Parteien, die derzeit eher auf dem Rückzug sind, können schnell zu neuer Stärke kommen. Ein auf verlorenem Posten um Europas Handlungsfähigkeit kämpfender französischer Staatspräsident kann bei der kommenden Präsidentschaftswahl auch durch seine rechtsextremistische Gegnerin ersetzt werden. Nichts sollte uns undenkbar erscheinen.

Das gilt übrigens auch für Deutschland. Unsere wirtschaftlichen, politischen und finanziellen Bedingungen für die Überwindung der Krise sind besser als in vielen anderen Staaten Europas und der Welt. Wo über Jahrzehnte der Staat Inbegriff für angebliche Ineffizienz war, sind wir heute froh, einen handlungsfähigen Staat zu haben. Das beeindruckendste Beispiel ist die 30-jährige Forderung der Gesundheitsökonomen nach einem Abbau von Krankenhausbetten. Heute sind wir dankbar, dass wir mehr davon vorhalten als die meisten anderen Staaten.

Allerdings kippen wir gerade von einem Extrem ins andere: Wo bislang der Entstaatlichung das Wort geredet wurde, droht jetzt Staatsgläubigkeit. Wir tun derzeit so, als könne dieser Staat alles. Aber auch Deutschland wird angesichts der vor uns liegenden langen Rezessionsphase sicher nicht alles können. Das »Whatever it takes« kann schnell zur Enttäuschung werden, wenn einmal gewährte finanzielle Leistungen des Staates zurückgenommen werden. Eine schwere weitere Welle der Infektionen beispielsweise würde auf eine leere finanzpolitische »Bazooka« treffen. Deshalb sind die Warnungen der Kanzlerin vor einer zu schnellen und vor allem zu chaotischen Öffnung des gesellschaftlichen Lebens mehr als berechtigt.

Zu den Führungsaufgaben der Politik gehört deshalb, das Land und seine Bevölkerung auf die vor uns liegende Anstrengung vorzubereiten. Denn anstrengend wird es, wenn wir uns aus dieser Krise wieder herausarbeiten wollen. Auch hier legt Covid-19 unbarmherzig unsere Schwächen offen: Wir sind durch den Ausbau des individuellen Rechtsstaates politisch langsam geworden. Zudem ist unsere alternde Gesellschaft risikoaverser als unsere jüngeren Wettbewerber, die zudem auch nach Covid-19 »hungriger« auf ein besseres Leben sein werden, als wir es in den gesättigten Demokratien noch sind. Hier ging es zuletzt schließlich eher um postökonomische Fragen statt um Aufstieg und Erfolg.

Es geht jetzt darum, die staatliche Hilfe auf jene zu konzentrieren, die es am härtesten trifft. Unterrichtsausfall ist für die Schülerinnen und Schüler, die mehr Zeit brauchen oder denen die Eltern nicht helfen können, eine echte Katastrophe. Und wer wenig verdient, für den sind 60 Prozent Kurzarbeitergeld zum Leben zu wenig und zum Sterben zu viel, denn die Miete und die Lebenshaltungskosten sinken ja nicht.

Das Motto sollte nicht lauten: »Gürtel enger schnallen«, sondern: »Ärmel hochkrempeln«. Die Nullrunde der Industriegewerkschaft Metall beim jüngsten Tarifabschluss zeigt, dass viele dazu bereit sind, wenn sie den Eindruck haben, dass es sich lohnt, beispielsweise zur Beschäftigungssicherung. Dazu gehört dann aber ein Lastenausgleich, wie ihn Westdeutschland ja nach dem Ende des Zweiten Weltkriegs sehr erfolgreich praktiziert hat. Die Idee war und ist, diejenigen, deren Wohlstand von der Krise nicht eingeschränkt wurde oder sogar gewachsen ist, an der Bewältigung der weltweiten Folgen der Krise zu beteiligen. Nur so verhindern wir, die enorm gestiegenen Staatsschulden allein durch Inflation und drastische Budgetkürzungen auffangen zu müssen, die auch die sozialen Sicherungssysteme schwächen würden.

Ein Ansatz könnte sein, endlich die Giganten der Digitalwirtschaft an der Finanzierung des Gemeinwohls zu beteiligen. Deren Gewinne werden bislang weitgehend privat abgeschöpft und nicht angemessen für das Gemeinwohl herangezogen. Aber auch die Erbschaftssteuer für die weiterhin sehr großen Vermögen, die in den kommenden Jahren vererbt werden, ist nach Auffassung vieler Ökonomen in Deutschland nach wie vor nicht gerecht ausgestaltet. Allerdings ist es mehr als dumm, dafür den Namen »Reichensteuer« zu benutzen. Mit Sozialneiddebatten hält man das Land nicht zusammen und fördert nicht das Verständnis, dass wir nur dann als Gesellschaft beieinanderbleiben, wenn alle in zumutbarer Weise dazu ihren Teil beitragen.

Dieser Teil wird eine Zeitlang bei jedem höher sein als bisher. Ob Arbeitnehmer und Arbeitnehmerinnen, die auf Lohnerhöhungen verzichten oder auf Kurzarbeiter- oder Arbeitslosengeld angewiesen sind, ob Lehrer, die ausgefallenen Unterricht nachholen müssen, oder als aufgeklärte Bürgerinnen und Bürger unseres Landes, die selbst frei von wirtschaftlichen Sorgen sind, denen ihrer Mitbürgerinnen und Mitbürger aber nicht gleichgültig gegenüberstehen. Covid-19 zeigt uns so oder so, wie es um uns in Wahrheit bestellt ist.

Klimawandel und Klimapolitik

Die globale Temperatur steigt weiter, die Weltbevölkerung wächst ungebremst, und die Weltwirtschaft und die Industrialisierung erfassen fast jeden Winkel dieser Erde. Damit steigt auch der weltweite Energiehunger.

Die gute Nachricht ist: Beiden Herausforderungen, dem wachsenden Energiehunger der Weltwirtschaft einerseits und dem Klimawandel andererseits, können wir mit einer mutigen gemeinsamen Strategie wirksam begegnen: mit einer deutlichen Steigerung der Energie- und Rohstoffeffizienz in der Produktion und im Konsum sowie mit dem Wechsel zu erneuerbaren Rohstoffen, die zu einem immer größeren Anteil aus nachhaltiger Erzeugung stammen. Das ist die einzige friedliche Strategie, mit der die wachsende Weltwirtschaft ausreichend mit Rohstoffen versorgt werden kann.

Gewiss, die notwendige klimafreundliche Umstrukturierung der Industriegesellschaft steckt immer noch in den Kinderschuhen. Bereits mit der Klimakonferenz auf Bali im Jahr 2007, an der ich als deutscher Umweltminister teilgenommen und das Abschlussdokument als Vertreter der Europäischen Union mitverhandelt habe, gab die Weltgemeinschaft den Startschuss für ein neues und deutlich ambitionierteres Klimaschutzabkommen, das dann 2015 in Paris endgültig verabschiedet wurde.

Im Kern ging es bereits auf Bali um die Herstellung einer Balance zwischen den Minderungsverpflichtungen der Industrieländer einerseits und den Beiträgen der Entwicklungsländer zum Klimaschutz andererseits. Vor allem die Schwellen und Entwicklungsländer wollten sichergehen, dass ihre wirtschaftliche und industrielle Entwicklung nicht durch Klimaschutzauflagen ausgebremst würden. Nicht selten war der Vorwurf zu hören, dass die gesamte Klimaschutzdiskussion nichts anderes sei als eine neue Idee der alten Kolonialstaaten, wie sie sich unliebsame Konkurrenz aus den jungen aufstrebenden Nationen des globalen Südens vom Hals halten können. Offiziell ging es auf all den internationalen Klimaschutzkonferenzen um Umwelt- und Klimaschutz. Tatsächlich aber waren in den Verhandlungen immer die wirtschaftlichen Perspektiven der beteiligten Länder Thema. Damit wird deutlich, dass es nicht um eine defensive Strategie oder gar um eine Verzichtsmoral gehen kann. Große Teile der Weltbevölkerung leben in Armut. Ihnen eine Verzichtsethik der Reichen des Nordens zu empfehlen, würde dort als eine neue Form des Kolonialismus verstanden.

Wenn die junge und wirklich beeindruckende Klimaaktivistin Greta Thunberg vor der Generalversammlung der Vereinten Nationen von der »Illusion des Wirtschaftswachstums« spricht und dies in einen Gegensatz zur Erfüllung der weltweiten Klimaziele setzt, dann ist ihr das nicht vorzuwerfen. Aber alle, die vor ihr sitzen und Beifall gespendet haben, sollten wissen, dass der Aufbau dieses Widerspruchs zwischen Industrialisierung und nachhaltigem wirtschaftlichen Erfolg und dem Erreichen der Klimaziele nur zu einem führen würde: dem Ausscheren vieler Länder aus den bereits abgeschlossenen Klimaschutzabkommen. Denn wo manchem aus den wohlhabenden Ländern dieser Welt wirtschaftliches Wachstum wie ein »Fetisch« einer vergangenen Epoche vorkommen mag, sehen die ärmeren Teile der Welt exakt dies als Weg aus der Befreiung von bitterer Armut und Not. Klimaschutz wird nur dann gelingen, wenn die wachstumsstarken Länder Asiens, Afrikas oder Lateinamerikas darin keine Beeinträchtigung oder gar Gefährdung ihrer ökonomischen und sozialen Ziele erkennen.

Der häufig zitierte Begriff der Nachhaltigkeit wird nur in Europa – und hier vor allem in Deutschland – im Zusammenhang mit Umwelt- und Klimaschutz verstanden. Seine Aufnahme in den Forderungskatalog der Vereinten Nationen auf dem Weltgipfel in Rio de Janeiro im Jahr 1992 entsprang jedoch einer heftigen Auseinandersetzung zwischen den entwickelten Industrieländern und den Schwellen- und Entwicklungsländern. Die Letztgenannten entwickelten gerade gegen die Fokussierung auf die Umwelt- und Klimaschutzforderungen aus den entwickelten Industrienationen den Begriff der Nachhaltigkeit. Er umfasste ausdrücklich neben der Schonung von Natur und Umwelt und der natürlichen Ressourcen auch Nachhaltigkeit in wirtschaftlicher und finanzieller Hinsicht. So wollte der globale Süden der Welt seine wirtschaftlichen Interessen wahren: Umwelt- und Klimaschutz sollten kein Hemmnis für die wirtschaftliche und soziale Entwicklung sein.

Genau hier liegt allerdings auch eine bislang nicht gelöste Aufgabe: Es ist relativ einfach, sich für engagierten Klimaschutz einzusetzen, solange wirtschaftlicher Erfolg und soziale Sicherheit zweitrangig bleiben. Und ebenso leicht ist es, sich für wirtschaftliches Wachstum und soziale Sicherheit einzusetzen, wenn dabei der Klimaschutz außer Acht gelassen wird. Die eigentlich schwierige Aufgabe wird es sein, beides miteinander zu verbinden. Nur wenn reiche Länder und Regionen wie Deutschland oder Europa das schaffen, werden uns andere folgen.

Dass wir das bislang nicht ausreichend getan haben, zeigen auch die Wahlerfolge der Klimaschutzgegner der AfD in den Braunkohlerevieren der Lausitz oder unter den Beschäftigten der Automobilindustrie. Natürlich stimmt es, dass ein ambitionierter Klimaschutz auch Chancen für neue Technologien und neue Arbeit beinhaltet. Es ist durchaus berechtigt, die Klimaschutzpolitik zugleich als nachhaltige wirtschaftliche Modernisierung zu verstehen. In der Regel fallen allerdings zeitlich und sozial die neuen Beschäftigungsmöglichkeiten nicht mit dem Verlust bisheriger Arbeitsplätze zusammen. Es gibt keinen Automatismus, der die neuen Beschäftigungsperspektiven zu den vom Wegfall ihrer Arbeitsplätze betroffenen Arbeitnehmerinnen und Arbeitnehmer und ihrer Regionen bringt. Dafür bedarf es der Politik und nicht zuletzt des Einsatzes ganz erheblicher finanzieller Mittel, weil klimaschonende Technologien zum Teil noch weit entfernt von Marktreife und internationaler Wettbewerbsfähigkeit stehen.

Natürlich ist die Antwort auf den scheinbaren Gegensatz von Industrialisierung und wirtschaftlichem Wachstum einerseits und der Begrenzung des Klimawandels auf 1,5 oder 2 Grad Temperaturerhöhung gegenüber dem vorindustriellen Zeitalter nur durch Innovation, technologischen Fortschritt und qualitatives Wachstum zu geben. Denn eines stimmt gewiss: Würden wir die Industrialisierung der letzten 50 oder 100 Jahre einfach in die kommenden 50 bis 100 Jahre fortschreiben, dann bräuchten wir wohl zwei Planeten. Die aber haben wir nicht.

Klimaschutz ist auch ein Gebot der globalen Fairness und Gerechtigkeit. Es ist ungerecht, dass nach Berechnungen der Weltgesundheitsorganisation schon heute jährlich mehr als 150 000 Menschen an Gesundheitsproblemen infolge des Klimawandels sterben. Es ist unfair, dass Hunderttausende Kinder sterben, weil sie infolge des Klimawandels nicht ausreichend Wasser zur Verfügung haben. Es ist auch ungerecht, dass der Kontinent mit den niedrigsten CO_2-Emissionen, nämlich Afrika, am meisten unter den Folgen von zunehmender Erwärmung, Trockenheit und Dürre zu leiden hat. Wer große Flüchtlingsströme, Krieg und Bürgerkrieg in Zukunft verhindern will, der muss dafür sorgen, dass Wasser vorhanden ist und dass die Menschen in ihrer Heimat überhaupt Lebenschancen haben.

Es ist zudem ungerecht, dass die weltweite Vernichtung des Naturkapitals künftige Generationen in große Schwierigkeiten bringen wird. Urwälder verschwinden, die Meere und die großen Süßwasserseen werden ausgeraubt, Lebensräume zerstört und mit Nährstoffen überfrachtet. Ohne intakte Ökosysteme ist eine nachhaltige Nutzung undenkbar. Gerade in den ärmsten der armen Länder dieser Erde führt dies zu einem Teufelskreis aus Armut, Zerstörung und Hunger.

Es ist übrigens auch unfair, unseren eigenen Kindern und Enkelkindern, die in den Alpen oder an der Küste Norddeutschlands leben wollen, ihre Heimat zu nehmen, wenn sie in 50 oder 100 Jahren Schnee oder Gletscher nicht mehr kennen und die Sturmfluten an den Deichen immer gefährlicher werden.

Umwelt- und Klimaschutz ist deshalb zugleich praktizierte Gerechtigkeit und Fairness. Weltweit und auch bei uns wird häufig viel zu sehr nach dem Motto »Das Hemd ist mir näher als der Rock« gehandelt. Der Rock wäre in unserer modernen Sprache wohl der Mantel. Als Mantel sind die Erdatmosphäre, die Süßwasservorräte, der Boden, die Wälder und die Meere zu verstehen. Das Hemd ist die Art, wie wir heizen, welche Art von Mobilität wir pflegen und welche Produkte wir kaufen.

Die Opfer der Hochwasserereignisse der letzten Jahre, die Landwirte, die mit zunehmender Trockenheit zu kämpfen haben und allemal die Menschen des globalen Südens, in dem sich die Wüsten ausbreiten, wissen, dass das Hemd oft genug nur noch ein dünner Fetzen ist, sobald der Rock einen kleinen Riss bekommt. Wir müssen den Rock, der allen gehört, instand halten und wieder instand setzen.

Dabei geht es im Übrigen auch darum, Schulden abzutragen. Es gibt nicht nur Schulden im finanziellen Sinn. Vielmehr hat die Form der industriellen Entwicklung der Vergangenheit zu unseren gegenwärtigen Problemen beigetragen. Das ist nicht zu verhindern, weil Menschen immer auf dem jeweiligen Stand der Technik leben und arbeiten. Aber wir müssen erkennen, dass es eine Schuld, und zwar unseren Enkeln gegenüber gibt, die wir ebenso abzutragen haben wie die staatlichen Defizite in unseren Haushalten.

Ich finde, das sollten auch die Skeptiker erkennen: Umweltpolitik zu gestalten heißt, als Vertreter späterer Generationen fairen Wirtschaftskreisläufen den Weg zu bahnen und gerechtere Lebensstile zu stimulieren.

Heute wissen wir: Klimaschutz ist zu einer Überlebensfrage der Menschheit geworden. Klimaschutz ist ein Gebot der Fairness und der Gerechtigkeit gegenüber kommenden Generationen. Klimaschutz wahrt Zukunftschancen und sichert, ohne dass man dafür viel Pathos aufwenden muss, in vielen Teilen der Welt das Recht der Menschen auf Leben.

Tatsächlich bedeutet die Umsetzung der europäischen Klimaschutzziele nichts weniger als den grundlegenden Umbau der Industriegesellschaft. Wenn wir für eine von 6,5 Milliarden Menschen auf über neun Milliarden Menschen wachsende Weltbevölkerung bis zur Mitte dieses Jahrhunderts Güter und Dienstleistungen mit der halben Menge an Treibhausgasemissionen bereitstellen wollen, dann erfordert das einen Quantensprung in der Entwicklung unseres Wirtschaftens. Wir müssen zum Beispiel die Energieeffizienz unserer Volkswirtschaft in Zukunft statt wie bisher um ein Prozent jährlich um drei Prozent pro Jahr steigern. Nur mit einer ambitionierten Steigerung der Energieeffizienz und einem massiven Ausbau der erneuerbaren Energien können wir die Klimaschutzziele erreichen.

Wir müssen Forschung und Entwicklung in Europa weit offensiver voranbringen, unsere Produktionsprozesse auf den Prüfstand stellen, neue Produkte und Dienstleistungen entwickeln und innovative Verkehrskonzepte erarbeiten. Hier sind wir in den letzten Jahren im internationalen Vergleich deutlich zurückgefallen. Während Japan heute pro Kopf über 30 Dollar für die Energieforschung einsetzt, liegen wir in Deutschland bei mageren 6,20 Dollar. Das muss sich ändern.

Für diesen Umbau der Industriegesellschaft brauchen wir vor allem die Menschen in unserem Land. Hier meine ich vor allem die jungen Menschen. Am Freitag mit Fridays for Future für den Klimaschutz demonstrieren ist toll. Noch weitaus besser wäre es, wenn unsere Studierendenzahlen in den Ingenieurwissenschaften steigen würden. Auf die jungen Talente, ihre Kreativität und ihr Engagement müssen wir setzen. Unsere Aufforderung muss deshalb lauten: Entwickelt neue Ideen, Konzepte, Technologien, Produkte und Verfahren, studiert Ingenieurwissenschaften, beteiligt euch an diesem Wettbewerb; denn nur dann gehört euch die Zukunft!

Der eigentliche Beitrag zum Schutz des Weltklimas besteht in Deutschland eben gerade darin, den Beweis dafür anzutreten, dass Klimaschutz und wirtschaftlicher und industrieller Erfolg und Wohlstand sich *nicht* widersprechen. Es ist nicht die deutsche Verringerung eines Gesamtausstoßes an Treibhausgasen, die der Welt helfen würde, denn der beträgt bei CO_2 mal gerade etwas mehr als 1,93 Prozent (2019). Zum Vergleich: Chinas Anteil liegt bei fast 28 Prozent, und die USA liegen bei 14,5 Prozent. Würden aber das reiche Deutschland oder Europa entweder ihre Klimaschutzziele aufgeben oder durch deren Erfüllung den eigenen wirtschaftlichen und industriellen Erfolg beschädigen, wäre das exakt das Beispiel, das andere von den eigenen engagierten Klimaschutzzielen abhalten würde. Der Blick der ärmeren Regionen der Welt, zu denen auch China immer noch gehört, richtet sich natürlich auf den reichen »Norden«: nur wenn er am eigenen

Beispiel zeigt, dass Klimaschutz und materieller Wohlstand miteinander einhergehen, wird der ärmere »Süden« folgen.

Wir haben also eine doppelte Aufgabe: die Klimaziele zu erfüllen *und* wirtschaftlichen und industriellen Erfolg zu erhalten. Eines von beidem reicht nicht. Darin – und nicht in den absoluten Beiträgen zur Reduktion von CO_2 – liegt die besondere Verantwortung der reichen Regionen wie Deutschland. Und auch dafür sind marktwirtschaftliche Anreize und europäische Einbettung von zentraler Bedeutung.

Ausgerechnet in einer Zeit, die nichts mehr braucht als die Bereitschaft zur internationalen Zusammenarbeit, um den alle Menschen bedrohenden Klimawandel zu stoppen oder zumindest zu begrenzen, sind die Bedingungen dafür so schlecht wie lange nicht mehr. Statt internationaler Zusammenarbeit, Multilateralismus und verbindlicher internationaler Verabredungen setzt sich mehr und mehr die »My-nation-first-Politik« durch. Nicht nur in den USA und Brasilien, sondern auch in Russland, Indien, China bis nach Europa spürt man das Anwachsen einer Haltung, in der eher jeder für die eigenen und manchmal sehr kurzfristigen Interessen eintritt. Das ist das exakte Gegenteil von dem, was für einen wirksamen Kampf gegen den Klimawandel notwendig wäre.

Ironischerweise setzen vor allen auch die deutschen Klimaaktivisten auf nationale Alleingänge. Die einzige wirkliche Ausnahme ist die schwedische Schülerin Greta Thunberg mit ihrer sehr erfolgreichen Bewegung Fridays for Future. Sie tritt nicht nur in vielen unterschiedlichen Staaten auf, sondern reiste sogar zur Generalversammlung der Vereinten Nationen nach New York. Viele Politiker und Medien haben sich darüber lustig gemacht oder kleinkariert die Treibhausgasemissionen ihres Segeltörns über den Atlantik ausgerechnet. Die Wahrheit ist: Greta Thunberg hat den Finger in die richtige Wunde gelegt und den Mangel an internationaler Zusammenarbeit zum Thema gemacht. Hier entscheidet sich Erfolg oder Misserfolg des Kampfes gegen den Klimawandel.

Das Beispiel des gelungenen Pariser Klimaabkommens zeigt: Erst wenn das Thema auf der Tagesordnung der Staats- und Regierungschefs, der Außenminister und der Finanzminister steht, sind Erfolge möglich.

Solange sich die Umweltminister allein trafen – von Montreal über Bali bis Kopenhagen – blieben die Klimaschutzverhandlungen letztlich erfolglos.

So wichtig auch eine engagierte nationale Klimaschutzpolitik in Deutschland ist, so liegen die eigentlichen Gefahren für eine erfolgreiche Klimapolitik im wachsenden Unwillen vieler bedeutender Staaten – auch innerhalb Europas – zur internationalen Kooperation. Zugespitzt formuliert: Es ist für das Weltklima völlig unerheblich, ob Deutschland seine Klimaschutzziele 2020, 2030 oder 2040 erreicht und ob die Braunkohleverstromung in den kommenden 15, 20 oder 30 Jahren beendet wird – die Klimakatastrophe wird nicht aufzuhalten sein, wenn der nationale Egoismus die internationale Politik bestimmt. Strategien zu entwickeln, wie man das aufhalten kann, wäre eigentlich das Gebot der Stunde. Das aber ist deutlich schwieriger als die Konzentration auf die eigene nationale Politik. Paradoxerweise bedienen so die Klimaaktivisten selbst die »My-nation-first-Strategie« – nur mit umgekehrten Vorzeichen.

Auf unserem Planeten lebten zum Zeitpunkt meiner Geburt vor etwas mehr als 60 Jahren rund 2,5 Milliarden Einwohnerinnen und Einwohner. Heute sind es schon rund 7 Milliarden, und in 60 Jahren werden es vermutlich etwa 10 Milliarden sein. Innerhalb von etwas mehr als 100 Jahren vervierfacht sich also die Weltbevölkerung. Undenkbar, dass das mit dem Raubbau an der Natur, dem Artensterben, der Überfischung der Ozeane, der Abfallbeseitigung und den Treibhausgasemissionen der Vergangenheit möglich wäre, ohne weltpolitische Konflikte bis hin zum Krieg um Wasser auszulösen.

Der amerikanische geopolitische Analyst Ian Bremmer bezeichnet den Zustand der Welt als G-Zero, also eine Weltordnung ohne Ordnungsmacht. Diese Welt-Unordnung ist das Gegenteil dessen, was die Welt zur Lösung der großen Herausforderungen zu Beginn des zweiten Jahrzehnts im 21. Jahrhundert braucht. Dies zeigt sich auch bei anderen globalen Themen wie Cybersicherheit oder Migration, bei denen die globalen Anstrengungen den Herausforderungen nicht gewachsen sind. Es ist jedoch besonders problematisch für den Klimawandel, der ohne Zusammenarbeit nicht gelöst werden kann.

Es ist schwer zu sagen, ob und wann der Trend zu »My country first« endet oder was ihn ersetzt. Die Zeit zur Stabilisierung des Klimas ist jedoch knapp. Wenn die großen Emittenten die globalen Emissionen bis 2030 nicht drastisch senken, wird sich der Planet im Vergleich zu vorindustriellen Zeiten wahrscheinlich um deutlich mehr als 2 Grad Celsius erwärmen. Wir erleben bereits 1 Grad der Erwärmung und spüren die Auswirkungen. 1,5-Grad-Erderwärmung würde eine weitere Störung bedeuten, ist aber gerade noch überschaubar. Darüber hinaus werden die Folgen für Milliarden von Menschen sehr schlimm werden. Das Plus von drei Grad, auf das die Welt zusteuert, ist laut dem gemeinsamen Gremium der Weltgemeinschaft zur wissenschaftlichen Erforschung des Klimawandels – dem *Intergovernmental Panel for Climate Change* (IPCC) – katastrophal.

Bis 2030 sind es nur noch neun Jahre! Viele nationale Führungspersönlichkeiten der heutigen G-Null-Welt werden in dieser Zeit noch im Amt sein. Und selbst wenn die USA und Brasilien neue Präsidenten haben, wird ihre Politik der letzten Jahre noch über viel Einfluss verfügen. Die geringere Unterstützung globaler Institutionen dürfte deshalb wahrscheinlich anhalten.

Es ist wahr, dass andere Akteure versuchen, diese Lücke zu füllen. Staats- und Regierungschefs wie der französische Präsident Emmanuel Macron oder der kanadische Premierminister Justin Trudeau setzen weiterhin auf multilaterale Lösungen und setzen dabei alles ein, was sie können – unter anderem auch ihre Handelsabkommen. Aber sie sehen sich zu Hause populistischem und industriellem Druck gegen ihre Klimapolitik ausgesetzt. Ihre stärksten Helfer sind die Aktivisten aus Umweltverbänden, aber auch die Bürgermeister großer Städte, die eine eigenständige Klimapolitik betreiben. Und auch China spielt wohl eine konstruktive Rolle, da es inzwischen auch im Bereich erneuerbare Energien eine führende Position erlangt hat und seine Pariser Ziele weit vor dem Ziel erreichen wird, obwohl dies allein nicht ausreicht, um eine Erwärmung um 1,5 Grad oder mehr zu verhindern.

Reichen also die Gegengewichte aus, um den Klimawandel im Einklang mit dem Pariser Abkommen einzudämmen, oder müssen wir uns stärker auf die Anpassung an die Auswirkungen konzentrieren? Es gibt drei Schlüsselbereiche, die es wert sind, nach Hinweisen zu suchen: Nahrung, Energie und Wasser.

In den Bereichen Ernährung, Energie und Wasser überschneiden sich Klimawandel und Geopolitik. Die Logik lautet: Es wird schwieriger, Lebensmittel anzubauen (aufgrund von Temperaturschwankungen und extremen Witterungsbedingungen), und der Wasserhaushalt gerät aus dem Gleichgewicht. In einigen Regionen führen zu hohe Niederschläge zu Zerstörung, in anderen zur Knappheit. Gleichzeitig wird mehr Energie benötigt, um die wachsenden Bedürfnisse der Menschen zu befriedigen und die weltweit weiter voranschreitende Industrialisierung mit Strom zu versorgen. Die Quellen dafür müssen sich allerdings ändern, um die Nutzung CO_2-armer und erneuerbarer Energieressourcen zu erhöhen und fossile Brennstoffe zu verringern oder zu beseitigen. Je stärker der Klimawandel außer Kontrolle zu geraten droht, desto mehr werden sich diese Zyklen beschleunigen.

Ja, es gibt Kontrafakten – die wärmeren Temperaturen werden der Landwirtschaft in einigen Regionen neue Flächen eröffnen, z. B. in größeren Höhenlagen. Im Allgemeinen wird es jedoch mit dem Klimawandel viel schwieriger, 7,7 Milliarden Menschen zu ernähren, Wasser bereitzustellen und sie mit Energie zu versorgen, geschweige denn über 9 Milliarden bis 2050. Betrachten wir also die jeweiligen Bedürfnisse:

Nahrungsmittel:
Die Welt hat in den letzten 40 Jahren die Menge der produzierten Lebensmittel verdreifacht und damit die Zahl der Menschen, die hungrig ins Bett gehen, halbiert – jedenfalls eine außergewöhnliche Rate menschlichen Fortschritts. Die Herausforderung, die jetzt in den Zielen der Vereinten Nationen für nachhaltige Entwicklung verankert ist, besteht darin, bis 2030 den Hunger in der Welt zu beseitigen. Das entspricht in etwa dem Grundnahrungsmittelbedarf von einer Milliarde Menschen. Dies jedoch mit einem wesentlich geringeren Wasser- und Energieverbrauch und ohne weitere Waldflächen zu zerstören, die wichtige Speicher von CO_2 sind und die biologische Vielfalt unseres Planeten schützen.

Energie:

Ähnliche Fortschritte wurden bei der Energie erzielt. Innerhalb eines halben Jahrhunderts erhielten mehr als 2 Milliarden Menschen Zugang zu Elektrizität. Mittlerweile haben neun von zehn Menschen Zugang zu Energie, und das Ziel eines universellen Zugangs bis 2030 erscheint erreichbar.

Die Verbrennung fossiler Brennstoffe zur Energiegewinnung ist jedoch die Ursache für drei Viertel aller Treibhausgase in der Atmosphäre. Der Treibstoff für die Volkswirtschaften, der den Lebensstandard für alle erhöht, muss aus einer viel größeren Vielfalt von Quellen stammen, und da es keine Technologien gibt, mit denen die Emissionen in großem Maßstab erfasst und gebunden oder die Emissionen bei der Verbrennung massiv gesenkt werden können, muss der Verbrauch von Öl, Kohle und in geringerem Maße von Erdgas weltweit – und nicht etwa nur in den alten Industriestaaten des Westens – drastisch gesenkt werden.

Wasser:

Inzwischen haben 90 Prozent der Menschen eine erreichbare Trinkwasserquelle. Mitte der 1970er-Jahre gab es das nur für die Hälfte der Menschheit, obwohl sich die Weltbevölkerung bis heute verdoppelte. Jetzt gilt es jedoch nicht nur die letzten 10 Prozent zu erreichen – immerhin auch noch etwa 700 Millionen Menschen –, sondern auch das Risiko eines Rückfalls durch zunehmende Wasserknappheit zu vermeiden. Das ist eine der größten Herausforderungen des Klimawandels.

Jedes dieser Vorhaben in den Bereichen Nahrung, Energie und Wasser ist für sich genommen ein gewaltiges Unterfangen, und die Bevölkerungszunahme, insbesondere in Schwellen- und Grenzländern, bedeutet, dass die absolute Zahl der Menschen, deren grundlegender Entwicklungsbedarf nicht gedeckt werden kann, weiterhin viel zu hoch ist.

Nahrung, Energie und Wasser sind ebenfalls eng miteinander verbunden. Beispielsweise ist der Anbau von Nahrungsmitteln wasser- und energieintensiv, aber Getreide kann auch für saubere Energie verbrannt werden. Anfang der 2000er-Jahre gab es bereits die Diskussion um »Tank oder Teller« bei der Auseinandersetzung um Biokraftstoffe. Und Entsalzung kann Wassermangel lindern, verbraucht aber enorme Mengen an Energie.

Die Herausforderungen dieser drei Ressourcen – einzeln und gemeinsam – werden dazu beitragen, die Perspektiven für drei wichtige geopolitische Trends zu bestimmen: Handel, Technologie und Konflikte. Die Politik – die Kapazität des internationalen Systems – wird wiederum der wichtigste Faktor für die Bewältigung dieser neuen Herausforderungen sein.

Ein neuer Energiemix wird Handelsbeziehungen und geopolitische Beziehungen verändern. Die Wertschöpfungskette für erneuerbare Energien wird neue Verbindungen schaffen durch den direkten Verkauf sauberer Elektrizität – zum Beispiel aus norwegischer Wasserkraft nach Deutschland und Großbritannien oder von Bhutan nach Indien. Auch im Bereich der Rohstoffe entstehen neue Handelsbeziehungen und geopolitische Interessen, z. B. für neue Energietechnologien wie der Elektromobilität durch Kobalt aus der Demokratischen Republik Kongo oder andere Rohstoffe aus der Mongolei und Bolivien.

Gleichzeitig ändern sich oder verkümmern sogar historisch gewachsene bilaterale Beziehungen im Handel mit fossilen Brennstoffen, z. B. zwischen den USA und Saudi-Arabien oder auch zwischen Europa und Russland, denn langfristig wird nicht nur Erdöl durch erneuerbare Energien substituiert werden, sondern auch Erdgas zum Heizen von Gebäuden.

Auch der Handel mit Lebensmitteln wird sich ändern, allerdings aus sehr unterschiedlichen Gründen. Die wichtigsten kalorienexportierenden Regionen sind heute Nordamerika, Südamerika und Europa, und die wichtigsten Importeure sind China und Afrika. Indien wird sich in den nächsten zehn Jahren wahrscheinlich der letzteren Gruppe von Ländern anschließen, die ein Kaloriendefizit aufweisen. Es ist jedoch unwahrscheinlich, dass die zusätzliche Nachfrage dieser Gruppe von Nordamerika oder Europa gedeckt wird, in denen sowohl die landwirtschaftlichen Erträge als auch die Anbauflächen entweder bereits begrenzt sind oder dies kurz bevorsteht. Stattdessen werden die südamerikanischen (insbesondere brasilianischen) Exporte nach Afrika neben Indien und China steigen. Ein neuer »Süd-Süd«-Handel dieser Art wird wahrscheinlich dazu beitragen, neue geopolitische Bündnisse zu bilden – obwohl dies, wie die jüngsten

Daten zum Ausbau der Entwaldung in Brasilien belegen, nicht ohne große Widersprüche bleibt.

Die Geografie der Handelsrouten verändert sich ebenso. Da die Arktis in den nächsten zwei Jahrzehnten voraussichtlich im Sommer eisfrei sein wird, werden neue Transportwege und Prospektionsgebiete eröffnet. Die Routen der Nordsee- und Nordwestpassage sind erheblich kürzer als die Route des Suezkanals für Ladungen zwischen Europa und Asien, und es ist mit einem Anstieg des Verkehrsaufkommens zu rechnen. Das ist gut für die Logistik und für die Reduzierung der Emissionen aus der Schifffahrt, setzt jedoch empfindliche arktische Ökosysteme Umweltverschmutzung und Schäden aus. Es gibt zudem deutliche Hinweise dafür, dass China seinen Einfluss auf die arktischen Staaten ausbauen will, um nach Mineralien zu suchen, die beim Auftauen des Eises abgebaut werden können. Der für uns Europäer absurd klingende Vorschlag des früheren US-Präsidenten Donald Trump, in einem »Immobilien-Deal« Dänemark die Insel Grönland abzukaufen, ist nur ein Fingerzeig darauf, dass hier ganz neue geopolitische Dynamiken ausgelöst werden. Um zu verstehen, wie groß hier die internationale Konfliktlage werden kann, muss man sich die Arktis als eine Version der heutigen Lage an der Straße von Hormus vorstellen.

Die Arktis jedenfalls ist längst zum Austragungsort des Wettbewerbs zwischen China und den USA geworden, wie die neue Artic Defense Strategy der USA zeigt. Europa hat – nicht zuletzt, weil es kein Anrainer der Arktis ist – in dieser Machtauseinandersetzung nichts zu sagen. Ein Weg das zu ändern wäre die Einladung an Kanada, ein vollwertiges Mitglied der Europäischen Union zu werden. Dazu aber müsste die europäische Debatte einen weitaus strategischeren Blick auf die Welt entwickeln, als das derzeit der Fall ist.

Bei den Herausforderungen in den Bereichen Ernährung, Wasser und Energie geht es im Wesentlichen darum, mit weniger mehr zu erreichen. Mehr Energie mit weniger Emissionen. Mehr Nahrung mit weniger Wasser, Land und Abfall. Die Entwicklung der Verfügbarkeit des Wassers ist unterschiedlich: Die Probleme durch den Anstieg des Meeresspiegels, übermäßige Niederschläge und Überschwemmungen sind mindestens so gravierend wie die der Knappheit – das Beispiel Kapstadt im letzten Jahr hat das eindrucksvoll gezeigt.

»Mehr mit weniger« ist die Grundlogik vieler Technologien und Innovationen. Und für Energie, Nahrung und Wasser sind die Dinge vielversprechend, aber die Welt versagt in einigen kritischen Bereichen, was wiederum zum geopolitischen Treiber werden kann und Konsequenzen haben wird.

Durch technologische Innovationen wurden die Kosten für erneuerbare Energien drastisch gesenkt, um sie in vielen Ländern kostengünstiger gegenüber fossilen Brennstoffen zu machen. Seit 2010 ist der Referenzpreis für Solarenergie um 84 Prozent und für Wind um rund 50 Prozent gesunken. Während dies bedeutet hat, dass die Welt in den letzten vier Jahren mehr erneuerbare Energien in Stromversorgungssystemen installiert hat als Kohle und Atomkraft zusammen, sind ähnliche Wendepunkte für Heizung, Kühlung und Transport noch weit entfernt. Erneuerbare Energien decken immer noch nur ein Zehntel des weltweiten Kühl- und Heizbedarfs. Elektrofahrzeuge machen nur einen sehr geringen Teil der globalen Automobilflotte aus, allerdings wächst der Anteil schnell. Das Tempo des Übergangs ist der Haupteinfluss auf die Geopolitik: zu schnell, und es entstehen massive gestrandete Vermögenswerte, die destabilisierend wären. Zu langsam, und es wird nicht gelingen, die Treibhausgasemissionen und die damit verbundenen Schäden einzudämmen.

Wenn es um Lebensmittel geht, ist die Geopolitik ist nicht förderlich. Die Mathematik zeigt die Größe des Problems: Die Nahrungsmittelproduktion muss sich bis 2050 im Wesentlichen verdoppeln. Dies bedeutet eine jährliche Steigerung der Ernteerträge um etwa 2,4 Prozent. Die Erträge für die vier Kulturen, die zwei Drittel der weltweiten Kalorien liefern – Mais, Reis, Weizen und Sojabohnen – wachsen jedoch nur halb so schnell. Eine neue Generation von Biotech-Pflanzen, die auf der Präzisionsbearbeitung von Genen basiert, verspricht verbesserte Erträge, doch bestehen nach wie vor erhebliche Barrieren aufgrund unterschiedlicher regulatorischer Regelungen und der Besorgnis der Öffentlichkeit mit Blick auf gentechnisch veränderte Pflanzen.

Das letzte Mal, dass die Welt die landwirtschaftliche Produktivität schrittweise veränderte, war die Grüne Revolution der 1960er-Jahre, als westlich geführte Entdeckungen und Praktiken bei der Verwendung von ertragreichen Pflanzen, Düngemitteln und Bewässerungstechniken in den Rest der Welt exportiert wurden, insbesondere in Entwicklungsländer. Es ist nicht klar, welche Technologien eine zweite grüne Revolution unterstützen werden oder ob es überhaupt eine geben wird, aber es ist schwer zu erkennen, wie die notwendigen politischen Treiber zusammenkommen können.

Technologien, Ideen, Menschen oder gar landwirtschaftliche Produkte werden in einer G-Null-Welt ohne global verbindliche Verabredungen nicht frei über Grenzen hinweg fließen bzw. sich bewegen. Die Maiserträge in Afrika liegen derzeit bei nur 20 Prozent des Potenzials und in Indien bei 40 Prozent. Um diese zu skalieren, wäre eine Art internationale Zusammenarbeit erforderlich, die aber in einem sich verschlechternden internationalen Umfeld immer weniger wahrscheinlich ist. Stattdessen werden zerstörerische und dennoch national profitable landwirtschaftliche Praktiken wie die beschleunigte Abholzung des Amazonas weitergehen.

Die Vorstellung, dass die Knappheit an lebenserhaltenden Nahrungsmitteln, Wasser und Energie den Konflikt antreibt, liegt auf der Hand. Nach Schätzungen der Vereinten Nationen spielte Wasser 2017 in mindestens 45 Ländern eine wichtige Rolle in Konflikten und war der Auslöser für mehr als die Hälfte von ihnen. Und die Vorstellung, dass der Klimawandel durch die Verknappung von Nahrung und Wasser oder zumindest durch eine ungleichmäßigere Verteilung die Konfliktbedingungen verschärfen wird, ist gut begründet.

Was vielleicht weniger offensichtlich und von der Politik getrieben ist, ist die Art der globalen Reaktion auf diese bevorstehenden und realisierten Krisen. In erster Linie brauchen die am stärksten gefährdeten Menschen humanitäre Hilfe, um zu überleben. In den letzten drei Jahren haben jeweils mehr als 100 Millionen Menschen Nothilfe für Lebensmittel benötigt. Dennoch bleibt jede einzelne humanitäre Krise weltweit materiell unterfinanziert. Die Länder haben nur 15 Milliarden US-Dollar der benötigten 25,2 Milliarden US-Dollar beigesteuert, während Krisen wie in

Haiti und Libyen nur zu 11 Prozent bzw. 25 Prozent finanziert sind. Und es ist unwahrscheinlich, dass die Finanzierungslücke geschlossen wird. Der größte Geber der Vereinten Nationen sind die USA und es bleibt zu hoffen, dass der US Präsident Joe Biden die Kürzungen seines Amtsvorgängers zurück nimmt.

Kurz gesagt, die Aussichten für eine multilaterale Zusammenarbeit sind in einer G-Null-Welt rückläufig. Wenn nicht geholfen wird, sind Menschen, die unter Nahrungsmittel- oder Wasserstress stehen, gezwungen, ihr Land zu verlassen. Der Klimawandel kann so zum größten Treiber weltweiter Fluchtbewegungen werden. In den meisten Fällen sind ihre ersten Fluchtbewegungen innerhalb des eigenen Landes. Natürlich klingt die Zahl von rund einer Million Flüchtlingen, die 2015 nach Deutschland gekommen sind, auch heute noch gewaltig. Tatsache ist jedoch, dass die weit überwiegende Mehrheit der 65 Millionen Flüchtlinge auf der Welt entweder in ihrem Land oder zwischen den ärmsten Ländern hin und her zieht. Deshalb ziehen die Bewohner tief liegender Gebiete in Bangladesch wahrscheinlich nach Dhaka, und die Landbevölkerung in Mexiko und Guatemala siedelt auf die zentralen Hochebenen um Mexiko-Stadt bzw. Guatemala-Stadt um. Diese Bewegungen können das menschliche Leid oft nicht lindern, da die Aufnahmeregionen oft selbst überfordert sind und der Zusammenprall der Gemeinschaften oft die lokale und regionale Politik destabilisieren kann.

In einigen Fällen können Bewegungen jedoch Grenzen überschreiten, wodurch zusätzliche humanitäre und politische Risiken entstehen. Diejenigen, die aus klimabedingten Gründen – eine zunehmende Wahrscheinlichkeit für die Zukunft – zur Migration gezwungen werden, werden nach der UN-Konvention von 1951 nicht als Flüchtlinge anerkannt und haben daher keinen internationalen Schutz. Und die grenzüberschreitenden Ströme von Klimamigranten, die bis 2030 auf bis zu 140 Millionen geschätzt werden, destabilisieren mit hoher Wahrscheinlichkeit die internationale Politik ähnlich wie die Migrationswelle 2015 Europa und entzünden die Flammen des Nationalismus. Die Machtauseinandersetzungen in der Welt beeinflussen also nicht nur die Klimapolitik, sondern umgekehrt verändern die Folgen des Klimawandels auch die strategischen Machtachsen nachhaltig. Es wäre gut, wenn die deutsche und europäische Politik weniger mit dem moralischen Zeigefinger über die Klimapolitik und vor allem weniger selbstbezogen argumentieren würde, sondern versuchen würde, die internationalen Machtverschiebungen in den Blick zu nehmen.

Die weltpolitischen Spielregeln des 20. Jahrhunderts

Ein kurzer Blick zurück in die jüngere europäische Geschichte zeigt, wie groß der Bruch ist, den wir zurzeit erleben. Der Chefredakteur der *Neuen Zürcher Zeitung*, Eric Gujer, unterscheidet die westliche Außenpolitik seit 1945 danach, ob sie eher interessen- oder wertegeleitet ist.[7] Werte und Interessen stehen in aufgeklärten und demokratischen Gesellschaften immer in einem Spannungsverhältnis und müssen ausgehandelt werden. Insofern ist ihre Gegenüberstellung ein schematisches Hilfskonstrukt, das aber die Tendenz politischer Entscheidungen gut abbildet: Eine interessengeleitete demokratische Politik kennt natürlich auch Werte, gewichtet sie aber nach nationalen Interessen. Das nennt man gemeinhin »Realpolitik«. Umgekehrt kennt auch die wertegeleitete Politik Interessen, ist aber bereit, sie im Zweifel zurückzustellen.

Nach einer Zeit stärker interessengeleiteter Außenpolitik als Konsequenz der Blockbildung nach 1945 folgte nach Gujer mit dem Fall des Eisernen Vorhangs eine fast 30-jährige Periode eher idealistischer Werteorientierung der westlichen Welt. Er bezeichnet beide Phasen auch als »Weltordnung 1.0« und »Weltordnung 2.0«.

Der Aufwind autoritärer Regime und die veränderte Haltung der USA führen aktuell wieder in eine weitaus stärker interessenorientierte Außenpolitik, die allerdings nicht die Rückkehr zur »Weltordnung 1.0« bedeutet. Wir stehen an einer historischen Wegmarke, vergleichbar mit 1919, 1945 oder 1989. Wir befinden uns am Übergang zu einer Weltordnung 3.0, deren Konturen noch nicht deutlich sind. Eine neue Bipolarität – in diesem Fall zwischen China und den USA – ist ebenso möglich wie eine

Periode der Unübersichtlichkeit oder Multipolarität auf der Grundlage internationaler Regeln.

Weltordnung 1.0

Die Welt nach dem Zweiten Weltkrieg war gekennzeichnet von zum Teil hermetisch geschlossenen Grenzen, die den europäischen Kontinent in eine westliche und eine östliche Hälfte spalteten. Ich selbst bin im Harz an der einstigen Demarkationslinie aufgewachsen, die Europa teilte. Goethes mythischen Berg, den Brocken, immer im Blick, dachte ich damals, dass ich niemals Gelegenheit haben würde, ihn zu besteigen. Er lag auf dem Gebiet der damaligen DDR und war außerdem ein Horchposten der Roten Armee. Die Schutzgarantie des westlichen Bündnisses ließ bei uns keinerlei Zweifel aufkommen, dass wir trotz der Nähe zum Herrschaftsbereich des Warschauer Paktes in großer Sicherheit lebten.

Die NATO, das militärische Bündnis des Westens, sah sich zwar demokratischen und freiheitlichen Werten verpflichtet, duldete aber in ihren Reihen auch Militärdiktaturen, die ihren strategischen Einfluss gegen den kommunistischen Machtbereich sichern sollten. So gehören die Türkei und Griechenland seit 1952 der NATO an. In Ankara putschte das türkische Militär 1960, 1971 und 1980, ein weiterer Putschversuch scheiterte 2016. In Griechenland herrschte das »Regime der Obristen« oder »die Junta« von 1967 bis 1974. An den Rändern des Kalten Krieges zwischen NATO und Warschauer Pakt wurden die westlichen demokratischen Werte den gegen den »Ostblock« gerichteten Interessen untergeordnet.

Militärische Interventionen in dieser Weltordnung 1.0 waren häufig eher postkoloniale Alleingänge, in denen sich frühere Kolonialmächte schmerzhaft von ihren Einflusszonen trennten, wie etwa Frankreich von Vietnam und Algerien. Oder es ging um militärische Alleingänge, die nichts mit humanitären Zielen, sondern ausschließlich mit Machtpolitik in den eigenen Einflusszonen zu tun hatten. Davon kündeten die Interventionen der USA etwa in Kuba, Chile, Nicaragua oder Grenada.

Politische und wirtschaftliche Macht lagen in dieser Weltordnung weitgehend in einer Hand. Der Westen dominierte die Regeln des Welthandels ebenso wie die internationalen Finanzinstitutionen. Nicht Freihandel oder faire Handelsbeziehungen standen im Vordergrund, sondern nüchternes wirtschaftliches Kalkül, um westliche Interessen gegenüber dem sowjetischen Antagonisten und seinen Bündnispartnern durchzusetzen. Die damalige Außenpolitik war auf die Existenzsicherung der westlichen Welt ausgerichtet.

Weltordnung 2.0

Mit dem Fall der Mauer, der Auflösung der Sowjetunion und dem Ende des Eisernen Vorhangs war die Existenz der in den westlichen Bündnissystemen verbundenen Staaten nicht mehr prinzipiell infrage gestellt. Die Ereignisse des Jahres 1989 waren der vorläufige Höhepunkt eines Fortschrittsglaubens, der sich in der Tradition der Aufklärung sah und in der 1992 von Francis Fukuyama propagierten Idee vom »Ende der Geschichte« gipfelte. Seine Vorstellungen, die vom Westen für universell gehaltenen Werte hätten sich nunmehr in Form des demokratischen Kapitalismus durchgesetzt, und Marktwirtschaft und Teilhabe aller am Wohlstand würden die liberale Weltordnung bestimmen, erwiesen sich als Irrglaube. Und falsch war auch die Annahme, wirtschaftlich erfolgreiche demokratische Gesellschaften würden weit weniger an Kriegen interessiert sein als autoritäre Regime, weshalb sich die Welt weitgehend friedlich entwickeln würde. Zugespitzt formuliert: So wie marxistische Ideologen einst den weltweiten Sieg des Kommunismus naturgesetzlich vorhergesagt hatten, taten dies mit umgekehrten Vorzeichen nun die liberal-demokratischen Kräfte.

Nicht nur in Deutschland wurden in der Folge erhebliche Summen im Verteidigungsetat eingespart, die als »Friedensdividende« für andere gesellschaftliche Aufgaben umgewidmet wurden. So schrumpfte die Personalstärke der Bundeswehr von 495 000 Soldaten im Jahr 1988 auf 294 000 im Jahr 2002 und auf 178 000 im Jahr 2017. Die Bundeswehrreform des damaligen Verteidigungsministers Karl Theodor zu Guttenberg (CSU) sollte in der veränderten Auftragslage weg von der territorial orientierten Landesverteidigung hin zu einer Armee im »Out-of-area-Einsatz« führen und damit fünf Milliarden Euro pro Jahr einsparen. Der aktuell so häufig beklagte Zustand der Bundeswehr als »bedingt einsatzbereit« hat in dieser gescheiterten Reform einen wichtigen Grund.

Der Zusammenbruch der Sowjetunion leitete eine »wertegeleitete Außenpolitik« ein. Die Weltordnung 2.0 war von einer weitgehend durch die USA dominierten unipolaren Welt geprägt. Russlands außen- und militärpolitische Bedeutung ging in dieser Phase drastisch zurück, was den ehemaligen US-Präsidenten Barack Obama zu seiner abschätzigen Bemerkung von der »Regionalmacht« veranlasste. Es verlor fast alle seine alten Einflussgebiete in Europa, Afrika, Asien und Lateinamerika. Der Fall des Eisernen Vorhangs beflügelte zugleich den Welthandel. Der liberale Kapitalismus trat seinen bis heute unaufhaltsamen Siegeszug an. Der globale Warenexport stieg zwischen 1990 und 2000 um knapp 90 Prozent. Zugleich nahmen dabei auch die Migrationsbewegungen zu. Die Vereinten Nationen registrierten 1990 über 154 Millionen Menschen als Migranten, im Jahr 2000 waren es bereits 175 Millionen, 2013 lag die Zahl bei 232 Millionen Menschen.

War es während des Kalten Krieges die Gegnerschaft zum kommunistischen Sowjetimperium, die die freie Welt zusammenhielt, wurden nun die Werte des Westens zum einigenden Band. Die Wahrung der Menschenrechte und die Verbreitung der Demokratie erhielten einen völlig neuen Stellenwert. Gaben bis dahin machtpolitische Motive den Ausschlag für eine militärische Intervention, wurden nun idealistische und universelle Ziele zur Rechtfertigung der Besetzung eines Landes mit militärischer Gewalt formuliert: der Aufbau einer besseren Ordnung und die Durchsetzung der Menschenrechte. In den USA dominierte diese moralischidealistisch geprägte Außenpolitik in der liberalen Variante unter Bill Clinton ebenso wie in der konservativen unter George W. Bush. Dessen Vater, George Bush senior, war als US-Präsident im ersten Irakkrieg zur Befreiung Kuweits noch vorsichtiger und verzichtete trotz militärischer Erfolge gegen Saddam Hussein auf einen Regimewechsel in Bagdad.

Das *Nation Building* war in dieser Phase kein Deckname für in Wahrheit weiterhin machtpolitisch motivierte Interventionen, sondern entsprach einem verbreiteten Bedürfnis, großflächigen Gewaltakten nicht einfach tatenlos zuzusehen. Die humanitäre Intervention in Somalia 1992, die Beendigung der Balkankriege um Bosnien-Herzegowina im selben Jahr, die friedenserhaltende Mission in Ruanda 1993 und selbst der Einsatz in Afghanistan 2001 und im zweiten Irakkrieg 2003 folgten diesen scheinbar idealistischen Zielsetzungen. Doch die Intervention gegen die Basis islamistischen Terrors entsprach auch einer Selbstbehauptungslogik der USA und ihrer Koalitionspartner als Reaktion auf die Terroranschläge am 11. September 2001 in New York. In keinem der anderen oben genannten Länder fanden sich gewichtige machtpolitische Gründe zur Intervention, sondern im Wesentlichen idealistische.

Die in diesen Einsätzen erlittenen Fehlschläge, etwa in Somalia und Ruanda, bei denen die UNO-Blauhelme dem Massenmord tatenlos zusehen mussten, weil ihr Mandat nicht zur Intervention berechtigte, führten schließlich zur *Responsibility to Protect*, der Schutzverantwortung der Internationalen Gemeinschaft. Damit wurde eine völkerrechtliche Grundlage für »robuste« militärische Eingriffe in Konflikten geschaffen, die von schwerwiegenden Menschenrechtsverletzungen geprägt wurden.

Auf dieser Basis autorisierte der Sicherheitsrat der Vereinten Nationen in der Diskussion um ein militärisches Eingreifen der Staatenwelt in Libyen 2011 erstmals ein militärisches Eingreifen in einen inneren Konflikt. Damit konnte eine Flugverbotszone zum Schutz der Zivilbevölkerung in Libyen eingerichtet werden, mit der die Luftwaffe des libyschen Diktators Muhammar al-Gaddafi gehindert wurde, die regierungsfeindlichen Rebellen zu bekämpfen.

Die insgesamt gemischten Erfahrungen mit all diesen Einsätzen führten am Beginn des syrischen Bürgerkriegs dazu, dass sich der Westen nicht zu einer Beteiligung – etwa durch eine Flugverbotszone – bereitfand. Das heutige Ergebnis zeigt: Beides, Interventionen und Nichtinterventionen können sich als Fehlentscheidungen erweisen, deren moralische und materielle Kosten enorm sind. Rückblickend wäre die frühzeitige Durchsetzung einer Flugverbotszone im syrischen Krieg sicher besser gewesen.

Die relativ kurze Phase einer stärker wertegebundenen Außenpolitik mit ihren idealistischen Übertreibungen ist inzwischen wieder einer neuen Realpolitik gewichen. Die neue wirtschaftliche und auch militärische

Präsenz Chinas, das Gefühl eines *imperial overstretch* in den USA, die Rückkehr Russlands als internationaler Akteur und auch die negativen Auswirkungen der Globalisierung relativierte in den letzten Jahren die stark werteorientierte Außenpolitik des Westens. Nicht die Rückkehr in die frühere Politik der Einflusszonen aus der Weltordnung 1.0, aber doch eine realistischere Betrachtung der eigenen Möglichkeiten und Prioritäten ist die Folge. Heute leben wir auch in den westlichen Bündnisstaaten wieder in einer Phase vorwiegend interessengeleiteter Außenpolitik.

Besonders deutlich wird dies mit Blick auf die Entwicklung im Nahen Osten: Die Euphorie und der Optimismus des Arabischen Frühlings sind verschwunden. Wo man den Sturz des ägyptischen Machthabers Hosni Mubarak noch bejubelt hatte, wird heute das autoritäre Regime des ägyptischen Präsidenten Abd al-Fattah as-Sisi geduldet und sogar gefördert, um die Region nicht noch mehr zu destabilisieren. Vor allem das europäische und amerikanische Interesse daran, eine Annäherung Ägyptens an Russland zu verhindern und keine neue und große Quelle für ungesteuerte Migration zu produzieren, ist hier entscheidend. In meiner ersten Begegnung mit dem ägyptischen Präsidenten Sisi in Deutschland im Jahr 2016 ging es natürlich auch um das Thema Menschenrechte. Nachdem er geduldig meine Klage über die Missachtung grundlegender Freiheits- und Menschenrechte in Ägypten angehört hatte, antwortete er in sehr freundlichem und ruhigem Ton: »Wissen Sie, eigentlich solltet ihr Europäer froh sein, dass ich euch die Arbeit abnehme und diese Leute einsperre. Ohne mich müsstet ihr das selbst machen. Und wenn ihr mich nicht stützt: Wie viele Millionen zusätzliche Flüchtlinge möchtet ihr in Europa noch bekommen? Ich schicke Ihnen so viele Sie wollen.« Ich war über so viel Offenheit nicht nur verblüfft, sondern muss zugeben, dass sein Hinweis durchaus eine tragische Logik entfaltete.

Und auch in Syrien wollen die westlichen Verbündeten zwar die Terrormiliz des sogenannten Islamischen Staates (IS) bekämpfen, streben aber nicht mehr länger zwangsläufig einen Regimewechsel an. In Nordkorea bieten die USA sogar eine Garantie für das kommunistische System an, falls das Regime in Pjöngjang die Entwicklung eigener Nuklearwaffen stoppt. Und mit Blick auf den Iran hält zumindest Europa an seiner

Strategie der Eindämmung (*Containment*) fest und betont keine fundamentale Gegnerschaft zum bestehenden Regime.

Es ist kein Zufall, wenn Historiker in dieser neuen Phase der außenpolitischen Neuorientierung auf die Beispiele des Westfälischen Friedens (1648) und des Wiener Kongresses (1815) verweisen. In beiden Fällen standen die europäischen Ordnungen wegen der extremen politischen und religiösen Auseinandersetzungen beziehungsweise wegen der Napoleonischen Kriege nach der Französischen Revolution vor der Zerstörung. Beide Male wurde das Chaos verhindert, weil sich die Nationalstaaten auf ihre Souveränität und den Grundsatz der Nichteinmischung beriefen. Eine neue Ordnung überwölbte die divergierenden europäischen Politiken. Nicht die Werte bestimmten diese Ordnung, sondern das gemeinsame Interesse, den Frieden aufrechtzuerhalten und die alten Herrschaftsverhältnisse zu restaurieren.

Die Europäische Union ist nach zwei Weltkriegen ein weiterer Versuch, unterschiedliche Interessen zu überwinden, gemeinsam den Frieden zu sichern und wohlhabende und sozial gesicherte Gesellschaften aufzubauen. Allerdings sind die Unterschiede zu heute evident, denn es handelt sich nicht mehr um innereuropäische Angelegenheiten. Eine neue globale Ordnung wird nur dann entstehen, wenn Länder wie China, Russland, aber auch Indien darin ihren angemessenen Platz finden. Zugleich muss sich die Weltgemeinschaft einig werden, wie sie mit Regelverstößen gegen diese Ordnung umgehen will. Andererseits bieten heute die Nutzungsmöglichkeiten von Big Data auch nichtstaatlichen Akteuren große Einflussmöglichkeiten auf nationale und internationale Ordnungen.

China und Russland eint, dass sie anders als die bisherige westliche Welt keinerlei Bindungen an Rechtsstaatlichkeit oder bestimmte Werte von ihren Partnern erwarten. Sie verfolgen mit ihren Partnerschaften zu anderen Ländern und Regionen ihre nationalen Interessen. Im Gegensatz zu Russland verbindet China dabei keine konfrontative Strategie. Dafür setzt das Land die eigene geoökonomische Macht inzwischen sehr gezielt und zentral ein. Beide Staaten streben einen »Multilateralismus à la carte« an: so viele internationale Regeln wie zur Absicherung eigener Interessen nötig, so viel Regelungebundenheit wie möglich, um die eigene

Handlungsfreiheit hochzuhalten. Europa und die USA verlieren jedenfalls angesichts des Aufstiegs Chinas und sicher bald auch Indiens zwangsläufig an Einfluss und Bedeutung. Erst langsam bildet sich in unseren Gesellschaften ein Bewusstsein über diese epochale tektonische Machtverschiebung heraus.

Die Frage nach der künftigen Weltordnung stellt sich vor allem, weil Amerikas Macht und Ressourcen relativ geschrumpft sind, während andere Mächte wie Russland, China oder der Iran ihre Ziele konsequent verfolgen und sich weiterentwickelt haben. Vor allem für Europa bringt diese Entwicklung Probleme mit sich. Während die USA in der noch nicht wieder geordneten Welt auf absehbare Zeit die stärkste Kraft bleiben, verliert Europa abseits der eigenen Identitätskrise, der ungelösten inneren Differenzen und des Brexits seine Sonderstellung. Gerade Westeuropa profitierte über Jahrzehnte nicht nur von der amerikanischen Sicherheitsgarantie, sondern auch von der wirtschaftlichen Prosperität und den Ressourcen der Vereinigten Staaten.

Russlands aggressive Haltung und der ungelöste Konflikt mit der Ukraine, Afrika als demografische Zeitbombe, die Konflikte in der Türkei, im Nahen Osten und der Krieg um Syrien sind Alarmsignale: An allen außenpolitischen Fronten sieht sich Europa derzeit bedroht. Es zeigt sich, dass auch in Zeiten der Globalisierung und der Digitalisierung die Geografie das Schicksal bestimmt – im Guten wie im Schwierigen.

Die Welt im Krisenmodus

Auf der Suche nach einer neuen globalen Ordnung beherrschen Unsicherheit und Chaos die internationale Szene, wächst das Risiko innerstaatlicher und zwischenstaatlicher Konflikte, bedrohen terroristische Akteure die rechtsstaatlichen Garantien demokratischer Staaten. Die liberale Staatenwelt des Westens ist mit autoritären Gegenkräften konfrontiert und in der Defensive. Jürgen Habermas hat bereits vor über 30 Jahren von einer »neuen deutschen Unübersichtlichkeit« gesprochen. Jetzt ist sie global. Wir sind Zeugen einer geschichtlichen Regression, wir erleben einen neuen, von Populisten und Isolationisten geschürten Nationalismus, und wir stoßen auf Abschottungsversuche beim freien Austausch von Waren und Gütern.

Verschärft wird dieser Prozess durch Gegenbewegungen zu den Trends der Globalisierung und Demokratisierung, die lange dominierten. Bewährte Prinzipien und Grundlagen der internationalen Beziehungen wie der Multilateralismus, das Völkerrecht und die universelle Gültigkeit der Menschenrechte werden infrage gestellt – von manchen Staaten eher unbekümmert, von anderen eher unverfroren. So werden die Grundlagen von Sicherheit und Wohlstand riskiert, die Gefahr von Handelskriegen, Rüstungswettläufen und bewaffneten Konflikten steigt. Die demografische Diskrepanz zwischen dem schrumpfenden Norden und dem wachsenden Süden sowie die Folgen des Klimawandels geben allen Anlass zur Sorge. Migrations- und Fluchtbewegungen beherrschen das Kalkül der westlichen Staaten und prägen das politische Bewusstsein.

Das weltpolitische Umfeld verändert sich derart schnell und gravierend, dass selbst eine stärker geschlossene Europäische Union es nicht leicht hätte, darin zu bestehen.

Zwar ist die Bevölkerungsanzahl der EU-27 zwischen 1960 und 2015 von knapp 400 Millionen auf rund 450 Millionen Menschen gestiegen, der globale Anteil ist jedoch gesunken: 1960 machten die Europäer noch 13,5 Prozent der Weltbevölkerung aus, 2015 hingegen nur noch 6,9 Prozent – und da war das Vereinigte Königreich Teil der EU. Staaten wie Indien, Pakistan, Nigeria und Brasilien haben ihre Bevölkerungsanzahl hingegen binnen weniger Jahrzehnte vervielfacht.

Mit dieser demografischen Entwicklung ging für Europa auch eine bedenkliche volkswirtschaftliche Tendenz einher – ein schrumpfender Anteil der globalen Wertschöpfung. 1970 generierten die 28 heutigen EU-Staaten noch 37,8 Prozent des weltweiten Bruttoinlandsprodukts, 2015 war der Anteil auf 26,3 Prozent gesunken. Zugleich erlebte die Welt den fulminanten Aufstieg Chinas: 1970 war es weniger als ein Prozent des globalen Bruttoinlandsprodukts, 2015 bereits ein Zehntel.

Über Jahrzehnte haben wir insbesondere China als Absatzmarkt für unsere Waren gesehen, als preiswerte Produktionsstätte und verlängerte

Werkbank. Heute ist die größte Handelsmacht und aktuell zweitgrößte Volkswirtschaft der Erde ein Technologieexporteur. Asiatische Staaten sind nicht nur Handelspartner, sie sind längst Mitbewerber auf den Weltmärkten. Und sie wollen unsere globalisierte Welt auch politisch mitgestalten.

Die Entwicklung einer globalen und datengetriebenen Ökonomie setzt die klassischen industriellen Erfolgsmodelle Europas – und hier insbesondere Deutschlands – in einem bislang nie gekannten Ausmaß unter massiven Wettbewerbsdruck. Was sich hier hinter Begriffen wie »disruptiv«, »Digitalisierung der Arbeitswelt« oder »künstliche Intelligenz« verbirgt, meint nicht weniger als den Abschied von allen bei uns bislang dominierenden wirtschaftlichen Erfolgsfaktoren. Die zersplitterte europäische Forschungs- und Investitionslandschaft behindert uns massiv, bei dieser veränderten globalen Wirtschaftsdynamik mitzuhalten.

Wir beobachten derzeit immer weniger zwischenstaatliche bewaffnete Konflikte. Stattdessen bestimmen innerstaatliche bewaffnete Auseinandersetzungen und terroristische Anschläge unterschiedlicher Akteure, zum Beispiel die Bürgerkriege in Syrien, im Jemen, im Kongo und in Mali das Bild. Oder aber hybride und asymmetrische Kriege herrschen, wie in der Ostukraine, die unerklärt bleiben und als schwelende Konflikte fortwirken, ohne die Perspektive einer Lösung zu eröffnen. Und schließlich die computergesteuerten Konflikte, die unter dem Begriff *Cyber War* figurieren: In einer Mischung aus technologischen, medialen und geheimdienstlichen Mitteln, mit gezielten Desinformationen und Fake News lassen sich Wahlen beeinflussen oder ganze Gesellschaften destabilisieren – etwa bei einem der ständig wachsenden Hackerangriffe auf Firmen oder auf staatliche Versorgungssysteme. In einem Schattenreich der Globalisierung trägt die rapide wachsende internationale Kriminalität zur Fragmentierung der Sicherheitsarchitektur bei und verursacht damit Schäden, die Interpol auf jährlich bis zu 4,8 Billionen US-Dollar beziffert.

Auch den Terrorismus haben wir nicht besiegt. Dieser Kampf lässt sich nicht allein mit militärischen Mitteln und Repression gewinnen. Langfristig werden wir nur erfolgreich sein, wenn wir vielen jungen Leuten in unserer südlichen Nachbarschaft Bildungs- und Zukunftschancen eröffnen – zum Beispiel in Afrika. Nur mit mehr Schulen, Berufsausbildung und Hochschulen lassen sich dort jene »Fluchtursachen« bekämpfen, die manche Politiker gern im Mund führen, wenn sie über den Exodus aus Afrika klagen. Die Welt ist weit davon entfernt, für alle Menschen nur das Überleben zu sichern. 1,4 Millionen Kinder sind akut vom Hungertod bedroht. Allein die Zahl zeigt, dass wir zu wenig tun und die Ansätze unserer Entwicklungspolitik weitgehend versagt haben.

Im Zentrum des Orkans herrscht Windstille. So kommt man sich in Deutschland derzeit vor. Da beschäftigt sich die Bundesregierung mit der richtigen Formulierung für das »dritte Geschlecht«, vermittelt den Eindruck, dass man nur genug Geld ausgeben müsse, um die Pandemie und ihre Folgen zu überstehen, und überlässt Europa dem französischen Präsidenten. In Wahrheit toben außerhalb Europas Stürme und Orkane. Die Selbstbezogenheit unserer Politik wird sich nicht dauerhaft im windstillen Zentrum der Weltpolitik verstecken können. Eher besteht die Gefahr, dass wir in die Peripherie dieses globalen Sturms geraten und mitgerissen werden.

Der Erosionsprozess, der die gegenwärtige Weltunordnung begleitet und das Gefühl vermittelt, in einem permanenten Ausnahmezustand zu leben, schafft ein Vakuum, das neue, aufstrebende Mächte zu füllen suchen. Allen voran China. Sichtbares Symbol ist die Neue Seidenstraße. Aber auch andere Mächte drängen in das Vakuum, das die USA und mit ihnen der Westen hinterlassen. Russland, Iran und die Türkei zeigen gerade in Syrien, dass wir Europäer – mal abgesehen von Nebenrollen der beiden Sicherheitsratsmitglieder Frankreich und Großbritannien – zu vernachlässigende Akteure sind, wenn es um die Neuordnung dieses Landes geht. Auch in den anderen Brandherden des Nahen Ostens spielen wir Europäer keine oder nur eine Nebenrolle: Im Konflikt Saudi-Arabiens mit dem Iran, im Konflikt am Golf, im Jemen und leider auch im Israel-Palästina-Konflikt stehen wir an der Seitenlinie. Wir Europäer und insbesondere wir Deutschen halten stattdessen Vorträge, beklagen die Lage und fordern die Achtung des Völkerrechts ein, während andere die Machtachsen der Region entschlossen verschieben. Europa gilt als reich, aber schwach. Dies umso mehr seit das Vereinigte Königreich die Europäische Union verlassen hat.

Afrika etwa wird in absehbarer Zeit seine Bevölkerung auf drei Milliarden Menschen verdoppelt haben. In dieser unmittelbaren Nachbarschaft schwindet der europäische Einfluss aber eher, als dass er wächst. Hier investiert China seit Jahren in Infrastruktur, Rohstoffvorkommen und auch in Bildung. Während wir Europäer in Afrika vorwiegend die Probleme sehen und unser Engagement dort vor allem als Bollwerk gegen eine wachsende Flutwelle von Flüchtlingen interpretieren, erreicht kein einziger afrikanischer Flüchtling China.

Lange hat der permanente Krisenmodus vor allem Staunen erweckt. Mittlerweile lassen sich Muster erkennen, die besorgniserregend sind. Der Zerfall von Staaten in unserer Nachbarschaft lässt grenzüberschreitende Konflikte, die ganze Regionen destabilisieren, drastisch anwachsen. Das Zerbröseln der staatlichen Strukturen (*failed states*), etwa in Libyen oder im Jemen, zerstört dort die gesellschaftliche Integrität und die moralische Ordnung. Gleichzeitig agieren aufstrebende Staaten wie China oder Indien, aber auch die Autokratien in Russland, der Türkei, Saudi-Arabien und Iran derart, dass tradierte Strukturen und regionale Machtgefüge ins Rutschen geraten. Die gewaltsamen Konflikte provozieren weitere zahlreiche Krisen, sie lösen Flüchtlingsströme aus.

Wir werden lernen müssen, in »Krisenlandschaften« zu denken, rät Volker Perthes, der Direktor der Stiftung Wissenschaft und Politik, und wir müssen uns in Deutschland wieder als Teil solcher Krisenlandschaften verstehen.[8] So ist der Krieg in Syrien keine nur außen- und sicherheitspolitische Bürde. Dieser Konflikt ist längst über die nationalen Grenzen hinausgewachsen und berührt unsere Beziehungen zu Russland oder Iran genauso wie zu Israel und den USA. Und er ist ebenso wie unser seit 17 Jahren währender militärischer Einsatz in Afghanistan eine erhebliche Herausforderung für unsere innere Sicherheit und die europäische Integration.

Eine riesige Gefahr in dieser aus den Fugen geratenen Welt ist die wachsende nukleare Bedrohung. Immer mehr Staaten verfügen über Atomwaffen – oder streben dies an. Die ungelösten Konflikte um das iranische Atomprogramm und der Streit um die Denuklearisierung der koreanischen Halbinsel bergen alle Risiken einer kriegerischen Auseinandersetzung, solange keine diplomatischen Lösungen gefunden wurden.

Abrüstung und Rüstungskontrolle stehen nicht mehr auf der internationalen Agenda, im Gegenteil: Die Atommächte forcieren ihre nuklearen Rüstungsprogramme. Mit der *Nuclear Posture Review* (NPR) überprüfen und modernisieren die USA ihre Kernwaffen. Ihre Militärstrategen versuchen allen Ernstes »einsetzbare« Optionen zu schaffen. Parallel dazu baut Amerika sein weltweites Raketenabwehrsystem weiter aus, das aus Moskauer Sicht die russische Zweitschlagkapazität auszuschalten droht. Als Konsequenz rüstet Russland sein strategisches nukleares Arsenal mit völlig neuen Waffensystemen aus. Beide Seiten setzen auf Kapazitäten, die der jeweils anderen Seite überlegen sein sollen.

Wenn wir die Summe der Veränderungen in der Welt wirklich verstehen wollen, müssen wir zunächst unsere eigenen Messinstrumente justieren. Denn diese sind zu großen Teilen noch auf Wunschdenken geeicht und nicht auf die Wirklichkeit. Wir müssen erkennen, dass die tektonischen Verschiebungen nicht automatisch Europa, den alten Kontinent, als Gewinner aus diesen globalen Entwicklungen hervorgehen lassen. »Globale Herausforderungen erfordern globale Lösungen« – das war das Mantra der Nullerjahre, als der Transnationalismus seinen Höhenflug erlebte. Allerdings nur in der westlichen Welt.

China und Russland beispielsweise dachten schon damals in den Kategorien nationaler Stärke. Ihre jeweiligen Plädoyers für einen Multilateralismus »à la chine« oder »à la russe« sollten ihre autoritären Gesellschafts- und Ordnungsvorstellungen rechtfertigen und richteten sich damit vor allem gegen westliche Werte. Diese westlichen Werte beinhalten gerade keine geografisch auf die westliche Welt beschränkte Vorstellung von Freiheit, Demokratie und Menschenrechten, sondern erheben einen universellen Anspruch. Während der westliche Begriff von Multilateralismus also vor allem darauf abhob, für alle verbindliche Regeln zu schaffen, friedliche Konfliktbeilegung zu ermöglichen und gemeinsame Grundlagen für die internationale Politik zu schaffen, diente der gleiche Begriff in den autoritären Staaten der Abwehr der westlichen Vorstellungen von universellen Werten. Nur das Wort ist gleich, nicht der Inhalt.

Das eigentlich Verstörende der letzten Jahre war, dass sich auch die USA als Führungsnation von der westlichen Idee des Multilateralismus zu verabschieden schienen. Und wenn Amerika sich davon entfernt, kann man von den konkurrierenden Staaten kaum verlangen, dass sie sich unsere Vorstellung von Multilateralismus zu eigen machen. *Take Back Control* und *Make America Great Again* gibt es jetzt auch in den Varianten *Make Russia Great Again*, *Make China Great Again* oder *Make Turkey Great Again*. Das sind die Schlachtrufe unserer Zeit. Als wäre eine »Internationale der Autokraten« am Werk.

Die Große Transformation: Ein neues Zeitalter hat begonnen

Die internationale Ordnung und ihre Bedrohung – Können wir sie sichern?

Die Geschichte der Stadt Venedig ist ein gutes Beispiel, um zu veranschaulichen, was wir derzeit durchleben. Venedig ist weltberühmt, eine wunderschöne Stadt, herrlich anzuschauen. Allerdings schon etwas morbid, mit viel Patina und anhaltenden Überflutungsproblemen. Das Problem: Kaum ein Venezianer lebt noch hier. Dafür kommen aber Jahr für Jahr 30 Millionen Touristen aus aller Welt in die einzigartige Stadt der Gondeln, unter ihnen viele sehr reiche Chinesen, die dort die alten Paläste aufkaufen, sanieren und danach meist niemanden mehr hineinlassen. Venedig heute ist ein großes Museum. Das war nicht immer so, denn diese Stadt war einst das mächtigste Handelszentrum Europas. Es kontrollierte die Wirtschaftsachsen durch das Mittelmeer und entwickelte dadurch politische und auch militärische Macht.

Anfang des 15. Jahrhunderts jedoch geschah etwas, womit die Venezianer vermutlich nicht gerechnet hatten: Die Portugiesen und Spanier machten sich auf der Suche nach dem Seeweg nach Indien entlang der Westküste Afrikas auf – und entdeckten dabei Amerika. Diese Entdeckung eines neuen Kontinents hatte gravierende Folgen für die bis dahin bestehenden wirtschaftlichen, politischen und militärischen Gravitationszentren Europas. Schritt für Schritt verlagerten sich die Handels- und

Wirtschaftsachsen jetzt vom Mittelmeer in den Atlantik – und mit ihnen die politischen und militärischen Machtachsen. Mit Portugal, Spanien und später England stiegen neue Mächte auf – für Venedig dagegen begann der Abstieg. Ganz sachte, Schritt für Schritt, begleitet von vielen kleinen und großen Konflikten mit seinen Nachbarn. Heute betrachten wir die einstigen Reichtümer dieser großartigen und in der Frühen Neuzeit mächtigen Stadt als Freilichtmuseum für Touristen.

Daraus ergeben sich zwei Fragen: 1. Haben die Venezianer eigentlich gemerkt, wie sich die Machtachsen der ihnen bekannten Welt verschoben? Und 2. Merken wir heute eigentlich, dass sich gerade erneut die zentralen Wirtschafts- und Handelsachsen und mit ihnen die politischen und militärischen Machtzentren verlagern?

Denn genau das geschieht gerade: Nach 600 Jahren endet die Europazentriertheit der Weltpolitik. Nicht mehr der Atlantik ist das Gravitationszentrum der Welt, sondern der Pazifik. Seit der Entdeckung des Seewegs nach Amerika war die transatlantische Achse dominierend in der Welt: technologisch, wirtschaftlich, politisch und auch militärisch. 600 Jahre prägte die Ideengeschichte Europas die Weltordnung im »alten Europa« ebenso wie »in der neuen Welt«. Und dieses Zeitalter geht nun zu Ende. Was wir erleben, gleicht einer tektonischen Plattenverschiebung mit Erschütterung all dessen, was wir bisher als gefestigt und gesichert angesehen haben. Aktuell sieht sich unser Europa neuen und bislang nicht gekannten Herausforderungen gegenüber. Und auch wenn die Zukunft ungewiss bleiben wird – um die Bedeutung dieser Veränderungen für das Europa, wie wir es heute kennen, besser einschätzen zu können, müssen wir uns erst einmal selbst im Kontext dieses grundlegenden Wandels verorten und fragen: »Wo kommen wir eigentlich her?«

Das Ende des Zweiten Weltkriegs und der Beginn einer neuen Ära

Für das Europa, das wir heute kennen, stellt das Jahr 1945 natürlich die wichtigste Zäsur dar. Unter dem Eindruck des gerade beendeten Zweiten Weltkrieges ging es darum, Prinzipien für das zwischenstaatliche Verhalten zu schaffen, die das Ausbrechen eines neuerlichen Krieges verhindern sollten.

Der Eindruck des Zweiten Weltkrieges sowie die Analyse seiner Ursachen machte allen Beteiligten klar, dass das ungeregelte System der Beziehungen zwischen Staaten die Welt immer wieder ins Chaos stürzt. Ohne eine übergeordnete Instanz, die die Beziehungen zwischen Staaten regelt und Fehlverhalten bestraft, eine Art Weltpolizei, wird das internationale Staatensystem anarchisch und chaotisch bleiben. Zwischen April und Oktober 1945 arbeiteten 50 Staaten jene Grundakte aus, die in Zukunft die Beziehungen zwischen Staaten regulieren sollte: die Charta der Vereinten Nationen. Sie fußt auf dem generellen Gewaltverbot, Kriege zwischen Staaten sollten damit der Vergangenheit angehören. Und sie schafft verbindliche Regelungen über die Handelsbeziehungen zwischen Staaten – sie sollen frei sein von jeder Ausübung von Druck und Zwang. Am 24. Oktober 1945 wurde dann die Institution gegründet, die diese Regelung der zwischenstaatlichen Beziehungen fortan verkörpern sollte: die Vereinten Nationen.

Dass der Zweite Weltkrieg ausbrach, lag aber nicht nur daran, dass es keinen »Weltpolizisten« gab. Dieser zweite industrielle Krieg in Europa hatte auch wirtschaftliche Ursachen – so hatte die Weltwirtschaftskrise infolge des Börsencrashs von 1929 gezeigt, dass ungeregelte Finanzmärkte katastrophale Folgen haben können. Eine weitere Beobachtung war, dass die Abschottung des eigenen Wirtschaftsraums vom Handel mit anderen Mitgliedern der Staatengemeinschaft, um kurzfristig die eigene Wirtschaft zu stärken, die Wahrscheinlichkeit eines Krieges erhöht. Wirtschaftliche Interdependenz andererseits minimiert die Risiken für militärische Großkonflikte.

Die Frage einer neuen Wirtschaftsordnung wurde bereits kurz nach der erfolgreichen Landung der alliierten Truppen in der Normandie, anlässlich einer Konferenz in Bretton-Woods im Juli 1944 beantwortet. Die Konferenz, an der 44 spätere Siegermächte beteiligt waren und an der über 700 Delegierte teilnahmen, bildete gemeinsam mit dem Allgemeinen Abkommen über Güter und Zölle (GATT) den wirtschafts- und handelspolitischen Pfeiler dessen, was wir heute als »liberal order« oder Multilateralismus bezeichnen. Die Sowjetunion war an diesen Anfängen beteiligt und ratifizierte die Erklärung von Bretton-Woods zunächst. Unter dem Eindruck der zunehmenden Systemkonkurrenz aber zog sie ihre Beteiligung zurück. Sie schuf ihren eigenen Wirtschaftsraum, basierend auf den Prinzipien von Planwirtschaft und stalinistischer Kontrolle.

Die Unvereinbarkeit der Weltanschauungen der alliierten Siegermächte trat offen zutage, als der gemeinsame Feind, Hitlerdeutschland und die Nazis, besiegt war. Ihr Konflikt und der Wettbewerb um das bessere System sollten über 40 Jahre lang die Weltordnung prägen. Ein zentraler Schauplatz war dabei von Anfang an Deutschland und Europa, die durch einen Eisernen Vorhang geteilt waren. Vor allem ging es darum zu verhindern, dass ein wiedererstarktes Deutschland einen neuerlichen Krieg in Europa beginnt. Schließlich teilte die Frage, wie mit dem besiegten Deutschland umzugehen sei, nicht nur die ehemaligen Verbündeten in zwei Lager, sondern auch Deutschland. In keinem anderen Land der Welt war die Grenze zwischen den beiden Blöcken so sichtbar und spürbar wie im geteilten Deutschland.

Dass die Fronten sich verhärteten, hatte jedoch nur mittelbar mit der Frage des Umgangs mit Deutschland zu tun – an dieser Frage zeigten sich die zukünftigen Konfliktlinien nur besonders deutlich. Während US-Präsident Franklin D. Roosevelt bis zu seinem Tode an der Vorstellung einer von den USA und der UdSSR als Weltpolizisten gemeinsam getragenen Weltordnung festhielt, war der britische Premier Winston Churchill von Anfang an skeptisch gegenüber Stalin und dem Kommunismus. Man weiß heute, dass die westlichen Alliierten auch daher zögerten, eine zweite Front im Westen Europas gegen die Deutschen zu eröffnen. Die Sorge war, dass Stalin den Einflussbereich der Sowjetunion durch die Schaffung weiterer sozialistischer Staaten in Europa weiter ausdehnen könnte – wie in Griechenland oder der Türkei 1947. Der Nachfolger von Roosevelt im Amt des Präsidenten, Harry S. Truman, teilte diese Sorge und gab ihr unter dem Eindruck der Krisen in der Türkei und Griechenland in der Truman-Doktrin Ausdruck. Danach sollte es der Grundsatz der Außenpolitik der Vereinigten Staaten werden, »freien Völkern beizustehen, die sich der angestrebten Unterwerfung durch bewaffnete Minderheiten oder durch äußeren

Druck widersetzen«. Eine Entscheidung mit weitreichenden Konsequenzen. Sie markierte das Ende der Kriegskoalition zwischen den USA und der Sowjetunion und den Beginn des Kalten Krieges.

Für das besiegte Deutschland, besetzt und aufgeteilt in vier Besatzungszonen, brachte die Truman-Doktrin die entscheidende Wende. Denn um eine neuerliche Aggression Deutschlands zu unterbinden, schwebte den Siegermächten bis zu diesem Zeitpunkt eher vor, Deutschland vollständig zu deindustrialisieren und in einen Agrarstaat umzuwandeln. Das änderte sich nun komplett. Mit der Truman-Doktrin erhoben die USA den Führungsanspruch der freien Völker. Sie markierte den politischen Pfeiler der »liberal order«, die sich zunächst auf der freien Seite des Eisernen Vorhangs entwickeln sollte. Und sie begründete die Strategie der Einhegung, was in der Praxis nichts anderes bedeutete, als der Ausdehnung des sowjetischen Einflussbereiches in Europa Grenzen zu setzen und die eigenen Reihen so sehr zu stärken, dass nicht nur ein militärisches, sondern auch ein undurchdringbares ökonomisch-politisches Bollwerk gegen die Unfreiheit des sowjetischen Systems entstand. Europas Schutz wurde damit zur amerikanischen Staatsräson.

America in, Russians out, Germans down wurde zum Leitmotiv der (west-)europäischen Nachkriegsordnung. Für 70 Jahre galt: Amerika als europäische Macht, die Einhegung sowjetischen Einflusses und die Einbindung Deutschlands in das westliche Bündnis, damit dieses große Land in der Mitte Europas keine gefährlichen Sonderwege mehr gehen würde. Ausdruck dieser Strategie waren die beiden großen zwischenstaatlichen Organisationen, die bis heute Bestand haben: die sich aus der Europäischen Wirtschaftsgemeinschaft entwickelnde Europäische Union und die NATO.

Ein verarmtes und wirtschaftlich schwaches Deutschland, das große Land in der Mitte Europas, war aus dieser Perspektive keine Option mehr. Klar ist aber auch – für die USA ging es auch darum, wieder eigene Absatzmärkte für die eigene Wirtschaft zu schaffen: Es galt eine überhitzte Kriegswirtschaft wieder auf eine Friedenswirtschaft umzustellen und gleichzeitig Hunderttausende Rückkehrer von den blutigen Schauplätzen wieder in den zivilen Arbeitsmarkt zu integrieren.

Die Truman-Doktrin brachte aber auch noch etwas ganz anderes zum Ausdruck, nämlich das Selbstverständnis der USA in der Welt: US-Präsident Truman betrachtete den Isolationismus der USA während der 1920er- und 1930er-Jahre als einen der großen Fehler amerikanischer Politik, der wesentlich zur Katastrophe des Zweiten Weltkriegs beitrug. Dass es neuerlich zu einem Weltkrieg kommen konnte, in den die USA mit hineingezogen wurden, war auch der Tatsache geschuldet, dass sich die USA nicht für das Aufrechterhalten einer Ordnung eingesetzt hatten und sie verteidigten. Zur Herstellung einer neuen und gesicherten Ordnung der Welt nach zwei verheerenden Weltkriegen wurden die USA zur »indispensable nation«, also zur unabdingbaren Nation, wie US-Präsident Bill Clinton es viele Jahre später nannte. Vernachlässigt das Land seine globale Verantwortung, steht der Frieden der Welt auf dem Spiel, so sah es schon Präsident Truman.

Mit dem nach dem damaligen US-Außenminister George C. Marshall benannten Programm für den europäischen Wiederaufbau (*European Recovery Program*) legten die USA 1948 ein gigantisches Projekt auf, um die darniederliegende europäische Wirtschaft und Industrie wieder zu beleben. Das Programm sollte auch für Deutschland gelten. 1949 gründeten sich zwei Deutschlands. Die Grenze zwischen den beiden Deutschlands markierte gleichzeitig die geografische Grenze zwischen den beiden Ideologien und ihren Zentren: Washington und Moskau.

Damit beginnt nicht nur die Geschichte des Kalten Krieges und der Teilung der beiden deutschen Staaten, sondern auch die Erfolgsgeschichte der »liberal order«: Das Weltsozialprodukt zeigte beispiellose Wachstumsraten. Immer mehr Länder nahmen freiheitlich-demokratische Verfassungen an, und aus der ehemals am wenigsten verbreiteten Regierungsform wurde durch die Demokratisierungswelle im Zuge der Dekolonialisierung die gebräuchlichste. In der Zeit vor 1945 waren zwischenstaatliche Kriege die Norm, in der Zeit zwischen 1945 und 1990 waren sie die Ausnahme – im Übrigen eine Tendenz, die sich bis heute fortgesetzt hat. An die Stelle zwischenstaatlicher Kriege traten Bürgerkriege. Häufig waren dies sogenannte Stellvertreterkriege, in denen die beiden Supermächte USA und Sowjetunion die kämpfenden Seiten unterstützten. Die einen, um den eigenen Machtbereich zu erweitern – die anderen, um dies zu verhindern.

Bei allen Widersprüchen der damaligen »Weltordnung 1.0« zeigte sie sich doch erfolgreicher als das geschlossene Modell der Sowjetunion. Am Ende wurde der Kalte Krieg nicht durch die Anzahl zur Verfügung stehender Nuklearwaffen, die Zahl der Soldaten oder eine abschließende Konferenz wie 1648 in Münster, 1918 in Versailles oder 1945 in New York entschieden. Vielmehr hatten die vergangenen 40 Jahre der gegenseitigen Abgrenzung gezeigt, dass die Prinzipien der »liberal order« das »bessere Leben« versprechen – ganz so, wie es sich einer ihrer Gründerväter, Dean Acheson, erhofft hatte. Die Sowjetunion implodierte. Mit ihrem Kollaps fiel auch der Eiserne Vorhang. Die Kräfte, die die regelbasierte, offene Wirtschaftsordnung auf ihrer Seite des Eisernen Vorhangs ab 1945 freigesetzt hatte, erhielten neuen Schwung. Der Eiserne Vorhang war die letzte Schleuse, bevor sich der gewaltige und bereits in Bewegung befindliche Strom der Globalisierung entfesseln und entgrenzen konnte.

Liberale Euphorie – und ihre Grenzen

So groß war der Jubel, dass einige den Sieg der »liberal order« über die unfreie Welt als das Ende der Geschichte verstanden – die Frage nach der besseren Ordnung, die in der Vergangenheit zu vielen Kriegen und Konflikten geführt hatte, schien mit diesem »Sieg« beantwortet. Der Königsweg zu einer Welt in Frieden und Wohlstand schien entdeckt. Einer freien Welt stand nun nichts mehr im Wege. Es setzte eine liberale Euphorie ein – die jedoch nicht nur Märkte und die Regelung zwischenstaatlicher Handelsbeziehungen, sondern auch Regierungsformen betraf. Denn mit nur wenigen Ausnahmen waren die Mitglieder der »freien Welt« Demokratien. Das eine – wirtschaftliches Wachstum – ging mit dem anderen – freiheitlicher Demokratie – einher. In dieser neuen »Weltordnung 2.0« setzte eine neuerliche, dritte Demokratisierungswelle ein, und das Weltsozialprodukt schoss noch schneller in die Höhe. Allerdings – es zeigte sich schnell, dass die Welt sich nicht anschicken würde, weniger gewalttätig zu werden. Neben anhaltenden Konflikten, wie in der Demokratischen Republik Kongo, brachen neue auf – wie im ehemaligen Jugoslawien.

Und noch etwas änderte sich: War der Sicherheitsrat während des Kalten Krieges durch das Vetoprinzip blockiert, sollte er nach dem Ende nun die ihm zugedachte Rolle erhalten – als Hüter von Frieden und Sicherheit. Unter dem Eindruck zahlreicher Bürgerkriege und fortdauernder Gewalt mandatierte er eine Vielzahl von Missionen in Bürgerkriegsländern, um Frieden zu schaffen und zu erhalten. Die humanitären Interventionen aber waren völkerrechtlich von Anfang an umstritten. Sie waren aber auch bald politisch sehr umstritten – denn in den seltensten Fällen gelang es, Frieden durch Interventionen zu schaffen und zu erhalten. Die Bilder aus Ruanda und Srebrenica machten die Unfähigkeit der Weltgemeinschaft, diese schrecklichen Ereignisse zu verhindern, nur zu deutlich. Und wie auch schon in Vietnam zeigte sich, dass demokratische und liberale Regierungsformen, von außen herangetragen, nicht selten auf Widerstand und Ablehnung trafen.

Doch nicht nur in der Frage der Wahrung von Frieden und Sicherheit wurden Schwächen der »liberal order« sichtbar: Spätestens mit der Asienkrise 1998 wurden die Risiken einer vernetzten und verzahnten Weltwirtschaft erkennbar. Auch wenn die Krise vor allem die Staaten Südostasiens betraf, hatte sie weltweite Auswirkungen. Sie machte auch deutlich, dass ungeregelte Märkte eine Neigung haben zu überhitzen, mit erheblichen soziopolitischen Konsequenzen, wenn die entstandenen Blasen dann platzen.

Dennoch: Am Ende des 20. Jahrhunderts war die »liberal order« auf ihrem Höhepunkt. Das gilt auch für die Macht der USA – unangefochtene Weltmacht, die »indispensable nation«.

Die Entstehung neuer Machtzentren seit der Jahrtausendwende

Der Erfolg der westlich geprägten Weltordnung war vor allem wirtschaftlicher Natur. Und so wuchsen andere wirtschaftliche Zentren neben Europa und den USA heran. Vor allem China schickte sich an, zu einem globalen Player zu werden. Damit aber trat ein Spieler auf die Weltbühne, dessen wirtschaftliches Wachstum zwar ohne die liberale Ordnung nicht denkbar wäre, der aber dennoch kein Mitglied im Club der Demokratien ist. Frei von Kritik war das wirtschaftliche Wachstum Chinas zu keinem Zeitpunkt – dies betrifft nicht nur das Thema der Menschenrechte, sondern auch originär wirtschaftliche Fragen, wie zum Beispiel den Schutz von Patenten oder unfaire Handelspraktiken. So profitierte China von der Ordnung, die es nicht geschaffen hatte, auch dadurch, dass es sich nicht immer an sie hielt – leisten konnte sich China das vor allem wegen der enormen Profite, die das Geschäft mit dem Reich der Mitte versprach.

Allerdings: Die Überschriften der globalen Nachrichten prägte China zu diesem Zeitpunkt nicht. Bestimmend war der globale »Krieg gegen den Terror«, wie es der damalige US-Präsident George W. Bush nannte. Am 11. September 2001 flogen Terroristen der Organisation al-Qaida mit gekaperten Passagiermaschinen in die Twin Towers des World Trade Centers sowie in das Pentagon. Die Terroristen wünschten den Niedergang der USA und der von ihnen angeführten »liberal order«. Beides wird durch die Zielauswahl, das World Trade Center und das Pentagon, deutlich unterstrichen. Die Ziele von al-Qaida wie auch allen anderen fundamentalislamistischen Terrororganisationen aber gehen noch weiter: Die geltende Ordnung soll ersetzt werden durch ein global umfassendes Kalifat, einen Gottesstaat.

Auf den Anschlag von 9/11 folgte die Intervention in Afghanistan. Und auf Afghanistan folgte der Einmarsch in den Irak 2003. In seiner Folge gab es massenhafte Kritik an den USA und der »liberal order«, die sie vertraten. Vielen war klar, dass die Rechtfertigung der USA und ihrer Koalition der Willigen für den Einsatz militärischer Gewalt auf tönernen Füßen stand. Für viele brach sie in eklatanter Weise das generelle Gewaltverbot der Vereinten Nationen. Hunderttausende zogen in London und in Washington auf die Straße, um gegen diese von ihren Staatsführungen vorangetriebene Intervention zu demonstrieren. Der Protest wuchs weiter, als kurz nach der Intervention bekannt wurde, dass sich die USA und Großbritannien auf bewusst politisierte und gefälschte Geheimdienstinformationen beriefen – und der US-Außenminister Colin Powell sogar den UN-Sicherheitsrat belog. In Deutschland verhinderte der SPD-Bundeskanzler Gerhard Schröder die Teilnahme an diesem zweiten Irakkrieg.

Seine Gegnerin, die damalige CDU-Vorsitzende Angela Merkel, dagegen plädierte für die Teilnahme der Bundeswehr an diesem völkerrechtswidrigen Krieg. Der Glaube, dass mit einer wertorientierten und liberalen Weltordnung die Welt eine bessere sein würde, war 2003 bereits sichtbar geschwächt – weniger durch ihre Herausforderer als durch eigenes Zutun.

Fünf Jahre später, 2008, markierten zwei Ereignisse, dass die bisherige Ordnung zu wanken begann. Im Sommer dieses Jahres kam es zum georgisch-russischen Krieg. Georgien war zu diesem Zeitpunkt ein aussichtsreicher Kandidat für eine Mitgliedschaft in der NATO. Die georgische Hoffnung, dass sich die NATO an ihre Seite stellen würde, erfüllte sich nicht. In der Folge okkupierte Russland – völkerrechtswidrig – die Gebiete Abchasien und Südossetien. Der Georgienkrieg zeigte, dass Russland sich zu einer Macht entwickelte, die eine Revision der geltenden Ordnung anstrebte – notfalls auch durch den Einsatz militärischer Mittel und durch Verletzung von Grenzen. Ganz anders als die alte Sowjetunion, die eher eine Status-quo-Macht und im Wesentlichen am Erhalt ihres Einflussbereiches interessiert war. Der Georgienkrieg zeigte aber auch, dass die USA die von ihnen geschaffene Weltordnung nicht mehr um jeden Preis verteidigen wollen – und können.

Politische und ökonomische Eruptionen erschüttern die Welt an vielen Stellen. Entscheidender aber war, dass 2008 die Welt, erstmals nach 1929, in eine wahrhaft globale Finanz- und Wirtschaftskrise stürzte. Auslöser waren faule Immobilienkredite. Betroffen waren vor allem diejenigen, die ihr Geld in die Hände anderer gelegt hatten. Einige verloren alles, viele vieles. Vor allem aber verloren die Betroffenen das Vertrauen in das System, das solche Krisen erst möglich machte – denn diese Krise entstand vor allem durch das Ausnutzen von Regelungslücken auf dem globalen Finanzmarkt. Die Prämisse des Kapitalismus – dauerndes Wachstum – wurde immer unglaubwürdiger und als »Pumpkapitalismus« entlarvt, wie ihn Ralf Dahrendorf schon 2009 scharf beschrieben hatte.

Auch die Massenproteste und Regimestürze in Nordafrika und dem Nahen und Mittleren Osten 2011 wurden durch spekulatives Verhalten an der Börse mit ausgelöst – sie erhoben sich, nachdem in Tunesien ein Mann auf offener Straße sich selbst entzündete, weil er durch den gestiegenen

Brotpreis sich und seine Familie nicht mehr ernähren konnte. Die Preise für Weizen am Weltmarkt waren explodiert und das Getreide ein äußerst beliebtes Spekulationsobjekt.

Der Arabische Frühling setzte indes keine vierte Demokratisierungswelle in Gang. Es ging vor allem um mehr wirtschaftliche Teilhabe und Perspektiven. In der Folge der Massenproteste entstanden weitere Kriege und Konflikte. 2011 kam es – mit Mandat des UN-Sicherheitsrates bei deutscher Enthaltung – zu einer neuerlichen Intervention. Der libysche Machthaber, Muhammar al-Gaddafi, wurde mithilfe britischer und französischer Truppen abgesetzt.

Es sollte der letzte »regime change« sein. Gaddafis Regime wurde sprichwörtlich von außen und er von innen liquidiert. In Syrien aber, vom Arabischen Frühling mit einiger Verspätung erreicht, entwickelte sich infolge der blutigen Niederschlagung friedlicher Proteste ein fürchterlicher Bürgerkrieg, aus dem sich die internationale Gemeinschaft zunächst komplett heraushielt. Erst nachdem die syrische Regierung Giftgas gegen die eigene Bevölkerung eingesetzt und Russland seinen Einfluss immer weiter ausgebombt hatte, mischte sich die internationale Gemeinschaft verstärkt ein.

Sowohl bei der Intervention in Libyen als auch in der Syrienfrage war erkennbar, wie sehr Präsident Obama bemüht war, eines seiner Wahlkampfversprechen einzulösen – die US-Streitkräfte aus ihren zahllos erscheinenden und niemals enden wollenden Kriegen fern der Heimat zurückzuordern. Im Schatten des Arabischen Frühlings aber vollzog Obama 2011 in einer Rede vor dem australischen Parlament einen viel bedeutenderen Wandel in der US-Außenpolitik – von nun an würden die USA eine pazifische Nation sein. Der Schritt war längst eingeleitet – vollzogen wurde er von Obama. Sein Nachfolger Donald Trump setzte diesen Prozess eigentlich nur fort.

Im Jahre 2014 brach Russland internationales Recht und annektierte die Halbinsel Krim. Erstmals seit Beginn des Zweiten Weltkrieges expandierte in Europa ein Staat militärisch – ein krasser Bruch der geltenden Ordnung. Im selben Jahr, kurz nach der völkerrechtswidrigen russischen Annexion der Krim, rief eine bis zu diesem Zeitpunkt nahezu unbekannte

Terrororganisation namens Islamischer Staat in Irak und Syrien ein Kalifat aus, das sie auf brutalste Art und Weise errichtete. Ihr Erfolg profitierte vom Vakuum, das der Rückzug der Amerikaner aus dem Irak hinterlassen hatte. Und zwei Jahre später entschied sich die britische Bevölkerung für den Ausstieg ihres Landes aus der Europäischen Union, und Donald Trump wurde zum 45. Präsidenten der USA gewählt.

Seither erlebt die liberale Ordnung einen Tiefschlag nach dem anderen – vor allem durch diesen 2016 gewählten US-Präsidenten. Kurz danach steckten wir mitten in einem Handelskrieg mit all den Elementen, die die Gründerväter der »liberal order« als ursächlich für den Ausbruch des Zweiten Weltkrieges erkannt hatten: Protektionismus und Abschottung. Vor allem aber ist unklar, wie die »Weltordnung 3.0« aussehen wird, die sich gerade in der neuen Systemkonkurrenz zwischen den USA und China herauszubilden scheint.

Die großen Antipoden unserer Zeit: China und USA

Kurz nach dem Zusammenbruch der Sowjetunion und dem Fall des Eisernen Vorhangs brachte der amerikanische Publizist Francis Fukuyama den idealistischen Überschwang des Westens mit seinem Buch »The End of History« zum Ausdruck. Der demokratische Kapitalismus des Westens und mit ihm seine Werte waren die Sieger der Geschichte und sollten fortan unangefochten eine friedliche Weltordnung gestalten können. Knapp 30 Jahre danach merken wir: Es kann keine Rede davon sein, dass nach dem Fall des Eisernen Vorhangs die Konflikte auf der Welt einfacher und vor allem friedlicher gelöst werden könnten. Die USA empfinden ein »hegemonic overstretch« und ziehen sich als Architekt und Bauherr einer globalen Ordnung zurück. Alte revisionistische Mächte wie Russland wollen das dabei entstehende Vakuum füllen, und Länder wie Indien, Pakistan, Iran, die Türkei oder Saudi-Arabien und zunehmend auch Länder wie Nigeria oder Südafrika versuchen, sich in ihren räumlichen Kontexten zunehmend robust als Regionalmächte zu etablieren.

Im Laufe dieser letzten 30 Jahre seit 1990 hat sich eine neue Supermacht entwickelt: China. Es ist vor allem das chinesische Wirtschaftswachstum, das den Schwerpunkt der Handelsachsen vom Atlantik in den Pazifik verschoben hat. Damit aber tritt ein Spieler auf die Weltbühne, der ein anderes Ordnungsverständnis hat. Zwar ist der chinesische Aufstieg aufs Engste mit der Globalisierung und den Handelsprinzipien der »liberal order« verbunden, aber eben nicht mit einer demokratischen Regierungsform. China vertritt das Modell des autoritären Staatskapitalismus. Sein Wachstum ist rasant und expansiv.

China dringt dabei zielgerichtet in Räume ein, die zuvor ebenso exklusiv durch Präsenz und Politik der USA bestimmt waren. Es tut dies aber auf anderem Wege als die oben genannten Akteure – der ökonomischen Durchdringung folgt mit einigem Abstand auch die Schaffung militärischer Interdependenzen. Noch. Die One-Belt-One-Road-Initiative, die Neue Seidenstraße, ist eben keine historische Handelsreminiszenz an Marco Polo, sondern letztlich eine geostrategische Idee, mit der China seine Ordnungsvorstellungen durchsetzt. Handelspolitisch, geopolitisch und letztlich womöglich auch militärisch. Man kann heute wohl sagen, dass China das einzige Land der Welt ist, das überhaupt eine entwickelte langfristige geostrategische Idee hat. Das ist China nicht vorzuwerfen, im Gegenteil. Es löst bei mir jedenfalls Respekt aus, wie schnell und durchsetzungsfähig sich dieses Land in den letzten 30 bis 40 Jahren entwickelt hat. Aber es ist uns im »alten Westen« durchaus vorzuwerfen, dass wir keine vergleichbare eigene Strategie haben. Denn erst wenn beides vorliegt – die Definition chinesischer und europäischer Interessen, und besser noch: die amerikanisch-europäischen Interessen –, kann daraus eine tragfähige Balance aller drei Seiten entstehen.

Die beiden Entwicklungen, »hegemonic overstretch« und Chinas expansives Wachstum, verstärken sich gegenseitig: Während China versucht, seine globale Macht und Stellung gemäß seiner Ordnungsvorstellung auszubauen, sind die USA bemüht, ihre Rolle als einzige Supermacht zu erhalten. Daher wollen die USA ihre Kraft gegen den neuen Wettbewerber einsetzen und bündeln. Im Pazifik wächst der große wirtschaftliche, technologische, politische und auch militärische Konkurrent der USA heran. Nicht mehr Russland wird als Wettbewerber gesehen, das Land gilt als militärisch durchaus ernst zu nehmen, aber technologisch und wirtschaftlich zu vernachlässigen. Die Amerikaner würden wohl Helmut Schmidt recht geben, der einst über Russland gesagt hatte, es sei wie »Obervolta mit Atomraketen«.

Die USA und China sind die großen Antipoden des 21. Jahrhunderts. Das führt zu einem völlig anderen Verhältnis der USA zu Europa, als wir es gewohnt sind. Es war wie schon erwähnt Barack Obama, der als erster amerikanischer Präsident den Satz aussprach: »Amerika ist eine pazifische Nation.« Alle anderen amerikanischen Präsidenten zuvor hatten Amerika als atlantische Nation bezeichnet. Wir Europäer haben diesen »Pivot to Asia« als überraschenden Perspektivenwechsel interpretiert und dabei übersehen, dass die USA sich nach dem Zweiten Weltkrieg immer als eine wirklich globale Macht verstanden haben. Unverzichtbar nicht nur für den Atlantik und Frieden und Freiheit in (West-)Europa, sondern ebenso als Ordnungsmacht in der Asien-Pazifik-Region. Der Abstieg der Sowjetunion, die Schwäche Russlands und der Aufstieg Chinas haben schlicht zu einer anderen Gewichtung des globalen Engagements der USA geführt.

Obama allerdings wusste, dass der Rückzug der USA aus Teilen der Welt – zum Beispiel aus Afrika – ein Vakuum erzeugt, das gefüllt sein wollte, am besten mit Verträgen, auch mit Freihandelsverträgen, zum Beispiel mit Europa. Donald Trump hielt das für überflüssig. Für ihn gab es so etwas wie eine internationale Gemeinschaft gar nicht, sondern die Welt war für ihn eine Arena, eine Kampfbahn, in der sich nur der Stärkere durchsetzt. Und dabei machte er stets deutlich, worum es ihm im Kern geht: um eine Neudefinition von nationalen Interessen, die vor allem anderen stehen.

US-Präsident Trump setzte dabei etwas aufs Spiel, das weltweit einzigartig war. Nicht »nur« das demokratische Gesellschaftsmodell unterscheidet die USA von den anderen »Supermächten« China und Russland. Im Unterschied zu diesen beiden autokratischen Regimen haben die Vereinigten Staaten etwas besonders Kostbares: Partner, Alliierte und Freunde. Erst die Fähigkeit zu Bündnissen und zu dauerhaften Allianzen hat die Kraft und die Macht der USA ja multipliziert. Das ist abseits unserer völlig verschiedenen Ideen von der Verfasstheit unserer Gesellschaften der wohl größte Unterschied zwischen dem, was wir »den Westen« nennen, und den revisionistischen Mächten wie China und Russland. Sie stehen ohne Partner und Alliierte da. Selbst ihre unmittelbaren Nachbarn wie beispielsweise Weißrussland oder auch Kasachstan sehen den Führungsanspruch Russlands und allemal Chinas mit großer Sorge.

Das Gefährliche an diesem Blick auf die Welt ist dabei, dass nicht nur Donald Trump die Vorstellung hatte, dass die mächtigen Nationen der Welt die wirtschaftlichen, politischen und militärischen Konflikte unter sich austragen müssten. Exakt dieser Auffassung würden wohl auch der chinesische Staatspräsident, der russische und der türkische Präsident folgen. Nimmt man die amerikanische nationale Sicherheitsstrategie des Jahres 2018 und streicht aus ihrem Text überall die Bezeichnung USA, dann kann man anstelle dessen auch China, Russland oder Türkei einsetzen und würde – wenig überraschend – feststellen, dass sich die Vorstellungen von der Welt doch stark ähneln.

Die Folgen einer zwischen China und den USA aufgeteilten G-Zwei-Welt können wir bereits deutlich wahrnehmen. Sie wirken sich aus auf den Globalisierungsprozess, und an den Rändern der jeweiligen Einflussgebiete ergeben sich neue Konfliktregionen. In einem Zeitalter, in dem die alte, auf freien Handel zielende Weltordnung infrage gestellt wird, erhält die Frage, wer die Flaschenhälse des Welthandels kontrolliert, ebenso neue Bedeutung wie die Erschließung neuer, potenziell ökonomischerer Handelsrouten. Mit anderen Worten – der Globalisierung steht die Rückkehr der Geopolitik entgegen. Dies zeigt sich vor allem an der neuen Variablen der Geopolitik im 21. Jahrhundert: den Daten. Im Zeitalter der Digitalisierung erhält die Kontrolle über die Datenbahnen der Welt eine nahezu gleichbedeutende Rolle wie die Kontrolle über die Handelswege.

Abschied vom Atlantik

Wenn wir Europäer ein Interesse daran haben, dass die USA weiter die Aufgabe übernehmen, die Weltordnung und insbesondere China in der Balance zu halten, weil wir selbst uns das zu Recht nicht zutrauen, dann sind wir klug beraten, alles zu tun, um dem amerikanischen Präsidenten den Rücken freizuhalten: durch eine gemeinsame Außen- und Entwicklungspolitik im Nahen und Mittleren Osten und in Afrika, durch die Finanzierung eines echten Alternativangebots für Infrastrukturinvestitionen in Zentralasien und Afrika, um mit der chinesischen »Seidenstraße« den Wettbewerb aufzunehmen.

Die Wahl Joe Bidens zum neuen US-Präsidenten hat in Europa und vor allem in Deutschland viele Hoffnungen geweckt. Möglicherweise zu viele, denn trotz gemeinsamer Werte sind es die unterschiedlichen globalen Interessen, die Europa und die USA in verschiedene Richtungen driften lassen. Es wäre gut, wenn beide Seiten sich darüber im Klaren werden, um neue Enttäuschungen zu verhindern. *America is back* hat eben auch eine Bedeutung, die mehr mit dem Wandel der USA unter Barack Obama zu tun hat als mit dem Anknüpfen an alte transatlantische Traditionen. Wenn es eine erneuerte transatlantische Allianz geben soll, dann wird sie sich mit vielem auseinandersetzen müssen – am wenigsten jedoch mit dem Atlantik.

China gewinnt, wo die USA versagen

Es war die Rede Barack Obamas über den »Pivot to Asia«, der die Wegmarke der Richtungsänderung der Vereinigten Staaten eindrucksvoll beschrieb. Den durch ihre transatlantischen Beziehungen geprägten USA war bereits seit längerer Zeit klar, dass sie immer mehr zu einer Pacific Nation werden. Eine Formulierung, die sowohl George W. Bush als auch Barack Obama prominent nutzten. Schon 2007 schrieb der damalige Präsidentschaftskandidat Obama, er würde »die Bündnisse, Partnerschaften und Institutionen umgestalten, die zur Bewältigung gemeinsamer Bedrohungen und zur Verbesserung der gemeinsamen Sicherheit notwendig sind« und dafür auch »neue Bündnisse und Partnerschaften in anderen wichtigen Regionen aufbauen«, die eben nicht NATO-Region sind. Mit anderen Worten: Die Verbindungen und Allianzen der Nachkriegswelt waren nicht erst seit der Präsidentschaft Donald Trumps keine unumstößliche Selbstverständlichkeit mehr.

Allerdings folgte der Rede über den »Pivot to Asia« nicht unmittelbar eine veränderte US-Außenpolitik: die USA blieben tief in die Konflikte im Nahen Osten involviert, Russlands Außenpolitik forderte nach wie vor die Aufmerksamkeit und Präsenz der Vereinigten Staaten heraus, und das geplante Reset in der Chinapolitik scheiterte. Den Schlusspunkt setzte dann Obamas Amtsnachfolger, indem er das strategisch wichtigste US-Projekt im Indopazifik zum Scheitern brachte: das zuvor ausgehandelte Transpazifische Partnerschaftsabkommen (TPP), mit dem ein Ring fester ökonomischer Beziehungen der USA zu allen Nachbarstaaten rund um Chinas gezogen werden sollte, um das »Reich der Mitte« quasi einzuhegen. Die Kündigung dieses Abkommens durch Donald Trump war deshalb wohl auch die dümmste Entscheidung, die der frühere US-Präsident außenpolitisch getroffen hat. Denn inzwischen sind Chinas Nachbarstaaten – auch jene, die sich wie Australien, Japan oder Südkorea in harter politischer Konfrontation mit China und als Sicherheitspartner der USA sehen – dem neuen Freihandelsabkommen RCEP beigetreten: einem Projekt Chinas, das sich immer als Gegenangebot zu TPP verstanden hat. Ebenso wie für das etwa zeitgleich geschlossene Investitionsschutzabkommen zwischen Europa und China erlagen die beteiligten Staaten der »chinesischen Versuchung«, weil die Rückkehr zu US-Freihandelsabkommen auch nach der Abwahl Trumps mehr als unwahrscheinlich galt. Frei nach dem Motto »Der Spatz in der Hand ist uns wichtiger als die Taube auf dem Dach«. Die Pekinger Führung nutzte wieder einmal das Vakuum, dass die Vereinigten Staaten in der Handelspolitik unter Donald Trump hatten entstehen lassen. China nutzt diese Abkommen, um die großen Wirtschaftsräume von den innenpolitisch zerrissenen USA zu entfremden.

China hat die Regierungsjahre von Donald Trump also gut genutzt. Es profitierte nicht zuallererst von dem, was es anderen Länder zu bieten hatte, sondern vor allem von dem, was die USA (und der Westen insgesamt) nicht mehr bereit waren zu offerieren. Die chinesische Seidenstraßen-Initiative »One Belt, one Road« war natürlich von Anfang an eine große geopolitische Strategie, um neben dem Aufbau einer Infrastruktur für den Export chinesischer Güter vor allem auch an politischem und ökonomischem Einfluss in anderen Teilen zu gewinnen. Nicht nur die alten »eurasischen« Handelsachsen Chinas wurden nach Jahrhunderten auf diesem Weg wiederbelebt, sondern auch der afrikanische Kontinent steht im

Zentrum der Geopolitik Chinas. Nicht zuletzt wegen der antikolonialen Tradition in vielen afrikanischen Staaten und dem häufig gleichzeitig existierenden antiamerikanischen Affekt werden Chinas Angebote in Afrika nicht vorrangig als »explorative Strategie« und als Bedrohung der eigenen Souveränität empfunden.

Die häufig vorgetragene europäische und amerikanische Kritik an dieser geopolitischen Strategie Chinas war vor allem ein Hinweis auf das Fehlen jeder eigenen Strategie und Alternative dazu. Wo die Mitgliedstaaten der Europäischen Union es in fünf Jahren nicht einmal schaffen, das CETA-Freihandelsabkommen mit Kanada zu ratifizieren, darf man kaum auf eine gemeinsame Afrika- oder Zentralasien-Strategie hoffen. Und selbst vor der eigenen Haustür lässt Europa es zu, dass die Schnellbahnverbindung zwischen Belgrad und Budapest mit chinesischer und nicht mit europäischer Hilfe realisiert wird. Aus Sicht der Vereinigten Staaten zeigt das nur die Naivität und Tatenlosigkeit auf unserer Seite des Atlantiks.

Und natürlich nutzt China nun auch die Abwesenheit eines gemeinsamen Hilfsangebots an die ärmeren Länder dieser Welt im Kampf gegen die Pandemie als Chance, um durch die Lieferung von medizinischen Hilfsmitteln und Impfstoffen seinen Einfluss auszubauen. Die »medizinische Seidenstraße« folgt der infrastrukturellen. Die demokratischen Industriestaaten entschieden sich erst auf dem G 7 Gipfel im Juni 2021 dazu, ein gemeinsames Hilfsangebot an die ärmsten Staaten der Welt zu machen. Aber die verabredete Anzahl von einer Milliarde Impfdosen decken nicht einmal 10 Prozent dessen ab, was die Weltgesundheitsorganisation für die ärmeren Weltregionen für notwendig hielten.

Joe Biden macht ernst: Die USA als »pacific nation«

Die ersten Wochen der Amtszeit von US-Präsident Biden zeigen, dass er wohl die erste US-Regierung anführt, die den Worten Obamas über den »Pivot to Asia« auch Taten folgen lassen will. Amerika wird unter Biden auch weniger europäisch und stärker pazifisch agieren. Ähnliches gilt im Übrigen auch für Großbritannien, das nach seinem Austritt aus der EU neue Allianzen mit Ländern wie Indien, Japan und Südkorea sucht. Im Unterschied zu den USA versucht es allerdings zugleich ein zumindest wirtschaftlich gutes Verhältnis zu China zu pflegen.

Am deutlichsten wird die Veränderung amerikanischer Politik gerade am Beispiel Saudi-Arabiens: Natürlich sind die Erkenntnisse über die direkte Verwicklung des saudischen Kronprinzen in das Mordkomplott gegen den regierungskritischen Journalisten Kashoggi nicht neu. Aber die Veröffentlichung der Geheimdienstberichte durch die neue US-Administration von Präsident Biden ist gleich in mehrfacher Hinsicht ein Signal für die Veränderung der amerikanischen Politik: Die USA gehen zu ihrem traditionell wichtigsten Verbündeten auf der arabischen Halbinsel – Saudi-Arabien – auf deutliche Distanz, weil die alte Ölallianz beider Länder ihre Bedeutung verloren hat. Die USA sind längst unabhängig von den Öl- und Gasvorkommen der Region, so dass es kein unmittelbar nationales Interesse der Vereinigten Staaten mehr an den Konflikten dieser Region gibt.

Dafür aber liegt es im nationalen Interesse der USA, einen Zustand herbeizuführen, der es ihnen erlaubt, sich weiter von ihrem militärischen Engagement in dieser Region zurückzuziehen, ohne dass ein politisches Vakuum entsteht, das revisionistische Mächte wie Russland, die Türkei oder der Iran füllen würden. Einer der wichtigsten Bausteine dafür sind die Rückkehr zu Verhandlungen mit dem Iran über den Verzicht auf Atomwaffen und daran anschließend Gespräche über eine veränderte Sicherheitsarchitektur am Persischen Golf. Der ›Kashoggi-Bericht‹ ist deshalb zugleich das Signal an Teheran, dass sich die Vereinigten Staaten auch vom schärfsten Kritiker des Iran – Saudi-Arabien – nicht daran hindern lassen werden, nach Wegen der Konfliktreduzierung mit dem schiitischen Regime zu suchen. Europas wichtigste Nachbarregion – das südliche Mittelmeer, Nordafrika und der Nahe Osten – rutscht in der Prioritätenliste der USA schrittweise weiter nach hinten. Was das z. B. für den Konflikt zwischen Israel und den Palästinensern bedeutet, ist noch nicht klar. Vor allem aber ist nicht erkennbar, dass eine entgegengesetzte Entwicklung auf der europäischen Skala der politischen Herausforderungen entsteht.

Eine Allianz – zwei Perspektiven: der Blick auf China

Mit Blick auf die geopolitische Rivalität der USA zu China ist Europa im aktuellen Zustand kein wirklich ernstzunehmender Partner der Vereinigten Staaten. Wo es für eine Allparteienkoalition in den USA um nicht weniger geht als um die Weltordnung des 21. Jahrhunderts, schaut Europa weit freundlicher auf das Reich der Mitte. Auch wenn in den USA derzeit oft die Menschenrechtsverletzungen öffentlich als Begründung für die Gegnerschaft zu China ins Feld geführt werden, so geht es im Kern um die geopolitische Machtverteilung im 21. Jahrhundert. Der europäische Blick auf China ist ein ganz anderer: Nicht zuletzt, weil Europa nach dem Ende des Zweiten Weltkriegs nie ein geopolitischer Akteur sein sollte und sich selbst auch nie so empfunden hat, sehen wir Europäer und vor allem wir Deutschen China nicht als strategischen Wettbewerber, sondern eher als eine Art »Frenemy«: natürlich als politischen Antipoden, denn China ist eine Diktatur. Aber eben auch als unverzichtbaren wirtschaftlichen Partner. Unterschiedlicher könnten die Sichtweisen auf beiden Seiten des Atlantiks kaum sein. Aber auch in Europa spüren inzwischen einige das damit verbundene politische Dilemma für die Außenwirtschaftspolitik – das betrifft insbesondere Deutschland als Exportnation.

Die Vorstellung der Trump-Regierung, die westlichen Demokratien müssten ihre Ökonomien weitgehend von China entkoppeln, sollte Europa und Deutschland und viele andere Alliierte der USA dazu zu zwingen, sich z. B. im Bereich der Digitalisierung für eine von beiden Seiten zu entscheiden. Für die Sicherheitsstrategen der USA eine durchaus vorstellbare Entwicklung. Aufgrund der starken Exportabhängigkeit unseres Wohlstands wäre das in Europa und speziell in Deutschland aber eher ein Horrorszenario, auch wenn bei uns die Kritik an Chinas unfairen Handelspraktiken und an den dortigen Menschenrechtsverletzungen in den letzten Jahren ebenfalls gestiegen ist. In Wahrheit aber will niemand – auch nicht die selbst ernannten medialen Verfechter westlicher Werte hierzulande – die Verantwortung für die schweren wirtschaftlichen Schleifspuren in der deutschen Wirtschaft, am Arbeitsmarkt und in den sozialen Sicherungssystemen übernehmen, die einer Entkoppelungspolitik von China unweigerlich folgen würden.

Davon abgesehen muss die Frage erlaubt sein, ob es eine realistische Strategie ist, ein 1,4-Milliarden-Volk wie China sozusagen »unter Hausarrest« stellen zu wollen. Am Ende wird nur die innere Entwicklung Chinas die Entscheidung darüber bringen, ob sich das Land über einen langen Zeitraum auch politisch liberalisiert. Druck von außen wird jedenfalls nicht zum Erfolg führen. Wie selbstbewusst China inzwischen selbst mit dem Thema Menschenrechte umgeht, zeigt die Offensive für einen eigenen globalen chinesischen Menschenrechtsdialog: Nicht die individuellen Freiheitsrechte des Westens stehen dabei im Mittelpunkt, sondern die sozialen Rechte auf gemeinsamen Wohlstand und soziale Sicherheit. Mit Verweis auf seine wirtschaftlichen und sozialen Erfolge bietet China sein politisches Entwicklungsmodell gerade den ärmeren Ländern der Erde als Alternative zur »westlichen Rhetorik über individuelle Menschenrechte« an. Diese Verschiebung der Diskursarena kann für viele autoritative Staaten Afrikas durchaus attraktiv sein und berührt deshalb die EU-Bemühungen der gegenseitigen Entwicklungszusammenarbeit auf dem afrikanischen Kontinent.

Eine schwierige Aufgabe:
Die strategische Konkurrenz managen

Konfrontation oder die Parallelität von Containment und Kooperation – wie immer das Ergebnis der Überlegungen der Biden-Administration zu einer neuen Chinapolitik am Ende aussehen wird, beide Supermächte haben keinerlei gegenseitiges Vertrauen und sind seit geraumer Zeit wirtschaftlich und technologisch auf Konfrontationskurs. Und sosehr sich beide Länder in ihrem Blick auf die Welt auch unterscheiden, in einem sind sie sich einig: Die Welt startet in ein gefährliches Jahrzehnt, das von der zunehmenden Rivalität beider Länder geprägt werden wird. Das muss nicht zwangsläufig auf eine militärische Auseinandersetzung hinauslaufen, wie Berater des früheren Präsidenten Donald Trump meinten es vorhersagen zu müssen. Aber um das zu verhindern, bedarf es eines aktiven

»Managements dieser strategischen Konkurrenz«, wie es der frühere australische Ministerpräsident Kevin Rudd formulierte.

Ähnlich wie im Kalten Krieg zwischen den USA und dem Westen auf der einen Seite und der Sowjetunion auf der anderen müssen Strukturen geschaffen werden, die einen offenen Konflikt der alten mit der neuen Supermacht verhindern. Damit wäre schon viel gewonnen in einer Rivalität, die ansonsten auf allen anderen Feldern mit aller Härte ausgetragen werden wird: auf dem Feld der Währungspolitik, wo China den Dollar als dominierende Weltwährung herausfordern will. Auf dem Feld der Technologiepolitik, wo China in den kommenden Jahren 150 Milliarden US-Dollar in die Entwicklung künstlicher Intelligenz investieren wird. Und auf dem Feld der Gesellschaftsentwürfe, wo die Führung Chinas der festen Überzeugung ist, dass sich die Zeit des demokratischen Westens und seiner Führungsnation USA endgültig dem Ende nähert. Von der Infrastruktur bis zum Bildungshunger, von den Investitionen in Forschung und Entwicklung und von der innenpolitischen Polarisierung in vielen Demokratien bis hin zum Sturm auf Capitol Hill am 6. Januar 2021, vom Austritt des Vereinigten Königreichs aus der EU bis zum katastrophalen Handling der Coronapandemie: Für China sind das alles Belege für das Ende des europäischen und des transatlantischen Zeitalters und zugleich Indizien für die Überlegenheit des chinesischen Staats- und Wirtschaftsmodells. Sogar die französische Debatte um die strategische Autonomie und Souveränität Europas passt in dieses chinesische Weltbild.

Noch gibt es ein Feld globaler Machtpolitik, bei dem auch China weiß, dass die eigenen Kapazitäten mit denen der USA nicht mithalten können: im Bereich militärischer Fähigkeiten. Der nächste Schritt ist deshalb die weitere Erhöhung der Investitionen und die Modernisierung des militärischen Potenzials Chinas. Der Kapazitätsaufbau soll für den Fall eines militärischen Konflikts um Taiwan die USA von einem militärischen Eingreifen abschrecken, weil dies für die USA mit zu hohen Kosten verbunden wäre und eine Niederlage nicht auszuschließen ist. Im Ergebnis bliebe Taiwan nur die Kapitulation oder ein aussichtsloser Kampf. Man mag einwenden, dass ein 25-Millionen-Einwohnerland wie Taiwan mit einer gut bewaffneten Armee sich nicht einfach ergeben würde. Vor allem aber könnte das Kalkül der chinesischen Führung fehlgehen, dass die USA nur in Kriege eintreten, die sie mit hoher Gewissheit gewinnen werden. Denn der Bruch amerikanischer Sicherheitsgarantien gegenüber Taiwan würde natürlich das politische Vertrauen in die Verlässlichkeit der USA bei vielen anderen Bündnispartnern endgültig erschüttern – mit unabsehbaren Folgen für die Rolle Amerikas in der Welt. Man erkennt an diesen strategischen Diskussionen schnell, wie brisant die Lage in der »chinesischen See« schnell werden kann.

China besitzt strategische Geduld. Wir auch

Derzeit befürchtet China allerdings, dass es dem neuen US-Präsidenten durchaus gelingen könnte, alte Allianzen mit neuem Leben zu erfüllen und damit den eigentlichen Multiplikator amerikanischer Macht wieder zu beleben. Die »Bowling-alone«-Politik des abgewählten US-Präsidenten Trump wäre den Strategen der KP Chinas trotz aller Zoll- und Sanktionsdrohungen deutlich lieber gewesen als eine von den USA geleitete Allianz von Nordamerika, Europa, Japan, Australien, Neuseeland, Südkorea und eines Tages vielleicht sogar Indien.

Denn sowenig wie man Chinas Fähigkeiten und Ambitionen unterschätzen darf, so wenig sollte man das Land für unangreifbar halten: Es ist umgeben von Rivalen, von denen immerhin vier über Atomwaffen verfügen, es hat Handelskonflikte nicht nur mit den USA, sondern auch mit Europa, Australien und einer Reihe anderer Länder, die sich inzwischen gegen die zu große Abhängigkeit von China wehren. Zugleich braucht China aber auch die offenen Märkte vor allem in den beiden wohlhabendsten Regionen der Welt: Europa und Amerika. Sosehr sich die chinesische Führung auch um die Entwicklung ihres Binnenmarktes bemüht und darum, dort vorhandene gewaltige Wachstumschancen zu erhöhen, so bedeutend bleiben ebenfalls Technologietransfer und wirtschaftliche Kooperation mit anderen Märkten. Wir haben also durchaus etwas zu bieten für das Reich der Mitte und müssen es uns keinesfalls gefallen lassen, wenn die dortige kommunistische Parteiführung meint, ihren Bannstrahl sogar bis hinein in das demokratisch gewählte Parlament Europas senden zu können, wenn es dort kritische Stimmen zur Menschenrechtslage in China gibt. Die Folge dürfte im Übrigen sein, dass das europäisch-chinesische Investitionsabkommen erst einmal auf Eis gelegt wird – und das zu Recht! Das Europäische Parlament wird Sanktionen gegen einzelne seiner Abgeordneten gewiss nicht mit der Zustimmung zum Investitionsschutzabkommen »belohnen«. Denn es geht um eine sehr prinzipielle Frage: Lassen wir Europäer es zu, dass eine ausländische Macht versucht, frei gewählte Abgeordnete unter Druck zu setzen? Die Antwort kann nur Nein lauten! Neben dem Angebot zur wirtschaftlichen Kooperation braucht es offenbar auch rote Linien.

Nicht zuletzt steht China aber vor allem vor einem massiven demografischen Problem. Ein gern zitierter Satz lautet: Bevor China reich ist, wird es erst einmal alt. Spätestens in der 2030er-Jahren wird die jahrzehntelange Ein-Kind-Politik dazu führen, dass eine abnehmende Zahl an Erwerbstätigen eine deutlich wachsende Anzahl von Rentnerinnen und Rentnern finanzieren muss. China wird einen erheblichen Teil seiner ökonomischen Kraft ins eigene Land investieren müssen, um soziale Unruhen zu vermeiden – und entsprechend weniger Ressourcen für seine außenpolitischen Ambitionen zur Verfügung haben.

Strategische Geduld ist einer der großen Vorteile chinesischer Politik. Wir können davon lernen. Auch in China weiß man, dass große Mächte in der Geschichte über kurz oder lang immer durch äußere und innere Spannungen erschüttert werden – beide müssen im Blick und unter Kontrolle gehalten werden.

Das Ende der »Wilsonian Era« in den USA und die Folgen für Europa

Umgekehrt weiß die Biden-Administration, dass sie nur durch die Rückgewinnung der eigenen nationalen ökonomischen und technologischen Stärke eine nachhaltige Balance gegenüber China schaffen kann. Dazu gehört auch, die wachsende soziale Ungleichheit und Ungerechtigkeit in den USA zu bekämpfen, weil das die Voraussetzung dafür sein wird, dass die Mehrheit der Wahlbevölkerung ein erneuertes amerikanisches

Engagement in der Welt akzeptieren wird. Die »Wilsonian Era«, wie es der amerikanische Wissenschaftler Walter Russel Mead nannte, ist spätestens mit Donald Trump in den USA zu Ende gegangen, und sie kehrt auch mit Joe Biden nicht einfach zurück. Es gilt nicht mehr als selbstverständlich, dass internationales amerikanisches Engagement oder die Investitionen in internationale Organisationen immer im wohlverstandenen Interesse der USA sind. Oder wie es der neue Sicherheitsberater der USA, Jake Sullivan, ausgedrückt hat: Jedes amerikanische Engagement in der Welt wird sich daran messen lassen müssen, ob es der amerikanischen Mittelklasse dient. Die notwendigen Ausgaben für das internationale Engagement der USA – und dazu zählen nicht zuletzt auch die Militärausgaben – dürfen deshalb nicht zulasten der innenpolitischen wirtschaftlichen und sozialen Reformprogramme gehen. Keine leichte Aufgabe für Joe Biden.

Wenn wir Europäer also ein Interesse daran haben, dass die USA die Aufgabe übernehmen, die Weltordnung und insbesondere China in der Balance zu halten, weil wir selbst uns das zu Recht nicht zutrauen, dann sind wir klug beraten, alles zu tun, um dem amerikanischen Präsidenten den Rücken freizuhalten: durch eine gemeinsame Außen- und Entwicklungspolitik im Nahen und Mittleren Osten und in Afrika, durch die Finanzierung eines echten Alternativangebots für Infrastrukturinvestitionen in Zentralasien und Afrika, um mit der chinesischen »Seidenstraße« den Wettbewerb aufzunehmen. Auch die Erhöhung von Effizienz und Ausgaben für die europäische Vereidigung gehört dazu, um die USA finanziell davon zu entlasten. Und warum nicht mal einseitige Schritte zum Abbau von Handelshemmnissen z. B. gegenüber der amerikanischen Automobilindustrie? All das kann helfen, den verunsicherten amerikanischen Wählerinnen und Wählern zu zeigen, dass internationale Partnerschaft und Zusammenarbeit auch ihnen zugutekommt und in ihrem Interesse liegt.

Vor allem aber muss Europa wirtschaftlich und technologisch »an Gewicht« zulegen. Europa als »zivile Macht« kann internationalen Einfluss letztlich nur als starke und innovative Wirtschaftsregion und als erfolgreicher größter Binnenmarkt der Welt gewinnen. Gerade das deutsche Wohlstandsmodell einer hochproduktiven Exportnation ist in Gefahr. Denn es basiert auf Technologieführerschaft. Deutschland gehört nicht zuletzt deshalb seit mehr als 20 Jahren zu den Gewinnern der Globalisierung, weil es zum »Industrialisierer« der Welt wurde. Im Maschinen- und Anlagenbau, der Elektrotechnik, der Automobilindustrie und vielen anderen Sektoren war und ist unser Land »Master of the Universe«, wenn es um die Produkte selbst geht. Seit Jahren aber verschiebt sich ein immer größer werdender Teil der Wertschöpfung vom Produkt auf die Datenplattformen. Die allerdings werden von amerikanischen und chinesischen Unternehmen beherrscht und nicht von einem einzigen europäischen Wettbewerber. Die Plattformökonomie hat das Potenzial, Deutschland zur verlängerten Werkbank zu machen und uns ans Ende der Wertschöpfungskette zu schieben. Und dem Abstieg aus der ökonomischen Champions League folgt der politische – auch aus Sicht der Vereinigten Staaten.

Aber auch die USA wären gut beraten, ihren Verbündeten in Europa oder im Indopazifik faire Handelsangebote zu machen und sie nicht länger mit Zöllen oder Sanktionen zu bestrafen, wenn es in einzelnen Feldern zu unterschiedlichen Interessenlagen mit Verbündeten kommt. Am Ende bedeutet die Beseitigung von tarifären oder nichttarifären Handelshemmnissen auch im 21. Jahrhundert, dass Waren auch für amerikanische Verbraucherinnen und Verbraucher preiswerter werden, dass die internationale Arbeitsteilung eine höhere Produktivität und somit höhere Löhne ermöglicht und mehr Geld in Bildung, Infrastruktur und soziale Sicherheit investiert werden kann.

Die neue Herausforderung: mehr soziale Gerechtigkeit im globalen Kapitalismus

Wenn es darum geht, dass die transatlantische Partnerschaft auch dazu dienen soll, die Welt mit Blick auf das zunehmende Gewicht Chinas in der Balance zu halten, dann stehen die USA und Europa vor einer ganz anderen Herausforderung: Das Modell eines global möglichst deregulierten Kapitalismus hat in den letzten Jahren immer mehr an Attraktivität verloren. Nicht nur die Finanzkrise 2008/2009 verunsicherte große Teile der entwickelten Demokratien der Welt, sondern auch die zunehmende

Ungleichheit lässt den Ruf nach einer gerechteren Weltordnung seit langem lauter werden. Die Coronapandemie wird wie ein Brandbeschleuniger bei der Zerstörung der Attraktivität des bisherigen »westlichen« Modells der Globalisierung wirken. Denn insgesamt ist der Aufschwung nach der Covidpandemie eine Geschichte, in der zuerst die Reichen reicher werden, allerdings sehr ungleichmäßig: Die Vereinigten Staaten überholen Europa, die Chinesen überholen andere Länder mit mittlerem Einkommen, und schlecht regierte Länder mit niedrigem und mittlerem Einkommen geraten unter ungeheuer großen Druck, weil sie über keine angemessenen Mittel verfügen, um die Wirtschaft ihrer Länder wieder in Gang zu bringen. Schon innerhalb Europas dürfte sich eine k-förmige Wirtschaftsentwicklung zeigen: Der Norden wird stärker aus der Krise herauskommen und der Süden schwächer, als er in die Krise gestartet ist. Entsprechend dramatisch wird sich die europäische und globale Einkommensverteilung in den kommenden Jahren entwickeln.

Die Globalisierung der letzten 40 Jahre hat großen Wohlstand in zuvor armen Ländern und Regionen geschaffen. Das deutlichste Beispiel dafür ist der Aufstieg Chinas, der ja unmittelbare Folge einer liberalisierten Weltordnung war. 800 Millionen Menschen aus bitterster Armut zu befreien und eine millionenstarke Mittelschicht aufzubauen, zeugt von der Tendenz einer großen globalen Annäherung. Wir erleben jetzt jedoch eine geopolitisch weit weniger stabile Welt mit größeren Bevölkerungsanteilen, die zunehmend unzufrieden mit den angebotenen Regierungsmodellen sind. Die Welt bewegt sich nicht mehr in Richtung Parität, wie es in den letzten Jahrzehnten im Großen und Ganzen der Fall war. Selbst in den ärmeren Ländern herrschte das Gefühl vor, dass sie sich größtenteils »entwickeln« und gleichberechtigter werden würden. Wie wir aber spätestens durch die Polarisierung innerhalb der USA und anderer Demokratien wissen, können Veränderungen im relativen Status ebenso bedeutsam sein wie das absolute Wohlstandsniveau.

Schon jetzt scheint klar: Die Pandemie wird die Kluft zwischen Arm und Reich in Zukunft viel stärker als ideologischen Treiber geopolitischer Konflikte in Erscheinung treten lassen, als das selbst während des Kalten Krieges der Fall war. Die demokratischen Industriestaaten der

Welt – insbesondere die USA gemeinsam mit Europa und Japan – werden entweder eine sozial gerechtere Form des globalen Kapitalismus entwickeln oder den gesellschaftlichen Wettbewerb mit autoritären Angeboten wie aus China verlieren. So wie es in der zweiten Hälfte des 20. Jahrhunderts gelungen ist, den Kapitalismus national durch Ideen einer sozialen Marktwirtschaft einzuhegen, wird das global zur Voraussetzung der Attraktivität der Idee liberaler Demokratien. Sich dieses gemeinsame Ziel zu setzen, könnte das verbindende Element der »alten« transatlantischen Zusammenarbeit und den neuen Allianzen mit den Demokratien des Indopazifiks werden. Jedenfalls würde das Europa weit mehr Einfluss verschaffen als die gelegentlich geäußerte Idee, doch auch ein paar – flapsig formuliert – Kanonenboote dorthin zu entsenden.

Konfliktmanagement zwischen USA und China

Europas wichtigster Beitrag zu dem von US-Präsident Joe Biden geplanten Gipfel der D(emokratischen) 10 wären deshalb Vorschläge zur sozialen Gestaltung der Globalisierung. Es böte zudem die Chance, die strategische Rivalität zwischen den USA und China in einem klar definierten Rahmen auszutragen. Einem Rahmen, in dem es vereinbarte Parameter gibt, an die sich beide zu halten haben, um dem Risiko einer nicht beabsichtigten militärischen Eskalation aus dem Weg zu gehen. Wir kennen das aus der NATO-Russland-Akte, wo eine begrenzte Zusammenarbeit der Militärs drohende Konflikte verhindern soll. Derartige Vereinbarungen können über die Zeit weiterentwickelt werden. Zum Beispiel durch den vertraglichen Verzicht beider Seiten auf Cyberattacken gegeneinander oder durch den Verzicht auf großangelegte Militärmanöver. Und nicht zuletzt durch den Verzicht auf Atomwaffentests, durch nukleare Abrüstung und die gemeinsame Kontrolle des Nichtweiterverbreitungsvertrages für Nuklearwaffen mit Russland. In der Wirtschafts- und Handelspolitik muss dieser Rahmen durch eine Reform der Welthandelsorganisation (WTO) geschaffen werden. China an den Verhandlungstisch zu bewegen, wäre eine der wichtigsten Aufgaben, die sich die Vereinigten Staaten gemeinsam mit Europa und den südostasiatischen Demokratien vornehmen sollten.

Die Eindämmung des Risikos militärischer Konfrontationen und die Schaffung verlässlicher Regeln ließe genug Spielraum für den strategischen Wettbewerb auf dem Feld der Wirtschafts- und Technologiepolitik und für das Ringen um politischen Einfluss auf der Welt. Zugleich eröffnen die militärische Eindämmung möglicher Konfliktszenarien und der Verzicht auf Konfrontationen einer Art »Kalten Kriegs 2.0« auch die Kooperation auf anderen Gebieten. Beispiele dafür wären der internationale Klimaschutz oder die gemeinsame Bekämpfung der Folgen der Coronapandemie. Diese Möglichkeiten würden verbaut, wenn China und die USA sich in einem völlig ungeregelten Wettbewerb gegenüberstünden, bei dem alle Formen der Kooperation nichts anderes wären als bloße »Chips« auf dem Spielfeld geopolitischer Machtauseinandersetzungen. Dass China zu weitreichenden Verpflichtungen im internationalen Klimaschutz bereit ist, während es auf der anderen Seite in ständiger Konfrontation mit den Vereinigten Staaten steht, ist unwahrscheinlich.

Vermutlich gibt es nicht wenige, die diesen Weg einer »antagonistischen Kooperation« für naiv halten. Und denen dabei die moralische Kritik an der innenpolitischen Situation Chinas und am dortigen Umgang mit Menschenrechten zu kurz kommt. Denen muss man indes entgegenhalten, dass noch kein internationaler Konflikt mit einer ausschließlich auf Konfrontation ausgerichteten Politik friedlich gelöst werden konnte. Es mag eine harte Wahrheit sein, aber es ist allemal besser, eine strategische Rivalität zu managen, als sie ungebremst unkalkulierbar werden zu lassen.

Europas Lackmustest im 21. Jahrhundert: Souveränität statt Autonomie

Die Folge dieser Entwicklungen wird sein, dass die USA wesentlich mehr Wert auf ihre Bündnisse im Indopazifik legen werden als auf die traditionellen Allianzen mit Europa. Natürlich stehen die USA mit Joe Biden und der überwältigenden Mehrheit ihrer Kongressabgeordneten zur NATO. Aber abseits dieser für unsere Ohren angenehmen Rhetorik müssen die Vereinigten Staaten in der praktischen Politik ihre Kraft vor allem in die Partnerschaft mit Indien, Japan und Australien investieren. Heute ist der protektionistische Widerstand auf dem linken Flügel der Demokraten für eine Rückkehr in das Freihandelsabkommen TPP vermutlich zu stark. Diesen Konflikt wird Biden meiden. Aber an einer neuen Form der strategischen Allianz, die Technologie, Handel und militärische Kooperation umfasst, wird bereits gearbeitet. Und trotz aller Ressentiments gegenüber Japan dürfte auch Südkorea dieser neuen Partnerschaft beitreten.

Wir Europäer tun gut daran, das nicht als Zurückweisung zu empfinden, sondern als Teil einer globalen Machtverschiebung, die wir allein nicht ausgleichen können. So paradox es scheint: Die Abkehr der USA von Europa und die Hinwendung zum Indopazifik ist in unserem eigenen europäischen Interesse. Denn wir selbst haben in diesem indopazifischen Kräfteparallelogramm keinen wirklichen Einfluss. Umso mehr aber werden wir Europäer in den kommenden Jahren durch diese globale Kräfteverschiebung daran erinnert, dass wir endlich außen- und sicherheitspolitisch erwachsen« werden müssen und mehr Verantwortung in unserer unmittelbaren europäischen Nachbarschaft zu übernehmen haben. In diesem Sinne geht es tatsächlich um europäische Souveränität, damit wir die eigenen Interessen auch selbst wahrnehmen können statt immer darauf zu warten, dass die USA uns diese Aufgabe abnehmen. Hier ist das Ende der Bequemlichkeit erreicht. Das aber ist etwas anderes, als auf europäische »Autonomie« zu pochen. Denn ohne verlässliche Partnerschaften und Allianzen brächte selbst ein stärker geeintes Europa, als wir es heute vorfinden, kein ausreichendes Gewicht ein, um die Welt in der Balance zu halten. Beides gleichermaßen zu schaffen – Europa zu mehr Resilienz und Eigenständigkeit zu bewegen und zugleich die Allianz mit den USA und anderen Demokratien zu erneuern – sind zwei Seiten derselben Medaille. Es wird *der* politische Lackmustest für unsere Reife und Handlungsfähigkeit im 21. Jahrhundert sein.

Die Kehrseite der Globalisierung

Die Rückbesinnung auf die Grenzen und auf die vermeintliche Stärke des Nationalstaats verheißt mit wohlfeilem Pathos einfache Lösungen. Diese Sehnsucht wird auch innenpolitisch benutzt. Dort wird für die wachsende

Kluft zwischen Arm und Reich pauschal die Globalisierung verantwortlich gemacht und der wohlige Nationalstaat als Heilmittel angepriesen.

In der Tat, die Globalisierung bedeutet nicht für jeden eine Verbesserung seiner Lebensumstände. Das Versprechen der Globalisierung – mehr Wohlstand für alle durch mehr Handel und Vernetzung – hat sich für zu viele Menschen nicht erfüllt. Gleichzeitig hängt die Bedrohung des Welthandelssystems, wie wir es kannten, eng mit der Verschiebung der politischen Kräfte in der Welt zusammen. Die Bruchlinien der Weltwirtschaftsordnung sind kein Zufallsprodukt. Larry Summers, der frühere Chefökonom der Weltbank, verlangt deshalb einen »verantwortlichen Nationalismus« und stärkere Gewerkschaften im digitalen Zeitalter.[9]

Für Paul Krugman, den klugen amerikanischen Ökonomen und Nobelpreisträger, ist Globalisierung ebenfalls mitverantwortlich für die wachsende soziale Ungleichheit. Sie habe längst die Mittelschichten erreicht. Denn die verschärfte zwischenstaatliche wie innergesellschaftliche Konkurrenz gefährde den Zusammenhalt und verdränge die Solidarität. Die entgrenzte Globalisierung sei verantwortlich für die wachsende Kluft bei den Vermögensverhältnissen, für die weitgehend unkontrollierte Rolle der Finanzmärkte, die neoliberale Wende, den Kontrollverlust staatlicher Institutionen und die Freisetzung wutbürgerlicher Kräfte.

Der Ökonom Branko Milanović verdeutlicht in seiner Forschung vor allem die Krise der westlichen Mittelschicht auf eindrückliche Art und Weise. Milanović fand heraus, dass zwischen den Jahren 1988 und 2008 weltweit Reallöhne vor allem in Schwellenländern um bis zu 80 Prozent gestiegen sind, in der westlichen Mittelschicht jedoch nahezu stagnierten – das oberste Prozent der Welt konnte sein Einkommen hingegen um knapp 70 Prozent erhöhen und die Ärmsten der Welt nur geringe Einkommenszuwächse verbuchen.[10] Während die Globalisierung Millionen Menschen aus der Armut hievte, erhöhten sich zugleich die innerstaatlichen Ungleichheiten, und die Mittelschicht Westeuropas und Nordamerikas erlebte keinen finanziellen Fortschritt.

Gepaart mit der jahrzehntelangen Weltanschauung der Postmoderne, deren Credo »Anything goes« ist, ist es kaum verwunderlich, dass bei vielen Menschen die Sehnsucht nach staatlicher Ordnung, Klarheit,

Hierarchie und Verantwortung wächst. Selbst in bislang gefestigten Gesellschaften greifen autoritäre Tendenzen um sich. Wir treffen vielerorts auf eine »Faszination des Autoritären«. Vielfalt und Individualität, Gleichstellung und Inklusion werden von den Rattenfängern populistischer Parteien als Ausdruck übertriebener »politischer Korrektheit« diffamiert und infrage gestellt. Die Wirkung ihrer perfiden Kampfansagen reicht bis tief ins bürgerliche Spektrum.

Die liberalen Eliten der westlichen Demokratien laufen Gefahr, in ihren oft selbstbezogenen Diskursen dieses gesellschaftliche Bedürfnis nach Klarheit und Ordnung zu unterschätzen. Man muss nicht nur den sozialdemokratischen Parteien mehr Materialismus und weniger postmodernen Idealismus empfehlen.

EXKURS: Die Attraktivität der Autoritären

Der alte Kontinent sieht sich im Wettstreit mit autoritären oder populistischen Regierungsformen und »illiberalen Demokratien« konfrontiert, die nur scheinbar schneller und effizienter auf die Probleme der Globalisierung reagieren. Immer häufiger werden wir gefragt, ob denn eigentlich unser demokratisches System noch wettbewerbsfähig sei mit den aufstrebenden autoritären Modellen. Dort werde schneller entschieden, schneller gebaut, schneller und vor allem größer gedacht, geplant und realisiert. »Bevor ihr bei uns auch nur einen Radweg gebaut hättet, wird China unser ganzes Land mit Straßen, Schienen und Häfen entwickelt haben«, beklagte ein afrikanischer Staatschef 2017 beim Deutschen Afrika-Gipfel die Langsamkeit Europas. Und auch bei uns fragen Wirtschaftsvertreter hinter vorgehaltener Hand, ob denn die Chinesen nicht wirklich effizienter seien als wir Deutschen. Die Output-Orientierung wirkt attraktiver als unsere Input-Orientierung, bei der wir Demokratie, Freiheit und Liberalität als Voraussetzung für dauerhaften wirtschaftlichen Erfolg hochhalten.

Abgesehen davon, dass die Gesundheits- und Umweltschäden Chinas ebenso viele Widerstände auslösen wie die massive Korruption, die große Teile des wirtschaftlichen Wachstums wieder zerstört, darf man vor der wachsenden Anziehungskraft autoritärer Modelle nicht die Augen verschließen. Wir müssen schlicht besser werden. Die Schienenverkehrsverbindung von Belgrad nach Budapest wird wie gesagt von China gebaut, weil wir Europäer dazu in angemessenen Zeiträumen und mangels ausreichender Finanzierung nicht in der Lage sind.

Die Attraktivität der Autoritären hat aber noch andere, tiefer liegende Gründe. Wer die Lage in Europa nüchtern analysiert, wird schnell merken: Es sind nicht neuer Nationalismus oder Populismus, die Europa bedrohen, sondern es ist unsere eigene Unfähigkeit, angemessene Antworten auf die Herausforderungen der Zeit zu geben. Erst dieses politische Vakuum ermöglicht es Populisten und neuen Nationalisten, ihre Propagandaphrasen in Europas Gesellschaften zu verankern.

Die nationalen und populistischen Bewegungen erhalten sogar Zulauf dort, wo die wirtschaftliche und soziale Lage wie in Deutschland relativ gut und stabil ist. Es muss etwas anderes sein, was die Wählerinnen und Wähler den Populisten in die Arme treibt. Etwas, was sogar dann noch wirkt, wenn diese Populisten wie in den USA eine Politik realisieren, die den materiellen Interessen ihrer Wählerinnen und Wähler entgegenläuft. Denn die weitgehende Entkernung der Gesundheitsreform von Barack Obama durch Donald Trump trifft ja zuerst die wütende und enttäuschte Arbeiterschaft des *Rust Belts*, die ihm zuvor zu seiner Mehrheit verholfen hat. Und auch in Europa verhindert der ökonomische Zweckrationalismus nicht mehr, dass große Teile der europäischen Gesellschaften von der Idee der Europäischen Union Abschied nehmen wollen. Was ist es also, was Menschen motiviert, den Nationalisten und Populisten zu folgen?

Der Aufstieg des rechten wie linken Populismus wird oft als Reaktion auf die Errungenschaften der Moderne begriffen, gewissermaßen als antimoderne Auflehnung gegen den Status quo. Ich wage eine Gegenthese, die auf den ersten Blick kurios wirken mag: Der Rechtspopulismus ist keine Gegenbewegung zur klassischen Moderne, sondern Ausdruck einer Sehnsucht nach dieser Moderne. Mithin ist er eher eine Gegenbewegung zur Postmoderne, die Ende des letzten Jahrhunderts entstand.

Der moderne National- und Wohlfahrtsstaat geriet bereits seit den 1990er-Jahren unter Druck. Bereits in den Jahren zuvor verloren die Familie und die bis dahin gesellschaftlich dominante Ordnung der Geschlechter-verhältnisse durch Individualisierung und Emanzipation an Kraft und Relevanz. An meiner eigenen Familiengeschichte habe ich erfahren, wie befreiend das wirkte. Aber auch diese Freiheit war eine doppelte: Es ver-schwanden nicht nur die Autoritären, sondern auch die Autoritäten. Von Lehrern bis zu Polizisten, von Unternehmern bis zu Gewerkschaftsvorsit-zenden, vom Sport über die Medien bis zur Kirche. Der Schlachtruf der Postmoderne »Anything goes« egalisierte nicht nur, er entzog auch Sicher-heit und Orientierung. Die Ablösung dieser nach dem Zweiten Weltkrieg entstandenen Moderne durch die Postmoderne geschah auf breiter Front und mit einer Dynamik, die ihren französischen Vordenkern niemals in den Sinn gekommen wäre. Sie vollzog sich im Gleichtakt mit einer radi-kalen Liberalisierung der Wirtschafts- und Lebensverhältnisse, die die letz-ten 30 Jahre charakterisiert hat. Der Keynesianismus verlor gegenüber dem Neoliberalismus an Boden. So löste der *Shareholder Value* in Deutschland den »rheinischen Kapitalismus« ab. Verbindlichkeit und Verbindendes gal-ten auf einmal als Hindernis für die Entfaltung der für den globalen Wett-bewerb notwendigen Flexibilität und Mobilität.

Die eigentliche Moderne dagegen hatte sich nach dem Zweiten Welt-krieg vor allem durch klare soziale Spielregeln, in Deutschland etwa durch die soziale Marktwirtschaft, ausgezeichnet. Das sozialdemokratische Auf-stiegsversprechen war eines der wichtigsten Kennzeichen dieser Moderne überall auf der Welt, vor allem aber hier in Europa. Und in der Tat war es ja möglich geworden, nationale Bedingungen zu schaffen, die den Kapi-talismus zähmten und ihm eine Gemeinwohlorientierung aufzwangen. In ebendiese Zeit wünschen sich zunehmend mehr Menschen zurück. Kurio-serweise also in eine Zeit, die vor allem durch die Sozialdemokratie und ihre nationalen Erfolge geprägt war. Wären da nicht die rassistischen und antieuropäischen Ausfälle rechter Populisten, könnte man ironisch zuge-spitzt sagen: Die Antipostmoderne sehnt sich nach der guten alten sozial-demokratischen Zeit zurück.

Es ist aber immer weniger möglich, mit nationaler Gesetzgebung den globalen Kapitalismus zu zähmen. Er erpresst die Nationalstaaten mit sei-ner von Daten und Kapital getriebenen Flexibilität. Er sucht sich immer neue preiswerte Standorte mit niedrigen Löhnen, niedrigen Steuern und schwacher Sozial- und Umweltgesetzgebung. Und notfalls weicht er in Steueroasen aus, die in Wahrheit Gerechtigkeitswüsten sind. So gesehen ist der Aufstieg des Rechtspopulismus eine späte Revolte gegen einen Neoliberalismus, der als übersteigert und gefährlich für die Gemeinschaft wahrgenommen wird. Deshalb ist er auch für die Anhänger der Progressiven und Sozialdemokraten so verführerisch. Die Antwort darauf kann deshalb nur darin bestehen, den globalen Kapitalismus im ersten Schritt europäisch und im zweiten auch international zu zähmen. Doch die internationale Zähmung kann nur dann erfolgreich sein, wenn wir die europäische beherzt und schnell anpacken.

Der Zerfall von Familien, Vereinen und anderen Gemeinschaften durch die Atomisierung von Arbeits- und Lebenswelten wird in einem nicht geringen Teil unserer Gesellschaft als traumatischer Abschied von der Moderne begriffen, nicht als ihre Vollendung, wie es manche Vordenker der Grünen und Liberalen sehen. Die offenen Grenzen von 2015 stehen in Deutschland für nicht wenige Menschen deshalb als Sinnbild für die Extremform von »Multikulti«, Diversität und den Verlust jeglicher Ordnung. Sie waren in einem entscheidenden Moment Überforderung von Staat und Gesellschaft gleichermaßen und deshalb ein tiefer Einschnitt in unsere nationale Signatur und Identität. Davon hat sich unser Land noch nicht erholt – das zeigen die anhaltenden Debatten der letzten Monate. Wir haben dabei auch lernen müssen, dass es in jeder noch so aufgeklärten Gesellschaft schlafende Dämonen gibt, die wir damit geweckt haben. Wir dürfen diesen Dämonen nicht nachgeben, aber wir dürfen sie auch nicht ignorieren oder unterschätzen. Sie verschwinden nicht von allein. Gewiss sind wir nicht wehrlos und müssen uns auch nicht mit ihren hässlichen Fratzen abfinden, in die wir derzeit täglich blicken müssen. Nur so zu tun, als gäbe es sie nicht, oder uns mit dem Gefühl moralischer Überlegenheit zufriedenzugeben, wird nicht ausreichen.

Unter den Sympathisanten der Neuen Rechten finden sich viele vormals sozialdemokratische Wählerinnen und Wähler. Diversität, Inklusion, Gleichstellung, Political Correctness – all das sind jetzt Zielscheiben der Neuen Rechten. Sie sind im Kern kein Produkt der klassischen

Moderne, sondern einer Postmoderne, die zur radikalen Dekonstruktion der Moderne angetreten war, dabei erstaunliche Erfolge feierte und jetzt Opfer ihres eigenen Erfolgs wird. Auch die Moderne versprach den Menschen Individualität, Vielfalt, Freiheit und Wohlstand, aber geregelt und in Maßen. Das Übermaß und die Radikalität der Postmoderne sind es, die das Unbehagen nähren.

In der Vergangenheit haben alle liberalen und sozialdemokratischen Parteien Europas bei ihren Antworten auf den globalen Postmodernismus ähnliche Fehler begangen. Auch wir in Deutschland. Wir haben uns eher in unseren nationalen Wirtschaftsdebatten an den Wettbewerbsdruck dieser postmodernen Globalisierung angepasst. Wettbewerbsfähigkeit war uns wichtiger als Löhne und Renten, mit denen man nicht nur leben, sondern gut leben kann, auch wenn die SPD in den letzten Legislaturperioden vieles ins Werk gesetzt hat, um dieser Entwicklung entgegenzuwirken. Hinzu kommt: Auch wir haben uns kulturell als Sozialdemokraten und Progressive oft wohlgefühlt in postmodernen liberalen Debatten. In der Umwelt- und Klimaschutzpolitik begnügt sich die Sozialdemokratie damit, die Klimaschutzziele möglichst ambitioniert zu gestalten. Wurde zwischen 1990 und 2020 gerade mal ein Drittel der deutschen Treibhausgasemissionen gesenkt – und das vor allem durch den Zusammenbruch der DDR-Industrie –, so soll das in nur 9 Jahren jetzt verdoppelt werden. Über die Frage, *wie* das geschafft werden soll, gibt die SPD ebenso wenig eine Antwort wie Bündnis 90/Die Grünen oder die Union. Und das, obwohl die unzweifelhaft nötige deutlich ambitioniertere Klimapolitik vor allem für Arbeitnehmerinnen und Arbeitnehmer eine ernsthafte Bedrohung ihrer wirtschaftlichen und sozialen Existenz wird. Einerseits, weil viele der für den Klimaschutz notwendigen Technologien heute noch nicht wirtschaftlich einsetzbar sind und damit natürlich vor allem industrielle Arbeitsplätze im internationalen Wettbewerb mit Staaten verloren gehen, die weitaus geringere Klimaschutzauflagen haben, als dies in Deutschland oder Europa der Fall ist. »Grünen Stahl« wird es ohne massive staatliche Förderung schlicht in Europa nicht geben. Stattdessen umso mehr traditionell hergestellten Stahl, den wir aber importieren müssen, wenn unsere eigene Stahlerzeugung mangels Wettbewerbsfähigkeit verschwindet. Andererseits treffen höhere CO$_2$-Preise, die wir als Preissignal zugunsten klimafreundlicher Technologien dringend brauchen, natürlich vor allem Menschen mit mittlerem oder niedrigem Einkommen. Eine soziale Klimawende müsste dort Antworten geben, wo schon heute die Mieten zu hoch und die Renten zu niedrig sind. Richtige politische Ziele stoßen auf reale soziale Ungleichheit. Ein Aufgabenfeld wie geschaffen für die Sozialdemokratie. Stattdessen aber fordert ihr Spitzenkandidat für die Bundestagswahl 2021 nur das Fliegen teurer zu machen. Nicht wenige werden darin die Botschaft erkennen, dass Flugreisen wie ehedem nur den Besserverdienenden offen stehen sollen. Kein Wunder also, warum eine Wahlanalysen als Ergebnis hatte, dass einstige SPD-Wählerinnen und Wähler sich von ihr »verachtet« fühlten. Ein Blick auf die Entwicklung der Demokraten in den USA zeigt, wie gefährlich diese Konzentration auf die Themen der Postmoderne sein kann. Wer die Arbeiter des *Rust Belt* verliert, dem werden die »Hipster« in Kalifornien auch nicht mehr helfen. Diese Erkenntnisse werden den neuen US-Präsidenten Joe Biden dazu geführt haben, seine Investitionen in den Klimaschutz vor allem mit der Bekämpfung der sozialen Ungleichheit im Land zu verbinden.

Der sprichwörtliche Stammtisch hat heute ein (scheinbar) linkes Pendant gefunden: Er trägt in den urbanen Zentren keine Knobelbecher und Lodenjacken, sondern im Zweifel einen Hipsterbart, Jeans und bekämpft den Dieselmotor. Dies ist eine neue Art Stammtisch, den man »die Wohlgesinnten« nennen kann. Sie halten sich für die Inkarnation des Guten, für die Supermänner und -frauen der Aufklärung. Sie haben die Wahrheit gepachtet, wissen alles über Klima, Geschlechterrollen, russische Geheimdienste und halten Fahrradfahren für eine antikapitalistische Bewegung. Linke Intellektuelle und aufgeklärtes Bürgertum haben in diesem Milieu den gesellschaftskritischen Verstand abgelegt. Alles dreht sich oft nur noch um sich selbst oder ihr Kiezkollektiv. Sie ziehen das Gefühl der subjektiven moralischen Größe und Überlegenheit aus ihrer Manufactum-Kultur und schweben – trunken von sich und ihrer ökologisch einwandfreien Haltung – über den Alltagsdingen. Auf diese Dinge aber kommt es an, wenn man sich ein Urteil erlauben will. Entwickelt man indes eine Haltung ohne Fakten, entsteht daraus sehr schnell eine Gesinnung. Und wir wissen, wohin das führt. Eine Form von Stammtisch ist das insofern auch, als sich hier eine mittlerweile durchaus mehrheitsfähige Geisteshaltung breitgemacht hat, die wirkmächtig ist über ihre kosmopolitischen Milieus hinaus.

Ich weiß, das ist alles sehr holzschnittartig und provokativ. Und ich weiß vor allem, wie zentral Umwelt- und Klimaschutz, Datenschutz und vor allem gleiche Rechte für jedwede Art von Lebensentwürfen sind. Trotzdem müssen wir uns in den sozialdemokratischen und progressiven Bewegungen fragen, ob wir kulturell noch nah genug an den Teilen unserer Gesellschaft dran sind, die mit dem Schlachtruf der Postmoderne »Anything goes« weder einverstanden sind noch ihre prekären Lebens- und Arbeitslagen berührt sehen. Die sich unwohl, oft nicht mehr heimisch und manchmal auch gefährdet fühlen. Es gibt immer noch weit mehr *Somewheres* in unseren europäischen Gesellschaften als die *Anywheres*, auf die wir im politischen und medialen Alltag viel zu häufig treffen.

Nach der Unübersichtlichkeit, die uns die Globalisierung auch gebracht hat, leben wir jetzt in einer Zeit der Suche nach Orientierung und Identität. Es ist kein Zufall, dass sich die Vordenker der Rechtsextremen in Europa häufig als »Identitäre Bewegung« bezeichnen. Denn es geht um Identität und Identifizierung. Auch hier hat der britische Historiker Timothy Garton Ash recht, wenn er sagt: »Wir haben das Bedürfnis der Menschen nach Gemeinschaft und Identität vernachlässigt, das sieht man in der Migrations- und Islamdebatte. Und wir haben Solidarität und Gleichheit vernachlässigt, und zwar nicht nur wirtschaftliche Gleichheit, sondern auch die Gleichheit der Aufmerksamkeit und der Chancen. Der Teil unserer Gesellschaften, der zur Uni gegangen ist, fühlt sich gut in einer offenen kosmopolitischen Welt, aber der andere Teil fühlt sich vernachlässigt, marginalisiert, ignoriert, verachtet. Und das ist ein Fehler der liberalen Eliten. (…) Liberale dürfen Begriffe wie Heimat, Heimatliebe, Patriotismus nicht den Rechten und Populisten überlassen, wir müssen sie für uns besetzen. Es gibt auch einen liberalen Patriotismus.«[11]

Die traditionellen demokratischen Parteien werden derzeit jedenfalls eher mit einem unidentifizierbaren Postmodernismus gleichgesetzt. Auch weil es uns bislang nicht gelungen ist, die Errungenschaften der Moderne – soziale Sicherheit, Teilhabe, Solidarität – auch in Zeiten der Globalisierung nachhaltig und im Alltag für alle erlebbar durchzusetzen. Immer noch führen wir in Europa im Wesentlichen nationale Wahlkämpfe, immer noch sind uns nationale Termine wichtiger als internationale Treffen, immer noch lassen wir uns von der Macht des Finanzkapitalismus bei unserer Steuergesetzgebung zu sehr erpressen.

Im Kern müssen sich linke und progressive Parteien in Europa ganz anders aufstellen. Das bedeutet vor allem, die Europäisierung und Internationalisierung unserer politischen Konzepte voranzutreiben. Zusammen mit unseren traditionellen Werten von Freiheit, Solidarität, Gleichheit und Gerechtigkeit können damit erkennbare Differenzen zu allen anderen politischen Wettbewerbern deutlich gemacht werden. Wir brauchen mehr internationale Zusammenarbeit, mehr europäische Zusammenarbeit. Nur so werden wir das zentrale Versprechen der Sozialdemokratie wieder einlösen, nämlich den Kapitalismus zu zähmen und soziale und auf Solidarität ausgerichtete Marktwirtschaften zu erzeugen. Das ist uns Sozialdemokraten im letzten Jahrhundert auf nationaler Ebene gelungen. Jetzt muss es uns in Europa und wenn möglich darüber hinaus gelingen. Dass dieser Weg anstrengend ist, wissen die Sozialdemokraten besser als jede andere Partei in Deutschland. Aber wir wissen auch: Ein besseres Land in einem besseren Europa kommt nicht von allein. Es braucht Kraft, Mut und zielgerichtete Entschlossenheit.

G0-Welt? Modelle einer neuen Ordnung

Welche neue Ordnung unsere Welt finden wird, welche Arbeits- und Lebenswelt wir ansteuern, ist noch nicht zu erkennen. Vieles ist im Fluss, und auch die meisten Akteure tasten sich, um eine chinesische Redensart zu bemühen, in diesem Fluss von Stein zu Stein.

Der amerikanische Politikwissenschaftler Ian Bremmer sieht drei Möglichkeiten für ein neues globales System.[12]

Die G0-Welt ist eine Welt, in der die Macht so breit neu verteilt wird, dass keine eindeutige Führungsrolle mehr zu vergeben ist. Bremmer beschreibt sie so: »Die etablierten Mächte verfügen nicht mehr über die politische und wirtschaftliche Macht, Regeln einzuführen und ihre Einhaltung durchzusetzen oder die Realisierung einer globalen Agenda voranzutreiben.«[13] Man kann das auch eine »Westfälische Ordnung 2.0« nennen, eine Neuauflage des Ringens souveräner Staaten um »Hegemonie und Gleichgewicht«, wie sie die Zeit vom Ende des Dreißigjährigen Kriegs bis nach dem Zweiten Weltkrieg geprägt hat. Für eine Handels- und Mittelmacht wie Deutschland ist ein solches freies Spiel der Kräfte brandgefährlich. Der Schritt in die Regellosigkeit mag manchem gewissermaßen als die Fortsetzung der Individualisierung in den internationalen Beziehungen erscheinen. In Wahrheit würde das die Grundlagen unserer Sicherheit und unseres Wohlstands gefährden.

Die G2-Welt wäre eine Variante neuer bipolarer Ordnung, geprägt durch den Wettstreit zweier Supermächte. An die Stelle der Sowjetunion des Kalten Krieges träte das aufstrebende China. Das Land stützt sich dabei auf sein aus der Geschichte abgeleitetes Selbstverständnis als Reich der Mitte. Es sieht sich angesichts der Turbulenzen in den USA und Europa bestätigt, das eigene Modell für überlegen zu halten. Angesichts der Wohlstandsversprechen des chinesischen Modells überrascht es nicht, dass sich viele Schwellenländer an China ausrichten.

Die Gx-Welt hätte viele Pole, allerdings wären es weniger als die uns vertraute G20 und wohl auch anders als die kleinen Formate der G7 oder G8. Der entscheidende Unterschied zur G0-Welt wäre die Existenz verbindlicher Regeln und Strukturen, die das Zusammenwirken der Pole eben nicht der jeweiligen Machtbalance und den Kunstfertigkeiten der Metternichs oder Palmerstons des 21. Jahrhunderts zu verdanken hätte. Eine »Mehrpoligkeit« bei gleichzeitiger Ordnungsverbindlichkeit wäre das Markenzeichen dieses Systems.

Europa und Deutschland sollten allerdings nicht zusehen, wie andere die neue Struktur in der Welt entwickeln, sondern ihre eigenen Ideen einbringen und Bündnispartner suchen. Der Ort dafür wird weder die kleine exklusive Welt der führenden Industriestaaten sein noch allein der große Verhandlungsmarktplatz der UNO. So wünschenswert die Vereinten Nationen als Ort des friedlichen Interessenausgleichs und der Regelsetzung

auch wären: Die Selbstblockade des Sicherheitsrates und die Schwerfällig-
keit des UN-Systems sprechen dagegen.

Die G20 könnten ein neuer Ordnungsfaktor werden. Das jährliche
Treffen der 19 großen Wirtschaftsnationen plus der Europäischen Union
repräsentiert fast zwei Drittel der Weltbevölkerung, vier Fünftel des weltweiten Bruttoinlandsprodukts und drei Viertel des Welthandels. Und übrigens auch 80 Prozent der weltweiten Treibhausgase.

Allerdings sollten wir das G20-Format nicht in seiner bisherigen technokratischen Form bestehen lassen, bei dem Beamte monatelang Kommu-
niqués für einen Verhandlungsmarathon vorbereiten, in denen jeder Konflikt glattgeschliffen wird. In der Regel bleiben diese Gipfeltreffen völlig
folgenlos. Sie produzieren eine Scheinrealität und einen Scheinkonsens.
Am Ende hinterlässt der gewaltige Aufmarsch der Staats- und Regierungschefs den Eindruck, als träfen sich bei G20 die globalen Oligarchen. Als
einzige gute Nachricht bleibt, dass man sich überhaupt getroffen hat. Die
derzeitige Form eines »Clubs der Mächtigen« befördert eher Verschwö-
rungstheorien und Ohnmachtsgefühle bei den Menschen. Das ist Wasser
auf die Mühlen der Nationalisten und Populisten in aller Welt.

Die G20 sind aber auch anders vorstellbar: Als »Parlament des Multilateralismus«. Als »zweite Kammer« neben den Vereinten Nationen. Der
UN-Generalsekretär könnte sogar als Unterhändler der nicht vertrete-
nen Staaten und Völker agieren. Tagungsort sollten nicht paramilitärisch
bewachte Gastgeberstädte sein, sondern der Sitz der Vereinten Nationen
in New York. Ein oder besser zwei Treffen pro Jahr mit offener Diskussion
sollte es geben, transparent und nachvollziehbar für die Öffentlichkeit. Die
G20 sollten Interessenkonflikte nicht mehr verkleistern, sondern einen offenen multilateralen Dialog über Armut und Fluchtursachen, Rüstungskontrolle, Abrüstung, Klimaschutz, Handel und Digitalisierung ermöglichen.
Ein erster Schritt sollte eine Selbstverpflichtung der Staats- und Regierungschefs sein, über die verabredeten Maßnahmen Rechenschaft abzulegen.

Meine Ideen mögen angesichts der verkrusteten Strukturen, der Ritu-
ale und der erlebten Folgenlosigkeit der Gipfelbeschlüsse naiv erscheinen.
Doch noch naiver ist die Vorstellung, dass sich diese Konflikte von selbst
auflösen. Natürlich ist eine realpolitische Skepsis angebracht: Warum

sollten die neuen und alten Autoritäten ausgerechnet bei G20-Treffen fortschrittliche Positionen vertreten? Warum sollten die, die Beschlüsse des Sicherheitsrates blockieren, nicht auch bei G20 auf die Bremse treten? Die Antwort finden wir in unserer Tradition der Aufklärung: Weil die Erfahrung zeigt, dass nur öffentlicher Druck Bewegung in starre Fronten bringt. Und weil eine G20-Weltordnung für uns Deutsche und Europäer mehr Einflussmöglichkeiten bietet als die sich derzeit entwickelnde ungeordnete G0-Welt oder eine exklusive G2-Welt, in der China und die USA ihre Interessen absichern und alle anderen ausgrenzen.

Es ist schon beängstigend, wie tatenlos in den letzten Monaten gerade wir Deutschen diesen Verhandlungen der beiden großen Rivalen zusehen. Während diese über eine Reduktion des chinesischen Handelsbilanzüberschusses gegenüber den USA um 200 Milliarden(!) US-Dollar bis 2020 verhandeln, scheint Deutschland ernsthaft zu glauben, von dieser Diskussion verschont zu werden. Bei den aktuellen Verhandlungen zwischen China und den USA geht es um weit mehr als um Handelsbilanzen. Es geht um die wirtschaftliche, politische und militärische Machtbalance der kommenden 50 Jahre.

Comeback der alten Imperien

Die Konkurrenz schläft nicht. Außerhalb der Gipfelformate sind die revisionistischen Mächte bestrebt, sich mit Blick auf die noch unfertige künftige Weltordnung in Stellung zu bringen. Als der russische Präsident in Sotschi den syrischen Machthaber und dann die Staatschefs der Türkei und des Iran empfing, feierte Putin den militärischen Sieg in Syrien, den die Anwesenden aus unterschiedlichen Motiven bereits für gesichert hielten. Die am Schwarzen Meer versammelten regionalen Mächte sind keine Freunde, aber sie haben einige gemeinsame Interessen. Sie berufen sich nach innen und außen auf ihre historische Größe. Und sie setzen einiges Kapital dafür ein, um dem Westen ihre Ansprüche zu demonstrieren.

Diese Akteure sind bereit, eine Art »Großmachtsteuer« für ihren Status zu entrichten. Wirtschaftliche Einbußen, diplomatische Ächtungen, finanzielle Bestrafungen werden in Kauf genommen, um den regionalen – und im Fall von Russland auch internationalen – Führungsanspruch und die nationale Souveränität zu dokumentieren.

Wir sehen das am Verhalten Russlands gegenüber der Ukraine. Wir registrieren, dass der Iran mit beachtlichen Ressourcen terroristische Milizen in der Region unterstützt, um Nachbarstaaten zu kontrollieren. Wir kritisieren zu Recht, dass die Türkei unter Erdoğan nicht vor Militäreinsätzen und Konfrontationen mit den USA zurückschreckt, um ihre Interessen gegenüber kurdischen Nationalbestrebungen durchzusetzen.

Syrien ist der bisherige Höhepunkt des Vormarschs der drei alten Imperien. Das müssen wir selbstkritisch betrachten: Der Westen hat in den vergangenen Jahren zu keiner Zeit eine vernünftige Relation seiner sehr ambitionierten Forderungen und der dafür eingesetzten Ressourcen zustande gebracht. »Speak softly and carry a big stick«, hat Theodore Roosevelt empfohlen. Die westliche Syrienpolitik verfuhr eher nach dem gegenteiligen Motto: »Sprich laut, aber trage einen kleinen Knüppel.« Ich erinnere mich noch an einen frühen Besuch in einem Flüchtlingslager an der Grenze der Türkei zu Syrien. Dort traf ich auf empörte Männer aus Aleppo, die mir schwere Vorwürfe über die Untätigkeit des Westens angesichts der Luftangriffe und Bombardements des Assadregimes gegen seine eigene Bevölkerung machten. Die Türkei war gerade in der NATO mit ihrem Vorschlag gescheitert, wenigstens eine Flugverbotszone in Syrien durchzusetzen, um die Zivilbevölkerung besser schützen zu können.

Es fiel mir sichtlich schwer, den erhobenen Vorwürfen etwas entgegenzusetzen, sodass sich die Männer – allesamt Sunniten – irgendwann mit der Bemerkung abwandten, wir Europäer würden uns einfach nicht für das Schicksal von Muslimen interessieren, sie seien uns egal. Jahre später versuchten gerade wir Deutschen dann durch die Aufnahme von Hunderttausenden muslimischer Flüchtlinge das Gegenteil zu beweisen. Da aber lagen Aleppo und viele andere Städte bereits in Schutt und Asche.

Das Beispiel aus der Region kann meine Vorstellungen von einer klaren Definition europäischer Interessen und deren Durchsetzung illustrieren. Der regionale Ordnungsrahmen dort war seit dem Zweiten Weltkrieg überwiegend durch die Ölinteressen der USA vorgegeben. Nicht erst seit 2017 sehen wir auf einen nachlassenden Gestaltungswillen der USA im Nahen und Mittleren Osten. Schon unter Barack Obama begann der Rückzug aus dem Nahen Osten. Die USA wollen oder können mit ihrer Nahostpolitik nur noch eingeschränkt staatlichen Zerfallstendenzen entgegenwirken. Ob dies durch einen bewussten Rückzug oder durch einen Mangel an Kraft verursacht wird, ist unerheblich. Entscheidend ist, dass die USA ein Vakuum zurücklassen.

In Syrien brachte sich Russland entschlossen in Stellung. Seine Militärintervention im Jahr 2015 hat die Dynamik des syrischen Bürgerkriegs Schritt für Schritt gedreht und – zusammen mit dem Iran – das Assadregime militärisch und politisch stabilisiert. Am Stellvertreterkrieg in Syrien ist aber auch deutlich geworden, dass Krisen nicht mehr lokal oder regional begrenzt sind, dass sie Kontinente queren und ohne ein absehbares Ende fortdauern. Friedenslösungen, Waffenstillstände oder wenigstens die Sicherstellung humanitärer Versorgung erleiden fortlaufend Rückschläge. Es gelingt allenfalls, die gröbsten Schäden einzuhegen. Der Politikwissenschaftler Herfried Münkler hat eine zutreffende Analogie zum Blutvergießen in Syrien gefunden: »Der Typus ›Dreißigjähriger Krieg‹ ist dadurch gekennzeichnet, dass er von außen nur schwer zu beenden ist und ein militärisches Eingreifen zumeist das Gegenteil dessen bewirkt, was offiziell beabsichtigt ist.«[14]

Der Westen zwischen Tatenlosigkeit und Misstrauen

Wir sind in Syrien Zeugen geworden, wie schnell dieser scheinbar regionale Konflikt zu einer weltweiten Krise wurde, die unterschiedliche lokale, regionale Akteure, aber auch große Mächte auf den Schauplatz rief. Die befürchtete direkte Konfrontation zwischen den USA und Russland auf diesem Kriegsschauplatz ist glücklicherweise ausgeblieben. Ein gemeinsamer Militärschlag der USA, Frankreichs und des Vereinigten Königreichs traf militärische Ziele des Assadregimes und keine Einrichtungen seiner

Verbündeten Russland und Iran. Was immer an schrillen öffentlichen Stellungnahmen aus Washington und Moskau vor und nach dieser Militäraktion gegen einen abermals vermuteten Einsatz chemischer Waffen zu hören war – die *back channels*, also die geheimen Kontakte zwischen Großmächten, haben einmal mehr funktioniert. Beide achteten darauf, sich nicht zu nah zu kommen. Das war ebenso wichtig wie das klare Signal der drei westlichen Verbündeten, den wiederholten Einsatz chemischer Massenvernichtungswaffen nicht einfach hinzunehmen.

Unter internationalen Beobachtern besteht kein Zweifel, dass das Assadregime in seinem Kampf gegen jedwede Gegner – seien es der Islamische Staat, Rebellen oder die eigene Bevölkerung – chemische Waffen einsetzt. Zu wünschen wäre allerdings, die dafür existierenden Beweisketten auch öffentlich und transparent zu dokumentieren. Denn spätestens seit den Propagandalügen der USA und Großbritanniens in den Jahren 2002 und 2003 über den angeblichen Besitz von Massenvernichtungswaffen des irakischen Machthabers Saddam Hussein sitzt das Misstrauen gerade in der westlichen Welt tief. Als Spätfolge der Rechtfertigung dieser völkerrechtswidrigen militärischen Intervention im Irak wird nämlich auch demokratischen Regierungen nicht mehr automatisch geglaubt, wenn sie behaupten, ihnen lägen eindeutige nachrichtendienstliche Informationen über den Einsatz von Massenvernichtungswaffen vor.

Die Kriegsverbrechen des Assadregimes in Syrien sind allerdings unübersehbar. Internationale Experten zählen inzwischen 85 Einsätze mit chemischen Waffen durch die Streitkräfte des syrischen Diktators. Für seine Soldateska ist der Einsatz von Chemiewaffen nichts Extraordinäres, sondern ein Mittel der Kriegsführung. Dazu bedarf es keines Befehls »von oben«.

Der Journalist Thomas Friedman hat in der *New York Times* eine lehrreiche Geschichte erzählt: Eines Tages stellte ein Beduinenchef fest, dass sein schönster Truthahn gestohlen worden war. Er holt seine Söhne und erklärt ihnen, dass nun die Familie in großer Gefahr sei und sie sich sofort auf die Suche nach dem gestohlenen Truthahn machen sollten. Die Söhne lachen nur und fragen den Vater, warum dieser eine Truthahn denn so wichtig sei. Auf die Suche begaben sie sich jedenfalls nicht. Eine Woche später bemerkt der Beduinenchef, dass auch sein Lieblingskamel gestohlen worden war. Er fordert seine Söhne auf, das gestohlene Kamel zu finden. Ohne Erfolg. Schließlich wurde auch seine Tochter entführt, und der Vater macht den Söhnen schwere Vorwürfe: »Das ist alles passiert, weil sie gemerkt haben, dass sie uns den Truthahn stehlen konnten. Jetzt haben wir alles verloren.«[15]

Diese Geschichte erzählt, wie wir überall auf der Welt damit konfrontiert sind, dass kleine Vergehen zu großen Verbrechen werden, weil die Weltgemeinschaft sich als unfähig erweist, früh und entschieden genug bei einem völkerrechtswidrigen Konflikt einzugreifen. Mitverantwortlich dafür ist die ständige Selbstblockade des UNO-Sicherheitsrates, aber auch die Zerstrittenheit des Westens und Europas. Immer mehr Regime scheinen bereit zu sein, sich über die wichtigsten internationalen Abkommen und das Kriegsvölkerrecht hinwegzusetzen. Das ist schlimm für die davon betroffenen Menschen. Die noch größere Gefahr ist aber, dass die internationalen Verbote vollständig ihre Wirkung verlieren, wenn der Einsatz von geächteten Kriegswaffen, deren Herstellung oder Verbreitung durch die Regime vollständig ohne Konsequenzen bleiben.

Deshalb dürfen wir nicht tatenlos zusehen. Wir müssen mit politischen und wirtschaftlichen Sanktionen gegen jene Länder vorgehen, die an der Herstellung und Verbreitung verbotener Waffensysteme beteiligt sind, die Lieferketten unterbinden und vor militärischen Maßnahmen nicht zurückschrecken. Eine einzelne militärische Strafaktion bleibt in der Regel wirkungslos, wie die Ereignisse in Syrien zeigen. Eine notwendige regionale Strategie des Westens existiert nicht. Und die Vereinigten Staaten senden seit Jahren, nicht erst seit der Präsidentschaft Donald Trumps, sehr unterschiedliche Signale. »No boots on the ground« war bereits Obamas Antwort auf das Angebot des russischen Präsidenten Wladimir Putin, gemeinsam einen Waffenstillstand in Syrien durchzusetzen. Seither werden mal rote Linien, mal der Rückzug der Truppen angekündigt; dann wieder gibt es Raketenangriffe und getwitterte Drohungen an den russischen Präsidenten. Längst hält Russland das von den USA produzierte Vakuum besetzt und teilt es mit dem Iran. Einfluss auf die Nachkriegsordnung im nahöstlichen Krisengürtel wird der Westen kaum haben, die USA mit ihrer

Fixierung auf Israel und Saudi-Arabien nur begrenzt, von Europas allenfalls rudimentärer Rolle ganz zu schweigen.

Zugleich erleben wir, wie autoritär geführte Staaten das Modell der liberalen westlichen Demokratien infrage stellen. Uns ist die alleinige Deutungshoheit abhandengekommen, wie man internationale Beziehungen ausgestaltet oder innergesellschaftliche Prozesse organisiert und Demokratie und Menschenrechte verbreitet. Das ist keine angenehme Erkenntnis. Denn dieser Befund hat tiefgreifende Konsequenzen für uns, für unsere Sicherheit und sehr wahrscheinlich langfristig auch für unseren Wohlstand.

Vor unseren Augen vollzieht sich der Übergang einer im Wesentlichen westlich geprägten Ordnung in einen neuen Aggregatzustand, in dem neue Akteure immer stärker ihre Ansprüche und Machtinteressen reklamieren. Diese Entwicklungen sind, neutral betrachtet, zunächst einmal »nur« eine globale Kräfteverschiebung. Alarmierend ist jedoch der damit einhergehende Trend zu Nationalismus und protektionistischen Abschottungen.

Schon werfen Zeitzeugen wie der Historiker Heinrich August Winkler die besorgte Frage auf, ob der Westen an der gegenwärtigen Krise zerbricht.[16] Sicher, in den teils selbstbewussten, teils aggressiven Aufsteigerländern wird die Vormachtstellung des Westens immer mehr als Anmaßung wahrgenommen. Hinter »westlichen Werten« werden, nicht immer zu Unrecht, doppelte ethische Standards und verborgene Wirtschaftsinteressen vermutet. Auch deshalb verändern sich die internationalen Foren zur Gestaltung der Globalisierung, werden neue Kraftfelder sichtbar. Die Wertvorstellungen werden heterogener und die Interessen konfliktträchtiger.

Diese neuen politischen und wirtschaftlichen Realitäten der Globalisierung machen den Konsens schwieriger. Wir können nicht dahin zurück, und wir sollten es auch nicht wollen. Denn die Bemühungen um eine neue und gerechtere Ordnung der Welt haben nur dann Aussicht auf Erfolg und Verbindlichkeit, wenn dort, wo entschieden wird, alle Weltregionen auf Augenhöhe miteinander die Probleme der internationalen Staatenwelt gestalten. Der Unterzeichner der amerikanischen Unabhängigkeitserklärung, Benjamin Franklin, hat das einmal auf die Formel gebracht: »We must, indeed, all hang together or, most assuredly, we shall all hang separately.«

Es ist eine wahre Herkulesaufgabe, die Europa zu bewältigen hat. »Zu viele Faktoren auf einmal«, so lautete im Sommer 1914 ein Satz im Tagebuch des deutschen Diplomaten Kurt Riezler: »Das Schicksal ist zumeist ganz dumm und unbewusst und verheddert sich in lauter Zufällen. (…) Aber es ist in dieser verflucht verwirrten modernen Welt so vielgestaltig geworden, weder zu berechnen noch zu begreifen.«[17] Sieben Tage später brach der Erste Weltkrieg aus.

Die Beschreibung des damaligen Privatsekretärs des deutschen Reichskanzlers Theobald von Bethmann-Hollweg passt ganz gut in unsere Zeit. Nicht, weil wir unmittelbar vor dem Ausbruch eines Weltkriegs stehen, aber »zu viele Faktoren auf einmal« ist eine zutreffende Beschreibung unserer heutigen internationalen Lage. Und auch der Hinweis auf die mögliche Verkettung unglücklicher Umstände, in denen sich das Schicksal ganzer Nationen »verheddern« kann, ist eine ernste Warnung.

Wir stehen vor einer Wegscheide, wie sie die Welt nur alle paar Jahrhunderte erlebt. Es liegt an uns, ob wir die Zukunft einfach als Schicksal betrachten und uns in der Zwischenzeit in kleinen internen Meinungsverschiedenheiten aufreiben.

4.

Die USA nach Trump

Neustart im Nahen und im Mittleren Osten

Die Entscheidung von US-Präsident Biden, zur Nuklearvereinbarung mit dem Iran zurückzukehren, ist von hoher Bedeutung für die Bewahrung von Stabilität und Frieden im Nahen Osten. Vor allem aber wäre es ein erster sichtbarer Schritt gegen die verhängnisvolle Tendenz der atomaren Aufrüstung, die nicht nur unter den klassischen Atommächten bereits in vollem Gange ist, sondern längst auch weit kleinere Staaten erfasst hat. Zu verlockend ist das Beispiel Nordkoreas, das sich durch den Besitz »der Bombe« weitgehend geschützt sieht vor jedem von außen kommenden Versuch eines »Regime Change«. An den Grenzen Europas dürfte vermutlich nur die Mitgliedschaft der Türkei in der NATO die politische Führung des Landes daran hindern, sich auch auf den Weg zu machen, um mittels militärisch nutzbarer nuklearer Fähigkeiten ihr Streben nach regionaler Hegemonie voranzutreiben.

Ein dauerhaftes Scheitern des »Joint Comprehensive Plan of Action« (JCPoA), wie die Atomvereinbarung zwischen den drei EU-Staaten Frankreich, Großbritannien, Deutschland, der Europäischen Union sowie Russland und China mit dem Iran offiziell heißt, würde deshalb nicht nur dieses Land in relativ kurzer Zeit zu einem militärischen Nuklearstaat machen, sondern gewiss in der Folge eine ganze Reihe weiterer Staaten der Region auf den gleichen Weg führen. Zu groß wäre die Sorge vor dem Einschüchterungs- und Erpressungspotenzial eines nuklear bewaffneten Iran.

Das atomare Wettrüsten im Nahen Osten wäre in Gang gesetzt. Das war und ist einer der wesentlichen Gründe, warum sich Europa in mehr als zehnjährigen Verhandlungen für das JCPoA eingesetzt hat und es heute noch tut. Unser Kontinent wäre sicherheitspolitisch neben dem Nahen Osten der zweite große Verlierer dieses Wettrüstens.

JCPoA ist eine effektive und verifizierbare Vereinbarung, die 2015 die zwölfjährige Krise um das Atomprogramm des Iran zunächst beendete und das Risiko der Entwicklung des Iran zu einem Atomwaffenstaat drastisch minimierte. Die Atomvereinbarung wurde zudem in der Resolution 2231 vom Sicherheitsrat der Vereinten Nationen beschlossen.

Mindestens den westlichen Vertragsparteien aus Europa und den USA war klar, dass mit dieser Atomvereinbarung zwar die drängendste und größte Gefahr eines atomar bewaffneten Iran gebannt werden konnte, aber keineswegs alle in der Region mit dem Iran verbundenen Konflikte und Herausforderungen dadurch gelöst wurden. Irans ballistisches Raketenprogramm, die Verwicklung in den Krieg im Jemen und der damit verbundene Konflikt mit Saudi-Arabien, die aggressive Haltung gegenüber dem Staat Israel und vor allem die Destabilisierung des Libanon, Syriens und des Irak durch schiitische Milizen blieben auch mit Unterzeichnung der Atomvereinbarung ungelöst. Aber die Kriegsgefahr im Nahen Osten verringerte sich, denn Israel hatte bereits angekündigt, dass es einer Entwicklung des Iran zur militärischen Atommacht nicht tatenlos zusehen werde.

Tatsächlich gelang es Großbritannien, Frankreich und der EU unter der Federführung Deutschlands aber Anfang 2018 einen vom JCPoA unabhängigen zweiten Verhandlungspfad zu eröffnen, um darin die über das Atomprogramm hinausgehenden konfliktbeladenen Themen mit dem Iran ansprechen und verhandeln zu können. Denn es konnte und kann kein Zweifel daran bestehen, dass der Iran und seine von ihm finanzierten schiitischen Milizen zur Destabilisierung in einer ganzen Reihe von Nachbarstaaten beitragen. Einen ersten Schritt sollten deshalb Beiträge zur Beendigung des mörderischen Jemenkrieges darstellen. Der einseitige Austritt aus der Nuklearvereinbarung des JCPoA durch US-Präsident Trump führte allerdings unmittelbar danach auch zum Abbruch dieses zweiten Verhandlungspfades durch den Iran. Das Ergebnis war ein

Scherbenhaufen, den die jetzige Administration unter US-Präsident Joe Biden nun mühsam wieder zusammenfügen will.

Dieser neue und von der Atomvereinbarung unabhängige zweite Verhandlungspfad hätte sowohl die Sicherheitsinteressen der gesamten Region, aber eben auch die des Iran adressieren sollen. Denn das für die europäische und amerikanische Perspektive so provozierende und gefährliche Auftreten des Iran und seine vielfältige Spoilerfunktion rund um den Persischen Golf haben als eine der Ursachen auch die völlige Abwesenheit einer gemeinsamen Sicherheitsarchitektur in der gesamten Region. Sowenig wir es aus westlicher Perspektive auch wahrhaben wollen: Nicht nur seine Nachbarstaaten, sondern auch der Iran selbst sieht sich einer dauerhaften Bedrohung ausgesetzt. Denn er unterstellt, dass es in Wahrheit einen gemeinsamen Plan des Westens gibt: Regime Change im Iran. So wie die Amerikaner die Demütigung der Botschaftsbesetzung in Teheran 1979 nicht vergessen haben, so hat der Iran weder den durch den Westen organisierten Putsch gegen die erste demokratische Regierung Mossadegh vergessen, der das Schahregime zur Folge hatte, noch die Duldung des Chemiewaffenangriffs von Saddam Hussein – damals noch Verbündeter des Westens – auf den Iran. Geografie und Geschichte prägen auch am Persischen Golf den Blick auf Gegenwart und Zukunft.

Die Bedeutung des JCPoA für die Begrenzung des drohenden nuklearen Wettrüstens ist also groß und reicht zugleich weit über die Region hinaus. Denn die Vereinbarung stärkte den Nichtverbreitungsvertrag über Atomwaffen von 1970, dessen Überprüfungskonferenz für August 2021 geplant ist. Nur die Zusammenarbeit der großen Nuklearstaaten USA, Russland und China würde es ermöglichen, dieser gefährlichen Tendenz entgegenzuwirken.

Seit Präsident Trump die Iranvereinbarung im Mai 2018 verließ, neue Sanktionen und die Politik des »maximalen Drucks« einführte, rückt der Iran deshalb schrittweise von dem Atomdeal ab. Die Artikel 26, 36, 37 des Vertrages geben Iran die Möglichkeit dazu. Seit dem Austritt der USA hat Teheran nach und nach einige Grenzen bezüglich des Uran-Anreicherungsgrades, der Uran-Produktion und Neuentwicklung von Zentrifugen überschritten und auch per Gesetz Bestimmungen des sogenannten

Zusatzprotokolls mit der Internationalen Atomenergie-Organisation IAEA ausgesetzt. Diese Schritte sind besorgniserregend, aber derzeit noch umkehrbar. Eine nukleare Bewaffnung des Iran ist nicht akut, kann aber innerhalb eines Jahres forciert werden.

Teheran verlangt, dass zunächst die amerikanischen Sanktionen aufgehoben werden, bevor die Regierung an den Verhandlungstisch zurückkehrt. Im Weißen Haus wird offenbar an Angeboten gearbeitet, bei dem zuerst der Iran seine Zentrifugen und damit seine Fähigkeit zur Uran-Anreicherung wieder verringern muss und im Gegenzug erste wirtschaftliche Sanktionen der USA gegen Teheran aufgehoben werden.

Werden diese Unterschiede nicht ausgeräumt, könnte dies das unumkehrbare Ende der Vereinbarung bedeuten. Ein Scheitern der aktuellen Bemühungen würde die radikalen Kräfte, die gerade erst die iranischen Präsidentschaftswahlen gewonnen haben, dazu ermuntern, das Nuklearprogramm auch militärisch voranzutreiben. Um das zu verhindern, wäre ein Krieg wieder eine mögliche Option.

Es ist von zentraler Bedeutung, dass Deutschland gemeinsam mit den europäischen Partnern Frankreich und Großbritannien diplomatisch vermittelt und eine aktive Rolle bei den Verhandlungen um das JCPoA wahrnimmt. Ein enger Kontakt zwischen China und Russland ist zudem für eine gemeinsame globale Nichtverbreitungspolitik von großer Bedeutung.

US-Präsident Biden ist selbst durch Opponenten im US-Kongress einigem Druck ausgesetzt. Diese argumentieren, dass Sanktionen nötig sind, um vom Iran weitere Zugeständnisse in Bezug auf das Raketenprogramm, die Unterstützung von Rebellen in Syrien, Irak etc. und die Einhaltung von Menschenrechten zu verlangen. Die Nuklearvereinbarung mit dem Iran ist auf die zivile Nutzung der dem Iran zustehenden Nuklearenergie konzentriert und spart andere Themenbereiche wie das Raketenprogramm oder Menschenrechte bislang aus. Sie sollte nicht zur Geisel anderer, wichtiger Politikbereiche gemacht werden. Europa und die USA haben damals aus guten Gründen Prioritäten in den Verhandlungen mit dem Iran gesetzt, aber keineswegs vergessen, dass damit nur das Schlimmste verhindert, aber keinesfalls etwas bereits zum Besseren gewendet wurde. Die Rückkehr zum JCPoA ist der Anfang und nicht das Ende der Verhandlungen mit dem Iran.

Folgende Schritte wären möglich, die natürlich vom Iran jeweils mit eigenen Schritten zur Rückkehr zur Atom-Vereinbarung beantwortet werden müssten, was somit auch ein Test für das iranische Verhalten wäre:

Die USA könnten die »sekundären Sanktionen« gegen Firmen und Institutionen anderer Länder – insbesondere der EU – aufheben, die sich weiterhin an den Atomdeal mit dem Iran gebunden fühlen und deshalb zur wirtschaftlichen Kooperation bereit sind.

Sanktionen, die sich auf medizinisches Material und Medikamente beziehen, sollten vollständig aufgehoben werden, was vor allem in Zeiten der Pandemie von herausragender Bedeutung wäre.

Ein kleinerer Teil der »eingefrorenen Konten« des Iran, die aus dem Ölgeschäft stammen, könnte freigegeben werden. Im Gegenzug müsste der Iran z. B. die Entwicklung von neuen Zentrifugen stoppen oder die Urananreicherung auf 3,7 Prozent begrenzen.

Kommt Iran seinen Verpflichtungen nicht nach, können die positiven Schritte wieder zurückgenommen werden. Flankierend wäre auch Vertrauensbildung durch die westlichen Verhandlungspartner gegenüber den Staaten im Nahen Osten zu leisten, die die Nuklearvereinbarung nach wie vor als unzureichend ablehnen. Sind die USA wieder vollständiges Vertragsmitglied, und der Iran hält sich an die Abmachungen des JCPoA, wäre nicht nur viel Vertrauen gewonnen, sondern hätte dies auch Modellcharakter für die internationale Bekämpfung von Proliferationsgefahren. Der Weg zu Gesprächen für einen regionalen Rahmen für Frieden und Stabilität in der Region und die Wiederaufnahme des bereits 2018 begonnenen Verhandlungspfades wären möglich.

Eine neue Lastenverteilung ist nötig

Wenn wir die Bindungen zwischen den USA und Europa wieder verbessern und stärken wollen, dürfen wir Europäer über die amerikanische Politik nicht nur klagen und jammern, sondern müssen das *burden sharing* in Angriff nehmen – sowohl die Lasten als auch die Verantwortung sind zu teilen. Auch im Bereich der Sicherheits- und Verteidigungspolitik. Ich bin bekanntlich kein Anhänger eines zweiprozentigen Anteils der nationalen Verteidigungsausgaben am Bruttoinlandsprodukt, weil ich den dabei in Deutschland entstehenden gigantischen Militärhaushalt von 70 bis 80 Milliarden Euro pro Jahr (!) für völlig überzogen halte. Frankreich – als Atommacht – gibt beispielsweise »nur« rund 40 Milliarden Euro aus. Ich habe erhebliche Zweifel daran, dass wir es in zehn oder 20 Jahren noch begrüßen, wenn wir die deutsche Armee jährlich derart aufrüsteten. Zudem betragen die gesamteuropäischen Verteidigungsausgaben etwa 50 Prozent der amerikanischen, allerdings im Vergleich nur mit 15 Prozent der Effizienz der USA. Sinnvoller wäre es doch, als Europäer gemeinsam mehr zu beschaffen und dabei gemeinsam weniger Geld zu verschwenden, als das jetzt der Fall ist. Für mich ist es jedenfalls ein klügeres Vorgehen, die Effizienz der deutschen Bundeswehr zu verdoppeln als einfach ihre Ausgaben.

Es ist richtig, dass wir Europäer und wir Deutschen mehr Eigenverantwortung auch für unsere eigene Sicherheit übernehmen müssen. Und es ist nur fair zuzugestehen, dass die Amerikaner lange genug die Hauptlast dafür trugen. Europa und die USA haben etwa das gleiche Bruttoinlandsprodukt, und es ist völlig nachvollziehbar, dass angesichts dieser etwa gleich starken Volkswirtschaften die USA nicht 70 Prozent der Verteidigungskosten in internationalen Institutionen und bei gemeinsamen Missionen übernehmen wollen. Auch hier endet die Nachkriegsära des Zweiten Weltkriegs mit etwas Zeitverzögerung. Eine Erhöhung der Verteidigungsausgaben, die sinnvolle Aufteilung von Kompetenzen, in denen nicht alle in Europa das Gleiche entwickeln, sondern wir unsere Kräfte koordinieren, abstimmen und uns gegenseitig zur Verfügung stellen, ist die richtige Antwort.

Das wird auch in Deutschland mehr kosten, aber eben maß- und sinnvoll, statt gleich auf die Verdoppelung des Wehretats zu springen, wie es ein jährlicher Anteil von zwei Prozent an unserem Sozialprodukt bedeuten würde. Im Übrigen darf man angesichts der Forderungen des US-Präsidenten nach »Rückzahlung« von Milliardenbeträgen für die amerikanischen Militärausgaben zur Sicherheit Europas durchaus einmal entgegnen, dass diese Rechnung auch umgekehrt aufgemacht werden könnte. Denn Europa und vor allem Deutschland hatte die Folgen völkerrechtswidriger

Militärinterventionen der USA wie im zweiten Irakkrieg in Form von Milliardenausgaben für humanitäre Hilfe, der Aufnahme von Flüchtlingen sowie Wiederaufbauprogrammen im Nahen Osten zu schultern.

So irrational, erpresserisch, unberechenbar und schwankend wir die amerikanische Politik seit Donald Trumps Wahl wahrgenommen haben, so sehr hat dieser ebenso selbstgewisse wie selbstverliebte Präsident die Welt in Bewegung gebracht. Zur Schadenfreude und Genugtuung seiner zu großen Teilen von Abstiegsängsten geplagten Anhänger, denen er die Rückkehr zu nationaler Größe versprochen hat, schafft Trump es regelmäßig, Amtskollegen auf der ganzen Welt zu irritieren und zu düpieren sowie die wirtschaftlichen Spielregeln der USA neu zu modellieren. Zum Entsetzen jedoch der anderen Hälfte seiner Landsleute und der geschockten Partner der USA sind tiefgreifende Kollateralschäden bei seinem Handeln nicht abzuwehren.

Trump fühlt sich nur seinen Anhängern verpflichtet, vor allem jedoch sich selbst. Für die Schwächen anderer besitzt Trump einen offenbar sicheren Instinkt. Er scherte sich nicht um historische Bindungen und war frei von moralischen Überzeugungen. Er hinterfragte nicht, ob das, was er für amerikanische Interessen hielt, auch wirklich amerikanische Interessen waren.

Eine wirkliche strategische Idee im Umgang mit den USA unter Donald Trump hat Europa nicht gefunden. Letztlich hätte sie nur in einer Stärkung europäischer Souveränität bestehen können, einem Ziel, das sich Europa auch nach Donald Trump vornehmen sollte, denn niemand weiß heute, ob Trump oder Biden rückblickend Symbol für eine vorübergehende Phase amerikanischer Politik sein werden. Deutschland gab sich im Wesentlichen mit Trump-Bashing zufrieden. Dabei fühlten wir uns wohl, moralisch überlegen, und es bediente auch die Erwartungshaltung der Mehrheit der deutschen Wählerinnen und Wähler. Allerdings konnte man auch den Eindruck gewinnen, dass wir deshalb so wütend auf Donald Trump reagierten, weil er uns unsere eigene Schwäche vor Augen führte. Er zeigte uns, dass unsere Ansprüche höher sind als unsere reale Macht. Das führte bei uns zu erheblicher Nervosität. Interessant ist, dass Länder wie Japan und Südkorea weitaus gelassener reagierten, weil sie ihre

Möglichkeiten immer realistischer eingeschätzt haben und bei ihnen die Differenz zwischen dem hohen Ton moralischer und normativer Ansprüche und den realen Einflussmöglichkeiten nicht so groß war und ist wie bei uns.

Im Übrigen ist die moralische Empörung in Deutschland nicht überall gleich groß. Wer einmal genauer hinhörte – beispielsweise bei Konflikten wie der Verlagerung von industriellen Arbeitsplätzen aus Deutschland heraus in Billiglohnländer –, der konnte häufiger viel Sympathie für die harten protektionistischen Töne aus Washington erleben. Ich jedenfalls habe schon häufiger den Satz gehört: »Warum macht ihr es nicht wie der Trump in Amerika?« Die Antwort, dass die meisten Arbeitsplätze dieses Landes vom Export und damit von freien und offenen Märkten abhängen, ist zwar sachlich richtig, erreicht aber nicht die Emotionen derjenigen bei uns, die sich von der postmodernen Welt der Globalisierung bedroht sehen.

Für die politischen, wirtschaftlichen und medialen Eliten war das Trump-Bashing aber das Einfachste. Die Wahrheit ist dennoch: Wir können ohne die USA. Weder wirtschaftlich noch sicherheitspolitisch. 111 Milliarden Euro macht der Außenhandel mit den USA aus. Das sind rund 8,7 Prozent unseres Außenhandels. Im Vergleich mit dem Iran sind ganze drei Milliarden Euro nur ein winziger Bruchteil.

Sicherheitspolitisch geht es nicht nur um die NATO. Bei aller berechtigten Kritik am Gebaren amerikanischer Geheimdienste in der Vergangenheit – die Wahrheit ist: Ohne die Zusammenarbeit mit den US-Diensten und anderen befreundeten Nachrichtendiensten wäre es um die innere Sicherheit im Bereich der Terrorbekämpfung in Deutschland schlecht bestellt. Die Idee, wir könnten selbst einen derartigen nachrichtendienstlichen Apparat aufbauen, ist nicht nur finanziell nicht zu realisieren, sondern auch politisch ziemlich naiv. Die transatlantischen Beziehungen zu erhalten ist also nicht nur weitaus schwieriger als die tägliche Empörung über den amerikanischen Präsidenten, sondern auch für uns Deutsche und Europäer überlebenswichtig. Wohl kein Staat hat in den letzten Jahrzehnten stärker von Amerikas Freundschaft und Schutz profitiert als Deutschland. Kein Land in Europa hat seine Sicherheit so weitgehend in die Hände der Amerikaner gelegt. Und kein Land ist damit so gut gefahren. Seit dem Zweiten Weltkrieg haben wir Deutschen von unseren amerikanischen Freunden begierig die Vorteile von Demokratie, Rechtsstaatlichkeit und Marktwirtschaft im Innern gelernt, aber auch den Wert von Multilateralismus, Völkerrecht und Freihandel im zwischenstaatlichen Verkehr.

Vielleicht erklärt das, warum gerade wir Deutschen besonders irritiert über den Atlantik schauen. Denn wir sind nicht mehr sicher, ob wir »unser« Amerika noch wiedererkennen. Sind es nun irrlichternde Taten, sind es harsche Worte, sind es verwirrende Tweets, an denen wir Amerika messen sollen? Kein Zweifel – die Beziehungen zu den USA verändern sich dramatisch, und dies wird ebenso dramatische Veränderungen in Deutschland nach sich ziehen. Jeder fünfte Deutsche glaubt nach einer Umfrage der Atlantik-Brücke nicht mehr, dass wir noch dieselben Werte mit den USA teilen. Es ist bedenklich, dass im Mai 2018 laut ZDF-Politbarometer erstmals eine Mehrheit der Deutschen Russland und China für vertrauenswürdiger hielt als die USA.[18]

Auf dem Weg in den Handelskrieg?

Wir haben die Schwelle zum postamerikanischen Zeitalter überschritten. Mit erheblichen Folgen für die globale Politik, denn in der Politik ergibt sich nie ein Vakuum. Verlässt jemand einen Raum, drängt schnell ein neuer Akteur nach. Deshalb sollte es eigentlich im wohlverstandenen Eigeninteresse der USA liegen, keinen Handelskrieg mit Europa zu beginnen, sondern gemeinsame Strategien zum Erhalt der »liberalen Ordnung« zu entwickeln. Wir hingegen müssen ein auf den Grundlagen von Freiheit, Fairness, Menschenrechten und Rechtsstaatlichkeit basierendes Welthandelssystem mit allen Mitteln verteidigen.

Weil sich die USA derzeit aus der Rolle des verlässlichen Garanten für den westlich geprägten Multilateralismus zurückziehen, stehen die Europäer vor der größten Herausforderung seit der Überwindung des Kalten Krieges. Bewährte Prinzipien und Grundlagen der internationalen Beziehungen wie eine regelbasierte Ordnung, das Völkerrecht und die universelle

Gültigkeit von Menschenrechten können wir Europäer am Ende nur mit den Vereinigten Staaten erhalten, nicht ohne sie.

Auch das System der WTO ist durch die Politik der USA in eine schwere Krise geschlittert. Zölle auf Stahl- und Aluminiumprodukte mit der Behauptung zu verhängen, die Importe dieser Erzeugnisse gefährdeten die nationale Sicherheit der USA, war natürlich ein dreister Verstoß gegen die internationalen Regeln. Nun beispielsweise die Volksrepublik China davon zu überzeugen, sich an die WTO-Regeln zu halten, um die Vorteile des Status »Marktwirtschaft« zu genießen, wenn die zweitgrößte Volkswirtschaft der Welt, die USA, es auch nicht für selbstverständlich hält, wird schwierig. Die Verunsicherung durch die Politik Donald Trumps wird lange nachhallen.

Die USA haben ein strategisches Dilemma: Erhält Amerika seinen Status als politische Führungsmacht in der Welt aufrecht, verliert es seine Position als führende Wirtschaftsmacht, weil die Kosten zu hoch sind. Wollen die USA umgekehrt ihre Position als führende Wirtschaftsmacht aufrechterhalten, müssten sie ihren Status als politische Führungsmacht aufgeben, um die vorhandenen Ressourcen in ihre wirtschaftliche Leistungsfähigkeit zu investieren. Politikwissenschaftler Ulrich Menzel fasst in seinem Artikel »Tribut für China« in den *Blättern für Deutsche und Internationale Politik* vom Juni 2018 dieses Dilemma unter dem Begriff *Second American Decline* zusammen.[19] Agieren die USA protektionistisch, verlieren sie den Status als liberale Ordnungsmacht; also entweder Statusverlust als liberale Ordnungsmacht oder Positionsverlust als führende Wirtschaftsmacht. Das seit Jahren wachsende Doppeldefizit von Außenhandel und Haushalt zeigt: »Eine negative Handels- oder gar Leistungsbilanz ist Ausdruck nachlassender internationaler Wettbewerbsfähigkeit und verlangt zu ihrem Ausgleich eine positive Kapitalbilanz, also die Verschuldung gegenüber dem Ausland. Ein steigendes Haushaltsdefizit wiederum demonstriert, dass die wirtschaftliche Leistungsfähigkeit eines Landes immer weniger in der Lage ist, die öffentlichen Güter zu finanzieren, die der Staat bereitstellt. Im Falle der USA betrifft dies insbesondere das öffentliche Gut der Sicherheit, die diese seit langem nahezu kostenlos der übrigen Welt zur Verfügung gestellt haben.«[20]

In den letzten Jahrzehnten haben aus Sicht vieler Amerikaner vor allem wir Europäer, aber auch die Chinesen von der Führungsrolle der USA profitiert. Amerika hat mit seiner militärischen Macht weitgehend die Seewege geschützt und für *freedom of navigation* gesorgt. Dies ist eine der wichtigen Bedingungen für die Globalisierung, aber nur ein Beispiel von vielen. Die USA sehen sich schon länger mit einer Überforderung ihrer Kräfte konfrontiert, weil sie ihre materiellen und personellen Ressourcen an vielen Orten gleichzeitig einsetzen. Trumps Vorgänger Barack Obama wollte die liberale Weltordnung durchaus erhalten, die dafür notwendige Verantwortung aber mit anderen teilen. Trump hingegen hielt das für unsinnig, ignoriert die liberale, regelbasierte Weltordnung und ist bereit, sie zu zerstören. Er wollte seine Wettbewerber wirtschaftlich schwächen, damit die USA wirtschaftliche *und* politische Führungsnation bleiben können. Dabei fühlte er sich stark genug, auf Alliierte verzichten zu können, die Amerika aus seiner Sicht ohnehin zu viel kosten. Er wollte keine Partnerschaft, sondern Gefolgschaft. Und die wirtschaftliche Dominanz des Dollar ist so groß, dass sie überall auf der Welt immensen Schaden anrichten kann. Dass am Ende auch die USA draufzahlen würden, schien Donald Trump nicht wahrhaben zu wollen. China reagierte auf den von Trump entfachten Handelskonflikt und dehnt mit seiner »One-Belt-One-Road«-Initiative den Einfluss auf den eurasischen Wirtschaftsraum aus, was der US-Präsident billigend in Kauf nahm. Dieser traditionelle Raum erscheint ihm immer weniger als *US-turf* und daher unbedeutend.

Hoping for the best – preparing for the worst: Die transatlantischen Beziehungen neu gestalten

Zu hoffen, nach dem Ende einer Präsidentschaft Trump werde sich die Welt wieder zurückverwandeln in das Amerika, das wir aus den letzten 70 Jahren zuvor kannten, ist ein Irrglaube. Wir haben uns bei unserer Sicht auf die amerikanische Politik auf etwas verlassen, von dem wir gedacht haben, es halte ewig. Doch das Pendel des »America first« und des interessengeleiteten, nationalistischen Politikverständnisses wird nicht wieder einfach so zurückschwingen. Denn Handeln verändert die Wirklichkeit. Auch Barack Obama konnte die Folgen der Kriege seines Vorgängers George W. Bush in Afghanistan und Irak nicht überwinden, vermochte den Furor des radikalen Islamismus nur mit Gewalt einzudämmen, aber nicht zu stoppen.

Wir müssen uns daher auch auf die Zeit nach Trump und seiner Politik der maximalen Verunsicherung vorbereiten. Es wird kühler werden. Wir dürfen auf die neuen Herausforderungen nicht bang oder kleinlaut oder gar mit vorauseilendem Gehorsam reagieren. Wir dürfen uns auch nicht unterwerfen. Wir werden selbstständiger und selbstgewisser sein müssen. Und wir werden auch einmal entschieden Nein sagen müssen, wenn die geopolitischen Interessen der USA unseren Interessen fundamental zuwiderlaufen. Wir steuern auf eine Welt ungewisser, womöglich wechselnder und befristeter Allianzen zu. Der ehemalige US-Verteidigungsminister Donald Rumsfeld nannte das einmal »the mission defines the coalition«.

Die neue Administration von US-Präsident Biden hat ihr Interesse an den traditionellen Bündnissen der USA insbesondere innerhalb der NATO und mit der Europäischen Union gleich am Anfang eindrucksvoll dokumentiert. Und doch weist der Ausruf Joe Bidens »America is back« nicht in die Vergangenheit, sondern in die Zukunft. Die USA wollen wieder die Führungsrolle der westlichen Demokratien übernehmen. Aber sie werden weit mehr als in der Vergangenheit die Frage stellen, ob die Außenpolitik der USA auch die Interessen der amerikanischen Mittelschichten bedient, wie es Bidens neuer Sicherheitsberater Jake Sullivan bei seiner Antrittsrede verkündete. Statt »America first« heißt es nun: »Americans first«. Angesichts der tiefen sozialen und politischen Spaltung der USA eine nachvollziehbare Haltung. Sie verändert aber die Rolle Europas nachhaltig.

In den letzten Jahrzehnten haben wir Europäer die militärisch-politische Einmischung in der Welt den USA und in einem geringeren Maße den Briten und Franzosen überlassen. Wir haben zugesehen, wie die USA die Welt zu retten versuchten. Wenn es schiefging, hatten wir einen Sündenbock, auf den wir schimpfen konnten. Nun, wo die USA sich aus ihre Rolle als »Weltpolizist« zurückziehen wollen, stellen wir fest, wie sehr wir in der Vergangenheit von ihnen abhängig gewesen sind. Für so falsch es die Europäer auch halten mögen, sich schnell und letztlich strategielos aus Afghanistan zurückzuziehen, niemand glaubt auch nur ansatzweise, Europa könne nach Abzug der amerikanischen Truppen seine Präsenz dort beibehalten.

Einfach werden wir es in dieser unbequemeren Welt nicht haben. Deutschland wird sich einmischen müssen, am besten im europäischen Verbund und bei militärischen Einsätzen mit einem Mandat der UNO. Wir müssen Europa zu einem weltpolitischen Akteur machen. Es ist höchste Zeit, dass wir nicht nur so tun als ob, sondern dass wir wirklich und endlich eine gemeinsame europäische Außenpolitik entwickeln. Dazu gehört auch, aber eben nicht nur, eine erweiterte militärische Handlungsfähigkeit, denn ohne diese ist eine Außenpolitik hohl und schwach. In einer Welt voller Unholde und Fleischfresser wird ein politischer Vegetarier, der keine zielgerichtete Machtprojektion hat, nicht ernst genommen.

Wir Europäer sollten uns selbstbewusst klar machen, was uns die NATO bedeutet, welches Europa wir wollen und welche Interessen wir mit einer transatlantischen Partnerschaft verfolgen. Und wir sollten analysieren, welche Interessen die Vereinigten Staaten in der NATO, an einem einigen und starken Europa und an einer transatlantischen Partnerschaft haben. Oder um es noch deutlicher zu sagen: Der politische Diskurs über die Außen- und Sicherheitspolitik Europas definiert sich nicht entlang der Querschüsse oder Tweets aus der amerikanischen Politik, sondern an unseren eigenen Interessen. Was wir den USA anzubieten haben, ist eine gemeinsame Interessenbestimmung, sind gemeinsame Prioritäten und die Entwicklung gemeinsamer Fähigkeiten, um auf unerwartete und ungeplante Ereignisse angemessen reagieren zu können.

Diese Herangehensweise setzt voraus, dass beide Seiten ihre Interessen definieren und nicht eine Ideologie das außenpolitische Handeln bestimmt. Interessen mögen noch so unterschiedlich sein, Wege zum Interessenausgleich lassen sich immer finden. Feindliche Ideologien allerdings lassen sich nicht versöhnen. Die Handelspolitik zeigt, dass die wirtschaftlichen Interessen Chinas und Asiens andere sind als die der USA oder Europas. Handelsverträge, die Schiedsbarkeit der WTO und im Zweifel auch handelspolitische Schutzinstrumente stellen uns aber einen Werkzeugkasten zur Verfügung, um diese Interessen wenn auch nicht in Einklang zu bringen, so doch aber die Konflikte zu begrenzen und dem wirtschaftlichen Wettbewerb Regeln zu geben.

Wenn aber die Politik von ideologischen Vorstellungen über nationale Hegemonie und ethnische Homogenität getrieben wird, kann kein Interessenausgleich gelingen. Der jeweils andere ist dann ein Feind, der bekämpft wird – mit Mauern, Einwanderungsverboten oder gar mit militärischer Gewalt. In diesem Fall würde auch Europa zum Feind, der geschwächt und gespalten werden soll.

Die amerikanische Politik war unter Donald Trump mehr als nur besorgniserregend. Und sosehr wir Europäer uns auch über die Wahl Joe Bidens zum neuen US-Präsidenten gefreut haben, wenn wir ehrlich sind, wissen wir noch nicht, ob er Erfolg haben wird oder ob der alte oder ein neuer Trump dem Demokraten Joe Biden folgen wird. Während sich die EU als Wertegemeinschaft mit einem ambivalenten Verhältnis zur Macht versteht, hat Amerika Werte und Macht in der Eigenwahrnehmung weitgehend in Einklang gebracht. Wenn ich mich frage, woher die Faszination Amerikas auch in meiner Generation rührt, obwohl diese zu den härtesten Kritikern der US-Interventionspolitik in Vietnam, Chile, Nicaragua oder im Iran und im Irak gehörte, dann sind es gewiss nicht Coca-Cola oder Rock 'n' Roll, die uns mit den USA immer wieder versöhnt haben. Es ist vielmehr diese Idee von Freiheit und Demokratie, die Amerika zu einem Kompass, zu dem schon erwähnten Sehnsuchtsort werden ließ.

Die Fähigkeit, Werte und Macht trotz aller Unzulänglichkeiten und Widersprüche immer wieder zu versöhnen, machte Amerika so erfolgreich. Die von uns als »westliche Werte« beschriebenen Ideen von Freiheit, Demokratie und gegenseitiger Verantwortung waren universell. »Der Westen« war keine geografische, sondern eine politische, kulturelle und intellektuelle Verortung. Oder wie der deutsche Historiker Heinrich-August Winkler es ausdrückte: Der Westen ist eine normative Idee vom Zusammenleben der Menschen und Völker. Wir Deutschen und die Europäische Union werden diese universellen westlichen Werte verteidigen und zu ihnen stehen müssen. Sie konstituieren unsere Idee vom Zusammenleben und bilden die Grundlage für Freiheit und Wohlstand gleichermaßen.

Wir können deshalb nur hoffen, dass dieses Gleichgewicht in der amerikanischen Politik nach Trump dauerhaft erhalten bleibt. Sollte Amerika seinen Glauben an die gemeinsamen westlichen Werte verlieren, bekommen wir es in der Tat mit einem dramatischen Koordinatenwechsel in der Weltpolitik zu tun. Ich will nicht verheimlichen, dass dies Europa in große Bedrängnis bringen würde.

Was heißt das für uns Europäer? Mein Rat ist: *Hoping for the best – preparing for the worst.* Bleiben die Vereinigten Staaten ein Land, in dem westliche Werte ebenso konstitutiv sind wie in Europa, würde dies die Grundlage für eine neue Partnerschaft bilden. Diese wäre weder die Fortsetzung der alten Führungsrolle der USA, die alle unangenehmen Aufgaben zu übernehmen hat, damit wir Europäer und wir Deutschen uns heraushalten können. Noch würden die Europäer die Interventionspolitik des *american exceptionism* übernehmen. Die erneuerte Partnerschaft hätte als Leitbild eine *Partnership in Responsability*, eine Partnerschaft für eine friedliche internationale Ordnung und Sicherheit. Sie wäre weit mehr als die Aufrechterhaltung militärischer Fähigkeiten mit höheren finanziellen Beiträgen Europas in der NATO.

Das setzt ein *stronger Europe* voraus, das mehr Verantwortung für das Krisenmanagement in der europäischen Peripherie und auch in Europa schultert. Gleichzeitig müssten Amerikaner und Europäer in einer erneuerten Partnerschaft gemeinsame Initiativen ergreifen – zur Stabilisierung der Weltwirtschaft, bei der Krisenprävention und Krisenbewältigung, im Kampf gegen Hunger, Not und Elend wie im Einsatz gegen den Klimawandel. *Preparing for the best* bedeutet, dass auch wir Europäer uns ändern. Aber nicht, weil die USA Druck auf uns ausüben, sondern weil wir es wollen, um anschlussfähiger an die sich verändernde Weltordnung zu werden.

Ein ebenso realistisches alternatives Szenario ist: *Preparing for the worst.* Das bedeutet, dass die Politik der Vereinigten Staaten – in welcher Zeitspanne auch immer – maßgeblich nicht von Interessen, sondern von Ideologien bestimmt wird. Europa wäre dann Objekt dieser ideologiegetriebenen Politik. Die gute Nachricht ist: Alles, was wir um unserer eigenen Interessen willen jetzt an Veränderungen vornehmen, wird uns helfen, unser europäisches, westliches Gesellschaftsmodell zu verteidigen. Alles, was für den schlimmsten Fall nötig ist, hilft uns auch für den besten Fall einer erneuerten Partnerschaft des Westens.

Es lohnt sich also in jedem Fall, in eine neue, aber zugleich veränderte Partnerschaft mit den USA zu investieren. Denn so, wie das transatlantische Verhältnis einst war, wird es nicht mehr werden. Aber es darf auch nicht so fragil und unberechenbar bleiben wie derzeit. Ein enger politischer Austausch mit den Kongressabgeordneten, mit Senatoren, Gouverneuren und Politikern außerhalb Washingtons und mit der amerikanischen Zivilgesellschaft ist gerade jetzt nötig. Vom Schüleraustausch bis zu Unternehmensbeziehungen, von Städtepartnerschaften bis hin zur Einladung an das junge Amerika: All das lohnt sich jetzt. Es gibt insbesondere aus den USA interessante Vorbilder wie zum Beispiel das Senator-Fulbright-Programm, mit dem seit Jahrzehnten Vertreterinnen und Vertreter der Generation unter 40 Jahren aus allen Ländern der Erde zu Studienaufenthalten in die USA eingeladen werden. Insbesondere Personen, von denen vermutet werden kann, dass sie aufgrund von Ausbildung und bisherigem Engagement in der Zukunft eine wichtige Rolle in ihren Herkunftsländern übernehmen werden. Warum also nicht ein ähnliches großes jährliches Programm in Europa, das sich an junge US-Bürgerinnen und Bürger richtet? Denn in nur wenigen Jahren wird die Mehrheit der Amerikaner keine europäischen Wurzeln mehr haben, sondern asiatische, lateinamerikanische und afrikanische. Es entsteht ein anderes Amerika. Und genau in dieses andere Amerika sollten wir Europäer investieren.

Ich verstehe und akzeptiere, dass Amerika von den Europäern erwartet, einen größeren finanziellen und militärischen Anteil an der Verantwortung für die Sicherheit der Welt zu übernehmen. Es wäre allerdings ein fataler Fehler, wenn Teile der amerikanischen Politik glauben, dass diese größere Verantwortung eher von einem Europa zu erwarten ist, das in rivalisierende Nationalstaaten zerfällt. Regelbasierte internationale Zusammenarbeit verheißt langfristig die besten »Deals«. Europa war schon einmal Teil des Problems der Weltsicherheit. Es muss jetzt mehr als bisher Teil der Lösung werden. Das gelingt nur geeint. Scheitert unser Kontinent als Gemeinschaft, droht er wieder Teil des Problems zu werden.

5.

Russland –
Nachbar, Partner, Gegner?

Ich weiß, dass wir heute längst in einer Zeit leben, in der die Erinnerung an die Vergangenheit des Zweiten Weltkriegs und die barbarischen Mordbanden unter deutschem Namen nicht mehr der alleinige Bezugsrahmen unseres politischen Handelns ist. Und ich weiß auch, dass eine Erinnerung an diese Zeiten rasch als »deutscher Schuldkomplex« abgestempelt wird, den man endlich ablegen müsse. Derartige Ratschläge hört man nicht nur im Inland, sondern auch im Ausland.

Und doch gebe ich freimütig zu, dass mein inneres Verhältnis zu Russland, meine Emotion für dieses große Land immer noch stark vom Wissen um die Verwüstungen des Zweiten Weltkriegs geprägt ist, die Deutsche den Russen damals angetan haben. Gleiches gilt auch für mein Verhältnis zu Polen und zu Israel.

Auch andere Länder haben unter dem Naziregime entsetzlich gelitten, aber die Völker dieser drei Länder ganz besonders. Von den sechs Millionen von den Nazis ermordeten Juden waren drei Millionen polnische Bürger. Polen sollten ebenso wie die Juden nicht nur von der Landkarte, sondern auch aus dem kulturellen Gedächtnis gestrichen werden. Zusammen mit den Russen galten Polen und Juden als »Untermenschen«.

Als ich das erste Mal die Gedenkstätte des ehemaligen Konzentrationslagers Auschwitz-Birkenau zusammen mit Kurt Scholz, einem ehemaligen Auschwitz-Häftling, besuchte, erzählte er mir, dass die sowjetischen Kriegsgefangenen aus seiner Sicht von allen Lagerinsassen am meisten zu leiden gehabt hätten. Mehr noch als die jüdischen Insassen, sofern sie nicht direkt in den Gaskammern vernichtet worden seien. Ich weiß nicht, ob man vergleichen kann, wer in Auschwitz am meisten gelitten hat, und ich will auch keinesfalls das Leid der anderen Opfer relativieren. Aber die Bemerkung von Kurt Scholz ist mir gut in Erinnerung geblieben, zeigt sie doch, wie sehr die Deutschen die Russen verachteten.

Mir geht es am Beginn dieses Kapitels über Russland jedoch nicht um die Vergangenheit oder einen vererbten Schuldkomplex, sondern um das Gegenteil: Ich staune noch heute über das offene und herzliche Verhältnis, das die Russen, denen ich begegnet bin, uns Deutschen gegenüber pflegen. Ich habe fast den Eindruck, als gäbe es eine Art »Sehnsucht« der Russen nach Verständigung mit uns Deutschen. Und das nach mehr als 20 Millionen Toten, die Deutsche in Russland hinterlassen haben.

An mein Gespräch mit Kurt Scholz erinnerte ich mich, als ich im Herbst 2017 als Außenminister das St. Petersburger »Economic Forum« besuchte. Ich hatte darum gebeten, in das Besuchsprogramm eine Führung durch das Museum und die Gedenkstätte für die während der deutschen Belagerung getöteten Bürger Leningrads aufzunehmen. Am Rand der Innenstadt, wo die Front zwischen der deutschen Wehrmacht und den Verteidigern Leningrads verlief, gibt es ein Mahnmal und ein unterirdisches Museum. Was mich bei diesem Besuch am meisten beeindruckte, waren ein Orchester und eine Einheit der russischen Armee, die dort zu meiner Begrüßung aufmarschierten. Sie spielten an diesem Ort, der an millionenfaches, von Deutschen verursachtes Leid erinnert, zu meinen Ehren die deutsche Nationalhymne. Ich glaube nicht, dass das Zufall war oder nur den protokollarischen Regeln für den Empfang des deutschen Außenministers folgte, denn der offizielle Beginn meines Besuches fand zu einem späteren Zeitpunkt statt. Offenbar sollte damit ganz bewusst dokumentiert werden, dass die Russen uns Deutschen immer wieder die Hand reichen – trotz des Leids des Zweiten Weltkriegs und trotz aller aktuellen Spannungen wegen der Ukrainekrise und anderer globaler Konflikte zwischen dem Westen und Russland.

Mag sein, dass das sentimental klingt. Aber in den vielen Begegnungen, die ich in den letzten rund 40 Jahren in Russland hatte, war diese ausgestreckte Hand für mich immer spürbar. Ob es der Freundeskreis meiner ersten russischen Freundin Irina und die Begegnungen mit Jugendlichen im Interhotel am »Lenin-Berg« in Moskau waren oder spätere Treffen mit Vertretern von Städten und Gemeinden, mit Ärzten, Intellektuellen, Oppositionellen oder den Repräsentanten der jeweiligen russischen Regierungen.

Ich beginne mein Russlandkapitel so, weil ich offen zugebe, dass ich mich Russland positiv voreingenommen nähere. Außerdem möchte ich – bei all der Konfliktfähigkeit, die wir heute im Umgang mit Russland auch brauchen – daran erinnern, wie groß die Bereitschaft auf der russischen Seite ist, gerade mit uns Deutschen in Frieden zu leben.

Kein Interesse am Status quo mehr

Konflikte mit Russland gibt es genug. Im Unterschied zur früheren Sowjetunion ist das Russland von heute nicht am Status quo interessiert. Die Entspannungspolitik der SPD und ihrer Architekten Egon Bahr und Willy Brandt ab 1969, die von so unterschiedlichen Bundeskanzlern wie Helmut Schmidt und Helmut Kohl fortgesetzt wurde, traf auf Machthaber in Moskau, die ihre mit viel Blut bezahlten Grenzen und Einflusszonen absichern wollten. Die Anerkennung der Oder-Neiße-Grenze und der DDR sowie der Begriff der »friedlichen Koexistenz« dienten dem gleichen Zweck wie der Bau der Mauer: der Absicherung von Herrschaftsgebieten und dem Erhalt des Status quo.

Das Russland von Wladimir Putin ist keine Status-quo-Macht mehr, sondern eine revisionistische Macht, die bereit ist, Grenzen zu verschieben. Mit der völkerrechtswidrigen Annexion der Krim und dem hybriden Krieg in der Ostukraine hat Putin die 1975 in Helsinki getroffenen Vereinbarungen der Konferenz über Sicherheit und Zusammenarbeit in Europa (KSZE) gebrochen. Die Schlussakte sieht vor, die territoriale Integrität der europäischen Staaten zu respektieren und die Grenzen innerhalb Europas zu achten. Dieser Vertrag wurde durchaus im Interesse der Sicherheit der Sowjetunion und ihrer Verbündeten geschlossen. Dennoch mussten die kommunistischen Machthaber auf westliches Drängen die prinzipielle

Einhaltung der Menschenrechte akzeptieren. Auf dieses Dokument bezogen sich später Bürgerrechtler und Menschenrechtsgruppen des Ostblocks.

Mit der Annexion der Krim und der militärischen Intervention in der Ostukraine 2014 habe Putin faktisch die Unterschrift Michail Gorbatschows unter der Charta von Paris zurückgezogen, urteilt zu Recht der Historiker und Sozialdemokrat Heinrich August Winkler.[21] In diesem Dokument hatten sich im November 1990 alle 34 Unterzeichnerstaaten in der Nachfolge der KSZE-Schlussakte verpflichtet, ihre nationale Souveränität und territoriale Integrität zu achten, Konflikte friedlich beizulegen, ein militärisches Bündnis frei wählen zu können und überdies die Demokratie als politische Ordnung weiterzuentwickeln.

Der Intervention in der Ukraine gingen gewalttätige Konflikte im Kaukasus voraus, die ebenfalls in der Kritik stehen müssen. Doch vor allem in Syrien zeigte sich Putin-Russland bereit, sich mit Diktatoren wie Assad einzulassen, um seinen globalen Einfluss zu dokumentieren und den des Westens in Grenzen zu halten. Eindrucksvoller konnte Putin die fatale Bemerkung des früheren US-Präsidenten Barack Obama nicht parieren, nach der Russland nicht mehr sei als eine »Regionalmacht«.[22] Russland sieht sich anders und ist bereit, für diesen Anspruch eine Art »Großmachtsteuer« zu zahlen: Westliche Sanktionen, wirtschaftliche Einbußen und politische Ächtung werden hingenommen.

Die erneute Entfremdung vom Westen

Lange Zeit wiederholte der russische Präsident seine Formel, dass für ihn Russland zu Europa gehöre. Und Europa wurde gebraucht, um Russland zu modernisieren. In seiner ersten Amtsperiode liebäugelte Putin sogar mit der Idee, Russland zur NATO zu öffnen. Die Publizistin Katja Gloger zitiert Putin aus einem ersten Interview mit der BBC am 5. März 2000: »Russland ist Teil der europäischen Kultur. [...] Ich kann mir mein Land einfach nicht isoliert von Europa vorstellen, von dem, was wir oft als zivilisierte Welt beschreiben. Daher fällt es mir schwer, die NATO als Feind zu sehen.«[23] Solche Interviews klingen heute wie Bekenntnisse aus einer unbekannten

Welt. Denn wir befinden uns in der Zwischenzeit in einer Eskalationslogik, die wir seit Ende des Kalten Krieges überwunden glaubten. Dass die westliche Allianz Anfang der 1990er-Jahre dem einstigen Gegner gar »die Hand zur Freundschaft« reichte, ist heute fast vergessen.

Der neue Präsident wollte vor allem die Russische Föderation wieder als Partner auf Augenhöhe verorten. Er war der Erste, der nach dem Terroranschlag auf die Twin Towers in New York am 11. September 2001 George W. Bush anrief. Dieser US-Präsident schien ihn als Partner zu akzeptieren: »Ich habe Putin in die Seele gesehen.« Nie seien die russisch-amerikanischen Beziehungen besser gewesen, titelten die amerikanischen Medien – zum Erschrecken nicht weniger in der etablierten Washingtoner Politik. So kommentierte der damalige US-Außenminister Colin Powell die Erkenntnisse seines Chefs dann auch mit den Worten: »Ich habe ihm in die Augen gesehen, und was ich sah, war der KGB.«

Gewiss war Putins Politik immer darauf ausgerichtet, Russland wieder als moderne Großmacht mit imperialem Anspruch zu positionieren. Multipolarität hieß für ihn, für Russland eine neue Machtbalance mit den USA zu erreichen. Den Europäern empfahl er früh, sich nicht in die Abhängigkeit der USA zu begeben, sondern sich als »unabhängiges Machtzentrum« zu entwickeln. Noch heute habe ich den Eindruck, dass der russische Präsident die Haltung Europas im Ukrainekonflikt als reine Ableitung und Abhängigkeit einer antirussischen US-Politik identifiziert. Dass Europa aus Überzeugung und seiner eigenen Werte wegen die Annexion der Krim und die Destabilisierung der Ukraine ablehnt und sich deshalb zu Sanktionen bereitfand, scheint Putin sich nicht vorstellen zu können. Ich habe ihn oft sagen hören: »Ihr könnt ja nicht anders.« In seinem Weltbild scheinen Deutschland und Europa in völliger politischer Abhängigkeit der USA zu stehen. Wir sollten demgegenüber die politische Eigenständigkeit Europas und Deutschlands immer wieder deutlich machen.

Das Ende der Annäherung zwischen den USA und Russland markierte 2003 der zweite Irakkrieg. Für Putin beweist dieser Feldzug, dass die USA nichts anderes im Sinn führen als ein unipolares Supermachtstreben. Der letzte Ort für Moskaus Großmachtambitionen, der UNO-Sicherheitsrat mit dem Vetorecht Russlands, war umgangen worden. George W. Bush verband seinen völkerrechtswidrigen Krieg mit einer offensiven, angeblich idealistischen Politik der *freedom agenda*. Diese zielte auf den Export des westlichen Demokratiemodells in alle Teile der Welt, auch nach Russland. Ausgerechnet in strategisch wichtigen Nachbarländern Russlands, im Kaukasus und in der Ukraine, sollte diese *freedom agenda* ausgerollt werden. Dort revoltierten bereits breite Schichten der Bevölkerung gegen jahrzehntelange Korruption, manipulierte Wahlen und käufliche Politik.

Was für den Westen der Beginn junger Demokratiebewegungen war, konnte aus Sicht des russischen Präsidenten nur einer gefährlichen Infektionskrankheit gleichen. Deren Virusverbreitung nach Russland musste in jedem Fall gestoppt werden. In meinen Gesprächen mit Putin wurde klar, dass er hinter den bunten Revolutionen seiner Nachbarstaaten eine von den USA gesteuerte Kampagne gegen Russland vermutete. Wenn es dafür noch eines Beweises bedurft hätte, so waren es die beständigen Versuche der USA, die Ukraine oder Georgien in die NATO aufzunehmen. Tatsächlich hatten vor allem die neokonservativen amerikanischen Eliten längst wieder das alte russische Feindbild verinnerlicht. Einige US-Senatoren forderten den Ausschluss Russlands aus dem G8-Verbund der wichtigsten Industrieländer. Die Kritik an Russland und seinem Präsidenten wurde in den USA immer unversöhnlicher.

Den Westen spaltet bis heute ein fundamentaler Streit. Wollen wir weiter an einer Europäischen Friedensordnung – unter Einschluss Russlands – und für einen Kooperationsraum von Vancouver bis Wladiwostok arbeiten, wie es über Jahrzehnte unsere Absicht war? Oder passen wir uns den geopolitischen Zielen der USA an, als einzige Supermacht gelten zu wollen und Russland auszugrenzen? Die alte Ordnung soll nach Auffassung eines Teils der westlichen Politik seit der völkerrechtswidrigen Annexion der Krim nun als beendet gelten. Hier spiegelt sich die traditionelle Meinung jener in der westlichen »Sicherheitscommunity« wider, die nie wirklich gemeinsam mit Russland im Europäischen Haus unter einem Dach wohnen wollten.

Der amerikanische Kolumnist Tom Friedman hat diese Sicht in der *New York Times* auf den Punkt gebracht: »Wir erwarten von euch Russen, dass ihr euch wie eine Demokratie verhaltet, aber wir werden euch behandeln, als wäret ihr weiterhin die Sowjetunion. Der Kalte Krieg ist für euch vorbei, aber nicht für uns.«[24]

»Business as usual« könne es erst geben, kündigte denn auch der frühere US-Außenminister Mike Pompeo an, wenn »sich Russland wieder den demokratischen Staaten anschließt«. Seinen Chef Donald Trump, der Putin Mitte Juli 2018 in Helsinki traf, dürfte das nicht kümmern. Er wollte mit dem Autokraten in Moskau, den er offen bewunderte, seine »Deals« machen – ohne eine lästige Schwelle der Demokratie oder der Menschenrechte einzubauen. Für Trump war Putin ein »Konkurrent« – und er verstehe dies als »Kompliment«, bekannte er in Helsinki. Doch der US-Präsident wurde wegen der ungeklärten Einmischung russischer Geheimdienste in den amerikanischen Wahlkampf von einer soliden Mehrheit des Kongresses an seinen »Deals« mit Putin gehindert. Obwohl es dringend nötig wäre, brisante Konflikte wie Syrien oder den Iran auf den Tisch zu legen und sich auf eine Verlängerung des New-Start-Vertrages zur Begrenzung atomarer Langstreckenraketen zu verständigen, der 2021 ausläuft. Es bedurfte erst der Abwahl Donald Trumps, um zu einer Politik der Nichtweiterverbreitung und Abrüstung von Nuklearwaffen zurückzukehren. Das Angebot von US-Präsident Joe Biden, sich mit Wladimir Putin in einem Drittland zu treffen, löst noch nicht Spannungen dieser beiden militärischen Supermächte. Aber es wäre ein Anfang.

Wer dagegen für die Ausgrenzung Russlands eintritt, sollte bedenken, wie sehr das Land für die Lösung fast aller aktuellen geopolitischen Herausforderungen gebraucht wird: Bei der Kontrolle der Nichtweiterverbreitung von Atomwaffen, bei der Lösung der bewaffneten Konflikte in Syrien und im Nahen Osten, beim Kampf gegen islamistischen Terror und auch bei der Eindämmung des Klimawandels. Und wenn es 1972 eine sehr erfolgreiche »Grand Strategy« des damaligen US-Präsidenten Richard Nixon und seines Außenpolitikers Henry Kissinger war, durch die wirtschaftliche Annäherung an das China Mao Zedongs eine Verbrüderung der beiden rivalisierenden kommunistischen Reiche China und Sowjetunion zu verhindern, dann wäre es geradezu töricht, 50 Jahre später den Druck auf Russland so stark zu erhöhen, dass es nur in der Partnerschaft mit China überleben kann.

Russland steht heute wirtschaftlich und sozial so schwach da, wie seit der Jelzinzeit zu Beginn der 1990er-Jahre nicht mehr. Es ist nach wie vor eine Rentenökonomie, die auf hohe Rohstoffpreise angewiesen ist, um wirtschaftlich überleben zu können. Sinkende Ölpreise bringen das Land regelmäßig an die Grenze seiner Handlungsfähigkeit und haben schnell soziale Proteste zur Folge, wenn die russische Regierung versucht, den sinkenden Einnahmen mit Kürzungen z. B. im Rentensystem hinterherzusparen. Die Lebensbedingungen außerhalb der großen Zentren ähneln eher denen in Entwicklungsländern, als dass sie an eine Supermacht denken lassen. Es existiert bis heute kein Mittelstand, sondern große Konzerne geführt durch russische Oligarchen beherrschen Russlands ineffiziente Wirtschaft.

Lange Zeit gelang es Wladimir Putin und seiner Regierung, die wirtschaftliche und soziale Unzufriedenheit auch dadurch unter Kontrolle zu halten, dass Russland wieder als starke und mächtige Nation auftrat. Bedrohungsszenarien von außen dienten zur Befriedung nach innen. Putin fühlte sich stark genug, um die eigenen Interessen kompromisslos durchzusetzen, und wurde dabei lange Zeit von einer großen Mehrheit seiner Bevölkerung unterstützt. Dieser Rückhalt bedeutete aus seiner Perspektive, dass er den »Virus« der Farbenrevolutionen und des westlichen Einflusses so nachhaltig gestoppt habe, dass er nun auch die Krim annektieren und im Osten der Ukraine separatistische Milizen mit Waffengewalt unterstützen konnte.

Bei der Besetzung der Krim ging es gewiss auch um die Sicherung des Kriegshafens Sewastopol, den Zugang Russlands zum Schwarzen und zum Mittelmeer. Die Forderungen der Ukraine nach Mitgliedschaft in der EU und in der NATO hätten im Erfolgsfall nicht nur bedeutet, dass NATO-Truppen direkt an der russischen Grenze gestanden hätte, sondern dass dieser Hafen und die damit verbundenen Seewege für Russlands Flotte verloren gewesen wären. Niemand konnte ernsthaft erwarten, dass Russland das hinnehmen würde. Die wertebasierte Außenpolitik des Westens, die der Ukraine das Selbstbestimmungsrecht zusprach, selbst über das Bündnis zu entscheiden, dem es angehören wolle, zerschellte an der Realpolitik Russlands, dem das eigene Sicherheitsbedürfnis und das politische Signal gegen den Westen weit wichtiger waren als das Völkerrecht.

Letztlich entsprach die Besetzung der Krim auch dem russischen Selbstverständnis, diese »Perle des Kaukasus« wieder in das Kernland des russischen Reiches einzugliedern. Aus völkerrechtlicher Sicht kann man diese Annexion nur kritisieren. Realpolitisch dürften die allermeisten westlichen Nationen sich längst damit abgefunden haben, dass diese Annexion auf lange Zeit nicht rückgängig gemacht werden wird.

So berechtigt man die russische Politik der letzten Jahre kritisieren muss, weil Russland die europäische Friedensordnung angegriffen und für neue Unsicherheit gesorgt hat, so deutlich muss man dennoch in Erinnerung rufen, dass der Westen in seinem wechselhaften Umgang mit Russland keinem einheitlichen strategischen Ziel gefolgt ist. Weder unter Gorbatschow noch unter Jelzin oder Putin hat der Westen in den Aufbau Russlands investiert. Im Ergebnis finden wir heute ein Russland vor, dessen politische Eliten überzeugt sind, dass insbesondere militärische Stärke und nationaler Stolz, gepaart mit einem autoritären Staat, die besten Voraussetzungen für ein stabiles Russland liefern. Die westliche Idee, wirtschaftliche Prosperität, wachsender Wohlstand und Demokratie machten den Erfolg und die Stabilität eines Landes aus, hat in Russland schon lange an Attraktivität verloren. Ob sich ein solcher Weg im Falle eines zweiten »Marshall-Programms« der Europäer und der Vereinigten Staaten durchgesetzt hätte, ist natürlich auch nicht garantiert. Der Verzicht darauf hat aber mit Sicherheit zur heutigen Entwicklung beigetragen.

Scheinriese Russland?

Russland ist beileibe nicht, wie Helmut Schmidt einmal bissig-ironisch formulierte, ein »Obervolta mit Atomwaffen«, aber es hat aus sehr unterschiedlichen Gründen seine vor allem wirtschaftliche Rückständigkeit bis heute nicht aufgeholt. In Erinnerung an das Kinderbuch von Michael Ende »Jim Knopf und Lukas der Lokomotivführer« könnte man Russland auch als weltpolitischen »Herrn Tur Tur« bezeichnen. Der war der »Scheinriese« dieser Kindergeschichte: Je näher man ihm kam, desto kleiner wurde er. Russland deckt nahezu ein Achtel der bewohnten Erdoberfläche ab, und seine Rohstoffreserven gelten als die größten der Welt. Allerdings erreicht die wirtschaftliche Leistungsfähigkeit des Landes mit 1,5 Billionen US-Dollar nur etwa 40 Prozent der deutschen. Russland ist militärischer Riese, aber wirtschaftlich ein Halbwüchsiger. Schon die Sowjetunion musste die Erfahrung machen, dass ökonomische Schwäche irgendwann auch den stärksten Militärapparat und das Gesellschaftssystem kollabieren lässt. Auch das heutige Russland ist nur auf dem Gebiet der Militärtechnik weltweit konkurrenzfähig. Knapp drei Jahrzehnte nach dem Kollaps der Sowjetunion gibt es keine moderne Automobilindustrie, Maschinen und Anlagen müssen importiert werden, und ein innovativer Mittelstand ist auch nicht in Sicht. Stattdessen beherrschen Oligarchen die Wirtschaft. Als deren wichtigste Stütze verbleiben weiterhin nur die natürlichen Rohstoffe. Die letzten Jahre haben gezeigt, dass dies eine unsichere Bank ist.

In meinen Gesprächen mit Wladimir Putin habe ich ihm daher häufiger gesagt, dass die unter SPD-Bundeskanzler Gerhard Schröder begonnene Modernisierungspartnerschaft mit Deutschland und Europa aus meiner Sicht die einzige Chance ist, Russland auf Dauer zu stabilisieren. Für China, mit dem manche im Kreml als Alternative liebäugeln, ist Russland längst »second class«.

Wieder Wandel durch Annäherung?

Russland wünscht heute ein »postwestliches Zeitalter« herbei. Eine prowestliche Welt gilt dort für die politischen Eliten nicht als erstrebenswert. Das Land schränkt nach innen die Freiheiten seiner Bürger ein und verfolgt seine Interessen nach außen zunehmend aggressiv. Putin und seine Anhänger lieben Geschäfte mit dem Westen, halten diesen aber für moralisch verkommen. Seine demokratischen Werte lehnen sie ab. Das ist die Realität.

Dennoch müssen wir weiter nach Kooperationsmöglichkeiten suchen. Doch wie sollen wir mit diesem großen Nachbarn Europas umgehen, der irgendwie dazugehört und irgendwie auch nicht? Mit einem Land, das seit dem Zaren Peter dem Großen vor mehr als 300 Jahren den Anschluss an Europa sucht und sich dabei in seiner Wahrnehmung immer wieder enttäuscht sieht. So empfiehlt der als »Chefideologe des Kreml« bekannte Putin-Berater Wladislaw Surkow, nach Jahrhunderten der Enttäuschung solle Russland sich für mindestens 100 Jahre auf sich selbst verlassen und sich von der Idee verabschieden, zu Europa zu gehören.

Der Sozialdemokrat Egon Bahr hat 1963 seine berühmte Rede zur Strategie einer deutsch-deutschen Annäherung in der Evangelischen Akademie Tutzing gehalten. Bahr, damals Pressesprecher des Regierenden Berliner Bürgermeisters Willy Brandt, bereitete darin die künftige Entspannungspolitik der Sozialdemokratie vor, die ab 1969 offizielle Regierungspolitik der sozialliberalen Koalition wurde. Bahr hatte dabei nichts weniger im Blick als die Überwindung der deutschen Teilung. Er sah darin einen Prozess »von vielen Schritten und vielen Stationen«.

Diese Schritte waren nicht gegen den Willen der DDR-Führung und schon gar nicht gegen den der Sowjetunion möglich. Für Brandts engsten Vertrauten waren die 1961 errichtete Berliner Mauer und die hermetisch abgeriegelte innerdeutsche Grenze ein Zeichen der Schwäche aus Angst vor einem Regimesturz. Früher und radikaler als andere riss Bahr damit das Blendwerk autoritärer Staaten weg. Die Niederschlagung des ungarischen Volksaufstandes hatte schon 1956 gezeigt, dass die kommunistischen Regime notfalls mit Waffengewalt jede Konterrevolution unterdrücken würden. Die Invasion von Truppen des Warschauer Pakts gegen den Prager Frühling bewies 1968 dann noch einmal dramatisch, dass diese Einschätzung Bahrs gerechtfertigt war. Einen Regimewechsel durch die bislang vorherrschende konfrontative Politik hielt er für illusorisch. Man werde die Mauer und die Grenzen nur mit Methoden durchlässiger machen können, die das Risiko eines Regimesturzes für die kommunistischen Machthaber »erträglich« erscheinen ließen. In kleinen Schritten würden sich Veränderungen ergeben, die die deutsche Teilung und die SED-Herrschaft überwinden könnten. »Das ist eine Politik, die man auf die Formel bringen könnte: Wandel durch Annäherung,« sagte Bahr 1963 in Tutzing.

Zentrale Voraussetzung für diesen westdeutschen Strategiewechsel war eine eindeutige Verankerung der Bundesrepublik in Europa und der westlichen NATO-Allianz.

Bahrs Tutzinger Rede und die Entspannungspolitik der SPD unter Willy Brandt ab 1969 befanden sich in absolutem Einklang mit der Politik der Vereinigten Staaten unter US-Präsident John F. Kennedy. Die deutsche Entspannungspolitik war kein westdeutscher Alleingang. Mit seiner Rede zur *Strategy for Peace* hatte Kennedy im Juni 1963 ebenfalls einen Strategiewechsel verkündet, den er schon im Präsidentschaftswahlkampf hatte deutlich werden lassen. Der Wechsel im Umgang mit der Sowjetunion – und der DDR – wurde in einer Studie des US-Senats zur »United States Foreign Policy in the USSR and Eastern Europe« begründet. Die Blockkonfrontation war nach amerikanischer Auffassung gescheitert. Um den Frieden aufrechtzuerhalten, sei eine neue Strategie erforderlich.

Wer heute Kennedys Rede vom Juni 1963 liest, dem wird mit erschreckender Deutlichkeit klar, wie sehr wir statt kontinuierlicher Annäherung wieder in die Zeit der Konfrontation, der Drohgebärden und des Wettrüstens zurückgefallen sind. Und wie weit wir erneut von einer Vision des Friedens und der Abrüstung entfernt sind. Selbst die nuklearen Abrüstungsverträge der 1980er- und 1990er-Jahre sind gefährdet. Europa droht erneut zum Schauplatz einer konventionellen und nuklearen Aufrüstung zu werden.

Die deutsche Außenpolitik muss Rüstungskontrolle und konventionelle wie nukleare Abrüstung wieder auf die Tagesordnung setzen. Ich weiß, wie schwierig das ist. In der Sitzung des NATO-Außenministerrates am 31. März 2017 war ich neben dem luxemburgischen Außenminister Jean Asselborn der einzige Teilnehmer, der in der Diskussion auch Abrüstungsinitiativen der NATO und des Westens gefordert hat. Zuvor hatten sich die Teilnehmer angesichts der erstmaligen Teilnahme des damaligen US-Außenministers Rex Tillerson in ihren Wortmeldungen mit Forderungen nach neuen Rüstungsprogrammen fast überboten. Gerade unsere deutsche Rolle muss es in dieser Diskussion aber sein, sowohl die gemeinsame Verteidigungsfähigkeit zu sichern und zu stärken als auch immer wieder erneute Anläufe für Abrüstung und Entspannung einzufordern. Russland reagiert nicht auf Schwäche, aber eben auch nicht nur auf Druck. Aus der Position der Stärke nach gemeinsamen Lösungen für die Sicherung des Friedens und für Abrüstung zu suchen, ist gerade jetzt eine der zentralen Aufgaben unseres Landes.

Im Westen herrscht allerdings mehrheitlich wieder die Überzeugung vor, dass harte Konfrontation, Sanktionen, Drohungen mit wirtschaftlichem Niedergang und eine massive atomare Aufrüstung die geeigneten Mittel seien, um den Gegner Russland in die Schranken zu weisen und einen Wechsel der dortigen Innenpolitik erzwingen zu können. Russland setzt ebenso auf militärische Aufrüstung und nationale Stärke und ist bereit, mit Despoten wie dem syrischen Diktator Assad gemeinsame Sache zu machen, um den Vormarsch des Westens zu stoppen und als Großmacht auf die Weltbühne zurückzukehren.

Die Tutzinger Rede von Egon Bahr kann uns mit dem Blick auf die aktuelle Rolle Russlands heute durchaus helfen. Sehr wahrscheinlich wird sich Russland – wie die Sowjetunion einst – nicht durch Druck und Konfrontation zu einer Änderung seiner Innen- und Außenpolitik bewegen lassen. Und ebenso wie gegenüber der Sowjetunion bedarf es einer selbstbewussten und geschlossenen Politik des Westens. Schwäche und innere Zerrissenheit lenken in Russland die Gedanken eher auf erneute Interventionsversuche.

Der Stratege Bahr war in seiner Einschätzung der kommunistischen Machthaber weder ängstlich noch naiv, sondern schlicht und ergreifend realistisch. »Russland ist unverrückbar«, hatte er seinerzeit zu Recht festgestellt. Und Sicherheit für Deutschland werde es »nur mit und nicht gegen Russland geben«. Damit hinterlässt er geeignete Leitplanken für unseren heutigen Umgang mit Russland, selbst wenn die historischen Umstände nicht vergleichbar sind. Trump ist nicht Kennedy und Putin kein Status-quo-Politiker. Das macht die Sache nicht leichter.

Wenn es damals Bahrs Ziel war, kleine Türen in den Eisernen Vorhang einzubauen, um irgendwann das Brandenburger Tor aufstoßen zu können, dann sollten wir heute wieder schmale Brücken über den breiter gewordenen Graben zwischen Europa und Russland bauen. In der Hoffnung, dass daraus eines Tages große und breite Verbindungen werden. Für einen Wandel durch Annäherung gibt es trotz aller Unterschiede auch ähnliche Voraussetzungen wie 1963: eine feste und unmissverständliche Verankerung Deutschlands in Europa und der NATO und keine deutschen Alleingänge im Verhältnis zu Russland. Schon aus unserer historischen Verantwortung gegenüber Polen schulden wir diesem Land Aufrichtigkeit bei unserem Umgang mit Russland. Schließlich war Polen 1939 Opfer der deutsch-sowjetischen Doppelaggression geworden und zuvor im 18. Jahrhundert Opfer preußischer Großmachtpolitik mit Russland und dem Habsburger Reich.

Ich verstehe jedenfalls das Argument unserer polnischen Nachbarn sehr gut, dass sie sich unter dem Schutz der NATO genauso frei entfalten wollen, wie es das alte Westdeutschland tun konnte, als es noch der Grenzstaat der westlichen Welt war. Gegen die dauerhafte und starke Präsenz von NATO-Verbänden in Polen, im Baltikum und in Osteuropa, die in Zukunft weitaus umfangreicher sein werden als die heutigen kleinen Kontingente, gibt es kein wirklich überzeugendes Argument.

Es kann und darf innerhalb Europas keine politischen Sonderbeziehungen zwischen Deutschland und Russland geben. Den geschichtslosen Wünschen der deutschen Politik von links- und rechtsaußen, eine Äquidistanz zu den USA und zu Russland aufzubauen, müssen wir entschieden entgegentreten.

Für mich ist es kein Zufall, dass gerade mein rechtsradikaler Vater immer wieder predigte, dass nicht etwa Auschwitz das verheerende Ergebnis der nationalsozialistischen Politik war, sondern sich nicht mit Russland gegen Amerika verbündet zu haben. Daran muss ich denken, wenn heute die Rechtspopulisten der AfD eine neue Russlandpolitik fordern. Daraus nährt sich der Eindruck, dass sie in Moskau ausreichende Unterstützung erfahren.

Aufgabe deutscher Außen- und Europapolitik muss es sein, nach Anknüpfungspunkten für eine erneute Zusammenarbeit mit Russland zu suchen. Die Rüstungskontrolle zum Beispiel ist ein Instrument für schlechte Zeiten. Wenn das gegenseitige Misstrauen so groß ist, dass jeder nur noch über Aufrüstung redet, darf die Rüstungskontrolle nicht länger ungenutzt bleiben.

Ein Waffenstillstand in der Ukraine als Voraussetzung

Entscheidend für eine Entspannung der Beziehungen zwischen Russland und dem Westen wäre endlich eine Beendigung des bewaffneten Konflikts in der Ostukraine. Der am 27. Juli 2020 geschlossene Waffenstillstand hängt nach wiederkehrenden Gewaltausbrüchen immer wieder an einem seidenen Faden. Von einem echten Friedensprozess ist die Region weit entfernt. Die Beobachter der Organisation für Sicherheit und Zusammenarbeit in Europa (OSZE) berichten immer wieder von Feuergefechten. Die Berichte schildern eine skurrile Realität: Verfeindete Gruppen wechseln nachts die Seiten, um sich vom gegnerischen Gebiet aus selbst zu beschießen und am nächsten Tag öffentlich den angeblichen Beschuss »durch den Feind« als Vorwand zu nutzen, um den Waffenstillstand selbst zu brechen. Leider ist die Beobachtermission unbewaffnet und verfügt über ein zu enges Mandat, um die Konflikte wirksam unterbinden zu können.

Nach wie vor scheint eine offizielle UN-Blauhelmmission mit einem »robusten« Mandat, das auch den Einsatz von Waffen erlaubt, die einzige realistische Chance, den Waffenstillstand durchzusetzen und damit die zentrale Voraussetzung für den politischen Prozess der Befriedung der Region zu schaffen. Über mehr als zwei Jahre habe ich immer wieder mit dem russischen Präsidenten über diese Lage gesprochen und ihm ein robustes UN-Blauhelmmandat vorgeschlagen, mit dem der Waffenstillstand und der Rückzug schwerer Waffen auf beiden Seiten der sogenannten Kontaktlinie durchzusetzen wären. Die Gespräche mit ihm waren dabei außerordentlich vertrauensvoll und sind nie öffentlich geworden. Als ich ihm erstmals meine Vorschläge für den Weg zu einer Beendigung des bewaffneten Konflikts in der Ostukraine und zum Abbau der Sanktionen gegen Russland vorlegte, geschah das gegen den Rat der Beamten im Auswärtigen Amt. Zu groß, so das Argument, sei die Gefahr, dass die Vorschläge öffentlich würden und ich als Minister »politischen Schaden« nehmen könnte. Um ehrlich zu sein: Politiker und allemal Minister sind vor allem dazu da, Politik vorzudenken, auch wenn man heute den Eindruck hat, es wäre schon viel gewonnen, wenn wenigstens nachgedacht würde. Vor allem aber müssen Politiker und Minister bereit sein, Risiken für die eigene Karriere einzugehen, und sogar das eigene Scheitern einkalkulieren. Nur dann werden sie den Mut zur Veränderung entwickeln. Tun sie das nicht, sollten sie lieber Beamte werden. Die braucht man auch, um Politik gestalten zu können und um Risiken abzuwägen. Aber ein risikoloses Politikerdasein ist eher unnütz und auch langweilig.

Putin jedenfalls schien bei Vorlage meiner Ideen auch zu wissen, dass deren Veröffentlichung Ärger machen würde. Was es später ja auch tat, denn die CDU/CSU und manche Medien in Deutschland schäumten, als ich meine Vorstellung für einen Waffenstillstand in der Ukraine über ein UN-Blauhelmmandat mit dem schrittweisen Abbau von Sanktionen verband. Putin aber führte mich nach unserem Gespräch durch eine Reihe von Räumen aus dem offiziellen Besprechungssaal des Kreml in sein eigenes, eher kleines Büro. Das war vollgepackt mit Akten, einem Bild seines Vaters in der Matrosenuniform der Roten Armee – und einem Reißwolf. In den steckte er das Papier mit meinen Vorschlägen. Auf meine Frage, ob sie in seinen Augen so miserabel seien, dass er sie gleich vernichten wolle, antwortete er lachend, dass das keinesfalls so sei, eher das Gegenteil. Allerdings wolle er sichergehen, dass dieses Papier nicht aus seiner Hand in die Öffentlichkeit gelangen könne. Wenn, dann sei ich selbst schuld.

Dennoch hat Putin meinen Vorschlag lange Zeit abgelehnt. Aber kurz vor der Generalversammlung der Vereinten Nationen im September 2017 griff er ihn auf. Sicher nicht, weil ich ihn überzeugt hatte, sondern vermutlich eher, weil er dem ukrainischen Präsidenten Petro Poroschenko zuvorkommen wollte, der ebenfalls mit diesem Vorschlag im Gepäck zur UNO nach New York reiste. Natürlich gab es gravierende Unterschiede zwischen den Bedingungen, unter denen Russland einem UN-Mandat zustimmen würde, und denen, die der Westen und die Ukraine für angemessen hielten. Einen hat Putin in einem Gespräch mit der deutschen Kanzlerin selbst ausgeräumt. Wollte er anfangs die Blauhelmmission nur entlang der »Kontaktlinie« – eine euphemistische Beschreibung der Frontlinie – stationieren, was einer neuen Grenzziehung gleichgekommen wäre, so erklärte er sich nun einverstanden, die UNO-Blauhelme im gesamten Gebiet der Ostukraine bis zur ukrainisch-russischen Grenze zu stationieren. Ebendort wird auch die Beobachtermission der OSZE eingesetzt. Es wäre an der Zeit gewesen, dass die USA, die EU und die Ukraine jetzt gegenüber Russland mehr Flexibilität und Offenheit an den Tag legen würden, um diesen Vorschlag zu verhandeln. Stattdessen nutzte auch Deutschland seinen nichtständigen Sitz im UN-Sicherheitsrat ab 2019 nicht, um Bewegung in diese dringend erforderliche Blauhelmmission zu bringen.

Eines ist klar: Die Abkommen von Minsk, die ab 2015 einen offenen Krieg um die Ukraine gestoppt hatten, sind weit von ihrer Umsetzung entfernt. Dass es überhaupt dazu kam, war ein Segen und dem Mut der deutschen Kanzlerin und des französischen Präsidenten François Hollande zu verdanken. Beide erzwangen dieses Abkommen in letzter Sekunde, denn die USA hatten bereits damit begonnen, Waffenlieferungen in die Ukraine vorzubereiten. Damals wurde in Washington offen ausgesprochen, dass Russland zwar nicht besiegt werden könne, dass man aber den »Blutzoll für die Russen« möglichst hochschrauben werde. Russland werde dann eher bereit sein, den Krieg zu beenden. Dies war eine wirklich perfide Strategie. Merkel und Hollande handelten in dieser Situation stellvertretend für ganz Europa und kamen den US-Plänen zuvor. Sie machten erstmals deutlich, dass Europa die Konflikte vor seiner Haustür selbst in die Hand zu nehmen bereit ist. Dies ist in meinen Augen ein viel zu wenig beachteter Ausdruck einer europäischen Emanzipation von den USA. Denn aus dem Krieg in der Ukraine hätte schnell ein Krieg um die Ukraine werden können.

Dass sich die Verabredungen von Minsk in einer Sackgasse befinden, ist freilich nicht allein der russischen Bewegungslosigkeit geschuldet. Letztlich hatte die Ukraine das Abkommen nur unterzeichnet, weil sie unmittelbar vor einer militärischen Niederlage stand. Eine echte »Ownership« für das Abkommen hat es in der ukrainischen Politik nie gegeben. Im Gegenteil: Jedes Jahr wurde in Kiew der Widerstand gegen die Umsetzung größer. Der Konflikt im Donbass dauert inzwischen viel zu lange, zu tief haben sich Hass und Gewalt in beide Gesellschaften hineingefressen. Es dürfte nicht nur eine Schutzbehauptung Putins sein,

Russland würde sich erst dann aus der Ostukraine heraushalten, wenn die Gefahr von blutigen Rachefeldzügen ukrainischer Verbände gegen die russischen Minderheiten im Donbass gebannt sei.

Deshalb empfiehlt es sich nicht, an der vollständigen Umsetzung des Minsker Abkommens über die Zukunft der Ostukraine festzuhalten, bevor Europa bereit ist, die Sanktionen gegen Russland aufzuheben. Die Sanktionen sind schrittweise aufgebaut worden, also kann und muss man sie auch nach und nach abbauen. Der erste Schritt muss beginnen, wenn gemeinsam mit Russland der Waffenstillstand nachhaltig durchgesetzt ist. Mein persönlicher Eindruck ist, dass der russische Präsident Wladimir Putin den Konflikt in der Ostukraine lösen will. Die Zustimmung der Bevölkerung zur Annexion der Krim ist in seinem Land nach wie vor extrem hoch – die Zustimmung zum Konflikt und der russischen Beteiligung in der Ostukraine längst nicht mehr. Die russische Bevölkerung ist müde geworden über den »Bruderkrieg« mit der Ukraine. Und nicht zuletzt kosten die außenpolitischen Abenteuer des Präsidenten viel Geld, was dann bei der Auszahlung der Renten fehlt.

Es war ein Jammer zusehen zu müssen, wie der damalige US-Präsident Donald Trump seine Begegnung mit Wladimir Putin in Helsinki im Juli 2018 nur für überflüssige Bilder, Tweets und seine Personality-Show genutzt hat. Am Ende gab es kostenlosen Reputationsgewinn für den russischen Präsidenten und keinerlei substanzielle Fortschritte in einem der weltweiten Konflikte, in die Russland verwickelt ist. Der neue amerikanische Präsident wird sich bei dem für 2021 geplanten Treffen, das möglicherweise wieder in Helsinki stattfindet – sicher nicht wie sein Vorgänger mit ein paar Fotos abspeisen lassen. Aber für ein normalisiertes Verhältnis zwischen den USA, Europa und Russland ist es noch ein weiter Weg.

Problematische Pipelinepolitik Europas

Bei dem Streit um die im Bau befindliche Erdgaspipeline Nord Stream 2, die russisches Erdgas an der deutschen Ostseeküste in Mecklenburg-Vorpommern anlanden soll, geht es vordergründig oft um Fragen der angeblichen steigenden Abhängigkeit Europas von russischen Energielieferungen, um Energiesicherheitsfragen und natürlich auch um den Wettbewerb zwischen Flüssiggas, das aus dem Nahen Osten und auch aus den USA stammt, und leitungsgebundenen Erdgaslieferungen aus Russland. Man kann zu dem Projekt Nord Stream 2 mit vielen Argumenten wohlbegründet zu sehr gegensätzlichen Urteilen kommen. Die zentrale Frage aber scheint mir zu sein, wer am Ende die Entscheidung trifft und auf welcher Grundlage.. Denn in Wahrheit geht es um europäische Souveränität!

Europa hat vor mehr als 25 Jahren die Entscheidung getroffen, seinen Energiemarkt zu liberalisieren. Dafür wurde eine europäische Rahmengesetzgebung für einen gemeinsamen Energiemarkt geschaffen, in dem sich alle Marktteilnehmerinnen und Marktteilnehmer zu bewegen hatten. Im Kern bedeutet das, die jeweilige politische Einflussnahme auf die Energieerzeugung oder Rohstoffbeschaffung den Marktteilnehmern zu übertragen und im Interesse der europäischen Verbraucherinnen und Verbraucher den Wettbewerb zu fördern. Solange sich die beteiligten Unternehmen an die europäische Gesetzgebung hielt, waren sie frei in ihren Entscheidungen, von wem und zu welchen Konditionen sie ihre Energierohstoffe beschaffen wollten. Das Risiko für Preise, Verfügbarkeit und Versorgungssicherheit ging von den Staaten auf die Unternehmen über.

Wir haben uns also vor vielen Jahren in Europa dazu entschieden, dass Angebot und Nachfrage darüber entscheiden, woher Unternehmen ihr Erdgas beziehen, und nicht der Staat. Diese Grundsatzentscheidung hat vor allem den Verbraucherinnen und Verbrauchern in Europa genutzt und ist eine echte Erfolgsgeschichte des europäischen Binnenmarktes.

Wenn die Vereinigten Staaten nun ihre Forderung nach einem Baustopp für Nord Stream 2 mit Sanktionen durchzusetzen versuchen, richtet sich das letztlich gegen die europäische Souveränität über ihren Energiemarkt. Ob Nord Stream 2 zu Ende gebaut und in Betrieb genommen wird oder nicht, muss ebenso eine europäische Entscheidung bleiben, wie es eine amerikanische Entscheidung ist, Rohöl in Russland in etwa in der gleichen finanziellen Größenordnung zu beziehen, wie es Europa in Zukunft durch die neue Gaspipeline tun wird.

Ich plädiere nachdrücklich dafür, dass wir uns nicht zu stark von russischen Erdgaslieferungen abhängig machen dürfen. Aber das ist nicht dadurch zu erreichen, dass wir teureres Gas aus den USA beziehen und damit unsere eigene Wirtschaft schädigen. Im Gegenteil: Deutschland wird durch Nord Stream 2 mit weniger als 40 Prozent von russischen Gaslieferungen abhängig sein. Und der Anteil der russischen Gaslieferungen an der gesamten deutschen Energieversorgung macht gerade mal neun Prozent aus. Im Übrigen muss es selbstverständlich für Deutschland sein, frei und unabhängig über seine Versorgung mit Energie zu entscheiden.

Eine der zentralen Voraussetzungen für den Bau von Nord Stream 2 ist, dass die transukrainische Gaspipeline auch weit über das Jahr 2019 hinaus angemessen mit russischem Gas beschickt wird. Nur dann werden sich Investoren finden, die diese marode Pipeline sanieren und damit der Ukraine die für sie wichtigen Transitgebühren sichern. Wladimir Putin hat wiederholt und öffentlich versichert, dass es daran keinen Zweifel gebe und Russland diese Bedingung ebenso erfüllen werde wie die Absicherung der Gasversorgung zu marktwirtschaftlichen Preisen in Osteuropa. Eine solche Einnahmequelle aus einer Transitpipeline nutzt übrigens auch Polen bei der Jamal-Pipeline, die russisches Gas über polnisches Hoheitsgebiet führt. Das hindert die polnische Politik jedoch nicht, über den deutschen Egoismus wegen Nord Stream 2 zu schimpfen.

Das angemessene Mittel, sich von russischen Gaslieferungen unabhängig zu machen, ist nicht der Eingriff in den Gasmarkt, mit dem europäische Unternehmen zum Kauf des teureren amerikanischen Flüssiggases gezwungen werden sollen, sondern es sind der Ausbau und die Vernetzung der europäischen Gasinfrastruktur. Ähnlich wie der Verkehrswegebau ist dies durchaus eine öffentliche Aufgabe. Dadurch könnte der Ausfall einer Förderquelle durch das Einspeisen alternativer Gasanbieter ausgeglichen werden. Abgesehen davon gibt es keinerlei Anzeichen dafür, dass Russland seine Stellung als wichtiger Erdgaslieferant geostrategisch ausnutzen würde. Schließlich wird die russische Volkswirtschaft durch den Erdgasverkauf am Leben gehalten. Insofern sind die Gaslieferungen für beide Seiten von erheblichem Interesse.

Ich kann mich allerdings nicht des Eindrucks erwehren, dass Russland die deutsche und europäische Nachfrage am Gasmarkt in den kommenden Jahrzehnten zu optimistisch einschätzt. Vermutlich nehmen die russischen Energiestrategen die Klimaschutzpolitik der EU und in Deutschland ebenso wenig ernst, wie einstmals die deutschen Energieversorger sicher waren, ihr Land würde nie aus der Atomenergie oder der Kohleverstromung aussteigen. *Stranded Investments* waren damals die Folge. Russland sollte jedenfalls angesichts der Vielzahl von Pipelinepojekten nicht übersehen, dass auch Öl und Gas schrittweise durch erneuerbare Energietechnologien ersetzt werden müssen, um die europäischen und deutschen Klimaschutzziele zu erreichen. Bereits heute wird in Deutschland über die Senkung des Öl- und Gasverbrauchs mittels einer anderen Steuer- und Abgabenpolitik und der Koppelung der Sektoren Elektrizität, Wärme und Mobilität diskutiert. Russland muss das unternehmerische Risiko abwägen, das mit derart großen Pipelineprojekten verbunden ist.

Darüber hinaus erwägt Europa derzeit die Rückabwicklung des liberalisierten Gasmarktes zu staatlich gelenkten Preisen und Versorgungsgebieten. Das ist wirtschaftlich ein Fehler, der vor allem zulasten großer Industrieländer wie Frankreich und Deutschland gehen wird.

Am Ende ist es wieder eine politische Entscheidung: Suchen wir jeden Tag erneut nach Feldern der Konfrontation mit Russland oder nach Feldern der Kooperation? Wollen wir Russland überall schaden und es einmauern, oder hoffen wir doch auf einen erneuten Wandel durch Annäherung? Letzteres wird es nicht mit immer neuen Sanktionen geben, sondern nur dann, wenn möglichst viele Russen in deutschen und europäischen Firmen Arbeit finden und damit den Unterschied zwischen russischen Oligarchen und Unternehmen, die sich der sozialen Marktwirtschaft verpflichtet fühlen, kennenlernen. Dafür aber brauchen wir mehr und nicht weniger Investitionen in Russland.

Ebenso sollten wir unsere Goethe-Institute und die deutschen Schulen in Russland verdoppeln. Das wäre vermutlich die beste Investition, die wir für unsere Interessen in Russland vornehmen könnten. Denn nach Putins Inauguration für eine vierte Amtszeit wird es in Russland Veränderungen geben müssen. Nicht durch Proteste auf der Straße, nicht in der

Außenpolitik und nicht in der strategischen Ausrichtung russischer Machtpolitik. Aber im Innern. Das russische Establishment, von den großstädti-
schen Mittelschichten bis zu den Oligarchen, weiß, dass es tiefgreifender
wirtschaftlicher Reformen bedarf. Die Abhängigkeit vom Rohstoffhandel
macht Russland nicht nur verletzbar, sie limitiert vor allem die Entwicklung
wirtschaftlicher und damit staatlicher Stabilität. Für diesen Reformprozess
aber gibt es nur einen Partner: Europa und hier vor allem Deutschland.

Politische Naivität vermeiden

Aber auch aus Fehlern unserer Ostpolitik müssen wir lernen: So großartig
Brandts Weitsicht in der ersten Phase der Entspannungspolitik war, so problematisch war die Politik der SPD in der zweiten. Ende der 1970er-Jahre
und vor allem zu Beginn der 1980er-Jahre ignorierte die Sozialdemokratie
die Bürgerrechtsbewegungen vor allem in Polen weitgehend. Das war insofern paradox, als ja bei der Konferenz über Sicherheit und Zusammenarbeit in Europa in den 1970er-Jahren drei »Körbe« verhandelt wurden: Der
Korb 1 garantierte die Sicherheit aller beteiligten Staaten ebenso wie die
existierenden Grenzen. Der Korb 2 regelte die ökonomische Zusammenarbeit. Und der dritte Korb, den die damalige Sowjetunion nur widerwillig
akzeptierte, garantierte die Menschen- und Bürgerrechte.

Statt auf diese »Kinder ihrer Ostpolitik« (Heinrich August Winkler)
stolz zu sein, sie zu begleiten und zu fördern, richtete sich die Entspannungspolitik der etatistisch denkenden Sozialdemokratie in ihrer zweiten
Phase nur noch auf die Machthaber im Ostblock aus. War der Kniefall
Willy Brandts am Mahnmal des Warschauer Ghetto-Aufstands im Jahr
1970 eine allseits bewunderte Geste, so war die Tatsache, dass Bundeskanzler Helmut Schmidt seinen DDR-Besuch 1981 trotz des in Polen ver-
hängten Kriegsrechts unbeeindruckt fortsetzte, das genaue Gegenteil. Die
Bürgerrechtsbewegungen galten eher als Störenfriede und Risikofaktoren,
die wie 1953, 1956 oder 1968 wieder zu einem militärischen Rückschlag
führen und die erreichten Erfolge zunichtemachen könnten. Zu Recht
schreibt Winkler: »Die innerpolnische Lösung des Solidarność-Problems,

die Verhängung des Kriegsrechts durch General Wojciech Jaruzelski im Dezember 1981 galt bei führenden Sozialdemokraten, von Herbert Wehner über Willy Brandt bis hin zu Helmut Schmidt, nicht nur als das, was sie tatsächlich war, nämlich das, verglichen mit einer sowjetischen Intervention, kleinere Übel, sondern als schlicht unvermeidbar.«[25]

Eine fatale Fehleinschätzung, die uns heute im Umgang mit kritischen Bürgerbewegungen und Medien in Russland nicht noch einmal passieren darf. Denn auch heute hört man nicht selten die besänftigende Erzählung, Russland ertrage leider keine Demokratie, und man müsse einfach akzeptieren, dass das russische Volk dazu nicht fähig sei. Ein derart skandalöser und unkritischer Umgang mit der russischen Innenpolitik ist für mich keine angemessene Lehre aus diesen Fehlern. Wir müssen deshalb bei allen Bemühungen um eine erneute Entspannung die Kritik an der mangelnden Freiheit, der Verletzung von elementaren Bürgerrechten und der Gewalt gegen Minderheiten immer klar und unmissverständlich äußern.

Im Umgang mit Russland verbietet sich Ängstlichkeit ebenso wie Naivität. Weder das Bild des bedrohlichen russischen Bären noch die folkloristischen Vorstellungen von Balalaika, Transsibirischer Eisenbahn und Mütterchen Russland dürfen unsere Annäherung an dieses Land bestimmen.

Der gegenwärtigen Diskussion um Russland fehlt die intellektuelle Tiefe. Sie verzettelt sich zum Unverständnis weiter Teile der deutschen Bevölkerung in einer Lagerbildung zwischen »Russlandkritikern« und »Russlandverstehern«, die sich im Wesentlichen über Einzelaspekte wie Sanktionen in die Haare geraten. Wichtig ist, sich an die Tugend der Empathie zu erinnern: die Fähigkeit, sich in die Schuhe des anderen zu stellen, um dessen Sicht der Dinge zu verstehen.

Das ist nicht einfach und wird immer wieder Rückschläge mit sich bringen. Darüber war sich auch Egon Bahr 1963 im Klaren. Deshalb folgte er der Strategie der kleinen, aber am Ende wirksamen Schritte, einem Wandel durch Annäherung und nicht einem Wandel durch Anbiederung. Es wird Zeit, dass wir damit erneut beginnen.

6.

Die chinesische Herausforderung

Zum ersten Mal seit dem Zweiten Weltkrieg fordert eine aufstrebende Macht die westliche politische und wirtschaftliche Dominanz heraus. China will sich nicht nur mit seinen Exporten und Produkten auf unseren Märkten eine Vorzugsstellung sichern, es will längst auch politisch ein Wort mitreden. Wer wollte das dem 1,4-Milliarden-Volk verweigern, das seit dem ersten Opiumkrieg ab 1839 über ein ganzes Jahrhundert von uns Europäern zum Objekt unserer Kolonialinteressen gemacht worden war? Für China ist die Rückkehr auf seinen angestammten Platz in der Welt, auf dem das Land über 2000 Jahre seit Beginn der Kaiserzeit 221 v. Chr. fest verankert war, in vollem Gang. Die Chinesen korrigieren damit einen »Geschichtsunfall« der letzten rund 500 Jahre. Und die aktuelle chinesische Staats- und Parteiführung unter Xi Jinping denkt in sehr langen Linien und handelt konsequent.

Die Größe der Herausforderung, die China für Deutschland, Europa und den alten Westen darstellt, hat Mark Siemons in einem Beitrag in der *Frankfurter Allgemeinen Zeitung* treffend herausgearbeitet: »Was wird aus dem von Europa geprägten Universalismus, wenn der Westen an Macht und Einfluss verliert? Wie lässt sich der Universalismus auch in der neuen Konstellation behaupten?«[26] Statt sich diesen Fragen zu stellen, so Siemons, etikettiere Europa die chinesische Politik mit »nationalistisch« oder »kommunistisch« und versuche, sich dabei auf der sicheren Seite zu fühlen, da beides bereits historisch als überwunden gelten könne.

Aber so einfach wird es uns China nicht machen. In Wirklichkeit stoßen hier nicht nur zwei Systeme aufeinander, Autoritarismus und Demokratie, sondern zwei Gesellschaftsmodelle, die unterschiedlicher kaum sein könnten, so Siemons. Eine auf Gemeinsamkeit und kollektiven Fortschritt ausgerichtete Gesellschaft stößt auf eine inzwischen sehr individualistische. Eine leistungsbereite und »hungrige« auf eine gesättigte und weitgehend bequeme, eine an technologischen Fortschritt glaubende auf eine technikskeptische. Eine risikobereite auf eine risikoaverse.

Die Bezüge der neuen Internationalisierungsstrategie der chinesischen Staats- und Parteiführung sind keineswegs mit Begriffen wie »nationalistisch« und »kommunistisch« zu erfassen. Sie reichen weit darüber hinaus und erinnern an tief in der chinesischen Gesellschaft verankerte Vorstellungen über die Rolle Chinas als eine »staatliche Hülle« für jenen Teil der Menschheit, der sich aufgrund seiner Zivilisiertheit der Zugehörigkeit zur Einheit unter dem Himmel bewusst ist. Diese Zugehörigkeit ist im Kern »kulturell definiert durch Anteil an Texten über das Leben, die Erziehung, die Dialektik, die Geschichte«.[27] Mark Siemons verweist darauf, dass dieses Selbstverständnis Chinas von Anfang an »in einer Spannung zwischen auch militärisch robuster Staatlichkeit und einer potenziellen Universalität« stand und insofern »die ganze Welt, in welchen Abstufungen auch immer, am kulturellen Wissen des Zentrums Anteil haben kann«.[28]

Europa tut gut daran, sich diese Quellen des Selbstbewusstseins Chinas anzueignen und daraus seine strategischen Schlüsse zu ziehen. Wenn man die westliche Idee von Universalität der Freiheit, Menschenrechten und Demokratie aufrechterhalten will, muss man in der Tat diesen Horizont chinesischer Entwicklung ernst nehmen und nach verbindenden und trennenden Elementen suchen. Erst dann wird man eine eigene Strategie entwickeln können. An der fehlt es derzeit vollständig.

Chinas Strategie und die Planlosigkeit des Westens

Chinas Wiederaufstieg zu einem entscheidenden Pol der Weltpolitik ist in der Geschichte unvergleichbar. Seit den Reformanstößen des einstigen Mao-Kampfgefährten Deng Xiaoping ab 1978 haben sich weit über 800 Millionen der 1,4 Milliarden Chinesen aus bitterster Armut befreien können. Das Bruttoinlandsprodukt des einstigen Entwicklungslandes kletterte in nicht einmal vier Jahrzehnten von 300 Milliarden auf 12 Billionen US-Dollar. Das jährliche Pro-Kopf-Einkommen stieg von kläglichen 76 auf jetzt 8600 US-Dollar. Kein anderes Land hat solche Entwicklungssprünge hinter sich, keines registrierte in nur vier Jahrzehnten einen derartigen Modernisierungsschub. Und jetzt ist China dabei, auf seinem Weg an die Weltspitze zu einem neuen großen Sprung anzusetzen.

Die »One-Belt-One-Road«-Initiative, die »Neue Seidenstraße«, ist alles andere als nostalgische Handelsreminiszenz an Marco Polo, sondern eine geostrategische Jahrhundertidee, mit der China seine Ordnungsvorstellungen und Machtprojektion durchzusetzen entschlossen ist. Handelspolitisch, geopolitisch und letztlich auch militärisch. Es ist damit das einzige Land der Welt, das eine langfristige geopolitische Konzeption verfolgt. Das ist China nicht vorzuwerfen, im Gegenteil, wir sollten respektieren, wie rasant und durchsetzungsfähig sich dieses Land in den letzten 30 bis 40 Jahren entwickelt hat.

Aber es ist uns im »alten Westen« durchaus vorzuwerfen, dass wir keine vergleichbare eigene Strategie haben. Mit der Initiative »build back better world« (b3w) des US-Präsidenten Joe Biden gibt es erstmals den Versuch, ein Konkurrenzangebot der demokratischen Industriestaaten zu schaffen, um den Ländern Zentralasiens, Afrikas, Europas und Lateinamerikas eine transparente und an demokratischen Normen gebundene Alternative anzubieten. Denn erst wenn es gelingt, chinesische und europäische Interessen – oder besser noch: chinesische und amerikanisch-europäische Interessen – zu definieren, kann eine tragfähige Balance aller drei Seiten entstehen. Nicht gegen China, sondern im Ausgleich unterschiedlicher Werte und Interessen, damit wir in unserer multipolaren Welt ein neues Gleichgewicht finden. Chinas wirtschaftliche Wachstumsraten prägen die Weltkonjunktur, auch wenn sie nicht mehr zweistellig sind. Die angekündigten Reformen und der Umbau staatlicher Unternehmenskolosse werden jedoch die Nachhaltigkeit des chinesischen Wirtschaftsmodells und seiner marktwirtschaftlichen Elemente steigern.

Dass China jetzt weitgehend in die internationale Ordnung integriert ist und mit den entwickelten Staaten des Westens gleichzuziehen sucht, verdankt das Land seiner in den letzten Jahrzehnten gewachsenen Stärke durch Reformen und Öffnung nach außen. Das Land vollzieht einen weiteren ordnungspolitischen Schwenk: Während es in der Zeit Mao Zedongs radikal isolationistisch war und in der Ära Deng Xiaopings seit 1978 eine schrittweise Öffnung vollzog, so zielt Xi Jinping jetzt auf eine neue eurasische Expansion. Interessant ist, dass die Initiative für eine neue Seidenstraße die gesamte westliche Hemisphäre auslässt: USA, Kanada und Lateinamerika sind nicht Bestandteil der Karte, die Staatspräsident Xi 2017 auf der großen »One-Belt-One-Road«-Konferenz vorgestellt hat. Durch die Wiederbelebung der eurasischen Entwicklungsschiene bekommt China den Rücken frei und kann den großen Handelskonflikt mit den USA aushalten.

Die chinesische Weisheit: »Wenn du etwas erreichen willst, dann verberge deine Fähigkeiten und warte deine Zeit ab«, ist nicht mehr gültig; ebenso wenig wie die Anfang der 1990er-Jahre vom Wirtschaftsreformer Deng Xiaoping ausgegebene Parole *tao guang yang hui,* China möge »bescheiden und vorsichtig bleiben, keine führende Rolle übernehmen, nicht die Fahne schwenken (und) nicht nach Expansion und Hegemonie streben«. Inzwischen schwenkt China die Fahne. Um die inneren und äußeren Herausforderungen des Reichs der Mitte zu meistern, stellt die Führung unter Xi Jinping energisch die Sicherung des Monopolanspruchs der Kommunistischen Partei in den Mittelpunkt ihrer Politik. Anders als es noch Deng empfahl, verfolgt dieser Politikansatz eine unumwundene strategische Einmischung in die Angelegenheiten anderer Staaten, aber auch in die internationale Politik. In der globalen Welt führen die engen ökonomischen Verflechtungen zu einem Systemwettbewerb zwischen dem autoritär geführten China und den westlichen demokratisch regierten Staaten.

Während die USA also vor einem strategischen Dilemma stehen, beginnt China seine Entwicklung als Reaktion darauf zu verändern. Es übernimmt aber keinesfalls die einstige Funktion der USA als liberale Ordnungsmacht, die mithilfe internationaler Organisationen die globalen öffentlichen Güter wie Sicherheit und Wohlstand gewährleistet. China stellt diese Güter über bilaterale Abkommen als »Clubgüter« bereit, wie Ulrich Menzel in seinem Beitrag »Tribut für China« schreibt.[29] Die

Anschlussfähigkeit, die »Konnektivität«, wird über ein Netz aus Infrastrukturinvestitionen in Verkehrs- und Datenwege sowie besondere Finanzierungsformen, Standards, Investitionsschutzabkommen und andere Rahmenbedingungen angeboten. Wer daran teilhaben will, muss Chinas Bedingungen übernehmen und wird sozusagen »tributpflichtig«. Denn das Angebot bezieht sich nicht nur auf die Hardware der Investitionen, sondern auch auf den institutionellen Überbau. Diese Tributpflicht hat also auch eine politische Währung: Chinas Führung fordert eine Zurückhaltung bei der Kritik – von der Verletzung der Menschenrechte bis zu hegemonialem Verhalten gegenüber seinen Nachbarstaaten – ein. Auch in Europa hat China mit Ungarn und Griechenland durch seine Investitionen bereits diese Form der Abhängigkeit erreicht. China honoriert wie vor Jahrhunderten diesen »politischen Kotau« mit Investitionen überwiegend in Südosteuropa.

Wir können auch nicht übersehen, dass China die zweitstärkste Volkswirtschaft der Welt ist und Deutschland als Exportweltmeister hinter sich gelassen hat. Kein Land verzeichnet mehr Börsengänge als China mit seinen Wirtschaftsmetropolen Shenzhen und Hongkong. Das Land verfügt über die größten Devisenreserven und ist der Hauptgläubiger der USA.

Die Instrumente für die Gestaltung seiner Einflusssphären schmiedet China in nie dagewesenem Tempo: Mit seiner Initiative der Neuen Seidenstraße (und künftig womöglich einer »Polaren Seidenstraße« in der Arktis) hat die Volksrepublik einen geostrategischen Hebel geschaffen, um strategisch tief in Asien, Afrika, dem Mittleren Osten und Europa mit chinesischen Wirtschafts- und Ordnungsvorstellungen durchzudringen. Im 21. Jahrhundert versucht China Asien und Europa mit einer modernen Verkehrsinfrastruktur, mit Eisenbahnnetzen, Autobahnen, Schiffsrouten, Häfen, Wirtschaftssonderzonen, Industriekorridoren sowie Energie- und Kommunikationsnetzen einander näher zu bringen – und natürlich seine Rohstoffinteressen zu bedienen. Drei Kontinente, 65 Staaten und dreistellige Milliardensummen sollen die Beteiligten miteinander verbinden und China eine goldene Epoche bescheren. Am westlichen Ende der Seidenstraße, dem Logport I in Duisburg, kommen Woche für Woche 25 Züge aus China an. Ihre 10000 Kilometer lange Reiseroute führt die

Waggons von Chongqing durch Kasachstan, Russland, Weißrussland und Polen bis zum Chinaterminal des inzwischen größten Güterumschlagplatzes in Europa. Im globalen Handel entsteht eine neue Ordnung.

Allerdings droht die mitunter auftrumpfende Machtelite in Peking zu unterschätzen, dass eine chinazentrierte Weltordnung der Herausforderung durch den digitalen Wandel auf Dauer nicht gewachsen ist. So verfolgt die Führung mit Sorge die sich verschlechternde internationale Lage. Allerdings gelingt es China mit seinem strategischen Jahrhundertprojekt erfolgreich, in Räume einzudringen, die wir Europäer oder die USA haben brachliegen lassen. Beispiel dafür ist etwa der kurzsichtige Ausstieg der Trump-Regierung aus dem Transpazifischen Partnerschaftsabkommen (TPP). Dieses wird auch ohne die Vereinigten Staaten weiter existieren und ist somit ein stiller Triumph der Chinesen. Der protektionistischen Handelspolitik Trumps mit ihren unklaren konzeptionellen Vorstellungen setzten sie mit der Neuen- Seidenstraßen-Initiative einen starken Anspruch entgegen, sich in der asiatisch-pazifischen Region ökonomisch zu integrieren. Gleichzeitig wird das chinesische Konkurrenzprojekt, das *Regional Comprehensive Economic Partnership*-Abkommen (RCEP) für die Länder der Region nun ungleich attraktiver. Dieses Abkommen steht immerhin für die Hälfte der Weltbevölkerung und 30 Prozent der globalen Wirtschaftsleistung.

Der chinesische Herrschaftsanspruch – nach außen und nach innen

Es ist Europa, das am stärksten von China herausgefordert wird. Den Anspruch der Volksrepublik, auf dem Feld der Technologie international führend zu sein, haben wir in seinen Auswirkungen noch nicht vollständig begriffen und zu spüren bekommen. Jedenfalls gehören die Zeiten, in denen wir China als eine mit Billigprodukten und Imitaten bestückte verlängerte Werkbank ansahen, längst der Vergangenheit an. Chinesische Software-Unternehmen erobern zunehmend unsere Märkte. Ständig sind chinesische Unternehmen auf Shopping-Tour in Europa, um sich Zukäufe und Beteiligungen zu sichern. Allein 2017 summierten sich Chinas Direktinvestitionen in Europa auf 29,7 Milliarden Euro.

Zur Sicherung des Machtanspruchs der Kommunistischen Partei hat Staatspräsident Xi Jinping ein massives Investitionsprogramm für hochmoderne Technologien angekündigt. Zum 100. Jubiläum ihrer Gründung will die Volksrepublik in zehn Schlüsselbereichen die Nummer eins auf den Märkten der Welt sein: Automatisierung und Robotik, Informationstechnologie, Elektrofahrzeuge, Luft- und Raumfahrt, High-Speed-Züge, Energietechnik, Navigation und Schiffsausrüstung, neue Werkstoffe, Medizintechnik und Pharmaindustrie sowie Ausrüstungen für die Landwirtschaft. Bereits die geplanten Etappenziele des von Xi vorgelegten Masterplans »Made in China 2025« machen deutlich, dass die Blaupause für die chinesische Industrie 4.0 die westliche Konkurrenz überholen soll. Der Umbau der Volkswirtschaft wird in China im Gegensatz zu den Marktwirtschaften im Westen von einer Ein-Parteien-Autokratie vorangetrieben.

Seine Einflusssphären strukturiert China dabei nach eigenen Vorstellungen. So sind die Staatsbetriebe oder privaten Unternehmen von chinesischen Mauern geschützt. Obwohl sich Xi Jinping als gefeierter Stargast des Weltwirtschaftsforums in Davos 2017 zum Verfechter des Freihandels und des Klimaschutzes aufschwang, agiert die chinesische Wirtschaft überwiegend und immer intelligenter protektionistisch. Faire und transparente Ausschreibungen sowie die Einhaltung internationaler Normen und Standards sind jedoch eine elementare Grundvoraussetzung. Hier vermissen wir einen Austausch auf Augenhöhe mit sichtbaren und belastbaren Ergebnissen. Wir müssen deshalb bei unseren Investitionen auf Gleichbehandlung drängen und Reziprozität auch bei Joint Ventures einfordern.

Wir haben noch andere unerledigte Hausaufgaben vor uns. Wenn China sich zum Beispiel in Osteuropa und auf dem Balkan als Partner und Finanzier für Infrastrukturprojekte anbietet, dann hilft es nicht, wenn wir Europäer dies beklagen. Wir sind selbst konkret gefordert, Osteuropa und den Balkanstaaten attraktive alternative Angebote zu machen. Dass China 2012 im Zuge seiner Seidenstraßen-Initiative zusammen mit ost- und mitteleuropäischen Staaten ein »17 plus 1«-Format aus der Taufe hob, birgt durchaus die Gefahr in sich, die EU zu spalten. Denn neben Staaten des westlichen Balkans haben sich auch EU-Mitglieder dem Projekt ange-schlossen, darunter Tschechien und Ungarn. Andererseits haben wir uns zusammen mit anderen EU-Partnern an der von China gegründeten Asia-tischen Infrastruktur-Investitionsbank (AIIB) beteiligt und damit ein Zei-chen für unsere Bereitschaft gesetzt, einen Beitrag zum Infrastrukturaus-bau in Asien zu leisten. Die deutsche Industrie hat viel zu bieten, wovon die chinesische Initiative profitieren könnte. Nur: Die Beteiligung muss in einem regelbasierten fairen Miteinander stattfinden.

In Asien liegen nicht nur Industriestaaten wie Japan und Südkorea, sondern auch die größte Demokratie der Welt, Indien, sowie die größte muslimische Demokratie der Welt, Indonesien. Deshalb sollten wir den gesamten Kontinent verstärkt im Blick behalten. Im asiatisch-pazifischen Raum werden wir Zeugen von demokratischen Aufbrüchen, aber auch von fragilen Transformationen oder Rückschritten. Diese politische Diversität Asiens führt zu vielfältigen sicherheitspolitischen Herausforderungen. Die koreanische Halbinsel nährt nach der unverhofften, aber doch logischen Annäherung Süd- und Nordkoreas und dem Treffen des amerikanischen Präsidenten mit Kim Jong-un nach über 70 Jahren gefährlicher Spannun-gen und einer andauernden Kriegsgefahr die Hoffnung auf eine friedliche Verständigung.

Dennoch bleibt die massive militärische Aufrüstung im asiatisch-pazifischen Raum eine reale Gefahr für den Frieden. Die Rüstungsausga-ben dort sind in den vergangenen zehn Jahren um fast zwei Drittel gestie-gen. Spannungen und Territorialstreitigkeiten etwa um die Sengaku-Inseln im Ostchinesischen Meer führen zu Unsicherheit und Unbehagen in der Region. Es dreht sich um Herrschaftsansprüche und unerschlossene Rohstoffreserven.

Mit seiner »Strategie der Perlenschnur« verfolgt China im Südchinesi-schen Meer, aber auch im Indischen Ozean eine Politik, die seine Nachbarn und Anrainer aufs Höchste beunruhigt: Die Führung in Peking sichert sich auf ihrer »Maritimen Seidenstraße« eine wachsende Zahl von Häfen und Stützpunkten. Verglichen mit den mindestens 865 Militärbasen, die die USA nach Angaben des Pentagon rund um den Globus unterhalten, wirkt die chinesische Militärmacht zwar bescheiden, aber sie wächst stetig:

In pompösen Paraden lässt etwa die chinesische Marine regelmäßig ihre Kriegsflotte auffahren – Fregatten, Zerstörer, Atom-U-Boote, Hubschrauber und Marineflugzeuge. Im Unterschied zur Globalstrategie der USA konzentriert China seine Kriegsführungsoptionen vorerst auf Ostasien. In der neuen Machtprojektion erweitert jetzt ein zweiter selbstgebauter Flugzeugträger den Aktionsradius der Flotte. Auf seinen Basen in Myanmar, Sri Lanka, Pakistan und einzelnen Inseln im Indischen Ozean stützt sich China bereits seit längerem auf eine enge Kooperation. Die Stützpunkte im Osten und Westen von Indien und chinesische Waffenlieferungen für Anrainerstaaten im Indischen Ozean machen die Regierung in Neu-Delhi verständlicherweise nervös.

Kein Wunder, dass Indiens längerfristige Sorgen inzwischen weniger seinem alten Erzrivalen Pakistan gelten (den man im indischen Außenministerium als *failed state* einstuft), sondern der Politik und Strategie Chinas. Das Neben- und Miteinander dieser beiden alten Kulturen hat Tradition und mündete immer wieder in Rivalität. Die Nuklearmächte China und Indien, beide rohstoffarm, stehen sich bei der Sicherung von Rohstoffen inzwischen im Wege, sind aber zugleich Konkurrenten im ungleichen Kampf um internationale Absatzmärkte für ihre Produkte. Die zwei Giganten streben nach regionalem Einfluss und bieten sich zugleich den USA und der EU als deren regionale Hauptpartner an.

Aus der Perspektive vieler südostasiatischer Staaten ist die Struktur der künftigen Weltordnung klar: Für fast alle Länder der Region ist China die wichtigste wirtschaftliche Bezugsgröße. Mit Handel und Investitionen erzeugt China ökonomische Abhängigkeiten auf allen Erdteilen. Dass sich diese Wirtschaftskraft in politische Abhängigkeiten überträgt, ist auch in Europa zu beobachten. Früher waren Abstimmungen im Europäischen Rat in aller Regel einstimmig. Heute erleben wir, wenn es beispielsweise um die Akzeptanz von Urteilen des Internationalen Seegerichtshofs geht, dass sich einzelne Mitgliedstaaten der EU, zumeist solche in Südosteuropa, die sich umfangreicher chinesischer Investitionen erfreuen, mindestens der Stimme enthalten.

Ganz konkret konnte man das im Jahr 2016 beobachten, als Ungarn, Kroatien und Griechenland sich beim europäisch-asiatischen Dialogforum

ASEM im mongolischen Ulan Bator der gemeinsamen kritischen EU-Position zu Seegrenzen im Südchinesischen Meer nicht anschlossen. Dass gerade Ungarn und Griechenland die Konfrontation mit China scheuten, ist aus der Perspektive dieser Staaten nachvollziehbar: 2016 kaufte die chinesische Reederei Cosco den griechischen Hafen von Piräus nach dessen Privatisierung. Zum gleichen Zeitpunkt erhielt Ungarn die Aussicht auf chinesische Investitionen beim Bau einer Eisenbahnlinie nach Serbien.

Am Beispiel des ASEM-Gipfels werden zwei Entwicklungen deutlich: Zum einen erweitern die Chinesen ihr politisches Einflussgebiet durch wirtschaftliche Instrumente, zum anderen sind sie der EU bei der langfristigen Strategieentwicklung voraus – diese hätte nämlich die Privatisierung zu einer Bedingung für ein weiteres Rettungspaket in Griechenland gemacht und somit auch den Einfluss außereuropäischer Akteure riskiert.

Keine andere Regierung hat die Herausforderungen der Politik durch die Globalisierung und die digitalisierten Quantensprünge so konsequent in ein Politikmodell umgesetzt wie die Führung in Peking. Die Kommunistische Partei setzt seit dem Machtantritt Xi Jinpings konsequent auf die vollständige Kontrolle der Gesellschaft, um zentrifugale Kräfte und oppositionelle Strömungen einzuhegen. Mit westlichen Argumenten und Mahnungen, die universellen Menschenrechte zu achten, werden wir die Haltung des Regimes nicht ändern können. Gerade die digitale Revolution ermöglicht es dem autokratischen System, die Gesellschaft autoritärer zu steuern: »Big Brother trifft Big Data«, könnte man sagen. Das drastischste Beispiel ist das *Social-Credit-System*, ein Bewertungssystem, das die chinesische Führung derzeit aufbaut, um das Verhalten der Bürger zu belohnen oder zu sanktionieren. In einer Kombination aus umfassender Informationstechnologie und kleinteiliger Kontrolle überwacht die omnipräsente Einheitspartei das soziale und individuelle Leben der Untertanen. Der Parteiapparat der Kommunistischen Partei Chinas definiert bei dieser gesellschaftlichen Mobilisierung von oben Anreize und Repression gleichermaßen. Einer der Höhepunkte der öffentlichen Bloßstellung im Netz ist der Einsatz der Gesichtserkennungstechnologie, die in öffentlichen Toiletten den exzessiven Einsatz von Klosettpapier verhindern soll. Der umfassende Zugriff auf Daten zu geringen Kosten dient der chinesischen Führung als

Instrument zur Früherkennung abweichenden Verhaltens und zur Drosselung individueller Aktivitäten. Nicht zu übersehen ist in diesem Kontext die Bekämpfung der grassierenden Korruption, von der auch führende Kader oder »Prinzen« aus dem kommunistischen Partei-Establishment nicht ausgenommen sind.

»Ob Norden, ob Süden, ob Osten oder Westen«, behauptete Xi Jinping im März 2018 in der Großen Halle des Volkes selbstbewusst, »die Partei herrscht über alles.« Mit dem »Wiederaufstieg«, den Chinas starker Mann so demonstrativ anpreist, soll das Reich der Mitte wieder zu einer stolzen Nation werden. Xi wird das in der chinesischen Verfassung gegebene Wohlstandsversprechen einhalten müssen. Trotz Zensur und Repression ist Chinas Gesellschaft bunter, pluralistischer geworden. Die Ankunft in der Moderne hat das Risiko von Instabilität nicht geringer werden lassen. Und zugleich hat, wie Henry Kissinger schreibt, »Chinas Begegnung mit dem modernen internationalen System westlichen Stils (…) in seiner Elite die besondere Tendenz hervorgebracht, über das Schicksal des Landes und eine umfassende Strategie für dessen Gestaltung mit außerordentlicher Gründlichkeit und großer analytischer Kompetenz zu debattieren«.[30] Ähnliche Debatten über das neue Schicksal fanden in der Vergangenheit zu Zeiten extremer Verwundbarkeit Chinas statt. »Die jetzige«, so Kissinger, »wurde nicht von Chinas Bedrohung, sondern von seiner Stärke ausgelöst.«

Europäische Antworten?

China fordert uns Europäer in vielerlei Hinsicht heraus – sowohl wirtschaftlich als auch politisch. Ob beispielsweise die Entscheidung, Staats- und Parteichef Xi Jinping auf Lebenszeit in seinen Ämtern zu inthronisieren, die internationale Strahlkraft des Sozialismus chinesischer Prägung erhöht, darf bezweifelt werden. Überraschen kann die Entscheidung des 19. Kongresses der chinesischen KP nicht. Dass kein potenzieller Nachfolger nach vorn drängt, deutet darauf hin, dass Xi nach seiner zweiten Amtszeit als Generalsekretär und Präsident eine Machtposition einnimmt wie keiner seiner Vorgänger seit dem Staatsgründer Mao Zedong.

Nichtsdestotrotz muss die EU die Tragweite des politischen Einflusses von China erkennen, ernst nehmen und seine Handlungen entsprechend planen. Bereits im Jahr 2012 untersuchte die sambisch-britische Ökonomin Dambisa Moyo das Potenzial, das China entfalten kann. Durch marktwirtschaftliche aggressive Expansion in Schwellenländern, um seine eigenen Ressourcen zu sichern, fungiert China als Modell für andere Staaten, die Wohlstand erreichen möchten. Nicht nur die wirtschaftliche Entwicklung, sondern auch die Reihe von geschäftlichen Direktkontakten auf der Welt sorgen dafür, dass die Volksrepublik als ein Erfolgsmodell wahrgenommen wird, an dem man sich orientiert. Die neue Stärke, die von diesem Modell ausgeht, fordert allerdings einen Grundpfeiler der liberalen Weltordnung heraus, auf welchem unser Weltbild über Jahrzehnte fußte: die Überzeugung, dass liberale Demokratie und eine erfolgreiche Marktwirtschaft Hand in Hand gehen und ausschließlich in dieser Kombination Wohlstand sichern können.

China hingegen beweist für die große Mehrheit der Weltbevölkerung, die nicht in politisch, wirtschaftlich oder sozial sicheren Staaten lebt, dass die sukzessive Armutsbekämpfung für Millionen von Menschen auch ohne liberale Demokratie funktioniert. Entgegen der Annahme, dass freiheitliche Demokratien erst erfolgreiche und vor allem nachhaltig stabile Marktwirtschaften bedingen, scheint China unter Missachtung von politischen und bürgerlichen Freiheiten ein System geschaffen zu haben, das in ökonomischer Sicht auf der Überholspur fährt. Diese Entwicklung bleibt global nicht unbemerkt. Moyo prognostizierte vor sechs Jahren, dass die Tendenz zu weniger politischer Freiheit sich verbreiten würde – auf besorgniserregende Art scheint sich die Prognose bewahrheitet zu haben.[31]

Die Frage, was der Westen – die USA als politische und ökonomische Speerspitze sowie die EU als eine wirtschaftliche Zivilmacht – tun könnte, wirkt da beinahe kontraintuitiv. Moyo betont, man müsse mit dem chinesischen System kooperieren, um überhaupt konkurrieren zu können. Eine schlichte Konfrontation sei vor dem Hintergrund der Ressourcensicherung, des Wirtschaftswachstums und der Ausweitung des Einflusses auf der Welt ein verlorenes Rennen. Die einzige Möglichkeit, mit der der Westen seine Macht bewahren und zugleich globale Gestaltungsmacht bleiben könne, sei eine vorsichtige Zusammenarbeit mit China. Sollte der Westen sich dieser Kooperation verwehren, werde es immer weniger Akteure geben, die für das Modell der liberalen Demokratie werben.

Rückblickend hat die EU der Entwicklung in China nicht genug Aufmerksamkeit geschenkt, vielleicht, weil wir auf unserem Kontinent seit einem Jahrzehnt mit der Bewältigung wirtschaftlicher und politischer Krisen beschäftigt waren. Wir richteten den Blick häufig auf das Innere der EU, statt häufiger mit gesundem Respekt und Besonnenheit in Richtung Osten zu schauen.

In Zukunft wird es voraussichtlich immer schwieriger, an China »vorbeizuarbeiten«. Noch bestehen die Möglichkeiten für eine gute Zusammenarbeit. Deutschland sollte diese Chancen nutzen und den Multilateralismus unterstützen, der sich mit Chinas Unterstützung entwickelt. Das bedeutet, einerseits wirtschaftliche Bündnisse innerhalb der EU zu schmieden, um sich mit den massiv geförderten staatlichen Konzernen der Volksrepublik messen zu können. Andererseits sollten wir weiterhin direkte Geschäftskooperationen eingehen.

Welche Antworten können die westlichen und demokratisch regierten Staaten auf Chinas geopolitischen Anspruch, seine Kerninteressen durchzusetzen, geben? Die rasante Entwicklung in China und im gesamten asiatisch-pazifischen Raum eröffnet Europa und Deutschland nach wie vor große Chancen. Es kommt aber entscheidend auf die Gestaltung dieser Chancen an. Würden zum Beispiel tarifäre und nichttarifäre Handelsbarrieren im Rahmen eines WTO-Abkommens wegfallen, böten sich Chancen für den Austausch von Produkten, die bislang im Handel mit China nicht profitabel waren. Die EU muss auch darüber hinaus ein Investitionsabkommen mit China schließen, das einen gegenseitigen Marktzugang garantiert. Dabei geht es um Rechtssicherheit und Markenschutz. Die Gespräche über dieses Abkommen kommen auch deshalb nicht voran, weil die Ausgangslage beider Seiten nicht ausbalanciert ist. Für China ist die Öffnung für Investitionen nicht interessant genug, wenn es in Europa relativ frei agieren kann.

Deshalb müssen wir der chinesischen Übernahmestrategie technologische und sicherheitspolitische Grenzen setzen.

Die chinesische Praxis, nach der politischer Einfluss folgt, wenn man auf der globalen Bühne ökonomische Stärke beweist, könnte gewährleisten, dass unser Modell der liberalen Demokratie nicht an Relevanz verliert. Hier könnte Europa von China lernen – und seine geopolitische Strategie intelligent »kopieren«, indem es die Prinzipien von Humanität und Nachhaltigkeit in eine solche Strategie aufnimmt. Denn das Modell der liberalen Demokratie wird sich nur dann als Alternative zur »chinesischen Lösung« behaupten können, wenn es auch ökonomische Vorteile bietet.

7.

Europa in einer unbequemen Welt

Der liberale Intellektuelle Ralf Dahrendorf hat einmal einen fast schon vernichtenden Satz über Europa gesagt: »Europa hat keine Gestaltungsmacht – jedenfalls hat es kein europäisches Interesse, das diese Gestaltungsmacht formieren könnte.«[32] Das war im Jahr 2000. Dahrendorf wollte davor warnen, in der Außenpolitik zu viel von Europa zu erwarten. Sein Befund war nicht überraschend, denn Europa wurde nicht als weltpolitischer Akteur gegründet. Das Wirken nach außen blieb den europäischen Mitgliedern des Weltsicherheitsrats, Großbritannien und Frankreich, vorbehalten.

Ausgerechnet in einer Zeit, in der sich weltweit die Machtstrukturen und Kraftzentren dramatisch verändern, wirkt Europa wie gelähmt. Das Europäische Projekt kann durchaus scheitern. An seinen inneren Widersprüchen ebenso wie am mangelnden Mut der europäischen Regierungen, dieses große friedensstiftende Projekt zu verteidigen und fortzuentwickeln.

Europa ist die Idee vom Zusammenleben der Menschen und der Völker. Die europäische Idee stellt das Gemeinwohl über das Einzelinteresse, die kulturelle Vielfalt über den Zwang zur Anpassung und die Lebensqualität über die Anhäufung von Reichtum. Europa setzt die nachhaltige Entwicklung vor die rücksichtslose Ausbeutung von Mensch und Natur. Und allem voran stellt die europäische Idee die Zusammenarbeit über einseitige Machtausübung.

Keine Frage: Auch innerhalb der Europäischen Union gibt es für viele Menschen große Sorgen. Bei weitem ist nicht alles gut. Die viel zu hohe Jugendarbeitslosigkeit im Süden Europas ist dafür ein besonders besorgniserregendes Beispiel. Trotzdem ist richtig, dass man nirgendwo auf der Welt so friedlich, so sicher, so demokratisch und so frei lebt wie im Gebiet der Europäischen Union. Und dort, wo die EU ihre friedenstiftende Kraft nicht entfalten konnte, herrscht bis heute Krieg – wie in der Ukraine – oder drohen immer wieder neue ethnische, nationale oder religiöse Konflikte auszubrechen – wie auf dem westlichen Balkan. Es lohnt sich also, den Kampf um diesen größten zivilisatorischen Erfolg in mehr als 1000 Jahren europäischer Geschichte aufzunehmen, auch wenn die Aufgaben nicht klein und die inneren Spannungen beachtlich sind.

In ökonomischer Hinsicht bilden sich diese inneren Spannungen zwischen Nord- und Südeuropa und aktuell im Konflikt mit dem neuen Kurs der populistischen Regierung in Italien ab. Und machen wir uns nichts vor: Die Vorschläge des französischen Präsidenten zur Reform der Eurozone und der EU sind ebenso bemerkenswert, wie sie in Deutschland, den Niederlanden oder Finnland umstritten sind.

In politischer Hinsicht drücken sich die Spannungen zwischen West- und Osteuropa aus, wie wir sie am Beispiel der Auseinandersetzung über Rechtsstaatlichkeit, Pressefreiheit und Unabhängigkeit der Justiz zwischen Ländern wie Frankreich und Deutschland einerseits und Polen und Ungarn andererseits erleben.

In rechtsstaatlicher Hinsicht verlaufen die Bruchlinien zwischen Nordwesteuropa und Südosteuropa, denn endemische Korruption, schlechte Regierungsführung und das Eindringen organisierter Kriminalität sind alarmierende Kennzeichen nicht nur in der Slowakei. Das Problem wird sich verschärfen, wenn – wie die Europäische Kommission gerade vorgeschlagen hat – Serbien und Albanien bis 2025 in die Europäische Union aufgenommen werden sollen und sich parallel zu diesem Aufnahmeprozess die Rechtsstaatlichkeit als fundamentales Element der europäischen Wertegemeinschaft eher verschlechtert als verbessert.

Die EU ohne Großbritannien

Den vielleicht größten Stresstest erlebt die Europäische Union derzeit mit dem Austritt Großbritanniens. Den knappen Entscheid der Briten 2016, die EU zu verlassen, halte ich für einen entscheidenden Fehler mit noch

unabsehbaren ökonomischen Folgen für das (noch) Vereinigte Königreich. Mich berührt diese vermutlich nicht mehr aufzuhaltende Entscheidung aus ganz persönlichen Gründen: Meine erste Auslandsreise habe ich
1974 als 15-Jähriger nach England unternommen: Nach Rotherham in
die Wickerley Road. Für meine Klassenkameraden und mich war das ein
ungeheures Abenteuer, denn die meisten von uns hatten Deutschland
noch nie zuvor verlassen. Wir kamen fast alle aus einfachen Verhältnis-
sen, und unsere Eltern hätten uns einen 14-tägigen Aufenthalt in England
nicht bezahlen können. Es waren englische Familien, die uns einluden.
Die Überfahrt von Hamburg nach Harwich wurde mithilfe meiner Mittel-
schule organisiert, den Aufenthalt in Rotherham, die Ausflüge nach London oder Yorkshire bezahlten unsere Gastfamilien. Diese Großzügigkeit
der Briten ermöglichte mir einen Blick über den Tellerrand. Eine Ahnung
von der EU und Großbritanniens Verhältnis zum Europäischen Projekt
hatte ich damals nicht. Aber seither gehört dieses Land für mich einfach
dazu. Aus meiner heutigen Sicht kann ich sagen, dass Europa mit dem
Beitritt des Vereinigten Königreiches im Jahre 1973 ein anderes und ein
besseres Europa wurde.

Ungefähr aus der Zeit meines ersten Besuchs datiert das legendäre
»Fawlty Towers«-Zitat »Don't mention the war«. Mehrere Zeitungen spielten 2018 darauf an: »Don't mention the Brexit«. Ich fürchte, das wäre ein
ziemlich naiver Blick auf die Zukunft Europas. Nach dem Brexit ist die EU
der 27 nicht nur kleiner, sondern auch anders. Die Europäische Union verliert mit dem Vereinigten Königreich sein »Kontergewicht«. Spätestens der
geplante Beitritt Albaniens und Serbiens würde die EU »östlicher« werden
lassen. Frankreich hat das erkannt und wehrt sich gegen einen schnellen
Beitritt dieser Länder, ohne vorher das institutionelle Gefüge der EU so zu
reformieren, dass es wirtschafts- und finanzpolitisch, aber auch außen- und
sicherheitspolitisch handlungsfähiger wird.

Allerdings wird eben diese Union sich nicht zu einem geopolitischen
Akteur entwickeln können, ohne dass Deutschland bereit ist, sein ökonomisches, politisches und militärisches Gewicht in einer mit allen anderen EU-Mitgliedstaaten geteilten Verantwortung einzubringen. Davon
ist die Bundesrepublik heute noch weit entfernt, und schon der Begriff

Geopolitik gilt vielen als verdächtig. War Deutschlands »Sonderweg« früher gefährlich, weil das Land mit militärischen Mitteln seine Hegemonie und Herrschaft über andere Völker Europas durchsetzen wollte, so besteht dieser Hang zu einem neuen deutschen Sonderweg heute darin, dass das Land sich moralisch überlegen fühlt und nicht bereit ist, gemeinsame europäische Interessen dagegen abzuwägen.

Hinter der französischen Forderung nach »strategischer Autonomie« verbirgt sich allerdings auch eine Strategie, die nicht so ohne weiteres zur traditionellen Rolle Deutschlands in Europa passt: Der französische Präsident sieht in der neuen Prioritätensetzung der USA im Indopazifik und dem zeitgleichen Austritt der Briten aus der Europäischen Union natürlich auch die Chance, Frankreich zurück in seine traditionelle politische Führungsrolle der EU zu bringen. Denn dass Deutschland neben der Rolle als ökonomischer Motor der EU aufgrund der wirtschaftlichen und politischen Schwäche Frankreichs seit gut 10 Jahren auch weitgehend die politische Führung Europas übernommen hatte, sorgt seit längerem in Paris für Irritation und Verärgerung. Eine gemeinsame europäische Außen- und Sicherheitspolitik ist deshalb nicht nur ein Ziel, sondern zugleich auch Instrument französischere Politik. Denn wer sollte diese neue geopolitische Rolle Europas übernehmen und anführen, wenn nicht die einzig verbliebene europäische Atommacht und das verbliebene Mitgliedsland im UN-Sicherheitsrat: Frankreich? Deutschland ist schon mental nicht auf eine solche Führungsrolle vorbereitet und würde sie auch gar nicht anstreben.

In gewisser Weise führt der Austritt der Briten aus der Europäischen Union zurück zu einem sehr traditionellen Wettstreit über die Bindung Deutschlands und damit letztlich Europas: Schon der Élysée-Vertrag, der 1963 in Kraft trat, spiegelte diesen Wettstreit wider: Einerseits wäre eine europäische Aussöhnung ohne diesen deutsch-französischen Freundschaftsvertrag undenkbar gewesen, galten doch Frankreich und Deutschland bis dahin als »Erzfeinde«. Andererseits wollte der französische Präsident De Gaulle damit Deutschland an Frankreich binden und zugleich eine zu starke anglo-amerikanische Bindung verhindern. Als aufgrund einer politischen Intervention des damaligen US-Präsidenten John F. Kennedy der Deutsche Bundestag zwar den Élysée-Vertrag verabschiedete, zugleich aber eine Präambel hinzufügte, nach der neben der Bindung an Frankreich auch die starken transatlantischen Bindungen betont wurden, galt das für De Gaulle als Verrat. Er soll die Deutschen damals als »Schweine« bezeichnet haben. Der Élysée-Vertrag trat trotzdem in Kraft.

Die heutige Position Frankreichs zur strategischen Autonomie Europas steht also in einer weitaus älteren Tradition, in der Europa stärker französisch geführt und zugleich weniger transatlantisch ausgerichtet sein soll – was automatisch zu einer Eindämmung deutschen Einflusses in Europa führen soll. Dass diese französische Strategie auf Skepsis und sogar strikte Ablehnung in den mittel- und osteuropäischen Mitgliedstaaten trifft, nimmt der französische Präsident billigend in Kauf. Ohnehin tritt er seit seinem Amtsantritt für ein Europa »der zwei Geschwindigkeiten« ein, was in den Augen der Osteuropäer nichts anderes wäre als ein Europa mit mindestens zwei Klassen, wobei sie selbst zur zweiten Klasse gehören würden. Deutschland nimmt in dieser politischen Frage seine bisherige Rolle als Zentralmacht in Europa ein und versucht – trotz vieler Widersprüche und Differenzen –, die Einheit der Europäischen Union zu wahren. Zuletzt stellte die deutsche Kanzlerin diesen Willen unter Beweis, als sie im Streit um den sogenannten Rechtsstaatsmechanismus, in dem die Verteilung von finanziellen Hilfen aus dem Europäischen Wiederaufbauprogramm an die Einhaltung von bestimmten europäischen Standards in der Unabhängigkeit der Justiz und der Korruptionsbekämpfung geknüpft wurden, einen für alle Seiten vertretbaren Kompromiss aushandelte. Und zwar in letzter Sekunde. Andernfalls hätte nach dem Brexit in Europa die nächste große Spaltung gedroht und damit die Einflussnahme rivalisierender Mächte wie Russland und China. Man tut dem französischen Präsidenten nicht unrecht, wenn man unterstellt, dass er diese Spaltung billigend in Kauf genommen hätte. Denn das »Kerneuropa«, das ihm vorschwebt, ähnelt sehr dem karolingischen Europa, und das endete weitgehend an der heutigen deutschen Ostgrenze.

Der Brexit hat also trotz des neuen Abkommens zwischen den Britischen Inseln und der Europäischen Union innereuropäische Folgen, die die zukünftige Ausrichtung der EU betreffen. Der Austritt der Briten legt fast vergessene strategische Fragen über die innere Einheit und die äußere Politik Europas offen, die vermutlich auch nicht schnell entschieden werden. Denn dafür müssten vor allem Frankreich und Deutschland nach gemeinsamen Wegen für Europa suchen, die beides aufzeigen: die Möglichkeiten europäischer Autonomie und zugleich ihre Grenzen. Denn dass in der Welt des 21. Jahrhunderts selbst ein weitaus geeinter Kontinent Europa allein und ohne eine enge und strategische Partnerschaft mit den USA erfolgreich sein könnte, sollten selbst die größten Europaoptimisten nicht glauben.

Zur Zeit allerdings befindet sich Deutschland nach 16 Jahren stabiler Kanzlerschaft von Angela Merkel in einer Transitionsphase, die auch nach der nächsten Bundestagswahl nicht sofort beendet sein wird, weil der neue deutsche Kanzler eine Zeit brauchen wird, um europa- und außenpolitisch das deutsche Gewicht angemessen einsetzen zu können. Und Frankreichs Handlungsfähigkeit wird in den kommenden Jahren begrenzt sein: Präsident Macron steht unter massiven innenpolitischen Herausforderungen – und bald im nächsten französischen Präsidentschaftswahlkampf.

In einer Zeit, in der die Europäische Union neue Dynamik so dringend braucht wie selten zuvor, fehlt es an einer kraftvollen europäischen Führung, weil kein anderer Mitgliedstaat und erst recht nicht die EU-Kommission die Rolle Frankreichs und Deutschlands übernehmen kann. Insofern ist der Erfolg in den Post-Brexit-Verhandlungen doppelt so viel wert, denn er beendet eine große ökonomische Instabilität, wenn auch die politischen bleiben. Um mit den Bildern des früheren Generalsekretärs der Vereinten Nationen, Dag Hammarskjöld, zu sprechen: Auf dem Weg zur Hölle waren Europa und Großbritannien trotz des Brexits in den letzten Jahren gewiss nie. Mit Blick auf den Rest der Welt muss man aber wohl feststellen, dass beiden die Hitze der Vorhölle erhalten bleibt. Es wäre zu wünschen, dass sie sich dagegen nicht nur durch den jetzt vereinbarten geregelten Brexit wappnen.

Ich vermute, dass auch das Vereinigte Königreich ein anderes werden wird. Nicht zwangsläufig ein stärkeres und freieres, wie die Befürworter des Austritts träumen. Sondern zunächst ein auf sich zurückgeworfenes Land in insularer Randlage. Den Weg zum Brexit hat eine politische Klasse geebnet, die zwar keine konkreten Konzepte für den Abschied aus der EU vorweisen kann, die aber von ihrer eigenen Außergewöhnlichkeit überzeugt ist. Ein englischer Freund hat mir gegenüber den Zustand des britischen Politik-Establishments klar und unmissverständlich analysiert: »Viele Jahre haben wir mittelmäßige Politiker geduldet und uns mit deren Politik nicht wirklich beschäftigt. Im Ergebnis haben wir nun tatsächlich die mittelmäßige Politik, die das Vereinigte Königreich für dieses Verhalten verdient. In Abwesenheit von Staatsmännern füllen fanatische rechte und linke Kräfte das Vakuum und suchen nach einer Formel, die sie wählbar macht, ohne auf eine Brexit-Mine zu treten. Dabei besteht die Gefahr, dass auf diese Weise das Zentrum noch desillusionierter und apathischer wird. Eine geschickte Positionierung bei einem einzelnen Problem könnte dann den Ausschlag geben, dass das ganze Land kippt.« Resignierend fügte er hinzu: »Es wird schlimmer werden, bevor es besser wird, und in Zeiten großer globaler Ereignisse starrt UK auf seinen Nabel. Meine Kinder haben Gott sei Dank inzwischen niederländische Pässe.« Eine bittere Beschreibung, die allerdings nach meinem Eindruck auch erste Parallelen zur Entwicklung in Deutschland aufweist.

Stand-Alone-Lösungen sind im 21. Jahrhundert nicht ungefährlich. Die Aggressivität anderer Regionen und Akteure der Welt zeigt uns ja gerade, dass es gut ist, Verbündete zu haben. Nicht nur sicherheitspolitisch, sondern vor allem ökonomisch und politisch-kulturell. Die ohnedies gefährdete liberale Weltordnung jedenfalls wird nicht stärker, wenn der Westen sich vereinzelt. Allen Ernstes setzen manche glühende Brexit-Befürworter, die dem Abschied vom britischen Empire nachtrauern, auf das (in der Weltpolitik eher wenig relevante) Commonwealth als Surrogat für die EU.

Auf die besondere Beziehung (*special relationship*) zu den USA als wichtigstes Faustpfand für das Vereinigte Königreich zu vertrauen, kann trügerisch sein. Schon in überschaubarer Zeit wird die Mehrheit der Einwohner der USA keinen europäischen und keinen britischen Ursprung mehr haben, sondern aus Asien, Lateinamerika und Afrika stammen. Das wird das Verhältnis zu uns Europäern, aber auch zum Vereinigten Königreich verändern. Trotz der neuen außenpolitischen Strategie der britischen Regierung von Boris Johnson, die das Land ebenso wie die USA stärker auf den Indopazifik orientieren will, werden wir in Zukunft eher mehr als weniger voneinander abhängen – wir auf dem Kontinent und die Briten in ihrem wirklich besonderen Land.

Als ich meine Gastfamilie in Rotherham besuchte, war der Zweite Weltkrieg gerade einmal 30 Jahre vorüber. Als Deutscher meiner Generation bin ich mir des Engagements Großbritanniens für Demokratie und Freiheit in Europa bewusst. An Großbritanniens Beitrag, dem Größenwahn Hitlers ein Ende gesetzt zu haben, erinnerte erst unlängst der Film »*The* darkest hour«. Winston Churchill, der damals durchaus umstrittene Premierminister, schwor seine bedrängten Landsleute erfolgreich auf ihren Durchhaltewillen ein. Es ist diese britische Eigenschaft, die unsere Partner auf ihrer Insel immer auch eine skeptische Distanz zum Kontinent und dem immer engeren europäischen Verbund beibehalten ließ.

Ich bin Niedersachse und habe meine politische Karriere in Hannover begonnen. Daher ist mir auch der Einsatz Großbritanniens bewusst, Deutschland wieder in den Verbund der freien Völker aufgenommen und zu Wohlstand verholfen zu haben. Das erfolgreiche Unternehmen Volkswagen gäbe es vermutlich nicht, wenn nicht der mutige britische Major Ivar Hirst seine Regierung davon überzeugt hätte, das Werk nicht zu demontieren.

Es war Großbritannien, das die deutsche Wiedervereinigung als alliierte Siegermacht, wenn auch anfangs widerwillig, mit möglich machte. Briten und Franzosen sorgten sich, dass mit einem vereinten Deutschland wieder ein wirtschaftliches und auch militärisches Übergewicht in der Mitte Europas entstehen könnte, mit altem Hang und neuen Ideen zu deutschen Sonderwegen. Geschichte und Geografie legten dies durchaus nahe. Am Ende halfen die Anbindung an den Westen und in die NATO und die EU, dass diese Sorgen zwar nicht verschwanden, die deutsche Einheit aber zu einem günstigen Zeitpunkt der Weltgeschichte möglich wurde und ein seltenes Beispiel geglückter Staatskunst geblieben ist.

Über die Jahre sind sich auch die Zivilgesellschaften wieder nähergekommen. Dazu haben Programme wie mein Austausch sehr viel beigetragen. So steht die Geschichte der deutsch-britischen Beziehungen exemplarisch für das, was wir heute als Europäisches Projekt bezeichnen: Aus erbitterten Feinden sind erst Partner und später sogar Freunde geworden. Und es ist dieses Beispiel, das Europa all jenen Regionen der Welt zu bieten hat, die sich in Kriegen, Bürgerkriegen und scheinbar unversöhnlichem Hass befehden. Es ist dieses Beispiel, das wir Europäer der krisengeschüttelten Welt des 21. Jahrhunderts zu bieten haben.

Die Gefahr des Scheiterns

Fakt bleibt auch, dass Europa scheitern kann. In einer Zeit der Wut, in der die blaue Flagge Europas im radikalen Protest mit Hakenkreuzen verunstaltet wird, in einer Zeit der Angst, in der rechte Populisten Front machen gegen die Europäische Union, darf das Schicksal der Europäer nicht mehr in den Händen der Technokraten liegen. Wir brauchen dringend eine Neubesinnung der europäischen Politik.

In Italien sind zwei dezidiert antieuropäische Parteien mit gut 50 Prozent Wähleranteil in die Regierung gewählt worden. Im Jahr 2017 wurde zwar der proeuropäische Präsident Emmanuel Macron in Frankreich ein strahlender Wahlsieger. Doch immerhin 10,6 Millionen Franzosen haben damals bereits dem rechtsradikalen und antieuropäischen Front National von Marine Le Pen im zweiten Wahlgang ihre Stimme gegeben. Der straff organisierte Rechtspopulismus erringt seine Siege oft in den früheren Arbeiterhochburgen. Schon bei den ersten Referenden in Irland und Frankreich zum Vertrag von Nizza, mit dem die notwendigen Voraussetzungen für die Erweiterung der EU geschaffen wurden, waren es die einst traditionell linken Arbeiterbezirke, die gegen die Europäischen Verträge stimmten. Und auch beim Referendum der Niederlande zum Assoziierungsabkommen der EU mit der Ukraine 2016 lehnten überwiegend die Arbeiter mit ihren Stimmen das Vorhaben ab.

Doch die eigentliche Bewährungsprobe kommt noch: nach der Pandemie werden die wirtschaftlich starken Länder der Europäischen Union und der Währungsunion des EURO zu ihrer alten Dynamik zurückfinden.

Diejenigen aber, die bereits vor Corona wirtschaftlich und sozial auf schwachen Beinen standen, werden schwächer aus der Krise herauskommen, als sie hineingegangen sind. Vor allem innerhalb der EURO-Zone wird die Drift zwischen arm und reich zunehmen. Das Wiederaufbauprogramm des European Revovery Fund allein wird diese Entwicklung höchstens verlangsamen aber nicht dazu führen, dass der Südteil Europas Anschluß an den Norden findet. Wenn den »ökonomischen Taliban« der nördlichen EU-Mitgliedsstaaten dann wieder nichts anderes einfällt, als Lohn- und Sozialkürzungen vorzuschlagen, um die staatlichen Defizite zu verringern, dann schlägt erneut die Stunde der antieuropäischen Populisten – und auch die Stunde derjenigen, die sich ein uneiniges Europa zur Beute machen wollen.

Wenn sich in den Mutterländern der Demokratie und im Herzen des europäischen Kontinents Mehrheiten gegen die Einigung Europas formieren, sind wir alle als Europäer aufgerufen, nicht einfach weiterzumachen wie bisher. Wir dürfen nicht jedes Mal die sinkende Wahlbeteiligung zum Europäischen Parlament nur achselzuckend zur Kenntnis nehmen. Es ist eine Schande für die europäischen Parteien, aus purer Egomanie die Idee des französischen Präsidenten Macron zu transeuropäischen Listen verhindert zu haben.

Wir wählen in Wahrheit nationale Parteienvertreterinnen und -vertreter statt Europaabgeordnete. Diese wären bei den Wahlen zum Europäischen Parlament im Mai 2019 eine Herausforderung für die etablierten Parteien gewesen, vor allem auch in Deutschland, aber ebenso eine große Chance für Europa. Auf einer Liste, auf der Wählerinnen und Wähler in jedem Land Europas ankreuzen könnten, würden ausgewiesene proeuropäische Politikerinnen und Politiker kandidieren, am besten aus unterschiedlichen nationalen Parteien. Ich bin sicher, dass sich Frankreichs Präsident Emmanuel Macron mit seiner Bewegung *En Marche* dieser Idee angeschlossen hätte. Als zweitbeste Lösung hätten sich länderübergreifende Parteilisten der traditionellen Parteien angeboten. Dagegen hätten die Feinde Europas gestanden. Klare und mutige Alternativen sind die Voraussetzung für eine starke Wahlbeteiligung und eine demokratische Wahlentscheidung.

Die europäischen »Angebot« bei den rechts- und linksextremen Partei-
formationen haben vor allem eines gemein: Sie sind gegen den Status quo
in Europa, gegen die weitere europäische Einigung und vertreten die Rückkehr zu nationalen Lösungen. Wir haben für die bitter nötige »Neugrün-
dung Europas« (Macron) nicht mehr viel Zeit. Die Gefahr ist real, dass
innerhalb der nächsten Jahre immer mehr offen antieuropäische Regierungen in wichtigen Mitgliedstaaten an die Macht kommen.

Herausforderungen für unser Wohlstandsmodell

Als ob die skizzierten Entwicklungen nicht bereits als geopolitische Herausforderungen reichten, wird unser Wohlstandsmodell auch wirtschaftlich angegriffen. Wie nie zuvor sind wir in der heutigen Ökonomie herausgefordert. Unsere bisherigen Wertschöpfungsmodelle veränderten sich
durch die Digitalisierung dramatisch. Waren gerade wir Deutschen in der
Vergangenheit sicher, dass unsere Fähigkeit, neue Produkte und Verfahren zu entwickeln und sie in die vorhandene Produktions- und Dienstleis-
tungsstruktur zu integrieren, fortlaufend neuen wirtschaftlichen und sozialen Erfolg hervorbringen würde, sind wir jetzt mit drastischen Brüchen
und Disruptionen – in dieser bislang linearen Erfolgsgeschichte – in unserem Wertschöpfungs- und Wohlstandsmodell konfrontiert.

Hatten wir bislang auf die Qualität unserer Erzeugnisse, auf deren effiziente und hochproduktive Herstellung und eine weltweite Vermarktung
gesetzt, wandert die Wertschöpfung auf einmal von diesen Produkten auf
digitale Plattformen ab. Nicht mehr das Automobil steht im Mittelpunkt,
sondern Mobilität. Das dafür notwendige Kraftfahrzeug wird zur *Commo-
dity*. Die eigentliche Intelligenz liegt in den Smart-Service-Dienstleistun-
gen, den neuen Leistungsversprechen der *Connectivity* und nicht zuletzt in
der Flexibilität der Mobilitätsangebote. Nicht der 365-Tage-Besitz eines
bestimmten Kraftfahrzeugs ist künftig relevant, sondern die Mobilitäts-
anforderungen seines Nutzers. Die sind im Sommer anders als im Winter,
in der wöchentlichen Arbeitszeit unterschiedlich zum Wochenende oder
zum Urlaub. Wer dabei den größten Nutzen anbietet, liegt vorn. Und wer

kennt am besten die Nutzerbedürfnisse? Derzeit eher die weltumspannend tätigen Datensammler und Infrastruktur-Netzbe- und -Warenvertreiber Google oder Amazon als die traditionellen Hersteller von Konsumgütern.

Dieses Beispiel lässt sich fast beliebig auf alle anderen industriellen Produkte anwenden, deren Herstellung in der Vergangenheit unseren wirtschaftlichen Erfolg ermöglicht hat. In der Vergangenheit waren unsere Vorsprünge gerade im Bereich industrieller Produktion fast nicht zu toppen. Jetzt bieten die veränderten Wertschöpfungsmodelle erstmals anderen Wettbewerbern die Möglichkeit, uns zu überholen. Der Vorsprung der S-Klasse bei Daimler oder einem Automobil von Audi, BMW und VW war beinahe uneinholbar groß. Bei der Neuerfindung des autonom und mit künstlicher Intelligenz fahrenden Automobils mit elektrischem Antrieb, verbunden mit allen denkbaren digitalen Dienstleistungen, bietet sich für chinesische oder amerikanische Hersteller erstmals die Chance, diesen Vorsprung der deutschen und europäischen Automobilindustrie wettzumachen. Besser gesagt: Es gibt keinen europäischen oder deutschen Vorsprung mehr. Eher das Gegenteil.

Im Automobilbau, in der Elektrizitätsversorgung, in der Chemie und Pharmazie, im Maschinenbau und der Elektrotechnik, in allen Biowissenschaften und den damit verbundenen Dienstleistungen wird Europa einem massiven Wettbewerb vor allem mit China ausgesetzt sein. Der dortige Staat kennt keine Beihilferegeln, Monopolkommissionen, Kartellrechte, Steuergesetzgebung, Vorschriften für öffentliche Ausschreibungen oder Finanzierungsbedingungen, wenn es um die Bereiche geht, die aus Sicht der chinesischen Führung Leitindustrien sein müssen. Damit soll China von einem gigantischen Technologie-Importeur zu einem weltweit tätigen Technologie-Exporteur werden.

Damit nicht genug: Seit Jahren sucht China Verbindungen und Bindungen zu den wichtigsten Rohstofflieferanten zum Beispiel in Afrika. Verbunden mit der Entwicklung von Infrastrukturen in vielen afrikanischen Staaten verschafft sich das Land Zugang zu den wichtigsten Rohstoffquellen, ohne sich dabei über Fragen der Korruption, schlechte Regierungsführung, Menschenrechte oder Umweltschutz allzu viele Gedanken zu machen. Die Kobalt- und Kupferminen in der Demokratischen Republik

Kongo, die zentrale Voraussetzung für die Entwicklung der Elektromobilität sind, gehören schon heute größerenteils chinesischen Unternehmen. Eine einzige westliche Firma, der Schweizer Rohstoffhändler Glencore, hält dort noch Minenrechte und steht dafür massiv in der Kritik. Im März 2018 wurde bekannt, dass Glencore rund ein Drittel seiner dortigen Kobaltkapazitäten an den chinesischen GEM-Konzern veräußert hat. Wenn Glencore aus diesen Kobaltminen komplett aussteigen sollte, könnten bald 100 Prozent in chinesischer Hand liegen.

Wie will Europa darauf reagieren? Angesichts der Milliardeninvestitionen Chinas zum Beispiel in die Erforschung künstlicher Intelligenz (KI) – China will dort über einen neugegründeten Fonds in den kommenden Jahren noch einmal rund 47 Milliarden US-Dollar zusätzlich investieren – mutet die Ankündigung der EU-Kommission für ein KI-Programm von 1,5 Milliarden Euro sehr zögerlich und fast homöopathisch an.

Fest steht: Die europäische Zukunft wird bei weitem nicht nur von der Bewältigung ihrer inneren Spannungen bestimmt. Die äußeren Herausforderungen sind allerdings nur mit einem stärkeren und geeinteren Europa zu meistern. Von beidem sind wir derzeit ein gutes Stück entfernt.

Angesichts dieser Lage ist unser Verständnis für die notwendige (Neu-)Aufstellung der Europäischen Union beinahe furchterregend. Wir gehen mit der EU um, als hätten wir noch eine zweite auf Lager. Das wäre vielleicht als sozialwissenschaftliche Versuchsanordnung interessant. Als Politikansatz ist das völlig untauglich und gefährlich. Da wird auf andere gezeigt, da wird offen gedroht, da gibt es Blockaden, Kampfabstimmungen und nicht zuletzt giftige Klischees. Wir sollten die Warnung von Eugen Roth beherzigen: »*Zu fällen einen schönen Baum, braucht's eine halbe Stunde kaum*«, hat der Dichter geschrieben, »*zu wachsen, bis man ihn bewundert, braucht er, bedenk' es, ein Jahrhundert.*«

Stronger Europe?

Vor kurzem sagte jemand zu mir: Die Zeiten, da die deutsche Außenpolitik nur hohe Kompetenz im Ost-West-Konflikt erforderte und alles andere als eine intellektuelle Übung betrachten konnte, seien ja lange vorbei. Und wir Deutschen hätten in den letzten 20 Jahren eine hohe Kompetenz im Urteil über die meisten Regionen der Welt und die wichtigsten Fragen der Weltpolitik erworben. Als ich das hörte, wurde mir bewusst, dass das bereits nicht mehr ausreicht. Heute lautet die Frage: Wie können wir die Weltpolitik, von der wir angeblich ziemlich viel verstehen, nachhaltig beeinflussen und aktiv gestalten?

Aus einleuchtenden Gründen ist dies nur im europäischen Rahmen möglich. Doch sind wir Europäer mit unserer Europäischen Union eigentlich weltpolitikfähig? Sind wir mit unseren Handlungsstrukturen und unserem Politikverständnis kompatibel und anschlussfähig an die weltpolitisch einschneidenden und tektonischen Gewichts- und Machtverschiebungen?

Auf den ersten Blick mag diese Frage für überzeugte Anhänger der EU provokativ klingen. Sind wir doch vom Klimaschutz bis zu den UN-Development-Goals in alle multilateralen Prozesse eingebunden. Dennoch bezweifele ich, dass wir anschlussfähig an die Welt und ihre rasanten Veränderungsprozesse sind.

Das ist keine Anklage. Die EU ist nicht als weltpolitischer Akteur konzipiert worden. Sie sollte Frieden und Wohlstand für ihre Mitglieder schaffen. Diese Aufgabe hat sie über Jahrzehnte mit einer wachsenden Zahl ihrer Mitglieder hervorragend erfüllt. Die Erweiterung, insbesondere die nach Osten, hatte weltpolitische Qualität. Sie war im Kern nicht ökonomisch begründet, sondern geopolitisch. Die Osterweiterung verdeutlichte unserem großen Nachbarn Russland, dass die neuen Mitglieder ihre Selbstbestimmung und Westbindung für ihre Entwicklung unumkehrbar machen wollten.

Die Osterweiterung war aber auch ein Echo auf den Kalten Krieg: Europa hatte unter amerikanischem Schutz eine gewichtige Rolle im Ost-West-Konflikt zu spielen. Dies machte vor allem die Europäer glücklich. Sie konnten weltpolitische Rivalitäten, die in der Vergangenheit zu Zerwürfnissen geführt hatten, vermeiden und dabei noch Geld sparen. Manche Europäer haben daraus, besonders gegenüber dem amerikanischen Weltpolizisten, ein Gefühl der moralischen Überlegenheit abgeleitet. Das war im Unterschied zum amerikanischen ein europäischer Exzeptionalismus.

Der *american exceptionalism* war überzeugt, dass ein Land, welches das beste Modell geschaffen hatte, dieses der ganzen Welt zur Verfügung stellen sollte. Notfalls auch mit Gewalt. Wir Europäer waren von unserem Modell überzeugt, aber wir wollten es niemandem empfehlen oder gar aufdrücken. Wir wollten es gegen den Rest der Welt schützen.

Diese Instinkte wirken bis heute. Sie sind verständlich, aber sie sind gefährlich. Francis Fukuyama hatte recht, als er in seinem Buch »The Origins of Political Order" schrieb: »Political decay occurs when political systems fail to adjust to changing circumstances. There is something like a law of conservation of institutions.«[33]

Wir haben den Wechsel zu der neuen, sich stets verändernden Weltordnung noch nicht geschafft. Wir sind aber nach dem Fall des Eisernen Vorhangs der Außenwelt viel näher gerückt. Die Flüchtlingsströme aus Nordafrika, Syrien oder Afghanistan sind ein Beispiel. Handelskonflikte mit Ländern wie China, die wir lange für reine Vertriebsmärkte oder preiswerte Zulieferer hielten, sind dafür ebenso ein Beispiel wie die Rückkehr des Nationalismus in die internationale Politik.

Die Begegnung mit dieser neuen, oft unfriedlichen und gefährlichen Außenwelt macht viele Menschen bei uns unsicher. Wir neigen dazu, uns abschotten zu wollen. Nicht wenige fühlen sich enttäuscht, dass die EU sie nicht vor dieser »bösen« Welt schützen kann oder will. Wenn wir unsere neue Rolle in der Welt nicht definieren und unsere Bürger nicht dafür gewinnen, ist unsere Zukunft gefährdet. Das hat nichts mit dem Ehrgeiz von Politikern zu tun. Wenn ich warne, Europa könne in der Bedeutungslosigkeit versinken, klingt das für die meisten abstrakt. Aber das ist es nicht. Wir haben ein System geschaffen, das das Kriegsrisiko unter uns Europäern praktisch ausgeschlossen hat. Aber wir haben nicht gelernt, wie wir mit der Realität der Kriege außerhalb der EU und im Extremfall in Europa selbst umgehen. Wenn dieses Gefälle länger bestehen bleibt, können wir uns nicht mehr darauf verlassen, die Gefahr des Kriegs von uns fernzuhalten.

Ich halte nichts vom Kulturpessimismus. Krieg und Frieden sind keine Jahreszeiten, die aufeinander folgen. Wir treten nicht einfach in die Jahreszeit der Kriege ein. Aber wir müssen zu verstehen lernen, dass wir Teil einer Welt sind, in der Kriege leider nach wie vor zu den Instrumenten der Politik zählen. Dieser so unfriedlichen und gewaltbereiten Welt können wir uns nicht entziehen.

Angst ist ein deutsches Wort, das in viele Sprachen der Welt eingegangen ist. Aber ich bin überzeugt, dass unsere Politik nicht »angstdriven« ist. Wir sind und wir bleiben ein nüchternes Volk, kein Volk von Romantikern oder Kulturpessimisten. Darüber können unsere Nachbarn und Partner froh sein. Wir durchleben in Europa eine Vertrauenskrise. Das ist kein psychologisches Phänomen, sondern eine politische Herausforderung, der wir uns stellen müssen. Die EU beruht auf einer Art institutionalisiertem Vertrauen: Selbst wenn die Führungspersönlichkeiten sich manchmal nicht besonders mögen, kann das Vertrauensverhältnis zwischen den Staaten intakt sein oder gut werden. Diese Integration ist eine der größten Stärken der EU, die wir nicht aufs Spiel setzen dürfen. Die Alternative ist ungezügelte Rivalität, die zerstörerische Kräfte entfalten kann.

Vertrauen kann allerdings nicht dadurch wiederhergestellt werden, dass wir uns in kleinere Gruppen zurückziehen. Ja, es gibt bereits heute in Europa unterschiedliche Geschwindigkeiten – oder sagen wir lieber unterschiedliche Integrationsgrade. Die Staaten der Euro-Währungsunion haben einen höheren Integrationsgrad erreicht als Nicht-Euro-Staaten. Ähnlich verhält es sich mit dem Schengener Grenzabkommen. Unterschiedliche Integrationsgrade wird es auch in der Sicherheits- und Verteidigungspolitik geben. Unser wirkliches Problem ist nicht »Multi-Speed«, sondern »Multi-Track«: Wir verfolgen mit unterschiedlichen Geschwindigkeiten nicht alle die gleichen Ziele, sondern gehen in verschiedene Richtungen.

Europa zusammenzuhalten, obwohl es unterschiedliche Richtungen in der Orientierung seiner Mitgliedstaaten gibt, ist weitaus schwieriger, als mit verschiedenen Geschwindigkeiten gleichgerichteter Bewegungen klarzukommen. Doch so weit wir Deutschen und Franzosen uns von der derzeitigen Richtung Ungarns und Polens unterscheiden, wir werden das aushalten müssen und auch immer wieder den Versuch der Einigung unternehmen müssen. Die Amputation ist keine akzeptable Behandlungsmethode, weder gegenüber Griechenland oder Italien noch gegenüber

Mitgliedstaaten, deren innere Verfasstheit auf Kritik anderer Mitglieder oder der europäischen Institutionen stößt.

Wir müssen stattdessen das innere Gleichgewicht der EU wiederherstellen. Kein Land darf sich als Verlierer sehen. Wir müssen eine Verantwortungskultur auf der europäischen, aber auch auf der nationalen Ebene wiederbeleben. Es erfordert den Mut, über konventionelle Lösungen hinauszugehen.

Wir dürfen die drängende Aufgabe, Europa zu überdenken, nicht denen überlassen, die es zerstören wollen. Wir sollten vor allem darüber diskutieren, was der Kern des Europäischen Projektes ist und wie wir es stärken können. Für mich entsteht ein *stronger Europe* vor allem durch eine engere Zusammenarbeit in vier Bereichen.

Erstens muss die Europäische Union im Alltag ihrer Bürger ihren Nutzen unter Beweis stellen. Am Ende helfen keine volkswirtschaftlichen Theorien oder Angstszenarien, was alles an Gefahren auf uns zukäme, wenn es den Euro oder die EU nicht mehr gäbe, sondern nur die Aussicht auf konkret verbesserte Lebensverhältnisse. Europa braucht einen Hoffnungs- und keinen Angstüberschuss.

Die Idee des französischen Präsidenten Macron, ein Europa, »das schützt«, zu schaffen, ist deshalb richtig. Neben schwierigen Themen wie einer gemeinsamen Sicherheitspolitik und der Stärkung des Euroraums brauchen wir »nordkurvenfähige« Zielsetzungen. Ein faires Steuersystem ohne »Steueroasen« mitten in Europa, die in Wahrheit Gerechtigkeitswüsten sind.

Warum setzen wir uns nicht konkrete Ziele? Warum ist es so undenkbar, dass wir überall in Europa wenigstens die gleichen Grundlagen für eine gerechte Besteuerung von Kapitaleinkünften und Unternehmen haben, damit der unsinnige Steuerdumping-Wettbewerb endlich ein Ende hat, bei dem jeder kleine Handwerksmeister inzwischen höhere Steuersätze zu bezahlen hat als internationale Konzerne? Könnte man nicht vereinbaren, in fünf Jahren überall in Europa den gleichen Benzinpreis, den gleichen Strompreis und den gleichen Gaspreis zu bezahlen? Gleiche Wettbewerbsbedingungen für alle sind eine faire Ausgangsbedingung für unsere gemeinsame Marktwirtschaft und für konkurrierende Standorte in der

Welt. Der politische Streit über den Weg dahin würde eine europäische Öffentlichkeit entstehen lassen. Davon lebt die Demokratie.

Zweitens darf, wer die Flughöhe der Vorschläge des französischen Präsidenten erreichen will, nicht kleinteilig antworten. Deutschland sollte Frankreich anbieten, in den kommenden Jahren im UN-Sicherheitsrat nie gegeneinander abzustimmen. Beide Länder sollten sich im Sicherheitsrat stets mit allen europäischen Partnern abstimmen. Sollte der Sicherheitsrat eines Tages reformiert werden, muss Europa dort vertreten sein, nicht nur einer seiner Mitgliedstaaten. Für Frankreich wäre dies sicher schwer zu akzeptieren. Aber es könnte der Lackmustest sein, wie ernst es dem französischen Präsidenten mit seinem gemeinsamen Europa ist.

Drittens muss der Binnenmarkt zu einer sozialen Marktwirtschaft weiterentwickelt werden, die neben unternehmerischer Freiheit und gleichen Wettbewerbsbedingungen auch mehr soziale Sicherheit und Verantwortung generiert. Das Wohlstandsversprechen der EU muss mit Investitionen in die Wettbewerbsfähigkeit, in Forschung, Bildung, Entwicklung und in neue Arbeitsplätze wiederbelebt werden.

Zu allem gehören faire Steuersysteme, denn wenn wir Europa stärken wollen, wird das auch Geld kosten. Und wer die Stärkung der gemeinsamen Verteidigungs- und Sicherheitspolitik nicht in einen Verteilungskampf über die Mittel für Wachstum, Arbeit und soziale Sicherheit münden lassen will, muss dafür sorgen, dass dem unseligen Steuerdumping in Europa Grenzen gesetzt werden. Eine Billion Euro jährlich gehen Europa nach Angaben der EU-Kommission derzeit verloren, weil sich die EU-Mitgliedstaaten noch immer diesen spalterischen Wettbewerb um möglichst niedrige Unternehmenssteuersätze leisten.

Viertens gehören zur Sicherung der europäischen Außengrenzen eine europäische Flüchtlings- und Migrationspolitik und ein gemeinsames Asylrecht. Trotz aller Spannungen und Herausforderungen, die dieses Thema für unsere europäischen Gesellschaften und für den Zusammenhalt Europas mit sich bringt, muss dabei klar sein, dass Europa seiner humanitären Verpflichtung zur Hilfe und zur Mitmenschlichkeit nachkommen will und wird.

Das trifft gerade auch auf die Rettung aus dem Mittelmeer zu, auch wenn es Teil der perversen Strategie von nordafrikanischen Schlepperbanden ist, Flüchtende in überladene und völlig untaugliche Boote zu setzen, um sie anschließend von europäischen Schiffen aufnehmen und vor dem Ertrinken retten zu lassen. An der Pflicht zur Seenotrettung darf es keinen Zweifel geben. Ja, es stimmt: Diese Seenotrettung hat einen sogenannten Pull-Effekt. Je besser sie von Europa aus organisiert ist, desto mehr Schlepper werden Menschen in Seenot bringen. Trotzdem darf das nicht dazu führen, dass die Seenotrettung nur eingeschränkt ausgeübt, nichtstaatliche Rettungsinitiativen kriminalisiert werden oder Rettungsschiffe nicht an europäischen Häfen anlegen dürfen. Wir würden damit eine elementare Idee der europäischen Aufklärung aufgeben, die weltweit so einzigartig ist: dass für uns jedes Leben gleich viel wert ist. Es wäre ein Rückfall in koloniale Zeiten und eine große Schande für Europa.

Allerdings hat diese grundsätzliche Haltung eine Konsequenz: Menschen, die nach den europäischen Asyl- und Zuwanderungsregeln keine Aufenthaltsberechtigung in Europa oder einem seiner Mitgliedstaaten haben, müssen zurück in ihre Herkunfts- bzw. Heimatländer. Das bedeutet aber für Deutschland, dass es bereit sein muss, sich den durchaus strengeren Anforderungen anderer EU-Staaten zu stellen, unter denen Asyl gewährt oder verweigert werden kann. Das ist nicht selbstverständlich, denn das deutsche Asylrecht ist unter dem Eindruck der politischen Verfolgung des Naziregimes entstanden. Zur rechtlichen Einordnung massenhafter Migration ist es nie gedacht gewesen. Ein relativ hoher Anteil der Zugewanderten hat keine Möglichkeit zu einem dauerhaften oder auch nur befristeten Aufenthalt in praktisch allen europäischen Nachbarstaaten.

Unsere europäischen Nachbarstaaten kennen in ihrer Geschichte das deutsche nationale Trauma der politischen Verfolgung und des Rassismus nicht, sondern besitzen ganz andere und sehr unterschiedliche historische Erfahrungen und Verantwortungen. Frankreich, Spanien und auch die Niederlande sind beispielsweise eher geprägt von einer mit ihrer Kolonialgeschichte verbundenen Einwanderung, was häufig genug auch mit nicht aufgearbeiteten historischen Traumata verbunden ist.

Hier sollte die deutsche Politik die Bevölkerung nicht im Unklaren darüber lassen, dass sich ein gemeinsamer europäischer Grenzschutz, ein gemeinsames europäisches Asylrecht und eine gemeinsame europäische

Asylbehörde nicht nur mit der Öffnung legaler Zuwanderungswege und einer fairen innereuropäischen Verteilung von Geflüchteten zu befassen hätten. Auch den unangenehmen Folgen der Ablehnung von Asylanträgen und zurückgewiesener illegaler Migration an Europas Außengrenzen wird sich die Politik stellen müssen. Und einem sehr durchsetzungsfähigen Grenzsicherungssystem der EU-Außengrenzen. Unfair wäre es, neue Strukturen zu schaffen und alle schwierigen innenpolitischen Auseinandersetzungen darüber wieder einmal mit der in Europa üblichen Ausrede zu versehen, dafür seien »leider die in Brüssel zuständig«.

Die Einmaligkeit Europas erhalten – trotz Zuwanderung

Und noch etwas ist bei der Debatte um Zuwanderung nach Deutschland und Europa von Bedeutung: Die Zuwanderer müssen wissen, dass sie nicht in einen beliebigen Wohlstandskontinent einreisen. Das zielt auf Flüchtende vor Krieg, Bürgerkrieg und bitterster Not, aber noch mehr auf diejenigen, die aus anderen Gründen Europa erreichen wollen und von denen wir in den kommenden Jahrzehnten durchaus auch viele brauchen werden, denn der ungünstige Altersaufbau in fast allen europäischen Gesellschaften wird ja Zuwanderung erfordern.

Jeder, der kommt, muss wissen, was Europa für ein Kontinent ist und wie wir hier leben wollen. Denn Europa ist wirklich einzigartig auf der Welt. Nirgendwo sonst auf der Erde ist die Idee Wirklichkeit geworden, dass jeder Mensch sich frei machen und selbstbestimmt leben kann: frei von den Bestimmungen seiner Religion, ja sogar frei von Gott selbst, wenn er das will, frei von Herkunft, Rasse oder Geschlecht. Es ist ein sehr abendländisches und kühnes Projekt, dass jeder Mensch autonom entscheiden kann, was er annimmt für sein Leben und was nicht. Und dass wir alle nur eine verpflichtende Norm kennen: die unserer geschriebenen oder ungeschriebenen freiheitlichen Verfassungen in Europa.

Europa sollte also offen sein für all die, die bei uns einen neuen Anfang machen *möchten*. Es muss dabei klar sein, dass wir hier darauf drängen, die Einmaligkeit des europäischen Projektes zu erhalten. Und jeder, der das nicht will, in Konflikte mit unseren europäischen Gesellschaften kommen wird. Die Offenheit für Migration gerade aus Afrika sollte in Europa also nicht vor dem Hintergrund eines Schuldkomplexes für die Zeiten des Kolonialismus erfolgen, sondern mit Bewusstsein für das Besondere und Erhaltenswerte in Europa.

Das erfordert Grenzen der Zuwanderung, aus Prinzip, nicht aufgrund der Zahl! Um Klarheit über diese Prinzipien zu schaffen, wäre es vermutlich gut, in den sozialen Netzwerken und Medien offensiv zu zeigen, was andere möglicherweise provoziert: von der Berufstätigkeit und Gleichberechtigung der Frauen bis hin zu den Christopher-Street-Day-Paraden. Das sind Beispiele unserer Ausdrucksformen der Selbstbestimmtheit jedes Individuums.

Mutige Visionen für Europa statt Nettozahlerlegenden

Europa ist unsere Zukunft. Und diese Zukunft ist zu gestalten und nicht kaputtzureden. Die Frage nach der Gestaltung Europas, wie wir es reformieren wollen, ist die wahre Herausforderung, der wir uns jetzt stellen müssen. In Europa wurde viel zu lange Politik nach der Devise »Fahren auf Sicht« betrieben. Auch Deutschland hat seinen Teil dazu beigetragen. Wir haben uns nicht mehr getraut, mutige Visionen für Europa zu formulieren. Dieses Defizit macht sich jetzt schmerzlich bemerkbar.

Dies spüren wir umso mehr, da wir jetzt mit Emmanuel Macron in Frankreich einen Staatspräsidenten haben, der es wagt, solche Visionen zu formulieren. Europa ist für ihn »die Trumpfkarte in den Wirren der Welt«. Aber ein Visionär allein kann Europa nicht verändern.

Wir Deutschen sind also gefordert. Und wenn wir es ernst meinen mit unseren Treueschwüren zu Europa, dann heißt es aufhören, ständig die falschen Geschichten über Europa zu wiederholen. Denn es sind nicht nur die Gegner Europas von rechts- und linksaußen, die uns weismachen wollen, dass die europäische Einigung gegen ihre jeweiligen nationalen

Interessen gerichtet sei. Das erledigen seit langem in unterschiedlichsten Formen auch proeuropäische Parteien in ihren nationalen Wahlkämpfen. Es gibt eben nicht erst seit dem amerikanischen Präsidentschaftswahlkampf Fake News.

Schauen wir nach Deutschland, so wird seit Jahrzehnten von Politik, Medien und Teilen der deutschen Wirtschaft immer wieder behauptet, unser Land sei der »Lastesel« der Europäischen Union. Deutschland sei »Nettozahlerland«, das weit mehr in Europa einzahle, als es jemals wieder herausbekomme. Konsequenterweise sind praktisch alle Bundesregierungen der letzten drei Jahrzehnte bei den Verhandlungen über die Finanzplanung der EU immer wieder gemeinsam für eine Verringerung unserer »Nettozahlerposition« eingetreten – vorzugsweise zusammen mit den euroskeptischen Briten. In den letzten Verhandlungen hat das dazu geführt, dass Mittel für die europäischen Strukturfonds gekürzt wurden und damit weniger Geld für die ärmeren Regionen zur Verfügung stand. Das wiederum wurde prompt »Europa« angekreidet.

Im offiziell so europafreundlichen Deutschland hat sich auf diese Weise seit langer Zeit eine verzerrte Sichtweise tief in das politische Alltagsbewusstsein eingegraben. Investitionen in Europas Zusammenhalt und Zukunft wurden zu einer Bürde für die Deutschen umdefiniert. Die rechtsradikale Übernahme dieses Narratives lautet, dass der »Schuldkomplex Deutschlands« uns angeblich dazu verleite, zu viel Geld der hart arbeitenden Deutschen für die »faulen Europäer« auszugeben. Und dass wir nach Lesart von AfD-Funktionären am besten gleich die ganze Erinnerungskultur in Deutschland beenden. Gemeint sind die Erinnerung an den militärischen Überfall unserer Nachbarländer durch die deutsche Wehrmacht im Zweiten Weltkrieg und der industrielle Massenmord an den europäischen Juden, der sich für immer mit dem Konzentrationslager Auschwitz verbindet.

Die Wahrheit ist, dass Deutschland kein europäisches Nettozahler-, sondern ein Nettogewinnerland ist. Natürlich stellen wir mehr Steuergelder für den europäischen Haushalt zur Verfügung, als wir aus den europäischen Fördertöpfen zurückbekommen. Aber das ist bei weitem nicht einmal die Hälfte der Rechnung: Wir exportieren fast 60 Prozent unserer

Waren und Dienstleistungen in die Länder der EU und nicht einmal zehn Prozent nach China und in die USA. Millionen von Arbeitsplätzen hängen davon ab, dass es den Menschen in anderen EU-Ländern so gut geht, dass sie sich unsere Produkte leisten können. Billig sind sie zum Glück aufgrund ihrer hohen Qualität und unserer relativ hohen Löhne ja nicht. Jeder Euro, den wir für den EU-Haushalt zur Verfügung stellen, kommt also mehrfach zu uns zurück. Eine Investition in Europas Zukunft ist deshalb immer auch eine Anlage in das Wohlergehen unserer Kinder und Enkel.

Auch die nicht versiegende Debatte über den angeblichen Souveränitätsverzicht der Nationalstaaten ist eine falsche Erzählung des europäischen Einigungsprozesses. Denn in Wahrheit gewinnen wir Europäer durch unsere Union weltweit erst die Souveränität zurück, die wir als Nationalstaaten in der Welt des 21. Jahrhunderts, in der Asien, Lateinamerika und Afrika wachsen und wir Europäer schrumpfen, niemals mehr allein erhalten könnten.

Wer die Zustimmung zu Europa erhöhen will, darf nicht die falschen Geschichten erzählen und endlos weiterverbreiten. Das passiert natürlich nicht nur in Deutschland, sondern auch in unseren Nachbarländern. Deutschland trägt nicht die Schuld daran, dass anderenorts undurchschaubare Steuer- und Justizsysteme und auch Korruption sowie administratives Versagen zu mangelnder Investitionsbereitschaft führen.

Aber Deutschland, als größte Volkswirtschaft Europas, bevölkerungsreichster Mitgliedstaat und größter Gewinner der europäischen Einigung, hat eine ganz besondere Verantwortung für die richtige europäische Erzählung. Dazu gehört auch, mit dem falschen Nettozahlernarrativ zu brechen. Deutschland sollte das bei der nächsten Verhandlungsrunde über die europäischen Finanzen tun, mit der bisherigen Tradition brechen und bereit sein, mehr für Europa zu leisten. Es sind übrigens netto etwa 13 Milliarden Euro, um die unsere Zahlungen in den Haushalt die direkten Rückflüsse im Schnitt pro Jahr übersteigen. Viel Geld, kein Zweifel. Aber wer sich die Ausgabepositionen des Bundeshaushaltes anschaut, wird schnell feststellen, dass eine solche Summe vergleichsweise keine überragende Bedeutung für uns hat. Jedenfalls dann nicht, wenn man die großen Sonntagsreden über die Bedeutung Europas dazu ins Verhältnis setzt. Und pro Kopf zahlen einige EU-Partner zum Teil deutlich mehr ein, die Schweden, die Niederländer und bislang sogar die Briten.

In Europa investieren, in Bildung, Forschung und Entwicklung, in die modernste digitale Infrastruktur, in Wachstum und Arbeitsplätze – das wäre ein Beitrag Deutschlands für Europa, der sich sehen lassen könnte und aufhorchen ließe in unseren Nachbarstaaten. Wir dürften dann sogar über die Bedingungen reden, unter denen wir unsere Investitionen erhöhen würden.

Stärken, was uns zusammenhält

Gemeinsam können Deutschland und Frankreich vieles bewegen. Die deutsche Zurückhaltung gegenüber den französischen Vorschlägen ist deshalb fatal. Denn das Fenster, das Präsident Macron geöffnet hat, beginnt sich wieder zu schließen. Statt den Schwung und die Dynamik zu nutzen, die nach den französischen Präsidentschaftswahlen entstanden waren, hat die deutsche Regierung nicht reagiert. Bräsig und dickfellig kalkulierte die deutsche Politik schlicht damit, dass die wirtschaftliche Stärke des eigenen Landes schon ausreichen werde. Das deutsche Zuwarten und Nichtstun sind deshalb mitverantwortlich für das Erstarken populistischer und antieuropäischer Parteien in Italien. Erst nachdem das italienische Kind im wahrsten Sinne »in den Brunnen gefallen« war und der Euro wieder einmal unter den Druck globaler Spekulanten geriet, hat sich die deutsche Politik zaghaft zu kleinen Schritten in Richtung Frankreich bequemt.

So wie bisher jedenfalls kann es nicht weitergehen. Ralf Dahrendorf hatte recht: Man kann Europa nicht durch die Hintertür einführen. Vor der Haustür wird sich um den Binnenmarkt gekümmert, und der politische Rest eines geeinten Europas ergibt sich entweder aus Zwang oder quasi »heimlich« durch die Arbeit der Brüsseler Kommission. Dieses Projekt ist gescheitert. Nötig sind größere und mutigere Schritte, die gerade auch von den politischen Mehrheiten der EU-Mitgliedstaaten getragen und verantwortet werden müssen. Ich habe dafür einige Vorschläge.

Eine gemeinsame europäische Verteidigungspolitik

Eines der vermutlich am schnellsten konsensfähigen Projekte ist die Verteidigungsfähigkeit Europas. Und diese hängt weiterhin von den USA in einem Maße ab, das auf Dauer nicht akzeptabel ist – weder für die USA noch für uns in Europa. Europa muss mehr eigene Verantwortung übernehmen – auch für seine Sicherheit.

Inzwischen ist unstrittig: Wenn wir die NATO erhalten wollen, die nach wie vor ein unverzichtbarer Pfeiler der europäischen Ordnung ist, sind wir Europäer gefragt, mehr dafür zu tun weil diese Forderung legitim ist. Das gemeinsam vereinbarte Ziel der NATO, die nationalen Verteidigungshaushalte in Richtung von zwei Prozent des Bruttoinlandsprodukts zu entwickeln, soll dieser berechtigten Kritik der Vereinigten Staaten begegnen. Auch Deutschland erhöht seinen Verteidigungsetat und will dies mit der Steigerung seiner Ausgaben für Entwicklungshilfe und Krisenprävention verbinden. Eine bemerkenswerte Koppelung, die gegen den internationalen Trend deutlich machen soll, dass allein militärische Stärke noch keinen Frieden schafft. Sondern dass Krieg und Bürgerkrieg am Ende nur dann der Boden entzogen werden kann, wenn den Menschen in diesen Konfliktregionen Hoffnung auf ein Ende von Not und Armut und stattdessen die Aussicht auf Bildung, Arbeit und soziale Entwicklung gegeben werden kann.

Dennoch ist für die notwendige Erhöhung der Verteidigungshaushalte gleichermaßen richtig: Mehr Geld allein ist nicht genug. Die politisch bedeutendste Frage lautet, wie und wo das Geld am sinnvollsten eingesetzt werden kann. Anfang der 1990er-Jahre entschied Schweden, nicht noch mehr Geld in den Umweltschutz an der schwedischen Ostseeküste zu investieren, solange die anderen Ostseeländer keine wesentliche Verbesserung der Wasserqualität anstrebten. Schweden investierte stattdessen konsequent in den Umweltschutz an der polnischen Ostseeküste. Die Effizienzsteigerung war erheblich, der Vorteil für beide Seiten offensichtlich. Inzwischen braucht Polen die Unterstützung nicht mehr, aber der Denkansatz hat nicht an Gültigkeit verloren.

Nun ist Verteidigung nicht gleich Umweltschutz. Und trotzdem könnte man erwägen, ob der Grundgedanke nicht auch auf den Verteidigungsbereich zu übertragen ist. Den Ausgangspunkt bilden zwei Überlegungen: Erstens hat sich Deutschland verpflichtet, seine Verteidigungsausgaben zu erhöhen. Allerdings herrscht bei vielen Deutschen die historisch gewachsene Sorge, dass eine jährliche Investition von zwei Prozent des BIP aus unserem Land nicht nur eine wirtschaftliche und politische, sondern auch eine dominante militärische Führungsmacht werden lässt. In jedem Jahr 70 bis 80 Milliarden Euro in die nationale Armee Deutschlands zu stecken, dürfte auf Dauer zum Beispiel auch in Frankreich Sorgen entstehen lassen. Zum Vergleich: Deutschlands westliches Nachbarland gibt nur rund die Hälfte dieses Betrages aus, obwohl es eine Atommacht ist. Man mag diese Sorge teilen oder nicht, sie existiert jedenfalls. Auch das Gefälle zwischen Deutschland und Polen würde durch derart hohe Verteidigungsausgaben noch größer werden.

Aus meiner Sicht gibt es eine Lösung, die Deutschlands Rolle in Europa deutlich verändern würde. Deutschland könnte doch schrittweise 1,5 Prozent in seine eigene Verteidigungsfähigkeit investieren und 0,5 Prozent in die von Europa. Die Lösung würde zeigen, dass die Deutschen bereit sind, Verantwortung für das öffentliche Gut Sicherheit zu übernehmen. Sie demonstrierten damit eine Verantwortungsbereitschaft für Europa, die bislang nur von den USA getragen wurde. Es ist kein Zufall, dass es ein Pole war, der diesen Vorschlag zuerst öffentlich machte: Janusz Reiter, ehemaliger polnischer Botschafter in Deutschland und in den USA.

Um es weiter zu verdeutlichen: Es gibt die gemeinsame Einschätzung der NATO und der EU, dass die Ostflanke die wohl empfindlichste Stelle des Bündnisgebietes ist, also die baltischen Länder und Polen. Deshalb werden NATO-Truppen, auch deutsche, nach einem Rotationsprinzip in der Region stationiert, wobei ihre Präsenz mit Rücksicht auf Russland klein gehalten wird. Diese physische Präsenz hat eine militärische, vor allem aber auch eine politische Signalwirkung. Deutschland sollte bereit sein, angemessen finanziell in die Verteidigungsfähigkeit der NATO in Ost- und Mitteleuropa zu investieren.

Bei aller Bedeutung der klassischen Territorialverteidigung ist dabei zu bedenken, dass die militärischen Bedrohungen weder dieselben Formen noch die Eindeutigkeit haben werden, die uns aus der Geschichte bekannt sind. Die möglichen Konflikte der Zukunft werden wohl wenig den Kriegen ähneln, die wir aus der Vergangenheit kennen. Wahrscheinlicher sind *Cyber Wars*, denen keine formelle Kriegserklärung vorausgeht. Wichtiger als die traditionellen militärischen Mittel wird deshalb *Cyber Defense* sein. So relevant die klassischen Technologien bleiben: Die künstliche Intelligenz hat das Potenzial, nicht nur unseren Lebensalltag, sondern auch unsere Sicherheit neu zu prägen. Die baltischen Staaten gehören zu den ersten, die nicht ganz freiwillig die Brisanz der neuen Bedrohungen erkannt und zum Beispiel von Beginn ihrer EU-Mitgliedschaft an ganz erheblich in den Auf- und Ausbau ihrer IT investiert haben. Sie sind in dem Bereich inzwischen an der Spitze der EU.

Nicht nur Europas NATO-Mitglieder, sondern auch Länder außerhalb des Bündnisses brauchen ein *European Defence Investment Programm*. Der Schwerpunkt dieses europäischen Investitionsprogramms für Verteidigung wäre die Ostflanke der Allianz, die die militärische Bedrohung ganz unmittelbar empfindet.

Die Sicherheit dieser Region ist auch für Deutschland von entscheidender Bedeutung. Ein Programm, an dem sich Deutschland maßgeblich beteiligen würde, könnte auch ein wertvoller Beitrag zur Vertrauensbildung sein. Ein Ziel, das gerade im jetzigen Verhältnis zwischen Deutschland und Polen nicht zu vernachlässigen ist.

Deutschland würde eine Verantwortung und eine Rolle in der Sicherheitspolitik Europas übernehmen, die uns bislang gar nicht zugetraut wird. Die Bundesrepublik würde unter Beweis stellen, dass sie auch dort, wo sie ein geringeres nationales Interesse vertritt, im Interesse ihrer Nachbarn zu handeln bereit ist. Nicht zuletzt würden deutsche Abrüstungs- und Entspannungsinitiativen innerhalb Europas und der NATO enorm an Glaubwürdigkeit gewinnen. Denn Verteidigungsfähigkeit und Dialogbereitschaft gehören, wie der Harmel-Bericht bereits 1967 forderte, auch heute noch zusammen.

Ein *European Defence Investment Programm*, von Deutschland und seinen östlichen Partnern initiiert, könnte für andere Länder geöffnet werden. Insbesondere die nordeuropäischen Staaten gewinnen an sicherheitspolitischer Bedeutung, ob sie NATO- oder EU-Mitglieder sind. Die skandinavischen Staaten haben wirtschaftliche und militärische, aber auch technologische Ressourcen, die Europa dringend braucht. Sie verfügen außerdem über gute Gesprächskanäle in Washington, wo ihr Pragmatismus geschätzt wird. Und sie werden auch in Moskau respektiert. Die nordeuropäischen Staaten sind sowohl für Deutschland als auch für die osteuropäischen NATO-Staaten wichtige, bisher eher unterschätzte Partner.

Die wachsende Bereitschaft Deutschlands, mehr in die europäische Verteidigungsfähigkeit zu investieren, bietet die Chance, neue Kooperationsformate zu schaffen, die die zwei wichtigsten westlichen Institutionen NATO und EU näher zusammenführen. Die Verteidigungsfähigkeit ist der wohl sensibelste Bereich der Politik. Dort ist Vertrauen unter Partnern besonders wertvoll, Misstrauen hingegen besonders gefährlich. Die Tendenzen zur Renationalisierung sind auch in Europa unübersehbar, und eine Krise der NATO würde sie noch dramatisch verstärken. Die Sicherheits- und Verteidigungspolitik muss deshalb besonders geschützt werden. Sie ist politisch wie militärisch derzeit unsere letzte gemeinsame europäische Verteidigungslinie, die Ost- und Westeuropa ebenso eint wie Nord- und Südeuropa.

Warum bieten wir Frankreich nicht eine Konföderation mit Deutschland in der Sicherheitspolitik an? Zu deren Beginn kann sich jeder Soldat aussuchen, in welcher Armee der beiden Länder er seinen Dienst antreten will. Warum streben wir nicht eine gegenseitige Anerkennung der militärischen Ausbildung an? Warum sollten die in Deutschland ausgebildeten Unteroffiziere und Offiziere nicht in die französische Armee und umgekehrt wechseln können? Das wäre ein Modell, dem sich andere EU-Staaten anschließen könnten. So würden wir Voraussetzungen für eine eng miteinander verbundene militärische Sicherheitsarchitektur schaffen, die in einer europäischen Armee münden könnte. Sie sollte die NATO nicht ersetzen, sondern eine effiziente europäische Struktur innerhalb der Allianz sein.

Für Deutschland wäre diese militärische Konföderation mit Frankreich übrigens mit einer unbequemen Diskussion verbunden. Denn solche gemeinsamen Verteidigungsstrukturen in Europa unterliegen nach unserem Grundgesetz dem Parlamentsvorbehalt für den Einsatz der Bundeswehr. Niemand in Europa wird aber mit Deutschland ein System vernetzter

Sicherheit bilden, wenn er nicht sicher sein kann, dass ihm die militärischen Fähigkeiten Deutschlands etwa in einer Friedensmission der UNO auch zur Verfügung stehen. Die Bereitstellung deutscher Armee-Einheiten darf nicht davon abhängen, ob in Deutschland gerade Wahlen bevorstehen und die politischen Parteien im Deutschen Bundestag sich vor einer unbequemen Entscheidung drücken möchten.

Noch schwieriger wird in Deutschland die Frage des nuklearen Schutzschildes zu beantworten sein. Wir profitieren zwar seit Jahrzehnten von dessen Abschreckungspotenzial, möchten daran aber ungern erinnert werden. Denn er dokumentiert einerseits unsere Verletzbarkeit und Schwäche, andererseits widerspricht er unserer eher pazifistischen Grundhaltung. Auf seine *Force de frappe* wird Frankreich ebenso wenig verzichten wie die NATO auf ihre nuklearen Fähigkeiten, solange es nicht zum endgültigen und globalen Abbau von atomaren Massenvernichtungswaffen kommt. Derzeit ist eher eine neue Spirale nuklearer Aufrüstung zu befürchten. Darüber brauchen wir gerade in Deutschland eine aufgeklärte öffentliche Debatte. Verschweigen wir dieses sicherheitspolitische Dilemma, verbreitern wir die Distanz zwischen der Bevölkerung und den politisch Handelnden. Unser Land ist »erwachsen« genug, sich dieser strategischen Debatte zu stellen.

Eine gemeinsame europäische Außenpolitik

Europa verkauft sich weit unter Wert: Es spielt in der Welt eine Rolle, die seinen menschlichen, politischen und wirtschaftlichen Ressourcen bei weitem nicht entspricht. Zur gleichen Zeit verschärfen sich die politischen Machtrivalitäten und der globale Wettbewerb. Das relative Gewicht der westlichen Welt geht zurück, die autoritär regierten Staaten gewinnen auch in Europa an Einfluss. Der französische Präsident Macron hat die Aufgabe präzise formuliert: Statt autoritäre Demokratien braucht Europa wieder mehr Autorität der Demokratie.

Die Schwäche Europas ist ein Risiko für eine friedliche, auf Freiheit und Demokratie orientierte Weltordnung. Diese Schwäche bedroht vor allem die eigene Zukunft Europas. Wir können auf diese Herausforderungen nicht mit Abschottung oder Rückzug antworten, sondern nur mit der Öffnung zur Welt. Wir müssen bereit sein, unsere Interessen klar zu definieren und auch konsequent zu verfolgen. In vielen Fällen, vor allem in der Sicherheitspolitik, wird dies nur im Rahmen der transatlantischen Gemeinschaft möglich sein. In der Wirtschaft braucht es unseren Beweis, dass wir nicht nur in den traditionellen Industrien, sondern auch auf den digitalen Technologiefeldern unseren Führungsanspruch erheben können. Nur ein wirtschaftlich erfolgreiches Europa wird politisch respektiert werden und Partner finden.

Europa muss seine Rolle in der Welt offensiv annehmen, sich globale Gestaltungskraft zutrauen und seine Werte behaupten. Die europäische Politik sollte sich zu mehr Verantwortungs- und Risikokultur wandeln. Ich bin überzeugt, dass die Potenziale der europäischen Staaten und Nationen besser genutzt werden können, um gemeinsame Strategien gegenüber den für uns wichtigen Regionen und Mächten wie Russland und China, aber auch Afrika zu entwickeln.

Nicht zuletzt die Vereinigten Staaten haben diese Entwicklung konzeptionell, politisch und ökonomisch vorangetrieben. Das integrierte Europa wurde geschaffen, um seine eigenen historisch gewachsenen Probleme zu lösen. Trotz aller derzeit sichtbaren Schwierigkeiten innerhalb der Europäischen Union ist dies weitgehend gelungen, sowohl in politischer als auch in wirtschaftlicher Hinsicht. Geostrategische Überlegungen, die Haltung Europas zu anderen Teilen der Welt waren dagegen nicht Kern des Europäischen Projektes. Diese wurden den europäischen Mitgliedern des Sicherheitsrats, dem Vereinigten Königreich und Frankreich, vor allem aber dem transatlantischen Partner USA überlassen.

Der aktuelle Zustand sowie die absehbaren Entwicklungen sind ein Ausdruck und zugleich eine Ursache für die Schwäche der Gemeinschaft in der Welt. Die Krise, die Europa heute erlebt, hat innere Ursachen, ist aber auch auf die veränderten weltpolitischen Realitäten zurückzuführen, auf die Europa nicht vorbereitet ist. Die Reformen, über die viel diskutiert wird, müssen deshalb auch zum Ziel haben, Europa weltoffener und dadurch auch weltpolitikfähig zu machen. Sosehr sich Europa als weltoffen versteht und in vielfacher Hinsicht mit anderen Regionen politisch und wirtschaftlich verbunden ist, so sehr beschränkt sich sein Einfluss häufig auf normative Festlegungen und den Schutz vor Veränderungen von außen, aber zu wenig auf die wirksame Durchsetzung seiner mittel- und langfristigen Interessen. Als ein Beispiel sei Afrika genannt, das noch immer als Problemgebiet und als Herkunftsort von Flüchtlingen definiert wird. Demgegenüber tritt China auf diesem Kontinent zur Wahrung seiner langfristigen strategischen Interessen auf, ohne auch nur einen afrikanischen Flüchtling befürchten zu müssen. Der traditionelle amerikanische Exzeptionalismus wird durch einen europäischen mit umgekehrten Vorzeichen gespiegelt: Europa soll eher vor den Veränderungen der Welt bewahrt werden als sich in diese Veränderungen einzumischen. Tatsächlich ist Europa, trotz aller Probleme, weiterhin für viele Menschen (auch in den USA) ein enger und attraktiver Partner und geradezu ein Modellkontinent mit erheblicher Soft Power und Anziehungs- wie Strahlkraft.

Die Warnungen vor einem Bedeutungsverlust Europas in der Welt werden oft so verstanden, als ob es um die Ängste ehrgeiziger Politiker ginge, die befürchten, nicht mehr in der ersten Reihe zu sitzen. In Wirklichkeit geht es um elementare Interessen der Bürger, deren Wohlstand und Sicherheit mehr denn je die Folge einer starken weltwirtschaftlichen Einbindung sind. Diese Einbindung ist wechselseitig vorteilhaft. Die Angst, von außen bestimmt zu werden, trägt allerdings zur Unsicherheit vieler Europäer bei. Die Europäische Union vermag nicht Sicherheit und Wohlstand durch Protektionismus zu gewährleisten. Europa muss vielmehr bereit sein, sich stärker zur Welt zu öffnen. Die Öffnung Europas zu einer unbequemen und risikobehafteten, zugleich aber chancenreichen Welt erfordert einen Kulturwandel, an dessen Gestaltung Politik, Wirtschaft und Kultur gleichermaßen teilnehmen sollten. Wenn das gelingt, werden die Europäer ein neues Selbstbewusstsein entwickeln. An menschlichen, materiellen und geistigen Ressourcen mangelt es jedenfalls nicht.

Europa als Einheit zusammenzuhalten ist die Voraussetzung, in der Welt noch wahrgenommen zu werden. Eine EU, die wirtschaftlich schwächer wird, ihre Konkurrenzfähigkeit einbüßt oder am Euro zerbricht, wird in der Welt des 21. Jahrhunderts keine Rolle mehr spielen. Dennoch ist dieser Reformprozess nach innen nur eine notwendige und keine hinreichende Bedingung für ein wahrnehmbares Gewicht Europas in der Welt. Die EU muss sich weit mehr zu einer aktiven, gemeinsamen Außenpolitik bekennen. Dort, wo sich die USA nicht mehr verantwortlich fühlen, werden wir Europäer Verantwortung zu übernehmen haben, nicht überall, aber in weit mehr Regionen der Welt als in der Vergangenheit. Wenn wir das versäumen, werden andere das von den USA hinterlassene Vakuum besetzen, etwa Russland und China, die damit ja auch schon begonnen haben.

Europa wird sich mit einer gemeinsamen Außen- und Sicherheitspolitik Schritt für Schritt zum Interessenvertreter seiner Bürger in der Welt wandeln müssen. Wir haben nur die Alternative, entweder eine gemeinsame Stimme in der Welt zu haben oder keine.

Europa darf deshalb außen- und sicherheitspolitisch nicht länger unterhalb seiner Gewichtsklasse antreten. Bei den Friedensbemühungen etwa in Syrien ist die Rolle der EU überschaubar, obwohl Europa durch die Flüchtlingsströme unmittelbar betroffen ist. Europa wird seine Kräfte bündeln müssen und auf Augenhöhe mit den USA, Russland oder China agieren lernen.

Deutsche Außenpolitik war Teil des transatlantischen Bündnisses mit den USA und seinen Westalliierten. Sie erweiterte ihre in Grenzen eigenständige Rolle seit der Kanzlerschaft Willy Brandts auf die Deutschland- und Ostpolitik. Selbst die deutsche militärische Beteiligung an der Konfliktbewältigung im ehemaligen Jugoslawien und in Afghanistan war Teil einer transatlantischen Außenpolitik im Rahmen des NATO-Bündnisses. Nur das Nein des SPD-Bundeskanzlers Gerhard Schröder, sich am Irakkrieg 2003 zu beteiligen, blieb eine spektakuläre Ausnahme.

Auch nach dem Fall des Eisernen Vorhangs und der Wiedervereinigung Deutschlands setzte sich die nach innen gerichtete europäische Konzeption fort. Und mit Europa ging es aufwärts: Der Euro war beschlossene Sache, die massive Erweiterung nach Osten wurde vorbereitet, und schon begann eine erneute und anspruchsvolle Debatte über die Finalität Europas. Gerade diese Frage ist bis heute unbeantwortet geblieben. Für die europäische Außen- und Sicherheitspolitik hat aber gerade sie eine enorme Bedeutung.

Das vegetarische Europa in einer Welt voller Fleischfresser

Unsere Werteorientierung, wie sie gern als Gesinnungsethik von uns Deutschen für unsere Außenpolitik in Anspruch genommen wird, wird allein jedenfalls nicht ausreichen, um sich in dieser von wirtschaftlichen, politischen und auch militärischen Egoismen geprägten Welt zu behaupten. Insofern wies Lord Dahrendorf in seiner unbarmherzigen Art zu Recht auf ein Problem hin, dessen Tragweite uns erst jetzt so richtig klar wird: Die EU ist kein echter Machtfaktor in der Welt. Und ohne die enge Bindung an die Vereinigten Staaten wird sie es künftig erst recht nicht sein. Wir müssen uns fragen, ob und wie wir diese Bindung zu den USA in veränderter Form beibehalten können. Und definieren, was wir als Europäer zu tun haben, um zu einem Faktor der Weltpolitik zu werden. Dazu gehören wirtschaftliche, politische und kulturelle Mittel, aber im Zweifel auch die Bereitschaft, militärische Mittel einzusetzen. Ohne eine wirkliche Machtprojektion wird Europa kein globaler Akteur sein können, werden sich nicht einmal fragile Staaten an uns wenden, wenn sie Hilfe und Partner suchen.

Wie sehr wir Europäer entgegen allen hehren Bekenntnissen zu unserer Friedensverantwortung in einer ohnmächtigen Randlage verharren, erweist sich in unserer unmittelbaren Nachbarschaft. Im Nahen Osten, dem brisantesten Konfliktherd der Welt, ist Europa eine zu vernachlässigende Größe. Um unsere humanitären Appelle, unsere Werte und unsere Klagen über die dortigen Völkerrechtsverletzungen kümmert sich niemand. Als wir gebraucht wurden, waren wir nicht da. Und heute, in der Welt der Fleischfresser, sind wir als Vegetarier schlicht uninteressant. Wir stehen am Spielfeldrand des Konflikts, denn die Strategie »Wasch mir den Pelz, aber mach mich nicht nass« hat dazu geführt, dass wir Europäer gleichwohl die kostspieligen Konsequenzen dieses kriegerischen Konfliktes zu tragen haben: Millionen von Migranten und einen vermutlich erheblichen Anteil am Wiederaufbau Syriens und des Irak. Aber einen Einfluss auf den Verlauf oder das Ende der Konflikte haben wir nicht, Deutschland am allerwenigsten. Wir sind hilflose Zuschauer, während andere die Machtachsen auf Dauer zu verschieben suchen.

Bei den jüngsten militärischen Interventionen wurde die Regierung in Berlin noch nicht einmal mehr gefragt. Die Bemerkung der deutschen Bundeskanzlerin, Deutschland werde sich an dem Waffengang in Syrien nicht beteiligen, war mehr als verständlich. Denn die zuvor eskalierende Rhetorik zwischen den USA und Russland hatte hierzulande die wachsende Angst vor einer direkten Konfrontation zur Folge. Wir Deutschen wollten auf keinen Fall militärisch in diesen Konflikt verwickelt werden. So weit, so richtig. Ehrlicherweise muss man aber zugeben, dass das Auseinanderfallen der Haltungen Frankreichs, Großbritanniens und der USA einerseits und Deutschlands (zusammen mit anderen weniger prominent sichtbaren EU-Mitgliedstaaten) andererseits einmal mehr deutlich gemacht hat, wie weit wir von einem gemeinsamen Verständnis Europas zu den globalen Herausforderungen entfernt sind – von einer abgestimmten Haltung des Westens unter Einschluss der USA ganz zu schweigen.

Wir werden im 21. Jahrhundert nur dann souverän unser Leben gestalten können, wenn wir mittels der transnationalen EU wieder Souveränität zurückgewinnen. Diese besitzen wir als Nationalstaaten mangels Größe und Gewicht schon nicht mehr. Das heißt nicht, dass wir immer und überall *mehr* Europa brauchen, aber oftmals eben ein *anderes* Europa.

Macrons Credo lautet denn auch keineswegs »Brussles takes it all«, sondern »L' Europe reprend le controle«. Nationalstaat und Europäische Einigung sind kein Widerspruch, sondern in der Welt des 21. Jahrhunderts zwei Seiten derselben Medaille.

Ein Europa als zivile Großmacht

Wir Europäer müssen verstehen lernen, dass wir nur Teil einer Welt sind, in der Machtpolitik und Interessen notfalls mit kriegerischen Mitteln durchgesetzt werden. Oft prallt eine moderne Friedensdiplomatie in dieser gewaltbereiten Welt auf eine Realität, die für die betroffenen Menschen von Krieg, Flucht und Vertreibung geprägt ist.

Welche Folgen eine mangelnde Geschlossenheit oder Spaltung der EU-Partner zeitigt, lässt sich an zahlreichen weiteren und gefährlichen

Fehlentwicklungen festmachen, die andere Mächte ermuntern, uns zu testen. Die Versuche der Destabilisierung an den Ostgrenzen der Europäischen Union, in der Ukraine, im westlichen Balkan oder im Umgang mit der Türkei sind unübersehbar. Wer Europa einen will, muss immer die Perspektive des jeweils am meisten »gefährdeten« Landes in den Blick nehmen: in der Sicherheitspolitik die Perspektive der Balten und der Polen; in der Finanz- und Wirtschaftspolitik die Lage im Süden Europas; in der Flüchtlingspolitik die Situation Italiens und Griechenlands. Wer die »America-first«-Doktrin kritisiert, darf es in Europa nicht genauso halten, wenn es die Interessen des eigenen Landes betrifft. Die Perspektive des Schwächeren einzunehmen sollte dazu führen, dass man die existenziellen Bedürfnisse eines Landes nicht ignoriert, sondern ihnen, soweit es möglich ist, auch nachkommt.

Besondere Sorgen machen uns Europäern aktuell zwei Konflikte: der Streit zwischen den USA und Europa in internationalen Handelsfragen und das Schicksal des Nuklearabkommens mit dem Iran nach dem Bruch durch die USA. Auf einmal befinden sich die Europäer in einem Boot mit den Signatarstaaten Russland und China. Vorteilhaft ist das nicht. Stärker macht es uns auch nicht. Ein schwaches Europa wird von niemandem respektiert. Weder von den Starken – USA, Russland, China – noch von den Schwachen – etwa vielen afrikanischen Nationen.

Wir müssen beim Handel und beim Nuklearabkommen zu unseren Überzeugungen und Prinzipien stehen. Wir müssen unsere Interessen wahren, sie in Verhandlungen behaupten und stets der Friedensdiplomatie den Vorzug geben. Gerade die jüngere Geschichte zeigt, dass militärische Interventionen nur selten zur inneren Demokratisierung eines Landes führen. Zum letzten Mal hat das wohl in (West-) Deutschland nach dem Sieg der Alliierten über Hitlerdeutschland funktioniert. In der zweiten Hälfte des 20. und zu Beginn des 21. Jahrhunderts hat der militärische Einsatz von außen eher zum Gegenteil beigetragen. Ohne die Invasion der USA an der Spitze einer »Koalition der Willigen« wäre die jüngste Geschichte womöglich anders verlaufen – wäre die Saat für den Terror des Islamischen Staates (IS) nicht so einfach aufgegangen oder der Einfluss der Regionalmacht Iran im Konflikt zwischen der schiitischen und sunnitischen Welt eingehegt geblieben.

Wir Europäer haben allerdings auch etwas einzubringen in die Welt. Wir wissen aus unserer eigenen Geschichte: Krisen und Kriege werden am Ende nie militärisch, sondern politisch und diplomatisch beendet und überwunden. Dagegen steht leider, dass die Welt um uns herum dies viel zu oft anders zu sehen scheint. Aber gerade weil das so ist, müssen wir – muss auch Deutschland – jetzt seine Stimme erheben und Europas zivile Krisenmanagementfähigkeiten stärken. Denn noch immer ist Europa die stärkste zivile Interventionsmacht der Welt.

Ich weiß um die Gefahr, dass manche diese Vorsätze angesichts der Krisen, die uns umgeben, für weltfremd halten mögen. Schließlich ziehen die Friedensforscher des Stockholmer SIPRI-Instituts eine alarmierende Bilanz: Global betrachtet gibt es mehr Rüstungsausgaben, mehr Waffenhandel, mehr gewaltsame Konflikte. SIPRI stellt die bange Frage, welche Folgen die »Wiederkehr des strategischen Wettbewerbs zwischen den Großmächten« zeitigen wird.[34] Syrien, Jemen, der Konflikt am Golf, die Auseinandersetzung zwischen Saudi-Arabien und dem Iran, aber auch die keineswegs gesicherte Lage auf der koreanischen Halbinsel sind nur die aktuellsten Indizien dafür, dass eine militärische Konfliktlogik das Denken der politisch Verantwortlichen prägt. Gewalt pariert man am besten mit Gewalt – diese Gleichung gibt es anscheinend nicht mehr nur für Autokraten, Warlords und Milizenführer.

Natürlich kann man diese Entwicklungen nicht ignorieren. Spätestens mit der russischen Annexion der Krim und dem Ausbruch des Konflikts in der Ostukraine ist auch Europa zum Austragungsort militärischer Stärkebeweise geworden. NATO und EU haben darauf reagiert. Mit dem Aufbau einer glaubwürdigen Präsenz der NATO in den Mitgliedstaaten Mittel- und Osteuropas, mit Sanktionen, aber auch mit dem jüngsten Erfolg der EU: 24 Mitgliedstaaten haben beschlossen, gemeinsam die ersten, kleinen Schritte auf dem weiten Weg zu einer Europäischen Verteidigungsunion zu gehen.

Diese militärische Machtprojektion fällt uns nicht leicht. Denn die EU ist nicht als globaler Akteur gegründet worden. Aus dieser Tradition heraus wachsen aber große Stärken, derer wir uns gerade angesichts der Renaissance heißer Kriege in manchen Teilen der Welt bewusst werden sollten.

So waren die Europäer die treibende Kraft bei der Entschärfung des Konflikts um das iranische Atomprogramm. Das Nuklearabkommen, das die Trump-Administration infrage stellte, ist eines der besten Beispiele für den hohen Wert der Diplomatie und friedlichen Konfliktlösung. Um im Bild zu bleiben: Europa muss ein »Flexitarier« werden, ein »Vegetarier zweiten Grades« sozusagen, der Fleischkonsum gelegentlich zulässt und militärische Macht nicht scheuen darf, aber der zivilen Macht den Vorrang einräumt.

Für Deutschland ist das Ansporn genug, weiter auf friedliche Wege der Konflikteindämmung zu setzen. Denn als ziviler Akteur ist die EU schon jetzt eine respektable Größe. Europäische Experten beraten die palästinensischen Polizeibehörden bei der Korruptionsbekämpfung, bilden die somalische Küstenwache für den Kampf gegen Schmuggler und Piraten aus und begleiten mit einer Rechtsstaatsmission im Kosovo den zähen Kampf gegen die organisierte Kriminalität. Keine dieser Missionen macht Schlagzeilen, es fahren keine Panzer durchs Bild, und es wird nicht geschossen. Aber um die Ursachen für Konflikte zu vermeiden, sind sie effektiver als Schießübungen. Auf diesem Feld ist die EU eine Macht, sie kann Dinge, die andere Akteure nicht kennen oder können. Wie überzeugend sähe wohl eine russische Initiative zur Bekämpfung der Korruption aus? Oder eine chinesische zur Ausbildung unabhängiger Richter?

Wir sind auf diesen Gebieten im Vergleich zu anderen schon so stark, wie wir militärisch erst werden sollten. Wenn wir diesen Weg konsequent weitergehen, werden die EU und auch wir in Deutschland für solche Missionen mehr finanzielle Mittel aufbringen müssen. Aber wenn damit Staatszerfall und am Ende militärische Stabilisierungsmissionen vermieden werden können, ist dies gut investiertes Geld. Deshalb hat Deutschland mit einigen Partnerstaaten in Brüssel eine Initiative für eine zivile Verteidigungskooperation gestartet. Nach PESCO, der Ständigen Strukturierten Zusammenarbeit, in Verteidigungsfragen wird es nun – als gleichgewichtiges Pendant geplant – PESCO Plus für zivile Krisenprävention geben. Nach dem Vorbild der in Brüssel geplanten militärischen Operationszentrale wollen wir auch ein ziviles Hauptquartier aufbauen. Wie bei den Militärs, müssen auch zivile Missionen in einer Hand geplant, kontrolliert und am Ende evaluiert und mit dem neuen militärischen Hauptquartier koordiniert werden.

Die EU muss dazu, salopp gesagt, lernen, besser mit sich selbst zusammenzuarbeiten. Und die Mitgliedstaaten müssen die Ressourcen und das Personal stellen, das europäisch eingesetzt werden soll. Deshalb benötigen wir auch nach europäischen Standards trainierte und schnell einsatzbereite Teams aus Juristen, Medizinern, Polizisten und anderen Experten, die im Krisenfall zügig entsandt werden können. Die Bundesregierung baut über das Zentrum für Friedenseinsätze in Berlin seit Jahren einen solchen Expertenpool auf. Als Rahmennation können wir auch Experten aus anderen EU-Ländern aufnehmen. Das Ziel ist klar: Der militärischen Logik soll eine zivile und diplomatische entgegengestellt werden. Wir wollen und dürfen eine Verengung auf die Welt und die Weltsicht der »Fleischfresser« nicht zulassen.

Ein Europa mit strategischer Kultur

Wir brauchen in Europa eine strategische Kultur. Und Deutschland muss daran mitwirken.

Ich will an einem Beispiel deutlich machen, worum es mir geht: Nichts erregt die innenpolitische Debatte in Deutschland mehr als Waffenlieferungen an die Türkei. Die innenpolitische Repression der Türkei und der wieder entflammte Krieg gegen die Arbeiterpartei Kurdistans PKK innerhalb und außerhalb der türkischen Grenzen lassen es für viele Menschen als unmoralisch und nicht vertretbar erscheinen, der Türkei Rüstungsgüter zu liefern. Zuletzt erregte deshalb eine Lieferung deutscher U-Boote die öffentliche Debatte.

Die Diskussion zeigt, dass wir zu einer strategischen Diskussion über die Türkei nicht willens oder nicht in der Lage sind. Die Türkei ist ein NATO-Partner. Selbst während der Militärdiktatur wurde das Land nicht aus dem Bündnis gedrängt – ebenso wenig übrigens wie Griechenland nach einem Militärputsch in den 1970er-Jahren. Der Grund lag auf der Hand: Niemand im Westen wollte diese Länder in Richtung der früheren Sowjetunion abdriften lassen. Auf die heutige Situation übertragen kann man sagen, dass es auch jetzt nicht in unserem strategischen Interesse liegen kann, die Türkei zu Waffenimporten aus Russland zu bewegen. Sie hat damit schon begonnen und Luftabwehrraketen aus russischer Produktion gekauft.

Die Bande der NATO zur Türkei zu lockern oder am Ende sogar zu lösen, hätte für uns in Europa und auch in Deutschland dramatische und bedrohliche Konsequenzen. Denn ein türkischer Sonderweg könnte so unberechenbare Gefahren mit sich bringen wie einst der deutsche. Ohne den Schutz von Artikel 5 des NATO-Vertrags würde die Türkei vermutlich sehr schnell zu einem Land werden, das sich mit der Entwicklung eigener nuklearer Fähigkeiten unangreifbar zu machen sucht. Allein die Bindung an die NATO bleibt ein Garant, dass die Türkei nicht die Fähigkeiten einer Atommacht anstrebt. So berechtigt unsere Kritik an der gegenwärtigen Situation in der Türkei ist, so klar muss unser strategisches Interesse sein, die Westbindung der Türkei nicht zu lockern. Deshalb kann man nur den Kopf darüber schütteln, wie über den Besuch des türkischen Staatspräsidenten Erdoğan in Deutschland 2018 im Vorfeld diskutiert wurde. Allein die Frage zu stellen, ob man diesen Staatsgast denn angesichts seiner Innenpolitik in der Türkei mit militärischen Ehren empfangen dürfe, zeigt nur eines: dass wir an unserem Rigorismus und unserer selbstzufriedenen Moral zu ersticken drohen.

Ein zweites Beispiel sind die Diskussionen über Waffenlieferungen an Ägypten. Das Land, ganz sicher keine Demokratie in unserem Sinne, hat eine mehrere tausend Kilometer lange Grenze zu Libyen. Wenn der libysche Diktator etwas hinterlassen hat, dann Unmengen an Waffen. Diese werden von Waffenhändlern durch Ägypten nach Westafrika geschmuggelt und landen dort in den Händen von Terrororganisationen wie Boko Haram, die Frauen und Kinder entführen und ganze Regionen destabilisieren. Die zum Schutz der Zivilbevölkerung entsandten Soldaten der Bundeswehr oder Frankreichs stehen dann diesen Gewehrläufen gegenüber. Sollen wir also dem ägyptischen Präsidenten as-Sisi Radpanzer liefern, mit denen er seine Grenzen schützen und den Sinai von den Terrormilizen des IS befreien kann? Oder sollen wir den Waffenhandel verbieten, weil diese Radpanzer auch gegen friedliche Demonstranten auf dem Tahir-Platz in

Kairo eingesetzt werden können? Man kann sich immer schuldig machen, ob man Waffen liefert oder nicht liefert. Von Belang ist eigentlich nur, sich dieser Verantwortung bewusst zu sein und nicht zu glauben, man wäre mit der einen oder anderen Entscheidung auf der moralisch sicheren Seite. Ich jedenfalls habe mich für die Lieferung entschieden – und bin mir bewusst, dass ich dadurch Schuld auf mich laden könnte.

Ähnliche strategische Diskussionen ließen sich über unser Verhältnis zu Russland, Saudi-Arabien und anderen schwierigen Partnern führen. Es gibt gute Argumente für jene, die Kooperationen etwa bei der Rüstung oder der Energie wegen der Innen- oder Außenpolitik dieser Staaten ablehnen. Aber auch für jene, die diese Kooperationen dennoch für notwendig halten. Wichtig ist, dass wir uns als Deutsche und Europäer dieser Diskussion stellen. Der Streit polarisiert mitunter – und wird hoffentlich auch Wahlen beeinflussen. So aber wird politisches Handeln begründet und kann nicht einfach für alternativlos erklärt werden.

Auf unserem Weg zu einer strategischen Kultur brauchen wir diesen politischen Diskurs und Wettstreit über die verschiedenen strategischen Alternativen für Deutschland und für Europa. Wir werden mit Entscheidungsfreiheiten und -notwendigkeiten konfrontiert, die wir bislang nicht kannten. Diese Freiheit birgt das Risiko, Fehler zu machen. Sich in einer veränderten und unbequemeren Welt bewegen zu müssen, verunsichert viele Menschen oder macht sie ratlos. Auf diese Menschen müssen wir mit wahrhaftigen Erklärungen über die neuen Bedingungen in dieser aus den Fugen geratenen Welt zugehen. Wir werden deutlich machen müssen, dass es keine vermeintliche Sicherheit und keine »gute alte Zeit« mehr gibt, in die wir zurückkehren könnten. Denn der Lockruf rechter oder linker Populisten und Nationalisten ist eine Retroutopie, die sich nicht erfüllen lässt.

Ein krisenfestes und soziales Europa

Zur Einigung und Stärkung nach außen gehören auch massive Investitionen, um die internationale Wettbewerbsfähigkeit Europas zu stärken. Gegenwärtig hat die Europäische Union relativ klare und eindeutig definierte Instrumente zur Sicherung der Finanz- und Währungsstabilität innerhalb seiner Währungsunion sowie für die gesamte europäische Staatengemeinschaft. Was fehlt, ist ein vergleichbares Instrumentarium für notwendige Investitionen in die Wettbewerbsfähigkeit des Kontinents.

Forschung und Entwicklung, Bildung, transeuropäische Netze im Schienenverkehr und logistische Wertschöpfungsketten sowie der Ausbau der Energieinfrastruktur erfordern gemeinsame europäische Anstrengungen. Statt abstrakt über Investitionshaushalte zu sprechen, müssen die Staats- und Regierungschefs in Europa zunächst klären, wofür investiert werden muss. Nicht der kleinteilige Streit um geringere oder größere Investitionsbudgets begeistert die Menschen für Europa, sondern nur ein erkennbarer europäischer Mehrwert. Den aber erreicht man nicht allein. Europa braucht große Ziele, etwa gemeinsame medizinische Vorhaben im Kampf gegen die großen Volkskrankheiten wie Alzheimer, Demenz und den Krebs. Wir sollten Zentren für die Forschung in der Biotechnologie und die Entwicklung künstlicher Intelligenz schaffen, ebenso für die nächste Generation der Batterietechnik bei der Elektromobilität. Statt mehr als 40 Prozent des EU-Haushaltes für die Agrarsubvention auszugeben und nur zwölf Prozent für Forschung und Entwicklung, könnten wir nachhaltiges Wachstum schaffen und beweisen, dass Europa den Wettbewerb aufzunehmen bereit ist.

Europa muss zeigen, dass es in Krisen handlungsfähig ist. Vor allem, wenn es die Währungsunion des Euro betrifft. Dazu gehören die Bankenunion, aber vor allem die von Macron geforderten »automatischen Stabilisatoren«, die das Abrutschen einer Volkswirtschaft in Zeiten der Krise abfedern. Eine europäische Arbeitslosenversicherung ist dafür sicher kein vernünftiger und durchsetzbarer Vorschlag. Zwischen Bulgarien und Deutschland ein von den Beitragzahlern finanziertes gemeinsames Arbeitslosengeld zu schaffen, würde Europa noch mehr auseinandertreiben. Entweder wären die Beiträge für Bulgarien zu hoch oder das Arbeitslosengeld für Deutschland zu niedrig. Gegen diesen Streit wäre die Auseinandersetzung um den Euro in der Griechenlandkrise ein laues Sommerlüftchen.

Ebenso wenig werden viele der Vorschläge helfen, um die derzeit immer noch heftig gestritten wird. Ein europäisches Einlagensicherungssystem zum Beispiel würde gerade mal 0,8 Prozent der Einlagen sichern. Damit könnten einzelne Bankenkrisen bewältigt werden. In einer flächendeckenden Krise jedoch wird auch in Zukunft nur die Europäische Zentralbank zu tragfähigen Hilfen und Lösungen in der Lage sein. Manche der gegenwärtigen Vorschläge sind eher geeignet, noch mehr Menschen davon zu überzeugen, dass Europa von Technokraten regiert wird und demokratische Wahlen keine Bedeutung haben. Wer etwa jetzt den Hilfsmechanismus der Eurokrise – den Europäischen Stabilitätsmechanismus (ESM) – zu einem Europäischen Währungsfonds ausbauen will, muss auch das Ziel definieren, beispielsweise, weil damit die Vergabe kurzfristiger Kredite unter massiven Auflagen zur Verringerung staatlicher Ausgaben, insbesondere bei Löhnen und sozialer Sicherheit, ermöglicht werden würde. Unter diesen Bedingungen funktioniert nämlich der Internationale Währungsfonds (IWF), der als Vorbild für seinen europäischen Ableger gelten soll. Nicht die nationalen Regierungen, Parlamente oder Tarifpartner entscheiden also in Krisenzeiten über die einzuleitenden Schritte, sondern ein technokratisches Gebilde in Brüssel. Ein besseres Thema im italienischen Wahlkampf konnte man sich kaum vorstellen.

Genauso verhält es sich mit der Idee eines europäischen Finanzministers. Sollte diese Position als »Vorgesetzter« der nationalen Finanzpolitiken verstanden werden, würde ich gern die französische Nationalversammlung erleben, die sich mehr als 200 Jahre nach der Französischen Revolution wieder das Budgetrecht nehmen lassen würde.

Die Währungsunion hat Europa zweifellos wettbewerbsfähiger gemacht. Der Euro ist eine stabile Währung. Die Verschuldung des Euroraums rangiert mit rund 86 Prozent des europäischen Bruttoinlandsprodukts weit hinter der des US-Dollarraums mit 108 Prozent oder des japanischen Yen mit sogar rund 235 Prozent. Sie nimmt allerdings den wirtschaftlich schwächeren Eurostaaten die Möglichkeit, ihre Wettbewerbsfähigkeit durch Abwertung ihrer nationalen Währung mindestens kurzfristig zu erhöhen. Zwar haben solche Abwertungen in der Vergangenheit durch die damit verbundene Inflation zur Entwertung von Löhnen und Gehältern geführt. Es entstand aber kein derartiger Anpassungszwang an die stärkeren Nachbarländer wie jetzt in der Währungsunion.

Gegenwärtig bleiben den weniger starken und wettbewerbsfähigen Eurostaaten drei Instrumente der Währungs- und Finanzpolitik: die interne Abwertung, also die Verringerung von Löhnen, Sozialleistungen und staatlichen Ausgaben; die Migration, also die Auswanderung eines Teils der Bevölkerung in wirtschaftlich attraktive Nachbarstaaten; die Transferleistungen anderer Mitgliedstaaten zur Stützung der wirtschaftlich Schwächeren. Nichts anderes passiert übrigens im Währungsverbund der USA, in dem es natürlich auch wirtschaftlich schwächere Mitgliedstaaten gibt, wie etwa Michigan oder Ohio.

Auch innerhalb Deutschlands verhält es sich ähnlich: Die nach wie vor mangelnde Wettbewerbsfähigkeit ostdeutscher Regionen ohne große und kapitalkräftige Unternehmen befördert eben die Nutzung dieser drei Instrumente: geringere Löhne, Abwanderung der jungen und besser Qualifizierten nach Westen und nach wie vor erhebliche Transferzahlungen nach Ostdeutschland. Im Unterschied zu den USA und Ostdeutschland haben wir es in der Eurozone jedoch mit 28 unterschiedlichen Staaten, Sprachen und Kulturen zu tun. In den nächsten Jahren wird es wohl immer wieder eine Mischung dieser drei Instrumente geben. Die jeweilige Intensität ihres Einsatzes wird dabei im Zeitablauf variieren. *Muddling through* ist daher weiterhin die erfolgversprechendste Strategie. Radikalkuren würden Europa nur weiter auseinandertreiben.

Zu einer verbesserten Krisenfestigkeit Europas gehört auch die Stärkung der sozialen Pfeiler der europäischen Einigung. Dafür sollten wir in Krisenzeiten die Verschuldungsmöglichkeit eines Landes deutlich erleichtern – Deutschland ist das beste Beispiel, warum das so sein sollte. Wir hatten 2003 eine zu hohe Verschuldung und haben die Maastricht-Kriterien nicht einhalten können. Hätten wir die Einhaltung versucht, wären die Investitionen weiter geschrumpft und die Arbeitslosenquote gestiegen. Deutschland hat damals jedoch auf Haushaltskürzungen in Höhe von mehr als 20 Milliarden Euro verzichtet und diesen Betrag stattdessen in Forschung, Entwicklung, erneuerbare Energien und Bildung investiert. Gleichzeitig haben wir unsere sozialen Sicherungssysteme reformiert und dadurch krisenfester gemacht. Im Ergebnis kam Deutschland schneller aus der Finanz- und Wirtschaftskrise der Jahre 2008 und 2009 heraus als jedes andere EU-Land. Seit Jahren erwirtschaften wir nun sogar Haushaltsüberschüsse und können Schulden abbauen.

Wer im eigenen Land notwendige Reformen auf dem Arbeitsmarkt, etwa zur Stärkung der Sozialpartnerschaft, im Steuersystem, in der Bekämpfung der Korruption oder in der öffentlichen Verwaltung vorantreibt, muss dafür von der EU Unterstützung erhalten. Wer, wie derzeit Frankreich oder die damalige italienische Regierung unter den Sozialdemokraten Matteo Renzi und Paolo Gentilone, mutige Strukturreformen durchsetzt, darf nicht an den finanzpolitischen Hardlinern aus Deutschland scheitern. Wer allerdings die notwendigen Reformen der öffentlichen Verwaltung, des nationalen Steuersystems und seines Finanzsektors verweigert und stattdessen lediglich die Haushaltsdefizite durch Steuersenkungen für Wohlhabende und Mehrausgaben im Sozialbereich drastisch erhöht, sollte innerhalb der Eurozone mit Konsequenzen zu rechnen haben. Denn sowenig die »schwarze Null« als Ziel nationaler Haushaltspolitik ein ehernes Gesetz ist, so wenig sind es schuldenfinanzierte Dauerausgaben. Die Politik der beiden Parteien Lega und Fünf-Sterne, die jetzt in Italien die Regierung bilden, steuert exakt auf diesen Konflikt zu. Ein Ausweg wäre, Italien in seinen Kosten für die Migration aus Afrika deutlich zu entlasten. Denn das bisherige Asylsystem schützt Länder wie Deutschland und bürdet den europäischen Grenznationen einen Großteil der Lasten auf.

Der weise Satz von Jacques Delors, dem langjährigen Präsidenten der Europäischen Kommission, behält seine Gültigkeit: »Niemand verliebt sich in einen Binnenmarkt.« Vielmehr hängen das Vertrauen und die Glaubwürdigkeit der EU davon ab, dass die Bürger im Alltag und vor allem in schwierigen Lebenssituationen den Mehrwert der europäischen Einigung spüren können. Deshalb braucht Europa in der Besteuerung mehr Gerechtigkeit und mehr soziale Sicherheit auf den Arbeitsmärkten. »Ein Europa, das schützt« – auch mit diesem Motto hat Macron die richtige europäische Erzählung gefunden.

Dass große Konzerne sich innerhalb Europas ihrer Verpflichtung gegenüber dem Steuerzahler entziehen können, während jeder Arbeitnehmer und jeder Mittelständler deutlich höhere Steuersätze zu zahlen hat, ist ebenso gefährlich für die Glaubwürdigkeit des europäischen Projekts wie einige Regeln des Binnenmarktes, die Arbeitnehmer schutzlos machen, wie fehlende verbindliche Unternehmensmitbestimmung oder das dem Wettbewerbsrecht geschuldete europäisch erzwungene Lohn- und Sozialdumping. Unbeschränkter Wettbewerb im Binnenmarkt ist gut, aber nicht zum Preis der schlechtesten Löhne und der geringsten sozialen Sicherung. Die EU-Regel »gleicher Lohn für gleiche Arbeit am gleichen Ort« würde ohne die Initiative Frankreichs bis heute nicht existieren.

Ein Europa mit Mutter- und Vaterländern

Zu einem neuen Aufbruch Europas gehört schließlich auch Ehrlichkeit: Die »immer engere Europäische Union«, die zu einer Art »Vereinigter Staaten« zusammenwächst, kann auf absehbare Zeit kein Ziel sein, für das es in Europa Mehrheiten geben wird. Im Gegenteil, diese Vision gefährdet die Europäische Union, weil Geschichte und Geografie auch heute die Identität der europäischen Völker bestimmen. Wer dies als »gestrig« und »nationalistisch« abtut, ignoriert die Sehnsucht unserer Gesellschaften nach politischer, kultureller und gesellschaftlicher Herkunft.

Wir brauchen eine EU, die sich um die großen europäischen Aufgaben kümmert. Und wir brauchen eine EU, die den Mitgliedstaaten gleichzeitig Luft zum Atmen lässt. Alles, was nicht auch besser auf europäischer Ebene geregelt werden könnte, bleibt im Sinne des Subsidiaritätsprinzips nationale Aufgabe. Daneben sollte auch die politische Teilhabe der kommunalen Ebene finanziell gestärkt werden. Wir brauchen einen starken europäischen Bund, aber keinen EU-Superstaat.

Die Vertreter der EU-Mitgliedstaaten werden entscheiden müssen, ob das Europäische Projekt wieder an Kraft gewinnt oder an Schwindsucht zugrunde geht. Kein Europäisches Parlament – und erst recht keine EU-Kommission – kann diesen politischen Willen ersetzen. Der Dauerstreit um ein »Europäisches Vaterland« oder ein »Europa der Vaterländer« sollte jedenfalls endlich ad acta gelegt werden. Dieser Disput ist längst zugunsten eines Europas der Vater- und Mutterländer entschieden. Gerade in einer Zeit, in der Menschen auf der Suche nach Identität

sind, ist das auch gut so. Die Voraussetzung für ein stärkeres Zusammen-
wachsen der Union bleibt das intergouvernementale Europa. Gleichzeitig
muss aber jeder Mitgliedstaat ein Hüter der Verträge bleiben. Die starken
und großen Länder dürfen die kleineren oder schwächeren nicht dominieren. Deshalb sind starke europäische Institutionen kein Gegensatz
zum Europa der Vater- beziehungsweise Mutterländer. Das Spannungsverhältnis zwischen Nationen und europäischen Institutionen ist kein
Sprengsatz für Europa, sondern ein überaus nützlicher Klebstoff für den
Zusammenhalt.

Die Autorin Thea Dorn ist der Suche nach Identität in ihrem Buch
»Deutsch, nicht dumpf. Ein Leitfaden für aufgeklärte Patrioten« klug auf
die Spur gekommen: Mit der Vaterlandsliebe verhält es sich wie mit jeder
Form der Liebe.[35] Um aufrichtig und von Dauer zu sein, setzt sie eine
tiefe Kenntnis und vor allem ein Verständnis für das Objekt der Liebe
mit all seinen guten und weniger guten Seiten voraus, mit seinen Schwächen und Stärken, aber auch mit seinen Irrungen und Wirrungen, die das
Leben mit sich bringt. Bleibt die Liebe nur ein emotionales Feuerwerk, ist
sie nicht von Dauer. Und wird sie obsessiv, verklärend und starr, so entwickelt sie eine zerstörerische Dynamik.

Der Diskurs über die Sehnsucht nach Heimat ist auf vielfältige und
vielschichtige Weise schwierig, manchmal unnötig beladen und oft missbraucht worden. Mit ein wenig Anstrengung kann man aber die über-
idealisierte, auf Abgrenzung, Herabsetzung und Überhöhung zielende
deutschtümelnde populistische Verklärung des Nationalen als das entlar-
ven, was sie ist: eine fiebrige Wahnvorstellung.

Allerdings darf man die ängstlichen Protagonisten der linksliberalen
Postmoderne auch nicht schonen. Deren überpädagogisierender Umgang mit den Sehnsüchten der *Somewheres* nach Identität, Zugehörigkeit und Orientierung in einer verwirrend erscheinenden Welt muss als
intellektuelle Flucht der *Anywheres* vor einer aufgeklärten, aber auch unbequemen Auseinandersetzung mit scheinbar belasteten Begriffen wie
Leitkultur, Heimat, Identität und Nation identifiziert werden.[36] Die bloße Erwähnung lässt liberale Geister nahezu in einem pawlowschen Re-
flex zusammenzucken. Patriotismus als braune Ideologie oder überholte

Sentimentalität abzutun, ist ein fataler Fehler. Die Deutungshoheit über Begriffe wie Heimat und Nation ist keineswegs der extremen Rechten vorbehalten.

Wir müssen uns ein im besten Sinne emanzipatorisches Bild unseres und jedes anderen demokratischen Landes machen. Der säkularisierte Staat braucht Voraussetzungen, die er aus sich selbst heraus nicht zu schaffen vermag, hat der Verfassungsrechtler und Sozialdemokrat Ernst-Wolfgang Böckenförde treffend formuliert.[37] Dazu zählt in erster Linie die Idee einer aufgeklärten Zivilität der Bürger. In unserem Grundgesetz hat diese Zivilität ihren wichtigsten und zugleich schönsten Ausdruck gefunden: »Die Würde des Menschen ist unantastbar.« Nicht die Würde der Deutschen, sondern aller Menschen. Das Grundgesetz beschreibt in Artikel 1 einen universellen Anspruch, verknüpft diesen jedoch im zweiten Satz bewusst als Auftrag an den deutschen Nationalstaat: »Sie zu achten und zu schützen ist Verpflichtung aller staatlichen Gewalt.« Die Nation und ihr Staat erhalten hier ihren wichtigsten Auftrag. Ich kenne keinen anderen und besseren Adressaten für eine rechtsstaatliche und freiheitliche Demokratie als den heutigen demokratisch verfassten Nationalstaat. Die Bundesrepublik Deutschland ist das beste Deutschland, dass es je gegeben hat. Ich will es erhalten und beschützen. Das hat nichts mit Nationalismus zu tun, wohl aber mit einem aufgeklärten Patriotismus. Tatsächlich schafft der Nationalstaat den Referenzpunkt für diesen großartigen Satz unseres Grundgesetzes. Der Nationalstaat bleibt bis auf Weiteres die einzige Einheit, die nachhaltig Solidarität und Frieden zu schaffen vermag, solange die Europäische Union nichts annähernd Gleichwertiges bieten kann.

Es ist also möglich, »in Liebe« zur Bundesrepublik Deutschland zu verfallen, ohne in eine monströse, zerstörerische und narzisstische Obsession abzudriften. Die legendäre Antwort Gustav Heinemanns auf die Frage, ob er als Bundespräsident Deutschland liebe, bleibt gleichwohl eine schöne Abwehr überbordender Ersatzhandlungen im Nationalen. Er liebe nur seine Frau, antwortete Heinemann. Dieser vom Nationalismus streng unterschiedene Patriotismus funktioniert aber nur unter der Voraussetzung, dass sich Politik und Bürger gleichermaßen damit auseinandersetzen, wie der Status quo erreicht werden konnte. In Deutschland zählen dazu die Gräueltaten der Nationalsozialisten, gegen deren Relativierung man sich immer wehren muss.

Die kalkulierten und provozierenden Grenzverschiebungen der AfD im Deutschen Bundestag werden nicht zu korrigieren sein, wenn versucht wird, sie schlicht nicht zu beachten. Es ist schlimm, wie weit der Gewöhnungseffekt, deutsche Geschichte zu relativieren, schon fortgeschritten ist. So ebbte die Empörung über die Bemerkung des AfD-Politikers Alexander Gauland, die Nazi-Zeit sei nur »ein Vogelschiss« in der deutschen Geschichte, nach noch nicht einmal drei Tagen ab. Wenn man bedenkt, dass ein des Rechtsradikalismus völlig unverdächtiger Bundestagspräsident Philipp Jenninger (CDU) einst wegen einer missverständlich vorgetragenen Rede zurücktreten musste, spürt man, wie weit es der AfD bereits gelungen ist, unsere Nerven durch den Gewöhnungseffekt zu sedieren. Einzig der Berliner *Tagesspiegel* reagierte mit einer ganzen Fotoseite über die Massenmorde des Hitlerregimes angemessen auf Gaulands gezielte Provokation. In der deutschen Geschichte sind Licht und Schatten, Recht und Unrecht untrennbar miteinander verwoben. Nur wer dies anerkennt, kann aufgeklärt patriotisch sein.

Der Schlüssel für einen aufgeklärten Patriotismus liegt also darin, das Bewusstsein dafür zu schaffen, was Deutschland ist: Ein Land der Widersprüche – der Erfolge, der Niederlagen, der Verluste und Errungenschaften. Erst in der Fülle aller Facetten des Landes liegt sein Wesen und weist den Weg zu einem pragmatischen und aufgeklärten Patriotismus. Aufgeklärter Patriot und überzeugter Anhänger Europas zu sein, schließen sich nicht aus. Man kann sich als Deutscher, Franzose, Italiener oder Pole seiner Besonderheiten bewusst sein, ohne zu vergessen, was an Gemeinsamkeit notwendig ist, und ohne die Vielfalt zu leugnen. Wer sich zu seiner Nation bekennt, trennt sich damit nicht von Europa oder der Welt. Bertolt Brechts »Kinderhymne« ist mir in der Debatte um das Europa der Vaterländer oft eingefallen: »Und weil wir dies Land verbessern, lieben und beschützen wir's. Und das liebste mag's uns scheinen. So wie andern Völkern ihrs.«

Politik und Werte in und für Europa

Es spricht einiges dafür, Immanuel Kant als den deutschen Philosophen der Aufklärung und als Quelle fortschrittlicher Politik wiederzuentdecken, schreibt Susan Neiman in einem Gastbeitrag mit mir in der FAZ.[38] Nur wer bereit ist, die gegebenen Zustände entlang von Werten und Prinzipien grundlegend progressiv zu verändern, überschreitet die Grenzen von »Realpolitik«. Dass solche Grenzüberschreitungen durchaus vernünftig sind, haben die Kanzler Adenauer, Brandt, Schmidt, Kohl und Schröder bewiesen. Ihre Politik war von leidenschaftlichen Idealen, Werten und Prinzipien getragen. Sie handelten gewiss auch mit Kalkül, aber immer mit einem Blick, der über die Landesgrenzen hinausreichte.

Ideale sind eben nicht daran messbar, ob sie der Wirklichkeit entsprechen. Im Gegenteil: Die Wirklichkeit muss danach beurteilt werden, ob sie den Idealen gerecht wird. Die Vernunft muss sicherstellen, dass Erfahrung nicht das letzte Wort hat.[39] Stattdessen muss sie dafür sorgen, den Horizont unserer Erfahrungen zu erweitern, indem sie uns mit Ideen ausstattet, denen wiederum die Erfahrungen zu gehorchen haben. Ohne diesen Prozess wäre das permanente Krisenmanagement in Europa die letzte Regung demokratischer Politik. Wohin das führt, mag man sich nicht vorstellen. Auf keinen Fall in eine zweite Phase der Aufklärung und Emanzipation auf unserem Kontinent.

Fest steht, dass die »Realpolitik« in ihrer beinahe zynischen Form eines ziellosen Orientierens am vermeintlich Möglichen die großen Menschheitskatastrophen des 20. Jahrhunderts nicht verhindern konnte. Sie verschärfte im Gegenteil die Konkurrenz zwischen den europäischen Mächten, die über ihren Status eifersüchtig wachten. Deshalb darf eine so verstandene »Realpolitik« heute keine Richtschnur für verantwortungsvolle Politik mehr sein. Schon gar nicht dort, wo es um die europäische Integration, eines der großen Zivilisationsprojekte, geht.

Eines lässt sich heute mit Gewissheit sagen: Die Europäische Union steht nach drei Jahren Krise noch immer nicht auf einem sicheren Fundament. Den hart umkämpften Stillstand aber, den sie erreicht hat, bezahlt sie mit einem kaum zu unterschätzenden Verlust an Vertrauen. Wer mit einer solchen ebenso anspruchs- wie visionslosen Politik auf Sicht Europa gegen die Folgen von Spekulation und Maßlosigkeit verteidigen will, untergräbt die einzige Ressource, auf die Politik im Ringen mit der Gier der Finanzmärkte noch bauen kann. Das ist die Hoffnung seiner Bürgerinnen und Bürger auf mehr Gerechtigkeit und Freiheit. Die Hoffnung darauf, dass Europa einen Fortschritt befördert, der mehr Zusammenhalt, Sicherheit und Lebensqualität bringt, statt mehr existenziellen Wettbewerb, weniger staatlichen Schutz und niedrigere Einkommen. Wer Hoffnung erstickt, verhindert eine politische Mobilisierung für ein anders gestaltetes Europa.

Es bleibt dabei: Eine realistische Politik muss die Welt dort besser gestalten wollen, wo sie nicht gut funktioniert. Sie muss den Bürgern vor allem zutrauen, dass eine vereinte Anstrengung von Männern und Frauen die Welt, wie sie ist, einem besseren Zustand annähern kann. Kühle Realisten können vielleicht über das Bestreben, eine bessere, eine gerechtere und vor allem eine freiere Welt zu schaffen, nur verächtlich die Nase rümpfen. Aber was ist ein solcher Realismus wirklich wert, der weder eine wirtschaftliche Krise noch ihre Ursachen beseitigen kann? Er bietet weder Schutz noch Hoffnung. Die werden nur dadurch genährt, dass Ungerechtigkeit kein dauerhafter Teil der Realität sein muss und dass die Aussicht, die Realität zum Besseren zu verändern, kein utopischer Traum ist.

Konservative und Liberale dämpfen die Erwartungen der Menschen damit, dass sie behaupten, die Welt sei schlecht und gefährlich. Und wenn wir nicht aufpassen, so erzählen sie uns gern, dann nimmt uns der Nachbar auch noch die Butter vom Brot. Aber fortschrittliche, aufgeklärte Menschen wissen aus dem täglichen Zusammenleben, dass es ohne Zusammenarbeit und gegenseitiges Vertrauen am Ende weder Butter noch Brot geben wird. Deshalb arbeiten sie solidarisch zusammen. Sie wissen aus Erfahrung, dass dort, wo die Ungleichheit groß ist, der Neid wächst. Deshalb sind sie für die gleiche Verteilung von Freiheit und damit für eine gerechtere Welt. Sie wissen, dass Ungerechtigkeit Gewalt hervorbringt. Deshalb streben sie sozialen Ausgleich und friedliche Konfliktlösungen an. Sie haben die Erfahrung, dass ein Mangel an Hoffnung den inneren Antrieb lähmt. Deshalb richten sie ihr Leben an Ideen, Idealen, Werten und Prinzipien aus.

Man mag diese Art aufgeklärten, fortschrittlichen Denkens verächtlich als unpraktischen Idealismus schelten. Aber eine Demokratie mit Leidenschaft und Augenmaß braucht ebenso wie eine dynamische Wirtschaft das Streben der Menschen, die etwas erreichen wollen. Für sich und für das Gemeinwesen. Das ist die Wirklichkeit, wie wir sie uns wünschen müssen. Dafür braucht es Werte und die Vorstellung einer noch zu schaffenden besseren Welt, in der jeder aus seinem oder ihrem Leben etwas machen kann.

Das gilt besonders für das Europäische Projekt. Warum sollten Menschen dieses für sie meist fern erscheinende Gebilde unterstützen, wenn es ihnen kein besseres, sondern immer wieder nur ein anstrengenderes Leben verheißt? Ohne eine wertorientierte Politik, die einen Hoffnungsüberschuss besitzt, schaffen wir kein eigenständiges, politisch gewolltes und dem Willen der Menschen gerecht werdendes Europa. Wo Menschen ihr Schicksal miteinander wie in der Europäischen Union teilen, benötigen sie Institutionen, die ihnen die demokratische Gestaltung ihres Schicksals selbst in die Hand geben. Und wo wäre das besser aufgehoben als in einem gemeinsamen Europäischen Parlament, das über wirklich wirksame Rechte verfügt. Dies wäre ein echter Schritt zur zweiten Aufklärung in Europa.

Es reicht gewiss nicht, nach einem anderen Europa zu rufen, das etwas anderes sein soll als das übliche »mehr Europa«. Wir müssen ein besseres Europa schaffen, jenseits von »Realpolitik«, wie wir sie zurzeit erleben. Und jenseits einer reinen Binnenmarktlogik, die Europa in den letzten 20 Jahren beherrscht hat. Europa muss endlich wieder mehr werden als diese degenerierte Ideologie des Binnenmarktes, die Konservative und Liberale, leider aber auch nicht wenige Sozialdemokraten wie eine Monstranz vor sich hertragen. Wir brauchen ein Europa, in dem bewusst in die Innovations- und Wettbewerbsfähigkeit investiert wird, das an langfristigen Entwicklungszielen über Grenzen und Generationen hinweg orientiert ist. Ein Europa, das für die Menschen da ist, die hier leben, aber auch für jene, die hier auch künftig leben werden. Ein Europa, das sich wieder traut, seine Gemeinschaftsaufgaben durch Steuern und nicht durch Schulden zu finanzieren. Ein Europa, in dem Deutschland sich nicht weigert, den

Zinsspekulationen der Finanzmärkte gegen unsere Nachbarn und gegen den Euro Einhalt zu gebieten. Ein Europa also, das gemeinsam mehr Politik wagt.

Das ist ein Angebot, für das sich leidenschaftlich zu streiten lohnt. Weil es der Wiedergewinnung der Glaubwürdigkeit linker und progressiver Kräfte hilft. Und weil es die Hoffnung der Menschen wieder nähren würde, mit Mut, Ideen und Visionen zu demokratischen Veränderungen zu gelangen. Für die Stärkung eines demokratisch verfassten Europas ist übrigens kein finanzieller Preis zu hoch. Schon aus ökonomischen Gründen muss Deutschland daran ein vitales Interesse haben.

Frankreichs Präsident hat das, was uns zusammenhält, zum Auftakt der Frankfurter Buchmesse 2017 sehr leidenschaftlich auf den Punkt gebracht.[40] Macron, ein sehr belesener Politiker, hat beschrieben, dass es immer wieder deutsche und französische Autoren waren, die die Werke aus der jeweils anderen Kultur besonders gut verstanden und in beiden Ländern für ein größeres Publikum aufbereitet haben. Ihm selbst hat erst der deutsch-jüdische Philosoph Walter Benjamin den großen französischen Dichter Charles Baudelaire nähergebracht. Distanz schärft wahrscheinlich zunächst den Blick für das Besondere. Gerade wir Deutschen und Franzosen haben gelernt, dass »das Andere« nicht die eigene Identität bedroht oder infrage stellt. Die Andersartigkeit unserer nächsten Nachbarn nährt im Gegenteil unsere Identität – die französische wie die deutsche, aber auch die europäische. Denn Europa lebt mit und von seiner Verschiedenheit. Ebendiese Vielfalt macht Europas Stärke aus.

Europa am Katzentisch der Weltpolitik?

Nicht alle amerikanischen Präsidenten und erst recht nicht alle europäischen oder deutschen politischen Anführerinnen und Anführer finden eine »Mission« für ihre Amtszeit. Ein Ziel, das über die Bewältigung des Alltäglichen, der Unvermeidbaren oder auch des Unerwartbaren hinausgeht. Etwas Größeres als ein Amt zu erreichen, mag es auch das mächtigste sein, das in der Welt frei vergeben wird. Joe Biden jedenfalls hat seine Mission gefunden: Die Stärkung der liberalen Demokratien gegen die autoritären Versuchungen im eigenen Land und in der Welt. Und damit nichts weniger als die Erneuerung des Westens.

Mit Blick auf die Zerrüttung seines eigenen Landes und den Vielen, die trotz des gigantisch gewachsenen Wohlstands zurückgelassen wurden, weil er nur bei den Wenigen ankommt, sieht Joe Biden die Gefahr für den demokratischen und kapitalistischen Teil der Welt, vor allem in Innern: Wo die Demokratien im eigenen Land ihr Versprechen auf Fairness, Gerechtigkeit und Sicherheit nicht erfüllen können, werden sie im Rest der Welt keine Nachahmer, eher schon Gegner finden.

Deshalb ist Bidens Idee »build back better« kein sehnsuchtsvoller Blick zurück auf eine verklärte Vergangenheit einstiger US-Größe, wie sie sein Amtsvorgänger Trump vorgaukelte, sondern ein in die Zukunft gerichtetes Projekt, dessen einzige Rückbesinnung sich »nur« auf die Werte von Freiheit, Demokratie und Solidarität beziehen. Das also, was wir früher »den Westen« gemeint haben, der ja nie eine geografische, sondern immer eine politische Kategorie war. Biden ist in diesem Sinn ein Wertkonservativer und das ist nicht gleichbedeutend mit rückwärtsgewandt.

Alles andere an Bidens Ideenwelt ist in die Zukunft gerichtet: Wie schaffen wir unter den Bedingungen eines globalen Kapitalismus Aufstiegschancen für die Zurückgelassenen in unseren eigenen Gesellschaften und lösen sie aus den Fängen gnadenloser Populisten? Wie gewinnen wir andere demokratische Industriestaaten wieder für ein offensives Eintreten für die demokratische Werte? Wie bringen wir das neue geo-ökonomische Modell der Verschmelzung von Finanzindustrie mit Kommunikationsplattformen unter demokratische Kontrolle? Und wie formen wir daraus wieder ein neues, erstarktes und vor allem für andere Staaten attraktives Modell unseres Zusammenlebens, eine neue globale Ordnung des 21. Jahrhunderts? Bidens Mission ist nichts weniger als den demokratischen Westen wiederzubeleben und im 21. Jahrhundert attraktiv und widerstandsfähig zu machen – als Gegenmodell der derzeit auf dem Vormarsch befindlichen autoritären Entwürfe.

Anders als Francis Fukuyama, der beim Zusammenbruch der alten Sowjetunion noch meinte, das »Ende der Geschichte« voraussehen zu können, steht die normative Idee des Westens einer liberalen und auf individuellen Menschenrechten basierenden Gesellschaft wieder unter Druck. Der Begriff »der Westen« war immer universell gemeint. Nicht im dem Sinne, notfalls mit Gewalt die eigene demokratische Ideengeschichte anderen Ländern aufzuzwingen, wie es im gescheiterten Konzept militärischer Interventionen in Afghanistan oder dem Irak der Fall war. Sondern im Sinne einer normativen Idee für das friedvolle und angemessene Zusammenleben von Menschen jedweder Herkunft und für eine globale Ordnung. Diese normative Idee des Westens umfasst individuelle Menschenrechte, das Recht auf freie Meinungsäußerung, auf Selbstbestimmung und Demokratie und letztlich des Vorrangs der Stärke des Rechts vor dem Recht des Stärkeren. Diese mit der französischen und amerikanischen Revolution und der Aufklärung verbundene »westliche« Ideengeschichte von Freiheit und Demokratie waren immer universell gemeint und nicht an einen bestimmten Staat oder eine Weltregion gebunden oder gar an ein bestimmtes Volk. Sie werden auch nicht von Regierungen »verliehen« und können deswegen auch nicht von ihnen »entzogen« werden. Sondern Menschen besitzen diese Rechte schlicht, weil sie als freie und gleiche Menschen geboren wurden.

Exakt diese normative Idee der Universalität individueller Menschenrechte war nie unumstritten, sondern z. B. in den Zeiten des Kalten Krieges hart umkämpft. Nicht der Multilateralismus prägte die zweite Hälfte des 20. Jahrhunderts, sondern die Bipolarität zwischen den mit den USA verbündeten Staaten des »Westens« und ihrem politischen Antipoden der Sowjetunion. Stellvertreterkriege waren an der Tagesordnung und hatten nicht zuletzt die Funktion, eine echte Konfrontation der beiden Supermächte USA und Sowjetunion zu verhindern.

Nach einer relativ kurzen Phase des Unilateralismus der USA nach der Auflösung der Sowjetunion befindet sich die Weltordnung nun wieder in einer zunehmenden Bipolarität zwischen dem politischen und wirtschaftlichen System der USA und dem Chinas. Warum sollte ein Land wie China diesem universellen Anspruch des »Westens« auch folgen? Glauben die meisten Chinesen heute doch, dass die internationale Ordnung von eben diesem Westen seit langer Zeit gegen China instrumentalisiert wird.

Für sie ist die Entdeckung des Seewegs nach Amerika durch die Europäer vor 600 Jahren gleichbedeutend mit der Inbesitznahme der Welt durch die Europäer. Sie haben indigene Völker ausgerottet und andere versklavt, weite Teile der Welt kolonisiert und die Kontrolle über die natürlichen Rohstoffe übernommen. Das, was der Westen die »liberal order« der Welt nennt, ist aus dieser chinesischen Perspektive nichts anderes als der ungerechte Versuch der Europäer und in ihrer Folge der Amerikaner, die Welt unter ihrer Kontrolle zu halten. Und zwar nicht, um hehre Ideale von Freiheit und Demokratie zu verbreiten, sondern um jahrhundertlang Reichtum und Macht aufzubauen und dabei auch nicht vor Völkermord, Kolonialismus und Sklaverei zurückzuschrecken.

Diese vom Westen vor allem nach dem Zweiten Weltkrieg normierte und institutionalisierte Weltordnung wurde geschaffen, als China noch keine Weltmacht war. Das hat sich geändert und nun erheben China und die Chinesen den Anspruch, diese Weltordnung in ihrem Sinn zu verändern. Durch die Beeinflussung bestehender internationaler Institutionen, durch ein immer dichter werdendes Netz an wirtschaftlichen Kooperationen (und Abhängigkeiten), durch massive militärische und auch nukleare Aufrüstung und die Ausdehnung des bislang im Wesentlichen landgestützten Machtanspruchs auf maritime Gebiete bis hin zur Arktis. Die südchinesische See mit ihren wichtigen internationalen Wasserstraßen sind aus chinesischer Sicht zu einem »mare nostrum« geworden sind.

Viele Chinesen finden es geradezu lächerlich, wenn die Vertreterinnen und Vertreter des Westens sogar zugeben, dass ihre Gesellschaften jahrhundertelang zutiefst illiberal waren, dann aber erklären, dass dies heute völlig anders sei. Und wann immer Mitglieder der westlichen Staatengemeinschaft durch ihr Handeln im Innern oder nach außen die Normen, Werte und Institutionen missachten, von denen sie vorgeben, sie global zu verteidigen, befördert das eher die Skepsis und die Ablehnung auf der Seite Chinas und auch anderer Staaten gegenüber der Ideengeschichte des Westens. Der Irak-Krieg, der Austritt der Vereinigten Königreichs aus der EU, die Präsidentschaft Donald Trumps in den USA sind für die chinesische Führung nur unübersehbare Anzeichen westlicher Dekadenz. Das europäisch-amerikanische Zeitalter ist für sie vorüber. Und wo wir auf individuelle

Menschenrechte verweisen, antwortet China mit großem Selbstbewusstsein, dass es daneben auch soziale Menschenrechte gebe. Z. B. das Recht auf Bildung, ausreichend Nahrung, angemessene Wohnung. Und hier hat China unbestreitbar Gewaltiges vollbracht: Mehr als 800 Millionen Menschen sind dort aus bitterster Armut befreit worden. Chinas Angebot an die Welt weist auf die eigenen beispiellosen wirtschaftlichen und sozialen Erfolge hin und wirbt damit für die Zusammenarbeit mit Schwellen- und Entwicklungsländern, aber auch mit Staaten in Europa, die im Wettbewerb mit den noch reicheren Ländern Nordeuropas nicht mehr mithalten können.

Auch wenn viele versuchen den Begriff »Kalter Krieg 2.0« für die Rivalität zwischen China und den USA zu vermeiden, so ist die Ähnlichkeit zur politischen Konfrontation in der zweiten Hälfte des 20. Jahrhunderts doch unübersehbar: Zwei sich ausschließende Ideen über das Zusammenleben von Menschen – man könnte sie auch zwei sich ausschließende politische Ideologien nennen – kämpfen um Dominanz in der Welt des 21. Jahrhunderts, weil die kurze Phase des Unilateralismus der USA nach dem Zusammenbruch des Eisernen Vorhangs 1990 längst schon wieder zu Ende ist. Das mag man bedauern, aber es ist eigentlich nur normal, denn Länder wie China und demnächst auch Indien, mit Bevölkerungen von mehr als 1,3 Milliarden Menschen wollen sich natürlich nicht von ihren ehemaligen Kolonialmächten an den Katzentisch der Weltpolitik verdrängt sehen und sich mit der Rolle verlängerter Werkbänke für die alten Industriestaaten zufriedengeben. So sehr uns die Konfrontationen der letzten Zeit auch Sorgen machen, es steckt auch ein großes Stück Normalität dahinter.

Und erneut kann es für Länder wie Deutschland oder Regionen wie die Europäische Union in dieser neuen Bipolarität keine »Äquidistanz« zu beiden Polen geben, denn selbst mit dem Amerika Donald Trumps hat uns mehr verbunden als mit den politischen oder gesellschaftlichen Systemen Russlands oder Chinas.

Die Frage ist: gibt es einen »dritten Weg« für Europa? Politisch und gesellschaftlich sicher nicht, denn die Verankerung im westlichen Wertesystem ist konstitutionell für Europa. Und praktisch? Technologisch sind wir von den USA und in wachsendem Maße von China abhängig, denn wir sind digitale »have nots«. Militärisch wird zwar viel von einer europäischen Armee geredet, aber weder finanziell noch verfassungsrechtlich scheint das größte Land Europas, Deutschland, bereit zu sein, mehr als Sonntagsreden darüber zu halten. Und unser größtes »Pfund«, den Binnenmarkt, nutzen wir weder zur Steigerung unseres geoökonomischen und geopolitischen Einflusses noch für neue Handelsbeziehungen. Selbst das kleine, aber sehr fortschrittliche Handelsabkommen mit Canada, CETA, liegt seit vier Jahren im Bundestag auf Eis, weil immer wieder irgendeine politische Richtung blockiert. Gerade in Deutschland wird in der Europapolitik immer gern so geredet, als sei die EU gerade auf dem Weg ins nächste Golf-Masters-Turnier, dabei können wir nicht mal Minigolf spielen. Das einzige europäische Projekt eines »Green New Deal« ist zwar unbestreitbar wichtig – hat allerdings in der aktuellen tektonischen Plattenverschiebung geopolitischer Machtzentren keinerlei Relevanz, auch wenn wir uns das gern gegenseitig einreden.

Europa gilt als reich, aber schwach. Und selbst die europafreundliche Politik der neuen US-Regierung von Joe Biden kann nicht übersehen, wie wenig die Europäische Union als Ganzes aber auch wichtige Mitgliedsstaaten aktuell einzubringen haben in seine Mission von der Stärkung und Widerstandsfähigkeit liberaler Demokratien gegen die autoritären Herausforderer. Und natürlich löst der Austritt des Vereinigten Königreichs in den USA auch Verunsicherungen über die Zukunft Europas aus. Großbritannien war nicht nur ein »amerikanischer Fuß in der europäischen Tür«, sondern immer auch ein Übersetzer europäischer Politik in die USA. Eine Rolle, die jetzt nicht besetzt ist und an der die nächste Bundesregierung sehr interessiert sein sollte.

Die jüngste Besuchsreise Joe Bidens durch Europa sollte niemanden darüber hinwegtäuschen, dass das sogenannte Quad-Format von USA, Japan, Indien, Australien und demnächst wohl auch Südkorea aus amerikanischer Perspektive mindestens ebenso wichtig, wenn nicht sogar wichtiger ist wie die transatlantische Allianz in der NATO. Kein Regierungschef der Welt war bislang in der Lage, Joe Biden im Weißen Haus zu besuchen. Mit zwei Ausnahmen: der Präsident Südkoreas und der japanische

Ministerpräsident. Und zwar vor Bidens Besuch in Europa. Niemand sollte das für einen Zufall halten.

Wenn Europa einen Beitrag dazu leisten soll, dass aktuelle Konfrontationen nicht metastasieren, sondern sich langsam eine Politik der »C 3« entwickelt, also aus der harten »Confrontation« Schritt für Schritt erst »Competition« und dann auch »Cooperation« wird, dann muss es zu allererst selbst stärker werden. Und da Europa das vermutlich nur sehr langsam auf dem Gebiet einer gemeinsamen Außen- und Sicherheitspolitik tun wird, muss es die anderen Felder umso mehr nutzen, um an Gewicht zuzulegen: Den Ausbau des europäischen Binnenmarktes weiter vorantreiben, denn dieser größte Binnenmarkt der Welt macht nach wie vor die eigentliche Attraktivität Europas aus. Deutlich mehr Investitionen in Forschung und Technologie, in Digitalisierung und künstliche Intelligenz, um die Technologieführerschaft wieder zu erlangen und die Abhängigkeiten von China (und den USA) zu verringern und die eigene Resilienz zu steigern. Eine gemeinsame Klimapolitik Europas mit den USA, denn wenn die transatlantischen Partner unterschiedliche Wege gehen, in dem in Europa CO_2-Preise erhöht, Amerika aber fossile Brennstoffe unangetastet lässt und lediglich erneuerbare Energien fördert, werden nicht nur die Klimaschutzziele kaum erreichbar sein, sondern die wirtschaftlichen Verwerfungen außerordentlich groß werden. Auch die Unterstützung der »B3W« Initiative des US-Präsidenten gehört dazu: »Build Back Better World« muss zu einem echten Alternativangebot der demokratischen Industriestaaten an die Länder Zentralasiens, Afrikas und Lateinamerikas werden, um den Wettbewerb mit der Seidenstraßeninitiative« Chinas (»One Belt – One Road«) aufzunehmen. Und natürlich gehört zu den Aufgaben Europas auch, die NATO als zentralen Pfeiler ihrer Sicherheitspolitik beizubehalten und sie nicht zugunsten einer in weiter Ferne liegenden eigenen europäischen Verteidigungsgemeinschaft zu vernachlässigen.

Es wäre vor der anstehenden Bundestagswahl den »Schweiß der Edlen« wert, über die richtigen Wege zur Stärkung der Europäischen Union und die Verantwortung Deutschlands zu streiten. Dem französische Präsidenten Macron ist es 2016 immerhin in bewundernswerter Weise gelungen, mit einer Zukunftsvision für Europa seine nationalen Präsidentschaftswahlen zu gewinnen. Auf eine Antwort aus Deutschland wartet er bis heute. Lieber schweigen die deutschen Parteien und Politiker zu dieser größten Herausforderung der kommenden Jahre. Vermutlich, weil sie wissen, dass das »dicke Ende« der Coronakrise noch kommt: Wenn nämlich nach der Pandemie die reichen Länder des Nordens – also auch Deutschland – ihre wirtschaftliche Stärke wieder gewinnen, diejenigen aber, die wie Italien oder Frankreich schon vor der Pandemie schwächer waren, danach in noch schlechterer Verfassung aus der Krise herauskommen.

Die Kluft in der Eurozone wird größer und das verabschiedete European Recovery Programm mit insgesamt 750 Milliarden Euro wird bei Weitem nicht ausreichen, um die südeuropäischen Staaten wieder Anschluss an den europäischen Norden finden zu lassen oder das Auseinanderdriften wenigstens zu begrenzen. Die ärmeren Staaten Europas sind schon jetzt überschuldet, so dass eine weitere eigene Kreditaufnahme für die wirtschaftliche Erholung nicht möglich sein wird – schon gar nicht, wenn die Zinsen wieder steigen. Die Politik der EZB, die trotz gegenteiliger öffentlicher Begründungen letztlich natürlich eine monetäre Staatsfinanzierung durch den unbegrenzten Aufkauf von Staatsanleihen aus ärmeren Ländern betreibt, wird auch an ihr Ende kommen. Spätestens, wenn auch in Europa die Inflation steigt. Null-Zinsen bei gleichzeitig trotzdem steigender Inflation dürfte ein schönes Thema für rechte und linke Populisten werden.

Bleibt als Ausweg nur die in Deutschland so verhetzte »Transferunion« – also die Erhöhung finanzieller Investitionen des reicheren Nordens in die Europäische Union. Der Ausbau der Infrastruktur, der Digitalisierung, Investitionen in Forschung und Entwicklung und letztlich in eine gesteigerte Effizienz und Produktivität in den derzeit wirtschaftlich schwächeren Staaten Europas, ist der einzig denkbare Weg, um die Eurozone und damit die Europäische Union als Ganzes zusammen zu halten. Aber dieser Weg ist lang und kostet vor allem viel Geld. Und bislang jedenfalls gibt es kein europäisches Instrumentarium, um die benötigten Finanzmittel zu beschaffen und vor allem sicherzustellen, dass sie auch tatsächlich investiv und zur Steigerung der Wettbewerbsfähigkeit genutzt werden – und nicht zur Einlösung konsumptiver Wahlkampfversprechen von den nationalen Regierungen verbraucht werden.

Aber selbst im besten Fall wäre eine solche Ausweitung der Investitionen in ein ökonomisch und sozial stabilere Europa Sprengstoff für die deutsche Finanzpolitik. Denn hierzulande herrscht immer noch der Glaube vor, Deutschland sei ein sogenannter Nettozahler und investiere ohnehin schon mehr in Europa als es »herausbekommt«. Das war und ist natürlich politischer Unsinn, denn man wird nicht Europameister im Export, ohne dass man mehr Geld für den Verkauf der eigenen Waren und Dienstleistungen ins Land hineinbekommt als man an andere bezahlt. Deutschland ist nicht nur der große politische Gewinner der europäischen Einigung, sondern vor allem der wirtschaftliche und finanzielle. Und statt permanent öffentlich den Eindruck zu erwecken, unser Land sei von den Exporten nach China abhängig, würde es dem politischen Realismus im Umgang mit Europa guttun, unsere Abhängigkeit vom europäischen Binnenmarkt zu unterstreichen. Der Anteil der Exporte aus Deutschland in die Europäische Union umfasst mehr als 50 Prozent des gesamten deutschen Exports. Auf China und die USA entfallen nur jeweils rund 10 Prozent. Nur wenn es unseren Nachbarn gut geht, geht es auch uns gut. Schon aus Gründen der Selbsterhaltung rechtfertigen sich also höhere Investitionen Deutschlands (und anderer wohlhabender EU-Mitgliedsstaaten) in die Erhöhung der Wettbewerbsfähigkeit des europäischen Südens.

Gemeinhin wird die Bereitschaft zu finanziellen Transferleistungen an sogenannte Strukturreformen in den wirtschaftlich schwächeren Staaten Europas gebunden. Übersetzt heißt das nichts anderes, als dass dort Lohn- und Sozialkürzungen gefordert werden. Auch das wird die populistischen und antieuropäischen Parteien in diesen Ländern freuen. Genug Grund also, hier in Deutschland darüber zu diskutieren, wie wir als größte Volkswirtschaft mit diesem Europa umgehen wollen. Im Bundestagwahlkampf gilt für diese größte europäische Herausforderung der kommenden Jahre: Fehlanzeige. Man darf gespannt sein, ob die neue Regierungskoalition sich trotzdem dieser auch finanziell herausfordernden Aufgabe bewusst sein wird.

Wir Europäer haben eine große Chance, denn Joe Bidens Mission geht weit über sein Land hinaus. Er weiß um die Skepsis, die seinem Land insbesondere nach vier Jahren Donald Trump im Weißen Haus entgegenschlägt. Und er weiß natürlich auch, dass ein paar Reisen quer durch Europa nicht ausreichen werden, den amerikanischen Führungsanspruch in diesem erneuerten Westen durchzusetzen. Je engagierter wir seine Mission zu unserer eigenen machen, desto größer wird der gemeinsame Erfolg sein.

In jedem Fall gilt aber das Credo Joe Bidens auch für uns Europäer: Nur wenn wir zuhause zeigen, dass demokratisch verfasste Gesellschaften autokratischen überlegen sind, gewinnt die normative Idee des Westens wieder an Strahlkraft. Können wir das in Europa nicht unter Beweis stellen, wächst die bereits bestehende Bereitschaft, der autoritären Versuchungen zu erliegen.

8.

Der Kampf um Deutschlands Seele

An den Anfang dieses Kapitels möchte ich noch mal mein Bekenntnis setzen: Ja, für mich ist die Bundesrepublik Deutschland das beste Deutschland, das es je gab. Und ja, ich finde dieses Deutschland mit seiner Verfassung, seinen Ideen von sozialer Marktwirtschaft, von einer Gesellschaft voller Engagement und Hilfsbereitschaft und seiner starken, innovativen Wirtschaft gut und erhaltenswert. Ich wünsche mir kein anderes Deutschland.

Damit meine ich nicht, dass es in Deutschland fehlerlos zugeht. Weiß Gott nicht, denn unser Land wird von Menschen gestaltet, und die machen gelegentlich Fehler. Und ich meine mit diesem Bekenntnis auch nicht, dass es nichts zu verbessern gäbe. Es gibt in Deutschland ganz erhebliche und schwerwiegende Missstände. Die soziale Ungleichheit ist viel zu groß, die Arbeit schafft nicht für alle ein selbstbestimmtes Leben, die Renten sind oft zu niedrig. Und im Bildungswesen hat sich ein neuer Feudalismus entwickelt, in dem Beziehungen und das Geld der Eltern mehr bedeuten als die Lern- und Leistungsbereitschaft der Kinder.

Unser Land kennt viele individuelle Rechte, aber immer weniger individuelle Pflichten. Ohne die aber kann ein Land nicht bestehen. Wir sind oft zu bürokratisch, und die Entwicklung des Rechts(wege)staats hat die Rechte der Bürger stetig vermehrt. Damit wurden aber zugleich die politischen Gestaltungsmöglichkeiten immer mehr eingeschränkt. Im Ergebnis sind wir nicht einmal mehr in der Lage, eine Rheinbrücke bei Leverkusen in einer angemessenen Zeit zu erneuern. Die Rechte auf Bürgerbeteiligung im Planungsprozess gehen zulasten des Rechts der Bürger auf Lärmschutz und gesunde Luft in den Stadtteilen, durch die sich im Laufe des jahrelangen Planungsprozesses nun der Verkehr quälen muss.

Die Liste der Unzulänglichkeiten und der Fehler in unserem Land kann man beliebig verlängern. Das tun diejenigen, die sich verächtlich über die Trägheit unserer Demokratie äußern, die über Politikerinnen und Politiker schimpfen oder die mit der berechtigten Unzufriedenheit von Bürgern ihr politisches Süppchen kochen. Oder auch jene, die ihre Zeitungen so verkaufen, weil sich über die Unzulänglichkeiten unserer Republik so schön polemisieren lässt.

Uns sollte aber bewusst sein, welchen Schatz wir trotz aller Unzulänglichkeiten mit dieser Republik in den Händen halten. Es brauchte viele Jahrhunderte und zwei Weltkriege, um das Maß an Freiheitsrechten zu erreichen, das wir heute genießen. All die Missstände und Schwächen können wir mit unserem demokratischen Engagement abstellen, mildern oder zum Guten wenden. Ich plädiere so leidenschaftlich für dieses Deutschland, weil es alle Voraussetzungen bietet, die man für ein freies, friedliches und sozial gerechtes Leben aller benötigt.

Nicht wenige Deutsche hätten es in unserer unübersichtlichen und unbequemen Welt gern, wenn die Bundesrepublik so bliebe, wie sie das alte Westdeutschland in Erinnerung haben: mit weniger Zwang, sich entscheiden zu müssen, und mehr Sicherheit. Der abendliche Blick auf die Fernsehbilder, die Nachrichten über ein scheinbar zerfallendes Europa und das Gefühl der Instabilität im eigenen Land machen die Menschen unruhig und nervös. Was mag wohl geschehen, wenn die wirtschaftliche Situation schlechter wird, die Arbeitslosenquote wieder steigt und die Sorge um das eigene Einkommen noch hinzukommt? Gilt dann der moderne Dreisatz: Bei fünf Prozent Arbeitslosigkeit liegt der Wähleranteil der AfD bei nur knapp 15 Prozent. Verdoppelt sich die Arbeitslosigkeit auf zehn Prozent, gewinnt dann die AfD auch doppelt so viel Prozente?

Europas Stabilität hängt an Deutschlands Mitte

Mir geht es nicht darum, Schreckensszenarien zu entwerfen. Aber eines ist gewiss: Die Stabilität Europas hängt von der Stabilität Deutschlands ab. Und die Stabilität unseres Landes hängt von seiner wirtschaftlichen, sozialen und politischen Mitte ab. Wird diese Mitte aus Arbeitnehmern, Selbstständigen, Technikern, Ingenieuren, Pflegekräften, Facharbeitern oder Polizisten, die jeden Tag arbeiten gehen, die sich in ihrer Freizeit um ihre Nachbarschaft, ihre Gemeinde, ihren Verein oder ihre Angehörigen kümmern, noch unsicherer und instabiler? In diesem Fall werden nicht nur in unserer eigenen Gesellschaft die Konflikte zunehmen. Dann wird auch Europa scheitern.

Auf ebendieses Szenario arbeiten die rechten Populisten und Propagandisten hin. Wie einst linke Verschwörungstheoretiker und Fantasten, glauben heute die extremen Rechten, dass alles besser wird, wenn es vorher für alle schlechter wird und möglichst ganz schlimm kommt.

Berlin ist nicht Weimar. Sosehr dieser Satz auch heute noch stimmt, so wenig sollten wir uns darauf verlassen, dass das auch in Zukunft noch so bleibt. Die Zersplitterung unserer Parteienlandschaft und der Rückfall in längst überwunden geglaubten Nationalismus erinnern sehr an die schweren Krisen der ersten deutschen Demokratie. Nichts ist von Dauer und auf ewig gewiss, auch die Demokratie und der Frieden in unserem Land und Europa nicht.

Deutschland hat zu viel Angst

Ich bin überzeugt, dass es ein Fehler wäre, denen zu folgen, die uns empfehlen, diese Propagandisten von rechts einfach zu überhören, sie zu ignorieren, um sie nicht unnötig aufzuwerten. Das Gegenteil ist richtig: Wir dürfen ihnen keinen Quadratmillimeter schenken. Wir dürfen ihre Grenzverletzungen nicht ignorieren, denn sie setzen auf Gewöhnung, indem sie die Linien häufig nach rechts verschieben.

Der Kampf um Deutschlands Seele hat längst begonnen. Die einen nutzen die Angst vor der unbekannten und unbequemen Welt und predigen den Rückzug aus unserer modernen und offenen Gesellschaft. Die anderen, wir als Demokraten, müssen Mut machen, an das Selbstvertrauen appellieren und darauf verweisen, was dieses Land alles kann, wenn es zusammenhält. Gewiss, die Welt ist risikoreicher und birgt noch vieles im Unbekannten. Das größte Risiko aber ist der Glaube, ein Rückzug ins Nationale und eine Sehnsucht nach weniger Vielfalt und mehr Homogenität würde uns stärker machen. Das Gegenteil ist richtig: Wir würden uns isolieren und schwächer werden. Und die Starken dieser Welt würden uns ihren Willen aufzwingen.

Vor allem progressive und linke Demokraten in Deutschland sollten lernen, die Menschen hierzulande zu loben. Sie haben es nämlich verdient und dürfen durchaus stolz auf das sein, was in diesem Deutschland nach 1945 erarbeitet wurde. Die Aufbauleistung unserer Eltern und Großeltern und die Leistung von Millionen Menschen, die pflichtbewusst und engagiert einfach ihren Job machen, ist es wert, viel häufiger gewürdigt zu werden. Von der Kassiererin beim Aldi bis zum Chefarzt, vom Hausmeister in den Schulen bis zur Software-Entwicklerin, von der Pflegekraft, dem Polizisten oder dem Lagerarbeiter bis zum Meister, der Managerin oder den Masterabsolventen: Sie alle und viele andere machen dieses Land so erfolgreich. Wer die täglichen Nachrichten liest oder die Debatten der Politik verfolgt, kann dagegen den Eindruck gewinnen, wir lebten in einem völlig zerrütteten Land, in dem nichts funktioniert.

Deutschland hat gegenwärtig trotz exzellenter Wirtschaftsdaten zu viel Angst. Nur ein Hoffnungsüberschuss motiviert eine Gesellschaft zu neuem Aufbruch, zur Risikobereitschaft und zur Neugierde auf das Unbekannte und Fremde. Nur ein Hoffnungsüberschuss macht sie resistent gegen die Propaganda der Angstprediger. Gute Laune, Fröhlichkeit und Selbstbewusstsein sind die größten Gegner der Populisten, der Verschwörungstheoretiker und Hassprediger. Es ist nicht das Thema, den harten Kern der rechten Szene oder der AfD zur Umkehr zu bewegen. Das wird nicht gelingen. Wir müssen ihren Wählern klar machen, dass die Propaganda der rechten Populisten und Nationalisten allem entgegensteht, was wir unseren Kindern und Enkeln zu Hause und in der Schule beibringen. Wir müssen offen sagen, dass diese Propaganda den Völkermord relativiert und in Sprache und Ideologie zur Verrohung unserer Gesellschaft beiträgt. Dass sie den Frieden im Land ebenso gefährdet wie den Frieden mit unseren Nachbarn. Wir müssen unsere Stimme erheben und deutlich aussprechen, dass das antieuropäische Programm der AfD den Weg in die

Massenarbeitslosigkeit weist. Denn die Exportnation Deutschland hat nur dann Arbeit für alle, wenn es den Menschen in unseren Nachbarländern auch dauerhaft gut geht.

Mehr Programme und weniger Gründe

Deutschland und Europa brauchen eine Doppelstrategie: Die harte Abgrenzung von der extremen Rechten muss durch einen stärkeren sozialen Zusammenhalt nach innen ergänzt werden. Denn die Abgrenzung nach rechts allein wird nicht reichen. Der demokratische Teil der Politik muss den Beweis erbringen, dass sein Handeln Probleme zu lösen vermag, bessere und sichere Lebens- und Arbeitsbedingungen schaffen kann und Teilhabe für alle am wirtschaftlichen und gesellschaftlichen Fortschritt ermöglicht. Nur so wird es gelingen, den täglich steigenden Frust über den politischen Alltag in Deutschland und den anderen europäischen Staaten zurückzudrängen.

Sowenig man den nationalistischen Bewegungen nachgeben und ihre Grenzverletzungen zulassen darf, so sehr muss man die Motive jener Menschen in den Blick nehmen, die sich von dieser rechtsextremen Propaganda angesprochen fühlen. Die viel gescholtenen Anti-Establishment-Bewegungen in unseren westlichen Gesellschaften haben ja durchaus Gründe, an den demokratischen Gesellschaften und ihren politischen Strukturen zu verzweifeln. Und die jahrelangen Heilsversprechungen völlig entgrenzter Finanzmärkte in der Globalisierung waren auch schlichte interessengeleitete Propaganda, wie Hunderte von Millionen Menschen bei der Finanzkrise 2008 bitter erfahren mussten. Die gleichen neoliberalen Ideologen, die zuvor Jahrzehnte den Staat verächtlich gemacht hatten, brauchten jetzt genau diesen Staat, um ihr bankrottes System vor dem totalen Zusammenbruch zu retten.

Die Donald Trumps, Marine Le Pens, Matteo Salvinis und Alice Weidels dieser Welt knüpfen ihre extremistische Propaganda ja an Realitäten, die im Alltag vieler Menschen sichtbar sind: der Rückzug des Staates aus vielen Verantwortungsbereichen, die Überbürokratisierung des Sozialstaates, der Verlust an sozialer und innerer Sicherheit oder die teilweise Abgehobenheit von manchen wirtschaftlichen, politischen und medialen Eliten. Und ja, auch das gehört dazu: die Unfähigkeit unseres Staates, arabische Clanstrukturen in deutschen Großstädten nachhaltig zu bekämpfen und zugleich Zuwanderinnen und Zuwanderer nicht in angemessener Zeit zu fördern, sodass ihre Integration in Arbeitsmarkt und Gesellschaft gelingen kann.

Es gibt sie ja, die Alltagssorgen vieler Menschen, das Unvermögen demokratischer Institutionen, zu schnellen Entscheidungen und tatsächlichen Veränderungen erkannter Missstände zu kommen, oder die misslungene Integration und unkontrollierte Zuwanderung. Wir Demokraten sind schuld, weil wir diese Zustände allzu lange zugelassen haben.

Populisten haben es einfacher. Sie sind Ignoranten gegenüber der Zeit, gegenüber dem Gestern ebenso wie gegenüber dem Morgen. Sie kennen nur das Heute.

Noch immer gilt das Motto: Wer nichts bewegen kann oder will, nennt dafür Gründe. Wer ein Ziel hat, entwickelt ein Programm. Wir haben zu viele »Gründe« und zu wenig »Programme«. Die zentrale Frage lautet: Wie schaffen wir wieder einen starken und handlungsfähigen Staat? Denn je unterschiedlicher und vielschichtiger eine Gesellschaft ist, desto handlungsfähiger und erkennbarer muss der Staat sein. »Stark« meint dabei etwas anderes als autoritär, nämlich Sichtbarkeit und Handlungsfähigkeit. In der Vergangenheit mag es modern gewesen sein, den Staat zu schwächen. Die Konservativen und Liberalen wollten den schwachen Staat, um dem Markt mehr Rechte zu geben und dem Kapital freien Lauf zu lassen. Die progressiven und linken Demokraten wollten den schwachen Staat, weil sie ihm misstrauten und er deshalb nicht zu mächtig werden sollte. Und weil sie sich den Sparzwängen nicht widersetzen konnten. Beide Beweggründe haben dazu geführt, dass der öffentliche Dienst seit der Wiedervereinigung etwa ein Drittel seiner Beschäftigten hat einsparen müssen. Wir leisteten uns weniger Polizei, weniger Lehrer, weniger Krankenhäuser, weniger öffentlichen Nahverkehr außerhalb der Ballungsgebiete und weniger sozialen Wohnungsbau.

Im Ergebnis dauert es in einer Großstadt wie Berlin mehrere Monate, bis man einen Termin zum Heiraten oder eine Geburtsurkunde erhält.

Für Gerichtsentscheidungen braucht es eine kleine Ewigkeit, und Termine beim Facharzt sind für gesetzlich Versicherte nur auf einer langen Warteliste zu haben. In den Großstädten explodieren die Mieten und sind für Familien und Rentner kaum bezahlbar, während in 20 Prozent der deutschen Gemeinden weder ein Arzt, eine Apotheke, ein Laden, noch eine Schule oder eine Bushaltestelle zu finden sind.

Ostdeutschland ist ein Paradebeispiel: Dort häufen sich diese negativen Entwicklungen, und die Menschen fühlen sich alleingelassen und von der Politik vergessen. Und noch immer ist der Staat unfähig, genug Lehrer, Erzieherinnen und andere dringend benötigte Fachkräfte einzustellen. All das bestärkt den Eindruck, dass von dem ständigen Gerede aller Parteien und aller Politikerinnen und Politiker über die Bedeutung des Bildungssystems nichts zu erwarten ist.

Zivile Leitkultur

Wenn dazu die Dreistigkeit völlig überzogener Managergehälter kommt, während der Mindestlohn von ebendiesen Eliten infrage gestellt wird, wenn die Finanzjongleure Monopoly spielen, während im Alltag vieler Menschen eher Malefiz-Blockaden dominieren, dann muss sich niemand wundern, warum die Stimmung »die da oben, wir hier unten« entsteht. Oben herrscht Selbstbedienung im Luxus-Shop und unten Mangelwirtschaft im Alltag. Das hat sich lange angekündigt, nun ist es unüberhörbar geworden. Doch noch immer meinen die politischen, wirtschaftlichen und medialen Eliten, moralische Appelle, gewürzt mit dem Vorwurf mangelnder Bildung, reichten aus, um diese massive Vertrauenskrise zu überwinden. Manchmal habe ich den Eindruck, einige werden erst aufwachen, wenn es zu spät ist.

Wenn wir das verhindern wollen, liegt viel Arbeit vor uns. Wir müssen den Sozialstaat revitalisieren. Aus diesem einst emanzipatorischen Projekt, das Menschen vor Not, Armut, Krankheit und Arbeitslosigkeit schützen sollte, ist ein kafkaeskes bürokratisches Gebäude geworden. Es muss den Menschen wie ein feindliches Gegenüber vorkommen. Die einen finden

den Sozialstaat zu teuer, die anderen müssen sich »ausziehen«, um an Leistungen zu kommen. Während sich nicht wenige schämen, wenn sie nach jahrzehntelanger Arbeit weder ihre Familie ohne staatliche Hilfe ernähren noch die Miete bezahlen oder mit ihrer Rente über die Runden kommen können, suchen andere hemmungslos nach jeder Möglichkeit, soziale Leistungen zu ergattern, die eigentlich für andere Zwecke gedacht waren.

Ich treffe zum Beispiel in letzter Zeit vermehrt relativ gutverdienende Eltern der Mittelschicht, die das Elterngeld nicht dazu nutzen, dass Mutter und Vater etwas weniger arbeiten, um sich die Kindererziehung besser teilen zu können, sondern die ihre Elternzeit zusammen nehmen, um gemeinsam drei Monate mit ihren Kindern auf ausgedehnte Reisen zu gehen. Das ist für die, die sich das leisten können, sicher schön und führt zu einer intensiven Zeit des gemeinsamen Erlebens für die Kinder. Aber zur sozialen Realität heute gehört, dass viele andere sich nicht einmal einen jährlichen Sommerurlaub leisten können, was zeigt, wie weit sich unsere Wohlstandsgesellschaft inzwischen fragmentiert hat.

Wenn dann noch hinzukommt, dass unsere sozialen Sicherungssysteme ganz offensichtlich missbraucht werden, dann wirkt das wie ein Katalysator für die Enttäuschung, die Wut und das Ohnmachtsgefühl vieler Menschen. Das ist einer der Gründe, warum ich in der letzten Regierungsperiode versucht habe, den Kindergeldbezug auf deutschem Niveau davon abhängig zu machen, dass die Kinder von Eltern aus europäischen Nachbarstaaten auch tatsächlich in Deutschland leben. Andernfalls sollte das Kindergeld der in Deutschland ohne ihre Kinder lebenden Eltern auf dem Niveau des Herkunftslandes erfolgen. Denn was passiert, wenn wir Kindergeld auf deutschem Niveau auch dann zahlen, wenn die Kinder gar nicht in Deutschland leben, kann man in einigen Großstädten unseres Landes sehr anschaulich besichtigen: In Gelsenkirchen zum Beispiel kauften und kaufen immer noch ausländische Investoren sogenannte Schrottimmobilien auf und organisierten den Zuzug von Osteuropäern in diese Wohnungen – vorzugsweise sozial ausgegrenzte Minderheiten zum Beispiel aus Rumänien. Die völlig überhöhten Mieten kassieren diese »Vermieter«, die man wohl eher als Menschenhändler bezeichnen muss, dann aus den deutschen Kindergeldzahlungen. Die Kombination aus Schwarzarbeit und Kindergeldbezug für mehrere nicht in Deutschland lebende Kinder ist dann ein lohnendes Geschäft – vor allem für die Schlepper. Da in diesen Wohngebieten dann die sozialen Verhältnisse schwieriger werden, ziehen andere Bewohner in andere Stadtteile um. Das wiederum schafft neue Möglichkeiten für dieses »Geschäftsmodell«, zusätzlichen Wohnraum für erneuten Zuzug zu erwerben. Ganze Stadtteile drohen dadurch zu »kippen«. Dagegen hilft nur, den materiellen Anreiz zu nehmen, also Kindergeld nur auf dem Niveau des Herkunftslandes zu zahlen und zugleich diese Schleppermodelle durch alle Möglichkeiten des Ordnungs-, Gesundheits- und Strafrechts zu bekämpfen.

Die Antwort der Europäischen Kommission in Brüssel lautete, dies alles verstoße gegen das Diskriminierungsverbot in Europa, nach dem auch im Sozialhilfebezug alle Bürgerinnen und Bürger eines EU-Mitgliedstaates gleich behandelt werden müssen, unabhängig von ihrer Staatsangehörigkeit. Diese Regel ist aber für den Normalfall gedacht: Jemand lebt zeitweise oder dauerhaft in einem EU-Mitgliedstaat, arbeitet dort und zahlt dort seine Steuern. Natürlich muss dann auch ganz normal und unabhängig von der Herkunft jede staatliche Leistung für alle gleich gezahlt werden. Hier geht es aber um gezielte Einwanderung lediglich in die Sozialsysteme eines Mitgliedstaates – und zwar nicht mal zum vorrangigen Vorteil der betroffenen Eltern, sondern vor allem zum Vorteil ihrer Schlepper.

Wenn die europäische Politik davor die Augen verschließt, aus Angst, sich eine unangenehme Diskussion an den Hals zu holen, dann muss sich niemand wundern, wenn die Gegner des europäischen Projektes Zulauf erhalten. Besonders zornig werden Menschen, die diesen Alltag unmittelbar erleben, übrigens dann, wenn ihnen Politiker, Wissenschaftler, Medien oder Beamte erklären, das alles sei ja nur ein Minderheitenproblem, und im Durchschnitt verhielten sich doch alle rechtstreu und vernünftig. Das ändert an der konkreten Alltagserfahrung in großen Teilen unserer Ballungszentren gar nichts, und mit Hinweisen auf den statistischen Durchschnitt hat noch nie jemand real existierende Probleme gelöst. Nicht nur im Fußball ist eben »die Wahrheit auf'm Platz«. Die ignorante Haltung jedenfalls von Teilen der europäischen Bürokratie und Politik gegenüber den unangenehmen Themen, insbesondere der Zuwanderung, hat am

Ende den Brexit-Befürwortern den notwendigen Zulauf verschafft. Etwas mehr Bereitschaft zu akzeptieren, dass auch die Freizügigkeit innerhalb Europas klare Regeln gegen Missbrauch und Überforderung von National-staaten braucht, hätte den Brexiteers eines ihrer wichtigsten »Argumente« genommen.

Manches muss sich grundlegend ändern, damit in Deutschland die breite Mehrheit der Gesellschaft den Eindruck hat, dass sich Leistung lohnt, Fairness und soziale Gerechtigkeit gelten und ein selbstbestimmtes Leben möglich ist. Nur dann wird unsere Gesellschaft stabil bleiben und damit zugleich ein fester Anker in der europäischen Einigung.

Der frühere US-Präsident Bill Clinton hat für diese Aufgabe ein kluges Motto ausgegeben: sich um die Menschen kümmern, die jeden Tag hart arbeiten und sich an die Regeln halten (»People who work hard and play by the rules«).[41]

Zu Großem bereit sein, auch im Sozialen

Man konnte von Donald Trump etwas lernen: Die Ausreden, dieses oder jenes ginge nicht, müssen ein Ende haben. Gerade aufgeklärte Demokra-ten müssen das, was sie für richtig halten, auch tun. Sonst brechen andere mit unseren Gewohnheiten. Besser ist, wenn wir selbst mit den schlechten Gewohnheiten brechen.

Das muss damit beginnen, unsere gute wirtschaftliche Lage nicht als selbstverständlich zu empfinden. Das ist sie nämlich überhaupt nicht. Das hat uns nicht nur der wirtschaftliche Einbruch in der Folge der Corona-pandemie gezeigt. Weil davor der konjunkturelle Aufschwung schon zehn Jahre lang anhielt, gingen wir wie selbstverständlich davon aus, dass das auch in den kommenden Jahren so weitergehen würde. Und so zeichnete sich der konjunkturelle Abschwung auch in Deutschland auch schon vor der Pandemie ab. Abseits dessen wachsen aber für eine Exportnation wie Deutschland mit den aktuellen protektionistischen Tendenzen und dem drohenden Handelskrieg zwischen den USA, China und vielleicht sogar

Europa natürlich Risiken ganz besonders. Wenig aber ist für die politische Stabilität Deutschlands so wichtig wie sein wirtschaftlicher Erfolg, seine Innovationskraft und seine industrielle Stärke.

Wer Europa stabil halten will, wer mehr Engagement – auch finanzielles – von Deutschland für Europa für nötig hält, der muss dieses Land auf wirtschaftlichem Erfolgskurs halten. Dieses Bewusstsein scheint aber schrittweise verloren zu gehen, offenbar, weil dieser wirtschaftliche Erfolg als quasi naturgesetzlich vorausgesetzt wird. Ein folgenschwerer Irrtum.

Wäre unser Problembewusstsein anders, würden wir unsere finanziellen Spielräume anders nutzen, etwa indem wir beginnen, unseren Forschungs- und Entwicklungsanteil weiter zu steigern. Stattdessen sonnen wir uns darin, den in Europa verabredeten Anteil von zwei Prozent am Bruttoinlandsprodukt bereits erreicht zu haben. Das ist mehr als fast alle anderen Länder in Europa, das stimmt. Aber unsere Wettbewerber sitzen in Kalifornien und vor allem in Südostasien, dort gibt es das Ziel, deutlich über fünf Prozent des Bruttoinlandsprodukts (BIP) für Forschung und Entwicklung auszugeben.

Auch die Art und Weise, wie in Deutschland seit vielen Jahren Infrastrukturentwicklungen betrieben werden, wie langsam vieles voranschreitet und vor allem wie sehr beinahe jede notwendige Erneuerung oder Erweiterung unserer Infrastruktur unter öffentlichen Druck gerät – seien es nun Stromleitungen, Rohstoffpipelines für die chemische Industrie, Straßen- oder Schienenverkehr –, zeigt nur eines: Wir haben vergessen, woher unser wirtschaftlicher Erfolg rührt: von der Bildung und Qualifikation der Menschen, von einer exzellenten Bildungs- und Forschungslandschaft, guten Investitionsbedingungen vor allem für kleinere und mittelständische Unternehmen, aber eben auch von einer sehr gut funktionierenden Infrastruktur.

Statt Risiken abzuwägen und uns dann zu entscheiden, versucht unser Land mehr und mehr der Illusion zu folgen, eine vollständig risiko- und belastungsfreie Gesellschaft sein zu können. Wir wollen weder Atomenergie noch Kohlekraftwerke, aber am besten auch keine Windräder, die »die Landschaft verschandeln«, und schon gar keine Strommasten. Wir möchten schnelle Datenverbindungen, aber keine UMTS-Masten in Sichtweite.

Wir wollen möglichst früh am Morgen an den Urlaubsort fliegen, aber eigentlich keinen Fluglärm.

In Wahrheit müssen wir wieder lernen, uns nach einer angemessenen Abwägung für eines der vertretbaren Risiken zu entscheiden, statt uns vorzumachen, es gäbe noch eine Lösung, die uns vollständig von jedem Risiko befreit. Es gab aber noch nie eine erfolgreiche Industriegesellschaft ohne jedes Risiko.

In gewisser Weise ist auch die in der Politik sehr ausgeprägte Vorstellung, alles per Gesetz regeln zu wollen, Ausdruck dieser Sehnsucht nach Risikofreiheit. Ein Ausweg könnte sein, Verantwortung zu delegieren. Angesichts der Forderungen nach größerer Flexibilität etwa der Arbeitszeitgesetzgebung in einer globalen Ökonomie könnte der Gesetzgeber auch entscheiden, keinerlei Vorgaben für Branchen und Unternehmen zu machen, wenn dort Tarifverträge mit den Gewerkschaften vorliegen. Das würde einerseits die Attraktivität solcher Verträge auch für die Arbeitgeber erhöhen, andererseits zu einem ganz erheblichen Abbau von Bürokratie auf Seiten des Staates beitragen.

Die Wirtschafts- und Innovationskraft Deutschlands zu stärken, ist untrennbar mit der Stabilität des Landes und ganz Europas verbunden. Nur ein starkes Deutschland kann auch ein sicherer Stabilitätsanker für die Europäische Union sein. Und umgekehrt. Das eine ist nicht ohne das andere zu haben.

Richtig ist allerdings auch, dass das alleinige Setzen auf wirtschaftliche Prosperität noch keine soziale Stabilität schafft. Es muss ein massives Engagement gegen die immer weiter wachsende soziale Spaltung hinzukommen. Denn mit dem Niedriglohnsektor und den daraus resultierenden niedrigen Renten, der schlechteren Entlohnung in klassischen Frauenberufen, Armut unter Alleinerziehenden, fehlenden Aufstiegsmöglichkeiten und steigenden Lebenshaltungskosten bei Mieten und Energie gibt es längst wieder eine »neue soziale Frage«, die bei näherem Hinsehen allerdings die alte ist: Die Spaltung unserer Gesellschaft in Arm und Reich, in diejenigen mit Chancen auf Aufstieg und Erfolg und jene, denen dies ihr Leben lang versperrt bleiben wird. Und längst gibt es in den Bildungsverläufen unserer Kinder so etwas wie einen Neofeudalismus: Einkommen und Beziehungen der Eltern entscheiden mehr über den Bildungsverlauf der Kinder als deren Leistungsfähigkeit.

Das zu thematisieren und Strategien dagegen zu entwickeln, widerspricht nur scheinbar der Stärkung wirtschaftlicher Leistungsfähigkeit, denn auf den zweiten Blick ist gerade der Erfolg Deutschlands nach 1945 vor allem der Idee zu verdanken, dass sich Leistung für alle lohnen muss. Eine Erkenntnis, die früher schon einmal eine Zusammenarbeit zwischen Sozialdemokraten und Liberalen in Deutschland möglich gemacht hat.

Genau das ist aber bei Millionen Menschen in Deutschland nicht mehr der Fall. Knapp drei Millionen Menschen arbeiten in Deutschland in befristeten Beschäftigungsverhältnissen. Von sogenannter »prekärer Arbeit«, also Beschäftigungsverhältnissen, von denen man nicht leben kann, sind immerhin 1,2 bis 1,3 Millionen Menschen betroffen, wenn man nur diejenigen zählt, deren Lohn unterhalb der Grundsicherung liegt. Geht man darüber hinaus, so dürfte die Zahl der »arbeitenden Armen« oder »*working poor*« deutlich darüber liegen. In Ostdeutschland, wo Tarifverträge eher die Ausnahme als die Regel sind, wird selbst im qualifizierten Facharbeiterbereich sehr wenig bezahlt. Ein besonders drastisches Beispiel habe ich über einen Facharbeiter in einem Presswerk in Sachsen-Anhalt erfahren, der im Vierschichtbetrieb mit nur 1300 Euro netto nach Hause geht. Die gleiche Beschäftigung im Südwesten Deutschlands erzielt im Übrigen fast das doppelte Gehalt. Grund genug, sich in Ostdeutschland schlecht behandelt zu fühlen. Diejenigen, die diesen Teil Deutschlands über Jahrzehnte zum Experimentierfeld für Niedriglöhne gemacht haben, tragen Mitverantwortung für die hohen AfD-Stimmergebnisse dort.

Und ein letztes Beispiel für die sozialen Unwuchten: Nach Aussagen der Präsidentin des Sozialverbandes VdK Deutschland, Verena Bentele, beziehen 8,6 Millionen Menschen eine Rente, die unter der Grundsicherungsschwelle von 814 Euro liegt.[42] Deshalb war es ein großer Fehler der Unionsparteien, aber auch der verantwortlichen Sozialdemokraten, zum Ende der letzten Legislaturperiode gegen die Einführung einer Mindestrente zu entscheiden, obwohl sie im Koalitionsvertrag vereinbart worden war.

Wer also soziale Stabilität will, der darf Armut trotz Arbeit nicht akzeptieren. So muss der Mindestlohn endlich ein Niveau erreichen, auf dem man nicht nur überleben, sondern auch an der Gesellschaft teilhaben kann. Die Mindestgrenze dafür dürfte bei mindestens zwölf bis 14 Euro in der Stunde liegen. Und wenn jemand eine befristete Stelle annimmt, dann muss er dafür mindestens zehn Prozent mehr Gehalt bekommen als der unbefristet Beschäftigte, denn schließlich verzichtet er auf Sicherheit.

Was auch immer unsere Versicherungsmathematiker für Gründe angeben mögen, warum eine Mindestrente angeblich nicht machbar ist: In Deutschland darf nach 40 Arbeitsjahren und Vollzeitbeschäftigung keine Rente unter 1000 Euro im Monat liegen. Und eigentlich ist selbst diese Höhe angesichts steigender Mieten in vielen Städten Deutschlands noch zu wenig. Gerade um ältere Menschen vor den dramatischen Mietpreisentwicklungen zu schützen, brauchen wir dringend ein Gesetz, das eine Wohnungskündigung bei Mietern im Alter ab 70 Jahren schlicht verbietet.

Ganz generell gilt: Die Zustimmung zu unserer demokratischen und sozialen Marktwirtschaft lebt seit 1945 von dem Grundsatz, dass sich Arbeit lohnen muss. Damit ist nicht nur die materielle Seite von Arbeit und Rente, sondern auch die immaterielle Wertschätzung von Arbeit angesprochen.

Anstelle defensiver Konzepte wie das bedingungslose Mindesteinkommen gegen die Dequalifizierung und Vernichtung von Arbeit durch die fortschreitende Digitalisierung zu fordern, muss der Sozialstaat seine emanzipatorischen Ideen neu entdecken. So macht die Digitalisierung endlich wieder ein neues Verhältnis von Arbeiten und Leben möglich. Nicht nur samstags sollen Vati und Mutti den Kindern gehören, wie es die Gewerkschaften Anfang der 1960er-Jahre für die Einführung der Fünf-Tage-Woche forderten, sondern von montags bis freitags ebenfalls. Denn die Effizienzgewinne der Digitalisierung dürfen nicht nur den Unternehmen, sondern müssen auch den Arbeitnehmern zugutekommen. Beispielsweise mit dreißig Stunden Arbeit im Betrieb und fünf Stunden Qualifizierung am Computer zu Hause.

Wir müssen uns um die wachsende soziale Ungleichheit energischer kümmern, als wir das bislang tun. Ein schlimmes Beispiel ist der Einkommensunterschied von Frauen und Männern in Deutschland. Trotz der Tarifautonomie hat der Staat gerade in Zeiten von Fachkräftemangel einen großen Hebel in der Hand, um die durchschnittlich 20 Prozent niedrigeren Gehälter von Frauen anzuheben: Die schlechtere Bezahlung kommt in Deutschland in den allermeisten Fällen nicht mehr aus einer Lohndiskriminierung von Frauen gegenüber ihren männlichen Kollegen innerhalb eines Unternehmens zustande, sondern durch die traditionell schlechtere Bezahlung in typischen Frauenberufen wie in den pädagogischen und pflegerischen Berufen. In der Tradition von Industriegesellschaften waren typischerweise die gewerblichen und kaufmännischen Berufe wichtig und wurden entsprechend ihrer messbaren Produktivität schrittweise immer besser bezahlt, während die sozialen Aufgaben und Tätigkeiten Aufgabe des Staates, von Kirchen und Wohlfahrtsverbänden waren. Ihre Produktivität war schwieriger messbar und wurde für den Erfolg von Industriegesellschaften eher als zweitrangig angesehen. In der Folge gingen Männer in die besser bezahlten, Frauen in die karitativen Berufe. Bis heute verdient man beim Bewegen einer Tonne Stahl im Stahlwerk mindestens doppelt so viel wie beim Bewegen von Kleinkindern in Kitas oder älteren Menschen in Pflegeheimen. Meine Mutter hörte als Krankenschwester noch den Rat von Vorgesetzten, dass man diese Arbeit doch vor allem für »Gotteslohn« mache. Dies überzeugte sie allerdings nicht nachhaltig, und sie wurde später Mitglied der Gewerkschaft ÖTV und Personalrätin.

Wenn also die öffentlichen Arbeitgeber beginnen würden, die sozialen und pflegerischen Berufe deutlich besser zu bezahlen, wäre bei der Forderung nach gleichem Lohn für Frauen und Männer ein gewaltiger Sprung nach vorn möglich. Wir würden vielen alleinerziehenden Frauen deutliche materielle Entlastung bieten. Und wir bräuchten für ein Ende der Lohnlücke zwischen Frauen und Männern in Deutschland keine bürokratischen Monster, die lediglich den Berichtsaufwand in den Betrieben erhöhen.

Wer langfristig etwas gegen den demografischen Wandel tun will, muss Familien in Deutschland stärken. Natürlich durch flächendeckende und möglichst kostenlose Angebote für Kindertagesstätten und Ganztagsschulen. Aber auch die finanzielle Leistungsfähigkeit für Familien muss sich verbessern. Statt Steuersenkungen mit der Gießkanne auch für die, die sie nicht brauchen, wäre die Einführung eines Freibetrages für Kinder in der Sozialversicherung wesentlich sinnvoller. Anders als die Steuergesetzgebung ist die Sozialversicherung mit Ausnahme der Krankenversicherung nämlich blind dafür, ob jemand Kinder hat oder nicht. Statt Eltern zum Beantragen von Kindergeld, Lernmittelbeihilfe oder Wohngeld zu zwingen, wenn ihr Nettoeinkommen nicht ausreicht, um die Familie zu ernähren, wäre es weit sinnvoller, sie von Anfang an bei den Sozialabgaben je nach Anzahl ihrer Kinder zu entlasten. Genau hier nämlich und nicht bei der Steuerlast ist die deutsche Abgabenquote gerade bei mittleren und niedrigen Einkünften im europäischen Vergleich überdurchschnittlich hoch und wird deshalb jedes Jahr erneut kritisiert. Statt ihnen erst Geld über Steuern und Abgaben wegzunehmen, um es ihnen dann über staatliche Fürsorge auf Antrag wieder zu erstatten, wäre es sinnvoller, es ihnen gleich zu belassen. Das jetzige Familienfördersystem nennt der frühere Darmstädter Sozialrichter Jürgen Borchert nicht ganz zu Unrecht »Rückgabe von Diebesgut«.[43]

Und wie wäre es, wenn wir innerhalb von vier Jahren die Zahl der Lehrer und Sozialpädagogen verdoppeln? Die Schulstrukturdebatten über Gesamtschule oder gegliedertes Schulwesen sind überholt. Und auch mit dem Ruf nach Inklusion sollten wir uns nicht überfordern, solange dafür nicht genug Fachkräfte verfügbar sind. Wenn unsere Schulen nicht mal barrierefrei sind, klingt der Ruf nach Integration und Inklusion aller behinderten Kinder in das Regelschulsystem völlig illusorisch. Er überfordert Eltern, behinderte und nicht behinderte Kinder und Lehrer. Es gibt für die Inklusion viel zu tun. Aber gerade im sensibelsten System, den Schulen, anzufangen, führt nur zu Enttäuschungen auf allen Seiten.

Verdoppeln wir hingegen die Lehrerstellen, produzieren wir weniger Schulabbrecher. Kinder von Zuwanderern könnten ihre Leistungsfähigkeit entdecken. Und die Eltern, die es sich leisten können, sollten ihre Kinder wieder gern in die staatlichen Schulen schicken statt auf Privatschulen. Wenn es keinen Unterrichtsausfall mehr gibt, bleibt genug Zeit für individuelle Förderung, die Klassen können kleiner werden, und Sozial-,

Sport- und Theaterpädagogen könnten gemeinsam mit den Lehrern aus unseren Schulen ein pädagogisches Gesamtkunstwerk machen. Wir sollten dies als staatliche Aufgabe des Bundes und nicht als zersplitterte Aufgabe der Länder begreifen, die in den letzten 30 Jahren je nach Kassenlage mal Lehrerstellen schufen oder wieder abbauten. Dazu brauchen wir ein großes Schulinvestitionsprogramm, das in den sozial schwierigsten Stadtteilen beginnt. Ebendort müssen Schulen Leuchttürme sein, in die man gerne geht – Schülerinnen und Schüler gleichermaßen wie Lehrkräfte.

Sicher gibt es andere Vorschläge. Und mir geht es gar nicht darum, hier ein umfassendes politisches Programm für Deutschland zu formulieren. Aber dass wir wieder mehr Mut zur Politik aufbringen müssen, dass wir zu Großem und Nachhaltigem bereit sein müssen, scheint mir unverzichtbar zu sein. Das politische Kurzpassspiel, bei dem wir immer viele Gründe finden, warum sich leider nichts verändern kann und wir ansonsten den politischen Gegner täglich dreimal beschimpfen, hat ausgedient. Man kann den Mut haben, mit Gewohntem und scheinbar Unveränderbarem zu brechen. Wenn wir als Demokraten dazu keine Courage haben, werden es andere tun.

Auch in meiner Zeit als Vorsitzender der SPD waren wir, war ich, oft zu sehr im technokratischen Denken verfangen, um mutig meine Vorstellungen einer besseren und gerechteren Gesellschaft umzusetzen. Wir hatten immer Gründe, warum manches angeblich nicht ging. Und wir hatten zu wenige wirklich umsetzbare und damit realistische Programme, wohin wir unsere Gesellschaft eigentlich führen wollten. Rückblickend weiß ich, dass auch ich zu sehr vom Politikbetrieb vereinnahmt und immer mehr in den Strukturen und Systemen eines politischen Apparates, der frühere Begeisterung und Authentizität für große Themen mitunter dämpfte, gefangen war. Wir dürfen es aber nicht bei der Resignation im Politikbetrieb belassen, sondern müssen bei allen Irrtümern und Versäumnissen die Freude am Gestalten behalten.

Natürlich kostet die Umsetzung der Vorschläge viel Geld. Doch die Erosion der arbeitenden Mitte unserer Gesellschaft und die schrittweise Zerstörung der Demokratie ist viel kostspieliger, sie ist unbezahlbar. Wir bezahlen diese Zerstörung am Ende mit unserer Freiheit.

Neue Ehrlichkeit in der Flüchtlingspolitik

Die Coronapandemie hat dazu geführt, dass die Debatte um die Aufnahme von Flüchtlingen in den Hintergrund getreten ist. Das sollte uns aber nicht darüber hinwegtäuschen, dass die deutsche Gesellschaft in der Flüchtlingsfrage nach wie vor tief gespalten ist. Mein Eindruck ist: Wir waren in dieser Frage ebenso mental erschöpft und aufgerieben, wie wir es jetzt in kürzerer Zeit im öffentlichen Umgang mit der Pandemie geworden sind. Seit Jahren bestimmte kein anderes Thema die deutsche Innenpolitik so sehr wie die Auseinandersetzung im Umgang mit den Menschen, die ihre Hoffnung auf ein besseres Leben zu uns treibt. Der politische Streit darüber führt zu immer ungeduldigeren Reaktionen der Menschen unseres Landes. »Macht endlich was, und redet nicht nur immer – und hört auf, ständig Maßnahmen anzukündigen, die dann zerredet werden!«, ist der Satz, den man immer häufiger zu hören bekam.

Der Ton der öffentlichen Debatte hatte sich dramatisch verändert, er hat sich um 180 Grad gedreht. Sosehr wie in den Jahren 2015 und 2016 ein Überschwang der Emotionen zugunsten der Flüchtlinge dazu geführt hat, dass die erheblichen Anspannungen übersehen wurden, die dabei auf Deutschland und Europa zukamen, so sehr passierte danach das genaue Gegenteil: Obwohl die Zahlen der Zuwanderinnen und Zuwanderer pro Jahr weitaus geringer wurden als damals und zugleich die Aufnahme des weitaus überwiegenden Teils der Flüchtlinge weitgehend problemlos erfolgte, herrschte zunehmend ein harter und abweisender Ton vor. Erneut widerspricht dieser politische Ton der Wirklichkeit – nur dieses Mal zulasten der Flüchtlinge. Angela Merkels Willkommenskultur wird von ihr selbst nicht mehr verteidigt, inzwischen sind es die Kirchen, die die unchristliche Haltung von Teilen der Christdemokratischen Union und ihrer Schwesterpartei, der Christlich-Sozialen Union, zurückweisen.

Die Mehrheit der Menschen in Deutschland, das ist meine Erfahrung seit vielen Jahren, will praktische und konsequente Problemlösungen und keine endlosen Debatten, insbesondere bei der Flüchtlingspolitik. Es geht um die weitere Zuwanderung, um die Integration in Schulen,

Hochschulen und Unternehmen derer, die ein dauerndes Aufenthalts-recht haben. Aber es geht auch um die Rückführung derer, die dieses Recht nicht haben. Die allermeisten Bürgerinnen und Bürger wollen, dass die Politik das Gefühl vermittelt, Herr der Lage zu sein. Und es geht um die Bekämpfung von schwerer Kriminalität durch Clanstrukturen und das Ausnutzen unserer Sozialsysteme vor allem in Großstädten und Bal-lungsgebieten. Die durchaus seriösen Reportagen darüber in den öffent-lich-rechtlichen Medien oder die Erfahrungsberichte unserer Oberbür-germeister treiben vielen Menschen zu Recht die Zornesröte ins Gesicht. Dass es parallel dazu eine viel größere Anzahl von Zugewanderten gibt, die längst zum kulturellen, wirtschaftlichen und sozialen Erfolg unseres Landes beitragen, ist absolut richtig – und doch kein Argument für die offenkundige Hilflosigkeit unseres Rechtssystems, mit diesen Zuständen besser fertigzuwerden.

Vor allem aber ist eines wichtig: So unbequem es ist, wir müssen in der Auseinandersetzung um die Zuwanderung den Menschen die Wahrheit sagen und sie ihnen zumuten. Die Wahrheit ist, dass wir vor der größten Herausforderung unseres Jahrhunderts stehen. Migration ist neben dem Klimawandel die zweite große Jahrhundertaufgabe.

Schnelle und einfache Lösungen gibt es nicht. Und auch meine Vor-schläge können nur Bestandteile eines Rahmens sein, in dem wir in den kommenden Jahren vieles ausprobieren, verwerfen, neu entwickeln und anpassen müssen. Wer die mentale Überforderung vieler Bürger nicht weitertreiben will, darf nicht ständig mit Vorschlägen kommen, die weder geeignet sind, die Herausforderung in ihrer Dimension angemessen zu begreifen, noch eine dauerhafte Lösung bieten. Wer schnelle Lösungen oder radikale Maßnahmen predigt, wird neue Enttäuschung und noch stärkere Wut ernten, die den dumpfen Gegnern jeder Zuwanderung in die Hände spielt. Deshalb dürfen wir den Menschen nichts vormachen. Die weltweite Fluchtbewegung, aus Kriegs- und Krisengebieten oder aus bitterster Armut, muss uns konsequenter nach den Fluchtursachen fra-gen lassen. Es ergibt keinen Sinn, ständig so zu tun, als sei politische Ver-folgung ein legitimer Fluchtgrund und bitterste Not und Armut nicht. Moralisch ist der eine wie der andere Grund allemal gerechtfertigt.

Es sind aktuell bereits mehr als 65 Millionen Menschen auf der Flucht. Zumeist innerhalb ihrer Länder oder zwischen armen und ärmsten Staaten und Regionen. Uns in Europa erreicht etwa ein Prozent der Flüchtenden. Die erwartbare Entwicklung allerdings muss alarmieren: In Afrika wird sich bis spätestens 2050 die Bevölkerung von heute 1,5 auf dann drei Milliarden Menschen verdoppeln. Forscher sagen uns 400 Millionen Menschen voraus, die diesen Kontinent in den nächsten Jahrzehnten verlassen wollen, wenn sich die Wirtschafts-, Arbeits- und Lebensbedingungen dort nicht dauerhaft geändert haben werden. Das ist eine Dimension, bei der weder schmale Einwanderungskorridore noch die höchsten Zäune helfen.

Vielleicht gelingt es mit etwas Abstand, die Diskussion über die Flüchtlingspolitik ohne den parteipolitischen Ballast und ohne Stellvertreterdiskussionen zu führen. Das trifft nicht nur auf die Unionsparteien, sondern im gleichen Maß auch auf uns Sozialdemokraten zu. Auch die SPD sollte ihre inneren Widersprüche zugeben, denn sie existieren ja in der gesamten Gesellschaft. Je mehr Flüchtlinge und Zuwanderer kommen, desto stärker schlagen zwei Seelen in unserer Brust: Die eine will helfen, die andere hat Sorge vor der damit verbundenen Überforderung. Selbst bei denen, die in den Jahren 2015 und 2016 sich so aufopferungsvoll um die nach Deutschland kommenden Menschen gekümmert haben, gibt es diese beiden widerstrebenden Gefühle.

In meiner Partei drückten sich diese Widersprüchlichkeiten am stärksten zwischen den Kommunalpolitikern und den Bundespolitikern aus. Während vor Ort schnell ein Gefühl der Überforderung aufkam, stand im Parteivorstand und in der SPD-Bundestagsfraktion die humanitäre Hilfe für Flüchtende im Vordergrund. Beide Seiten bemühten sich dabei nach Kräften, sich möglichst selten zu begegnen, sondern immer in Abwesenheit der anderen Seite über deren Haltung den Kopf zu schütteln. Das ging so weit, dass ich im SPD-Parteivorstand meine Partei gerade noch davon abhalten konnte, sich offen gegen den Schutz der europäischen Außengrenzen auszusprechen.

Und ich erinnere mich noch gut an den 12. September 2015, als sich eine ganze Reihe von SPD-Vorstandsmitgliedern weigerten, der von Bundesinnenminister Thomas de Maizière vorgeschlagenen Einführung von punktuellen Grenzkontrollen zu Österreich zuzustimmen. Es waren vor allem Olaf Scholz und Andrea Nahles, die darin einen »Verrat an europäischen Werten« und am Schengener Abkommen sahen, das die Offenheit der Grenzen zwischen einer Reihe von EU-Mitgliedstaaten regelt. Angesichts der täglich zu Tausenden unkontrolliert nach Deutschland einreisenden Flüchtlinge musste man schon relativ ignorant gegenüber den Sicherheitsbedürfnissen der deutschen Bevölkerung sein, um so zu argumentieren. Ich habe damals dem Vorschlag des CDU-Innenministers sehr zum Ärger meiner Partei»freunde« trotzdem zugestimmt, weil ich es für unverantwortlich gehalten hätte, selbst auf diesen kleinen Versuch zu verzichten, die staatliche Kontrolle über die Grenzen wieder zu gewinnen. Dass Andrea Nahles als SPD-Parteivorsitzende später darauf hinwies, Deutschland könne nicht alle Flüchtlinge aufnehmen, zeigte den offenbar bei ihr deutlich gewachsenen Realismus. Und obwohl diese Feststellung im Grunde eine Binsenweisheit ist, stieß die Bemerkung von Andrea Nahles in Teilen der SPD leider immer auf Empörung. Ein Beleg dafür, dass weite Teile des Funktionärslagers einen realistischen Blick auf die Migrationsbewegungen noch immer scheuen.

Bis zur Bundestagswahl 2017 gab es ein echtes Repräsentationsdefizit zum Thema Migration und Flüchtlingsaufnahme, weil die demokratischen Parteien dieses Thema scheuten wie der Teufel das Weihwasser. Die Sorgen der Menschen auch nur anzusprechen, galt bereits als Verrat und »Wasser auf die Mühlen rechtsradikaler Propaganda«.[44] Gleichzeitig hörte man immer häufiger den Satz: »Für die Flüchtlinge macht ihr alles, aber wenn es um meine Rente geht, ist angeblich kein Geld da.« Ehrlicherweise muss man einräumen, dass dies ja stimmte. Mehr als 21 Milliarden Euro wandten Bund und Länder in den Jahren 2016 und 2017 auf, um die Aufnahme von insgesamt 1,4 Millionen Flüchtlingen zu finanzieren und Fluchtursachen zu bekämpfen. Dagegen scheiterte eine Mindestrente für langjährig rentenversicherte Arbeitnehmerinnen und Arbeitnehmer am Ende der Legislaturperiode an einem einstelligen Milliardenbetrag.

Als Vorsitzender der SPD machte ich im Sommer 2016 den Vorschlag, einen Solidarpakt für Deutschland zu schließen, um allen zu zeigen, dass

Deutschland stark genug sei, niemanden zu vergessen – nicht jene, die bereits hier leben, und nicht diejenigen, die als Flüchtlinge neu zu uns kommen. Der CDU-Finanzminister nannte meinen Vorschlag »erbarmungswürdig«. Wolfgang Schäuble wusste, dass dieser Solidarpakt für die SPD ein veritables Wahlkampfthema hätte werden können. Aber auch die SPD mied das Thema und überließ es der AfD und in Bayern der CSU. Das Ergebnis ist bekannt.

Da die nächste Flüchtlingswelle leider mit hoher Sicherheit auf Deutschland und Europa zukommen wird, wäre eine aufgeklärte Diskussion über dieses Thema dringend nötig. Ohne wütende Vorwürfe der Demokraten untereinander, sondern durchaus mit Stolz betrachtend, was dieses Land und seine Bevölkerung alles geleistet hat. Aber auch mit der Bereitschaft zu lernen, wo unsere Möglichkeiten liegen und wo unsere Grenzen. Wir hätten eigentlich ausreichend Grund dafür: Mehr als eine Million Flüchtlinge in sehr kurzer Zeit weitgehend problemlos aufzunehmen, ist Anlass genug, sich etwas zurückzulehnen und sich einen ehrlichen Blick auf das zuzutrauen, was gelungen und was weniger gelungen ist. Der richtige Ort dafür wäre das Parlament, auch wenn dort die AfD alles unternehmen wird, diese Debatte entgleisen zu lassen. Es wäre eine Probe auf das Selbstvertrauen aller Demokraten.

Aber nicht nur in der Politik ist diese Debatte wünschenswert, sondern auch in den Medien, der Wissenschaft, den Kirchen, Gewerkschaften, Arbeitgebern und unserer Gesellschaft. Wir sind es nicht nur jenen schuldig, die in Zukunft zu uns kommen werden. Wir sind es auch uns selbst schuldig. Vor allem denjenigen, die bis an den Rand der Erschöpfung Großartiges in der Aufnahme der Flüchtlinge geleistet haben und leisten.

Die Wahrheit, was Zuwanderung für unser Land in Europa bedeutet, ist den Menschen zumutbar. Sie sind klüger und gelassener, als wir Politiker manchmal glauben. Sie haben ein Recht auf Erklärung und Einordnung in unsicheren Zeiten, und es ist unsere Pflicht als Politiker, diese Erläuterung zu geben.

Bei dieser Jahrhundertaufgabe müssen jede Initiative, jeder Schritt und jede Maßnahme europäisch abgestimmt sein. Das ist die wichtigste Lehre aus Deutschlands nationalem Alleingang bei der Öffnung seiner Grenzen im Jahr 2015. Um die Zuwanderung mit einer nachhaltigen Politik steuern zu können, müssen wir weit mehr in die wirtschaftliche, soziale, schulische und universitäre Entwicklung Afrikas investieren, damit weniger Menschen aus Armut und Hoffnungslosigkeit fliehen müssen.

Unsere Entwicklungspolitik wird sich mehr in die Infrastruktur und die Grundlagen für eine eigenständige wirtschaftliche Entwicklung einbringen müssen als in noch so interessante Klein- und Kleinstprojekte. Unsere Bedingungen für den Aufbau dieser Infrastruktur müssen weniger feinmaschig gewebt und deutlich robuster sein. Wir werden die Standards deutscher öffentlicher Ausschreibungen, die Anforderungen an Umwelt- und Klimaschutzstandards und an unsere Finanzierungsregeln nicht eins zu eins auf alle afrikanischen Regionen übertragen können. Deutschland wird mit anderen europäischen Staaten ähnlich wie China ein milliardenschweres Programm zur Abdeckung von möglichen Investitionsrisiken für die Infrastrukturinvestitionen in Afrika aufbauen müssen. Dann werden sich auch Unternehmen finden, die diese Projekte schultern.

Darüber hinaus müssen wir Deutschen und Europäer mithelfen, Staaten zu stabilisieren oder beim Aufbau von neuer Staatlichkeit zu helfen. Beispielsweise Länder wie der Libanon oder Jordanien, die am meisten unter der massiven Zuwanderung von syrischen und irakischen Flüchtlingen gelitten haben und für die Stabilität der Region von ungeheurer Bedeutung sind. Der Libanon hat 6,2 Millionen Einwohner, und er hat 1,5 Millionen Flüchtlinge aufgenommen. In Jordanien konkurrieren 9,5 Millionen Einwohner inzwischen mit über einer Million Flüchtlinge um Arbeit, Wohnung, Schulen und Krankenhäuser. Als Deutscher wird man demütig, wenn man sieht, was diese beiden Länder leisten.

Auch mit Staaten, deren Regierungssysteme uns fremder sind und in absehbarer Zeit keine Westminster-Demokratien werden, müssen wir zusammenarbeiten. Mit Ägypten zum Beispiel, weil dort fast 100 Millionen Menschen leben. Eine noch größere Instabilität am Nil kann eine Fluchtbewegung auslösen, gegen die selbst die Zahl der Hilfesuchenden aus Syrien noch vergleichsweise klein erscheint. Wir werden uns auf den mühsamen Weg machen müssen, auch diese Länder zu unterstützen und zu stabilisieren und trotzdem immer wieder Themen wie Menschenrechte und Pressefreiheit zu thematisieren und auf Fortschritte auch in diesen Bereichen zu bauen.

Reizthema Rüstungsexporte

Selbst das in Deutschland so umstrittene Thema Rüstungsexporte gehört dazu. Abseits der Tatsache, dass fast alle anderen EU-Mitgliedstaaten deutlich exportfreundlicheren Regeln folgen als Deutschland, geht es auch hier um klare Interessen.

Rüstungsexporte sind unangenehme Entscheidungen. Keine ist frei von Widersprüchen und Risiken. Dazu gehören Beispiele wie Ägypten oder die Türkei, aber auch der Umgang mit nichtstaatlichen Ordnungsmächten, mit örtlichen Bürgermeistern, Stammesführern und Warlords. Wer an den Küsten Libyens das Schlepperunwesen und den Menschenhandel bekämpfen will, wird den dort lokal Verantwortlichen wirtschaftliche beziehungsweise geschäftliche Alternativen bieten müssen. Dazu gehören finanzielle Leistungen für Infrastruktur, Bildung und die Unterstützung kleiner Unternehmen. Am Ende geht es schlicht um Geldzahlungen. Diese fließen mehr oder weniger von internationalen Institutionen, etwa der Internationalen Organisation für Migration (IOM), kontrolliert, aber auch über afrikanische Institutionen, damit die Geberländer und ihre Vertreter, aber auch die internationalen Organisationen korruptionsfrei bleiben.

Dazu gehört auch, in Libyen Schritt für Schritt wieder funktionierende staatliche Strukturen aufzubauen. Das nordafrikanische Land ist kein armer Staat, sondern ein Erdölexporteur. Die staatliche Erdölfördergesellschaft ist eine der wenigen funktionierenden Institutionen, denn sie verteilt die Einnahmen aus dem Ölverkauf an die unterschiedlichen, zum Teil verfeindeten Gruppen. Der Aufbau staatlicher Strukturen unter Beteiligung aller konkurrierenden Teile des Landes ist die Voraussetzung, die fürchterlichen Sklavenlager aufzulösen, in denen nach Aussage eines benachbarten deutschen Botschafters »KZ-ähnliche Zustände herrschen«.

Sie sind unter Kontrolle von bewaffneten Milizen und Sklavenhändlern. Ihre Auflösung wird nur mit militärischer Gewalt möglich sein. Auch dazu wird die Europäische Union – und damit auch Deutschland – bereit sein müssen, wenn die EU versuchen wird, in nordafrikanischen Staaten Auffangzentren unter dem Schutz der Vereinten Nationen zu errichten.

Anders als in der Türkei ist der Staat in Libyen nicht in der Lage, diesen Zentren Schutz und Sicherheit zu geben. Wer ernsthaft diese Idee propagiert, sollte sich schon jetzt mit der Frage befassen, wer den Schutz und die Sicherheit dieser europäischen Außenposten garantieren wird. Die täglich wiederholte Forderung, man möge doch die Prüfung von Asylanträgen bereits in Afrika vornehmen, wird nur glaubwürdig, wenn zugleich die Frage beantwortet wird, ob vor Ort Staaten existieren, die dem zustimmen, und ob wir bereit sind, in die Sicherheit solcher Zentren zu investieren.

Alternde Gesellschaft und Zuwanderung

Natürlich muss Deutschland gemeinsam mit Europa neben all diesen Maßnahmen, die im Kern unkontrollierte Zuwanderung abwehren sollen, auch ein Angebot für kontrollierte und legale Zuwanderung schaffen. Und dies nicht etwa in karitativer Absicht, sondern im wohlverstandenen eigenen Interesse.

Hinter dem Begriff »demografischer Wandel« verbirgt sich nämlich die schlichte Tatsache, dass wir zwar die Theorie des Kinderzeugens kennen, die Praxis aber in unserer alternden Gesellschaft vernachlässigt haben. Noch nie hat eine Industriegesellschaft das Experiment wagen müssen, in nur 15 Jahren mit drei Millionen Arbeitskräften weniger auszukommen, nicht aber mit weniger Menschen. Wenn vor 35 Jahren noch 3,5 Arbeitnehmer die Rente eines Ruheständlers durch ihre Beiträge finanzieren mussten, sind es heute noch 2,5 Arbeitnehmer. 2040 werden 1,6 Arbeitnehmer diese Aufgabe schultern müssen, wenn wir sie nicht durch qualifizierte Zuwanderung auszugleichen schaffen. Die damit verbundenen finanziellen Belastungen für die Beitragszahler sind nicht das einzige Problem. Eine älter werdende Gesellschaft ist weniger innovativ, weniger produktiv und konsumiert auch weniger. All das wird sich zu einem Zeitpunkt auf unsere wirtschaftliche Leistungsfähigkeit auswirken, an dem andere Nationen ihre Fähigkeiten und ihre Leistungsbereitschaft erst richtig ausspielen. Wir sind mithin auf eine kontrollierte und qualifizierte Zuwanderung im größeren Umfang angewiesen.

Diese Zuwanderung soll unser Wirtschafts- und Sozialsystem stützen und nicht stürzen. Derzeit bedarf die Zuwanderung zumindest für einen längeren Zeitraum von vielleicht zehn Jahren einer großen Anstrengung. Denn Deutschland ist ein ziemlich anstrengendes Land. Wer hier Arbeit und Einkommen finden will, muss viel können. Die Flüchtlinge der Jahre 2016, 2017 und 2018 kommen aber selten mit den Qualifikationen, die in unserem Land gebraucht werden. Die künftige Zuwanderung muss deshalb an Voraussetzungen und Mindeststandards gebunden sein. Nicht jeder kann kommen, sondern nur jene, die hier mit relativ geringem Aufwand auch Arbeit finden. Eine Möglichkeit wäre, eine bestimmte schulische oder berufliche Erstausbildung zur Voraussetzung zu machen, um die Chancen auf legale Zuwanderung nach Europa zu erhöhen.

Die Angebote, unter diesen Mindestbedingungen nach Europa zu kommen, können von Studien- und Ausbildungsaufenthalten über Fortbildung bis hin zur dauerhaften Einbürgerung und unbefristeten Aufenthaltserlaubnis reichen. Es ergibt Sinn, auch denen, die nicht legal den Weg zu uns geschafft haben oder hier nicht auf Dauer bleiben können, sofort Sprach- und Ausbildungsangebote zu eröffnen. Die staatlich verordnete Tatenlosigkeit vieler Asylbewerber und Flüchtlinge schafft weit mehr Probleme und kostet am Ende viel mehr als die Investition in Ausbildung. Auf jeden Fall sollten diejenigen, die Deutschland wieder verlassen müssen, Deutsch gelernt und eine Ausbildung gemacht haben. Das liegt in unserem Interesse und verbessert in den Herkunftsländern die Chancen, ein besseres Leben zu führen.

Es war unfassbar schwer, in den Jahren der großen Zuwanderung ab 2015 die CDU/CSU davon zu überzeugen, dass Ausbildung und Arbeit immer richtig sind, gleichgültig, ob eine Bleibeperspektive existiert. Nur mit großer Mühe konnte ich innerhalb der Großen Koalition 2016 für die SPD ein Gesetz durchsetzen, das jedem Flüchtling das Recht einräumt, eine begonnene Ausbildung zu beenden. Danach sollte ein Migrant selbst dann mindestens zwei Jahre in seinem Ausbildungsbetrieb oder einem anderen Unternehmen arbeiten dürfen, wenn inzwischen der Asylantrag abgelehnt und irgendwann eine Ausreise zwingend ist. Vor diesem Gesetz musste der Ausbildungsbetrieb alle paar Monate nachfragen, ob denn der Asylbewerber noch bleiben darf. Von der Erlaubnis zur Arbeitsaufnahme nach der Ausbildung war keine Rede. Es war kein Wunder, dass sich nur wenige Ausbildungsbetriebe bereitfanden. Denn jeder Arbeitgeber bildet auch deshalb aus, weil er hofft, nach der Investition in die Ausbildung eine neue Fachkraft für seinen Betrieb gewonnen zu haben.

Für uns in Deutschland muss klar sein, dass Bildung nie eine Fehlinvestition sein kann. Aus meiner Sicht wäre für viele der seit längerer Zeit in einem unsicheren Rechtsstatus hier lebenden Ausländer eine Bleiberechtsregelung die beste Lösung. Von einem bestimmten Stichtag an sollten alle hier in Deutschland seit mehr als vier oder fünf Jahren lebenden Zuwanderer, die sich nichts haben zu Schulden kommen lassen, eine dauerhafte Aufenthaltsgenehmigung bekommen, sofern sie nach sechs Monaten entweder eine Ausbildung begonnen oder eine sozialversicherungspflichtige Beschäftigung aufgenommen haben. Das würde Tausende Verfahren beenden, unsere Verwaltungsgerichte und Behörden entlasten, inhumane Abschiebungen nach langem Aufenthalt in Deutschland verhindern und zugleich die administrativen Kräfte des Landes auf die Bearbeitung der »Fälle« konzentrieren, die erst seit kurzem bei uns sind.

Legale Zuwanderungsmöglichkeiten nach Deutschland und Europa sollten helfen, den Druck zu mildern und Alternativen zum gefährlichen Menschenschmuggel über das Mittelmeer oder andere Routen zu bieten. Klare Kriterien sind dabei nicht nur für die Integration in den hochkomplexen deutschen Arbeitsmarkt wichtig. Sie sollten auch ein Anreiz sein, sich im Heimatland anzustrengen, dort etwas zu lernen und zu leisten.

Legale Zuwanderungsmöglichkeiten würden auch unseren eigenen Fachkräftemangel überbrücken helfen. Die Zuwanderung wird dabei nie die Bildungsinvestitionen in die bereits hier lebenden Kinder, Jugendlichen und Erwachsenen ersetzen. Am weltweiten Wettbewerb um Fachkräfte wird Deutschland sich jedoch beteiligen müssen. Das wird nur gelingen, wenn wir denjenigen, die sich vorstellen können, in Deutschland zu arbeiten, auch Sicherheit für ihren dauerhaften Aufenthalt hier geben. Sonst gehen sie gleich in Länder, die nicht eine so exotische Sprache sprechen wie wir Deutschen. Auch aus diesem Grund brauchen wir europäische Regeln für legale Zuwanderungskontingente. Denn die Freizügigkeit am europäischen Arbeitsmarkt muss gerade für diejenigen gelten, die wir aus anderen Ländern dazu bewegen wollen, zu uns zu kommen. Wer beim ersten Familienurlaub feststellt, dass seine Bewegungsfreiheit an den Grenzen seines Wohnsitzlandes endet, wird rasch überlegen, ob nicht andere Regionen der Welt besser geeignet sind, die Luft von Freiheit und Selbstbestimmung zu atmen.

Entschlossener handeln: Abschiebung und Grenzschutz

Bis hierher werden die liberalen Eliten Deutschlands gewiss zustimmen. Nichts ist populärer als die Forderung nach legaler und geregelter Zuwanderung durch ein Einwanderungsgesetz und nach besserer Integration. Und beides ist in der Tat notwendig. Die Kehrseite legaler Zuwanderung sind allerdings ein harter und kompromissloser Schutz der europäischen Außengrenzen und die Abschiebung all derjenigen, die trotz dieses Grenzschutzes den Weg zu uns gefunden haben. Und allemal derjenigen, die in Deutschland oder Europa gegen Recht und Gesetz verstoßen haben. Hier müssen wir auch aus demokratiepolitischen Gründen entschlossener handeln, wenn uns Europa und seine demokratische Verfasstheit wirklich etwas wert sind.

Leider sind wir davon immer noch weit entfernt. In Deutschland bricht eine Debatte über unmenschliche Abschiebungen selbst dann los, wenn es um Schwerstkriminelle, terroristische Gefährder und Personen geht, die nachhaltig ihre Identitätsfeststellung behindern. Exakt auf diese drei Gruppen ist nämlich bislang die Abschiebung nach Afghanistan begrenzt. Auch die Medienberichterstattung verkürzt in der Regel ihre Berichte darauf, dass »schon wieder eine Abschiebung nach Afghanistan«

erfolgte. Ich bin überzeugt, dass in diesen Fällen eine Abschiebung nach Afghanistan gerechtfertigt ist.

Auch die völlig verquere Diskussion, ob man nicht aus humanitären Gründen für terroristische Gefährder den Familiennachzug ermöglichen müsse, zeigt, wie weit sich ein überschaubarer, aber wachsender Teil der politischen Elite von den berechtigten Alltagsbedürfnissen nach Sicherheit in unserer Gesellschaft entfernt hat. Als könnten Unterstützer des islamistischen Terrors besser in die verfassungsmäßige Ordnung integriert werden, wenn Mama und Papa mit in Deutschland wohnen können. Niemand darf sich wundern, wenn angesichts solcher wirklichkeitsfernen Vorstellungen selbst die engagiertesten Flüchtlingshelfer den Glauben an den Realitätssinn der Politik verlieren. Die Hitze der Integrationsdebatte scheint die gut klimatisierten Büros von Berlin Mitte noch nicht erreicht zu haben. Wer einmal einen Eindruck davon bekommen will, wie Ausländer über unsere libertären Debatten denken, wird alsbald merken, dass ebendieser Teil unserer Gesellschaft befürchtet, durch übertriebene Liberalität mit Zuwanderern in Mithaftung genommen zu werden. Viele seit langem hier lebende Migranten fordern, ein deutlich härteres Durchgreifen gegen diejenigen, die die Freiheiten unseres Landes missachten.

Wenn man sich vor Augen führt, was wir alles zugelassen haben in der Vergangenheit, dann merkt man schnell, dass sich hinter scheinbarer Liberalität im Umgang mit Zugewanderten in Wahrheit die Faulheit und Bequemlichkeit gerade der politischen Eliten verborgen hat und zum Teil immer noch verbirgt. Lange war in Deutschland umstritten, ob bei der Verweigerung einer vollziehbaren Ausreisepflicht die Polizei unangekündigt eine Abschiebung vollstrecken darf. Geltende Rechtslage war, dass die Polizei oder die Ausländerbehörde eine erzwungene Abschiebung vorher ankündigen mussten – was in vielen Fällen einfach zu der sehr menschlichen Reaktion führte, dass der betroffene Ausländer schlicht am Tag der Abschiebung nicht da war oder eines der minderjährigen Kinder fehlte, worauf dann der Abschiebetermin erneut verschoben werden musste. Abschiebungen sind eine unangenehme Aufgabe, denn in den allermeisten Fällen wissen wir, dass die Lebensbedingungen im Heimatland weit schlechter sind als hier in Deutschland. Wer ein Herz im Leib hat, wird jeden Menschen verstehen, der für sich und seine Kinder ein besseres Leben bei uns erhofft.

Wer Verstand hat, wird allerdings einsehen, dass auch die Aufnahmefähigkeit Deutschlands Grenzen hat. Diese Grenzen liegen höher, als viele glauben. Und die Aufnahme von einer Million Flüchtlingen ist eine enorme Herausforderung und bringt auch viele Probleme mit sich. Aber sie ist nicht unmöglich und birgt auch keine Gefahr der »Überfremdung« in sich. Eine Million Flüchtlinge in einem Volk von 80 Millionen heißt, dass auf 80 Einheimische ein Flüchtling kommt. Die eigentliche Frage ist doch, wie wir es schaffen, dass dieser eine Mensch mitten unter den anderen 80 steht und nicht am Rande, weil sich dort sonst Parallelgesellschaften bilden. Wir werden jedoch nicht jedes Jahr eine Million Menschen aufnehmen können. Die Integrationsaufgabe für diejenigen, die wir jetzt aufgenommen haben, wird uns die kommenden zehn Jahre beschäftigen. Die Zahl von rund 200 000 Menschen, die wir pro Jahr aufnehmen und nachhaltig integrieren können, ist deshalb von der jetzigen Koalition durchaus realistisch angesetzt.

Vor dem Hintergrund dieser Zahlen ist die Begrenzung des Familiennachzugs mehr als verständlich. Länder wie Schweden, immerhin von einer rot-grünen Regierung geführt, haben den Familiennachzug vollständig ausgesetzt. Auch hier bleibt es dabei, dass das Asylrecht keine Obergrenze kennt. Die Aufnahmefähigkeit und vor allem die Fähigkeit zu nachhaltiger Integration schon. Bereits jetzt gibt es zu wenig Lehrer und Erzieherinnen, um die Kinder unter den eine Million Flüchtlingen angemessen zu betreuen und auszubilden. Es war eine in hohem Maße dumme und schädliche Debatte, die sich seinerzeit um die Forderung der CSU nach einer Obergrenze entwickelt hat. Dabei ging es nie um das Außerkraftsetzen des Asylrechts, wie vor allem im linksliberalen, grünen und sozialdemokratischen Milieu behauptet wurde. Denn die meisten Menschen, die zu uns kommen, sind keine Asylbewerber, sondern Bürgerkriegs- und Armutsflüchtlinge. Vielen davon können wir eine neue Heimat bieten, aber eben nicht allen. Zurückweisung und Rückführung sind die unbequeme Kehrseite sowohl des Rechts auf Asyl als auch der gesetzlich sanktionierten legalen Zuwanderung.

Der Grenzschutz Europas muss deshalb wirksam und kompromisslos erfolgen. Denn angesichts der genannten Zahlen von bis zu 400 Millionen Migranten aus unserem Nachbarkontinent Afrika in den kommenden Jahrzehnten dürfen unsere Signale nicht missverständlich sein. Wer Schutz braucht, kann ihn in Europa erhalten. Wer die Einwanderungskriterien erfüllt, hat die Chance, legal zu uns zu kommen. Wer es aber über Menschenhändler versucht, der investiert sein weniges Geld in einen hoffnungslosen Versuch, denn wir werden ihn wieder zurückschicken müssen. An dieser unbequemen Konsequenz dürfen wir keine Zweifel aufkommen lassen. Denn auch dies ist ein notwendiges Signal an diejenigen, die ansonsten ihre Habseligkeiten packen, um sich nach Europa aufzumachen.

Konsequent handeln heißt aber auch, dass unsere Verfahren schneller ablaufen müssen als heute. 400 000 unerledigte Verwaltungsgerichtsverfahren im Jahr 2018 über abgelehnte Asyl- und Aufenthaltsanträge sprechen Bände, wie schwer es in unserem Rechtsstaat ist, einen Menschen wieder in sein Heimatland zurückzuschicken, wenn er erst einmal hier ist. Der Begriff der »Anti-Abschiebe-Industrie«, den Alexander Dobrindt, der Chef der CSU-Landesgruppe im Bundestag, geprägt hat, ist provokant und auch so gemeint. Wahr ist allerdings, dass es sehr viele Menschen in Deutschland gibt, die aus Gründen großer Menschlichkeit und großem Mitgefühl versuchen, jede staatliche Entscheidung für eine Abschiebung zu verhindern oder doch zeitlich hinauszuzögern. Längst gibt es eine spezialisierte Gruppe von Rechtsanwälten, die daraus auch ein Geschäftsmodell gemacht hat. Das ist in einem Rechtsstaat gar nicht zu kritisieren. Wir werden aber dieses Dilemma zwischen dem staatlichen Auftrag zur Verhinderung illegaler Zuwanderung und dem Anspruch auf individuellen Rechtsschutz nicht auflösen können. Vielleicht würde es helfen, mehr Entscheidungen des Bundesverwaltungsgerichts zu solchen Fällen zu bekommen, damit die nachgeordneten Verwaltungsgerichte in Deutschland nicht so unsicher und unterschiedlich entscheiden. Und dazu werden wir sicher mehr Richterinnen und Richter an unseren Verwaltungsgerichten brauchen.

Prinzipiell aber muss es darum gehen, eine sich verfestigende Einwanderung bereits frühzeitig zu verhindern. Das kann nur gelingen, wenn an den europäischen Außengrenzen bereits solche Verfahren nach einem möglichst einheitlichen europäischen Standard entschieden werden. Davon sind wir heute noch sehr weit entfernt, so dass wir übergangsweise mit Hilfskonstruktionen arbeiten müssen. Die im Koalitionsvertrag von CDU, CSU und SPD vereinbarten sogenannten Ankerzentren, die einer schnellen Prüfung von Asylrechts- und Aufenthaltsansprüchen dienen sollen, sind eine durchaus sinnvolle Übergangskonstruktion, wenn sie denn administrativ angemessen und rechtsstaatlich einwandfrei arbeiten. Die Einrichtung solcher »Ankerzentren« setzt allerdings voraus, dass innerhalb Europas eine Verständigung darüber existiert, was mit denjenigen geschieht, die offensichtlich keine Chance auf Aufenthalt haben, weil sie aus sicheren Herkunftsländern kommen. Offen ist auch, wie mit denen umzugehen ist, die gute Aussichten auf einen befristeten oder dauerhaften Verbleib in Europa haben. Natürlich ist das derzeitige »Dublin-Format« mehr als ungerecht: Wenn nämlich die Verfahren immer in dem europäischen Mitgliedsstaat erfolgen sollen, in den ein Flüchtling zuerst eingereist ist, ist das angenehm für Deutschland, bleibt aber eine dauerhafte Überforderung für Italien und Griechenland. Wer zuerst an seiner innereuropäischen Binnengrenze zurückweist, organisiert einen Dominoeffekt, an dessen Ende immer Länder wie Italien oder Griechenland die Zeche zu zahlen haben. Ein klassisches Geschäft zulasten Dritter.

Die Folge wären im Übrigen Flüchtlingsgruppen, die entlang der innereuropäischen Grenzen hin und her vagabundieren. An einer europäischen Lösung führt also gesamtpolitisch kein Weg vorbei. Das heißt letztlich, dass diejenigen, die an dieser Lösung mitwirken, auch finanziell dafür belohnt werden müssen. Andere hingegen, die das nicht tun, sollten ebenfalls finanzielle Konsequenzen spüren müssen. Für unser Land kann dieser Anreiz sogar modifiziert werden: Kommunen, die Flüchtlinge aufnehmen, sollten nicht nur die finanziellen Mittel erhalten, die sie zur Aufnahme und Integration benötigen, sondern den gleichen Betrag noch einmal für ihre eigenen Einwohner. Solidarität darf sich auch für die lohnen, die sie erbringen.

Nationale Sonderwege werden bei dieser gewaltigen Herausforderung die Europäische Union, wie wir sie kennengelernt haben, zerstören. Sie droht schon jetzt daran zu zerbrechen. Deshalb gibt es keine brauchbare politische Alternative als die europäische Zusammenarbeit in dieser elementaren Frage.

Deutschland muss robuster und eigenständiger werden

Der Konflikt zwischen einem Rückzug in einen nationalen Alleingang und der Bereitschaft zu mehr gemeinsamer europäischer Verantwortung in der Welt unter aktiver Teilnahme Deutschlands wurde fast schon exemplarisch in der ersten Debatte im neu gewählten Bundestag am 12. Dezember 2017 deutlich. Es ging um die Verlängerung von Auslandseinsätzen der Bundeswehr in verschiedenen Regionen der Welt, darunter Afghanistan, Irak und Mali. Unabhängig davon, dass alle Einsätze auf der Grundlage internationaler völkerrechtlich klarer Mandate durchgeführt wurden und ein Rückzug Deutschlands die Vereinten Nationen ebenso wie unsere Partner in diesen Einsätzen vor massive Probleme gestellt hätte, plädierten in dieser Debatte die Redner der Linkspartei ebenso wie die Rechtspopulisten der sogenannten Alternative für Deutschland mit aller Verve dafür, dass alle Auslandseinsätze der Bundeswehr zu beenden seien. Die meisten Redner von CDU/CSU, SPD und Bündnis 90/Die Grünen befürworteten dagegen mit unterschiedlichen Akzenten die Fortsetzung der Einsätze.

Sosehr sich die Linkspartei und die AfD auch bemühten, nicht in einen Topf geworfen zu werden, so sehr einte sie die Überzeugung, Deutschland könne und müsse sich aus der Weltpolitik heraushalten. Ein Redner der AfD zitierte noch das feierliche Gelöbnis jedes Soldaten: »Ich gelobe feierlich, das Recht und die Freiheit des deutschen Volkes tapfer zu verteidigen.« Nicht des afghanischen, nicht des malischen, nicht des irakischen. Ausgerechnet die AfD plädierte für ein Verhalten, bei dem wir Deutschen Kriegen und Bürgerkriegen wie der berühmte deutsche »Ohne-mich-Michel« auch dann tatenlos zusehen, wenn uns die Weltgemeinschaft um Hilfe bittet. Um anschließend mit der gleichen Kälte gegen die Flüchtlinge vorzugehen, die wegen dieser ungebremsten Kriege und Bürgerkriege nach

Europa und Deutschland drängen. Letzteres ist bei der Linkspartei nicht der Fall, aber auch sie will sich aus den unangenehmen Konflikten der Welt heraushalten. »Germany first« kann man von links und von rechts predigen. Dahinter versteckt sich immer nationaler Egoismus – auch dann, wenn er sich pazifistischer Ausreden bedient, wie es die Linkspartei tut.

Der amerikanische Exzeptionalismus sah lange vor, dass die Vereinigten Staaten als verantwortungsbewusstes Land Demokratie, Freiheit und Menschenrechte nicht nur bei sich vertreten, sondern sich auch für berechtigt halten, dies in anderen Regionen der Welt zu tun und notfalls mit politischen oder auch militärischen Mitteln durchzusetzen. Die europäische Variante, die besonders in Deutschland populär ist, sieht vor, die westlichen Werte nur moralisch zu vertreten, sich aber ansonsten herauszuhalten aus der Welt. Doch diese Zeiten sind vorbei. Europa muss lauter werden. Und damit das gelingt, muss auch Deutschland mitziehen. In der Finanzkrise forderte Polens damaliger Außenminister Radosław Sikorski die Deutschen auf, eine Führungsrolle bei den Reformen in Europa zu übernehmen: »Ich habe weniger Angst vor deutscher Macht«, bekannte Sikorski im November 2011, »als … vor deutscher Inaktivität.« Ein bemerkenswerter Satz, der längst nicht nur auf die finanziellen und wirtschaftlichen Herausforderungen Europas zutrifft.

In den letzten Jahren wuchs außerhalb Deutschlands der Wunsch nach politischer und ökonomischer Führung. Neue globale Herausforderungen, aber vor allem Europas Schwäche und Deutschlands Stärke steigerten die Erwartungen unserer Partner, Verbündeten und Nachbarn. Auch wenn diese mitunter mehr von uns verlangen, als wir glauben schultern zu können, kann und darf sich unser Land diesen Führungsaufgaben nicht entziehen. Wir stehen vor einem Dilemma: Was können wir bewahren, und was müssen wir aktiv verändern, damit das Bewährte auch wirklich erhalten werden kann?

Die jetzt anstehenden Entscheidungen über unseren Weg reißen uns jäh aus der politischen Routine. Unsere zentrale Lage inmitten neun europäischer Partnerländer, die hohe Bevölkerungszahl, unsere wirtschaftliche Kraft und globale Bedeutung machen Deutschland zum Dreh- und Angelpunkt der Entwicklung Europas. Um uns herum ändert sich alles. Bei uns kann nicht alles so bleiben, wie es ist. Wir werden deshalb unser Selbstverständnis so formulieren müssen, dass es den Veränderungen in der Welt gerecht wird. Deutschland soll ein westliches Land bleiben, aber niemand kann derzeit sagen, was der Westen noch ist und ob er zu zerbrechen droht.

Die Bedingungen für die Demokratie haben sich verändert. Was passiert da gerade auf der Welt, in Europa und bei uns in Deutschland? Welche Interessen haben wir, welchen Wertvorstellungen bleiben wir verbunden, und wie verbinden wir sie mit unseren europäischen Nachbarn?

In seiner Studie über den Dreißigjährigen Krieg geht Herfried Münkler scharf mit der außenpolitischen Klasse in Deutschland ins Gericht. Er beklagt eine deutsche »Fixierung auf das Recht als Bewältigungsform politischer Herausforderungen«, die fast einer Realitätsverweigerung gleichkomme. Man traue sich nicht, schonungslos zu analysieren, was wirklich passiere. Stattdessen schweife der Blick stets zum »Horizont moralischer Normen und Imperative«. Was fehle, so Münkler, sei »politisch-strategisches Denken«.[45] Münkler legt hier den Finger in die Wunde.

Wir brauchen einen klaren und realistischen Blick auf die Welt, wie sie ist. Und nicht nur eine Vision, wie sie eigentlich sein sollte.

Die aktuellen Entwicklungen verlangen von uns Deutschen, unsere Interessen klar zu formulieren und eine neue Leidenschaft für Europa zu entwickeln. Wir können nicht an der Seitenlinie stehen oder uns in der Rolle eines »Weltmeisters im Trittbrettfahren« gefallen, wie es Wolfgang Ischinger, der Vorsitzende der Münchner Sicherheitskonferenz formuliert. Wir brauchen eine strategische außenpolitische Kultur, die zugleich eine europäische ist. Auf dieser Basis und mit einem klaren Wertekompass sollten wir beherzt für das kämpfen, was wir bewahren und was wir erreichen wollen. Und zwar ohne überdimensionierte moralische oder normative Scheuklappen, sondern mit der Bereitschaft zur, wie Münkler fordert, »strategischen Kompromissbildung«. Unsere Welt der Finanz- und Währungskrisen, der asymmetrischen Kriege und humanitären Interventionen, der Cyberattacken und Fake News und anderer globaler Verwerfungen bleibt eine permanente Herausforderung für die Außen- und Sicherheitspolitik.

Dazu gehört es, ein strategisches Verhältnis Europas zu den USA zu finden. Die Selbstverständlichkeit, mit der wir Deutschen die amerikanische

Rolle – trotz gelegentlichen Zwistes – als behütend gesehen haben, gibt es nicht mehr. Dennoch werden die Vereinigten Staaten unsere wichtigsten globalen Partner bleiben, und deshalb werden wir trotz aller Widrigkeiten in diese Partnerschaft investieren müssen.

Schon vor Trump konnten wir den Rückzug der weltgrößten Militärmacht und die neue Ausrichtung der amerikanischen Außen- und Sicherheitspolitik beobachten. Die Debatte um die imperiale Überdehnung und die Forderung nach einer gerechteren Lastenverteilung im westlichen Bündnis ist nicht nur die Erfindung des jetzigen US-Präsidenten. Diese Lage zwingt Deutschland und seine europäischen Partner, kühler zu analysieren, wo immer wir plötzlich mit den USA über Kreuz liegen, und einen neuen strategischen Anker zu definieren.

Ein besonderes Ärgernis bilden dabei jene vom amerikanischen Kongress im Sommer 2017 erlassenen Sanktionen, die selbst bereits existierende deutsche Pipelines betreffen. Die extraterritoriale Wirkung dieser amerikanischen Maßnahmen ist nicht nur völkerrechtswidrig, sie gefährdet auch nachhaltig unser deutsches Interesse an einer sicheren Energieversorgung. Wir dürfen uns von den USA nicht vorschreiben lassen, welche Energieversorgungspolitik wir betreiben sollen. Wir müssen unserem amerikanischen Partner klar machen, wo die Grenzen unserer Solidarität erreicht sind. Kaum jemand wird sich übrigens erinnern, dass die Idee zum Bau dieser Pipeline vom ehemaligen britischen Premierminister David Cameron ausging. Der hatte in Sorge um die Gasversorgung bei Putin vorgesprochen und auf das absehbare Versiegen des britischen Nordsee-Gases verwiesen.

Wir müssen, wie Macron zu Recht sagt, auf der »ökonomischen Souveränität Europas« bestehen. Wenn wir Europa zu einem eigenständigen Akteur in dieser unordentlichen Welt machen wollen, müssen wir strategischer denken und handeln. Gelegentlich wird das bedeuten, dass wir Inkonsistenzen zur Kenntnis nehmen und Widersprüche aushalten müssen.

In Deutschland fällt uns das oft besonders schwer. Aber Außenpolitik ist nur in sehr seltenen Fällen die Umsetzung einer idealen Lösung. Fast immer müssen Kompromisse gesucht werden, die einem Management von Dilemmata gleichkommen. Häufig müssen wir nach dem besten Zwischenweg aus Zielen suchen, die miteinander eigentlich nicht vereinbar sind. Die internationale Ausrichtung unserer Wirtschaft hat Deutschland zu einem der großen Gewinner der Globalisierung gemacht. Sie offenbart aber gleichzeitig unsere verletzliche Flanke: Störungen der Weltwirtschaft gefährden die deutsche Wirtschaft und damit unseren Wohlstand. Daher brauchen wir mehr denn je eine intelligente und auch stärker wirtschaftsorientierte Außenpolitik, die mit einem klaren Blick auf die Realität und mit einem ebenso klaren Wertekompass unsere Interessen definiert.

Vor 50 Jahren hat Willy Brandt einmal deutsches »erwachsenes Handeln« als »Mündigkeit in der Welt« beschrieben, »ohne dass man sich dabei übernimmt«. Brandt plädierte für eine »vernünftige Interpretation der eigenen Interessen und ihre Durchsetzung allein oder mit anderen, so gut das geht«. Dieses mündige Handeln im deutschen Interesse können wir heutzutage nur im Verbund mit unseren Partnern, allen voran mit unseren europäischen Freunden verwirklichen. Es bleibt für uns gleichwohl schwierig, ein strategisches Verhältnis zur Außenpolitik zu finden. Bislang haben wir im Wesentlichen ein moralisches. Dieses Wertegerüst darf man auch nicht verlassen. Aber nur mit Verweis auf die Moral werden wir in einer Welt, in der andere staatliche Akteure ausschließlich ihre eigenen materiellen Interessen durchzusetzen versuchen, nicht klarkommen. Deutschlands Außenpolitik muss sich an den universellen Werten orientieren. Denn angesichts der Neuvermessung der Welt erleben wir nicht nur Interessengegensätze, sondern auch konkurrierende Werte und Ordnungsvorstellungen. Etliche Staaten – wie China oder Russland – erklären den westlichen Wertekanon für obsolet und wittern hinter den »westlichen Werten«, nicht immer ganz zu Unrecht, doppelte Standards und verborgene Interessen. Diese Haltung müssen wir durch unsere eigene Politik glaubhaft widerlegen.

Die »westlichen Werte« sind nicht geografisch zu verorten, auch in anderen Teilen der Erde stehen sie für Freiheit und Demokratie. Wir Deutschen sollten die Universalität unserer Werte hochhalten, sie aber auch keinem aufzwingen – schon gar nicht aus moralischer, oberlehrerhafter Selbstüberheblichkeit. Kleinreden sollten wir dabei nichts. Im Gegenteil: Wir müssen Farbe bekennen, wenn etwa in Polen oder Ungarn die Gewaltenteilung aus der Balance gerät. Nur wenn wir in Europa für die Einhaltung der Menschenrechte, die Rechtsstaatlichkeit und die individuellen Freiheitsrechte eintreten, können wir auch nach außen stark auftreten.

Ich gebe zu, dass wir unter dem Zwang zum Handeln bewusst ein Risiko eingehen, auch das Risiko zu scheitern. Aber wir dürfen nicht zusehen, wie sich neue Räume entwickeln, auf die wir keinen Einfluss ausüben, weil wir es uns weiter am Spielfeldrand bequem machen wollen. Wir müssen deshalb auch als Deutsche robuster werden. In der Vergangenheit haben wir das Handeln anderen überlassen, vor allem den USA. Und wenn es schiefging, hatten wir jemanden, auf den wir mit dem Finger zeigen konnten. Diese Zeiten sind endgültig vorbei.

Es liegt schließlich auch im deutschen Interesse, jene Institutionen zu stärken, die in der internationalen Politik dafür stehen, dass nicht das Recht des Stärkeren ausschlaggebend ist, sondern das gleiche Recht für alle. Das sind vor allem die Vereinten Nationen. Als viertgrößter Beitragszahler der UNO sollten wir Deutschen nicht nur finanzielle Lasten tragen, sondern auch mit konkreten Projekten mehr weltpolitische Mitverantwortung übernehmen. Zur Wahrheit gehört dabei allerdings auch, dass Friedenspolitik mitunter den von der UNO mandatierten Einsatz militärischer Mittel erfordert. Nur so können in manchen Fällen Gewaltexzesse verhindert und kriegerische Konflikte eingedämmt werden. Mit einer »Militarisierung« unserer Außenpolitik hat dies nichts zu tun.

Deutschland muss mehr Außenpolitik wagen

Deutschland ist auf eine verstärkte weltpolitische Rolle weder mental noch strukturell vorbereitet. Die neue Rolle erfordert eine Art Kulturwandel. Unser Land hat viele Stiftungen, politische wie private, die viel mehr leisten könnten, wenn sich ihr Umfeld veränderte. Ihre Experten sollten die Möglichkeit bekommen, in die Politik und die öffentliche Verwaltung einzutreten, versehen mit einem Rückkehrrecht. Auch die Erfahrung von ausgeschiedenen politischen Persönlichkeiten sollte und könnte sowohl in der

Thinktank-Gemeinschaft als auch in der Wirtschaft stärker genutzt werden. Dazu müsste auch die Wirtschaft ihren – unter anderem finanziellen – Beitrag leisten.

Nur mit einem solchen Kulturwandel kann man im Übrigen die Akzeptanz gewinnen, die für eine ehrgeizige Außen- und Sicherheitspolitik notwendig ist. Es muss mit der Tradition gebrochen werden, die als Konsequenz der deutschen Geschichte stets nur die besondere Pflicht zur Zurückhaltung sieht. Vielmehr beinhaltet gerade die deutsche Geschichte die Verpflichtung zum Engagement in der Welt. Gleichgültigkeit dem Schicksal anderer Gegenüber kann auch im Gewand der geopolitischen Abstinenz und Moral daherkommen.

Sicherheit, deren Garant bisher die Vereinigten Staaten waren, ist eine unabdingbare Voraussetzung für den freien Handel, von dem wiederum gerade Deutschland lebt. Amerika jedoch ist immer weniger dazu bereit, diese Aufgabe zu übernehmen. Deutschland wird in diesem Zusammenhang gewiss keine klassische Großmacht wie einst Großbritannien oder die USA werden. Nicht nur wegen der deutschen Geschichte. Vor allem weil wir damit völlig überfordert wären. Das in 70 Jahren erreichte innereuropäische Gleichgewicht würde mit dieser Rolle so sehr gestört sein, dass die Konfrontation zwischen Zentrum und Peripherie Europas erneut ausbrechen würde. Aber die Bundesrepublik kann durchaus mehr leisten, als sie bisher zu tun bereit ist. Die Voraussetzung dafür sind weniger finanzielle Ressourcen als die mentale Klarheit, dass die bequeme Welt des 20. Jahrhunderts nicht zurückkehren wird.

Was Außenpolitik heute bedeutet, habe ich auf einem freien Feld bei Bashika erlebt. Die irakische Kleinstadt, wenige Kilometer vor dem heiß umkämpften Mossul, war ein paar Monate zuvor von den Terroristen des sogenannten Islamischen Staats befreit worden. Jetzt versuchten internationale Helfer gemeinsam mit den zurückgekehrten Einheimischen, Bashika wieder bewohnbar zu machen. Auf dem freien Feld vor der Stadt wimmelte es von kleinen Fähnchen, die allesamt Minen und Sprengfallen markierten, eine tödliche Hinterlassenschaft der Terroristen auf ihrem Rückzug. Die Minen zu finden und zu entschärfen, ist die Voraussetzung für den Neuanfang. Das Fähnchenmeer vor mir ließ meine Hoffnung sinken.

Am Tag zuvor war einer der Helfer auf eine Mine getreten und tödlich verletzt worden. Ratlos fragte ich den Sprengmeister, was wir tun könnten. Wir brauchen mehr Profis, um die Minen zu entschärfen, sagte er, Geld und guter Wille reichen nicht.

Das war im Frühjahr 2017. Meine Delegation musste rasch weiter, aus Sicherheitsgründen. Bashika aber bleibt in meinem Hinterkopf, wenn ich über unsere deutsche Rolle in der Welt nachdenke. Und was genau das eigentlich ist, Außenpolitik. Damals konnten wir wenigstens unsere finanzielle Hilfe schnell erhöhen.

»Arbeit am Menschenfleisch« hat Otto von Bismarck Außenpolitik einmal genannt. Das klingt nicht gerade anheimelnd, und als Sozialdemokrat bin ich weiß Gott kein Freund des im Übermaß heroisierten Eisernen Kanzlers. Dennoch muss ich sagen: An dieser Beschreibung ist was dran. Außenpolitik, wie ich sie verstehe, will für die Menschen in anderen Ländern vor Ort etwas verändern, sie von Not, Unterdrückung und Krieg befreien.

In diesem Sinne habe ich Außenpolitik schon vor meiner kurzen Zeit im Auswärtigen Amt als konkret erlebt, nicht nur auf dem Minenfeld in Bashika. Ich habe keinen Diplomaten wohlbefrackt mit einem Sektglas in der Hand gesehen, dafür viele mit kugelsicherer Weste dort, wo es knallt und gelegentlich auch stinkt, bei der Beobachtungsmission der OSZE in der Ukraine, in Flüchtlingslagern, auf Baustellen und in Slums. Unsere deutschen Vertretungen in Kabul und Masar-i-Sharif wurden von Terroristen teilweise zerstört, unser Botschafter in Libyen sucht seinen Arbeitsplatz in Tripolis unter massivem Polizeischutz auf, wenn er von Tunis einfliegt.

Unsere Welt befindet sich im Umbruch, wir durchleben gerade eine ungeahnte Phase der Unsicherheit: Die alte Ordnung löst sich auf, und eine neue Ordnung bildet sich heraus. Diese in unserem Sinne zu gestalten, bedeutet eine enorme Anforderung auch an die deutsche Außenpolitik. Weil die Zahl der internationalen Konflikte, die auch Deutschland und Europa berühren, ansteigt, müssen wir unsere Fähigkeiten massiv ausbauen, um Krisen zu erkennen und zu bearbeiten. Die tektonischen Verschiebungen der Weltordnung, ausgelöst durch den Aufstieg Chinas und den Rückzug der USA, bringen uns in Zugzwang.

Unser wirtschaftlicher Erfolg ist die vielleicht wichtigste Grundlage von Deutschlands Stärke und Ansehen in der Welt. Eine Exportnation wie Deutschland muss global präsent und aktiv sein, um diese Grundlage zu sichern. Das ist mir auf meinen Reisen nach Peking und Washington besonders deutlich geworden, den Hauptstädten unserer wichtigsten Handelspartner. Auf ihrem Weg zu einer robusteren, an engen nationalen Interessen orientierten Wirtschafts- und Handelspolitik sind die USA längst in Konflikte auch mit ihren engsten Partnern geraten. Mit US-Präsident Joe Biden verbindet sich die Hoffnung, dass wir bei bestehenden Interessengegensätzen wieder gemeinsam nach Kompromissen suchen. Was aber bleiben wird ist der partielle Rückzug der USA aus ihrer Rolle als »Weltpolizist« vor allem in der unmittelbaren Nachbarschaft im Süden Europas.

China dagegen scheint sich auf den Weg in die entgegengesetzte Richtung zu machen. Mit der Seidenstraßen-Initiative greift es weit in die Welt hinaus, bis nach Europa, Afrika und sogar Lateinamerika. Es kauft, baut, handelt und begreift diese Strategie als einen Ansatz, der sowohl Chinas Wirtschaft als auch der Wirtschaft anderer dient – ob das so funktioniert und glaubwürdig ist, steht auf einem anderen Blatt. Auch in meinen Gesprächen in den betroffenen Regionen sieht man das chinesische Engagement mit gemischten Gefühlen. Wir sehen aber: Die USA investieren in den USA, China in der halben Welt.

Wie wir Deutschen und Europäer mit den neuen Ansätzen Chinas und der USA zurechtkommen, liegt zum großen Teil an uns. Außenwirtschaftspolitik ist in diesen Zeiten nicht mehr nur die Betreuung von Unternehmen in fernen Ländern, sondern umfasst ein immer komplexeres Paket an Interessen: vom Aushandeln von Handels- und Steuerabkommen über die Analyse der wirtschaftlichen Strategien der anderen Staaten und ihrer Schlüsselbranchen bis zum Schutz deutscher Investitionen im In- und Ausland. Anders formuliert: Wenn China und die USA ihre Arbeitsplätze auf unterschiedliche Weise in und notfalls gegen Europa sichern, stellt das auch neue Anforderungen an unsere Außenpolitik.

Wir müssen uns dabei nicht klein machen und auch nicht verzagen: Zwar hängt Deutschlands Wohlstand zum guten Teil an unserem globalen

Export und dem Schutz unserer Wettbewerbsfähigkeit. Aber wir haben auch etwas zu bieten: Als größte und erfolgreichste europäische Volkswirtschaft sind wir gefragte Partner in vielen Teilen der Welt. Und nicht wenige dieser Länder beobachten auch aus ihrer Sicht die Entstehung einer neuen G2-Ordnung mit Skepsis, in der die USA und China entweder im Konflikt oder im Konsens den Rest der Welt vor sich hertreiben. Sie sind unsere natürlichen Bündnispartner.

Was eine moderne Außenpolitik leisten muss, habe ich auch in Libyen gesehen. Dort habe ich ein Lager besucht, in dem illegale Migranten unter schlimmsten Bedingungen eingepfercht wurden, die in Europa eine bessere Zukunft suchen wollten. In Somalia war ich in einem Flüchtlingslager bei Baidoa, wo Zehntausende im Schlamm hausten; sie sind vor Hunger und Gewalt in andere Landesteile geflohen. Warum war ich dort als Außenminister und nicht der Bundesinnenminister zusammen mit dem Entwicklungsminister? Der eine, weil er die Flüchtlingsströme der Menschen bewältigen muss, die solchen katastrophalen Lebensbedingungen zu entkommen versuchen, der andere, weil er mit seinen europäischen Kollegen gemeinsam wirtschaftliche Alternativen zum Menschenhandel in den Küstenregionen Nordafrikas schaffen muss.

Der Grund, warum nach Libyen die Außenminister reisen, ist allerdings ganz einfach: Dies sind Länder in akuten Krisen, deren »Entwicklung« eben völlig aus der Spur geraten ist und deshalb Maßnahmen der klassischen Entwicklungszusammenarbeit nicht greifen. Und von diesen fragilen Staaten gibt es leider immer mehr. Moderne Außenpolitik ist daher zu einem guten Teil Krisenbearbeitung. Unsere Diplomaten in den Botschaften und in der Zentrale versuchen Krisen früh zu erkennen. Sie setzen Mediatoren ein, um Konflikte möglichst zu schlichten. Wenn bewaffnete Konflikte dennoch ausbrechen und Menschen vor der Gewalt fliehen, organisieren sie die humanitäre Nothilfe, mit Wasser, Zelten, Nahrung. Und sie versuchen, gemeinsam mit anderen Staaten einen politischen Ausweg aus der Krise zu suchen. Vor allem aus Gründen der Verantwortung für Menschen, aus humanitären Gründen. Durchaus aber auch, weil alles, was misslingt, noch mehr Menschen auf die Fluchtwege nach Europa bringen wird.

Um diesen Ausweg politisch zu flankieren, ergreifen sie sogenannte Stabilisierungsmaßnahmen, oft sofort nach Beginn der Waffenruhe. Dazu gehören das Räumen von Minen, der Wiederaufbau von Häusern und Schulen und die Ausbildung von Polizisten und Verwaltungsleuten, damit das Land eben wieder zurück in die Spur finden und die Entwicklung weitergehen kann. Das geschieht am besten in Zusammenarbeit mit der jeweiligen Regierung des Landes, wie im Fall Iraks oder in Mali. Aber was, wenn diese zu schwach ist oder es keine gibt – oder sogar zwei? Dann muss der Außenminister entscheiden, mit wem wir zusammenarbeiten und wie weit wir gehen.

Diese Art der Außenpolitik ist neu, sie zieht die Lehren aus einigen Jahrzehnten Aufbauarbeit auf dem Balkan, in Afghanistan und im Nahen Osten. Sie ist hochpolitisch, und zugleich kostet sie viel Geld. Geld, das bislang der deutschen Außenpolitik bei weitem nicht in ausreichender Größenordnung zur Verfügung gestellt wird. Und doch werden wir diese finanziellen Mittel aufbringen müssen, wenn wir bei der Lösung der Krisen der Welt eine Rolle spielen und nicht nur die Folgen bewältigen wollen.

Diese kostspieligen Investitionen sind um ein Vielfaches günstiger als der Versuch, Konflikte mit Waffengewalt einzudämmen oder ein zerstörtes Land von Grund auf neu aufzubauen. Auch für Diplomaten ist diese Form der Außenpolitik übrigens in gewisser Weise neu. Verhandlungen und Verträge sind das klassische Instrumentarium des Diplomaten, weniger der Bauplan oder der Projektantrag.

Doch nicht nur in fernen Krisengebieten ist Außenpolitik gefragt wie lange nicht. Auch die Sicherung von Frieden und Freiheit auf unserem eigenen Kontinent erfordert neue Anstrengungen. Immer wieder habe ich auch Einheiten der deutschen Bundeswehr besucht, in Deutschland, aber auch im Irak, in Mali, im Südsudan und auch in Europa, in Litauen. Gemeinsam mit ihren Kameradinnen und Kameraden aus mehreren NATO-Staaten sind es im Baltikum 400 Deutsche, die dort stationiert sind – als unzweideutiges sicherheitspolitisches Signal. Die NATO-Partner senden mit ihrer Präsenz eine klare Botschaft an Moskau, dass sie zusammen einstehen für die Sicherheit aller Menschen auf dem Boden unserer Allianz.

Mit den Soldaten dort habe ich über den Wert von kluger Sicherheitspolitik diskutiert. In den späten 1970er-Jahren diente ich selbst unweit meiner Heimat im Harz beim Heer. Damals fühlte ich mich nicht unsicher, obwohl die sowjetischen Panzer praktisch hinterm Brocken standen. Denn ich wusste, dass wir Deutschen uns auf die Hilfe unserer Verbündeten verlassen konnten.

Diese Abschreckung war aber nur auf Dauer erfolgreich, weil sie mit der Bereitschaft zur Verständigung gepaart war. Und diese Gleichung gilt noch heute, wenn wir die Sicherheitsordnung in Europa gegen ihre Herausforderer verteidigen. Das erfordert kreative, aber auch entschlossene Diplomatie. Es geht darum, Vertrauen aufzubauen – aber bei Vertrauensverstößen auch entsprechend zu reagieren. Deutschland hat einen guten Ruf in der internationalen Diplomatenszene, wenn es um Abrüstung und Rüstungskontrolle geht; darauf müssen wir aufbauen. Sicherheit im umfassenden Sinne schaffen wir nur, wenn wir Konzepte gegen das ganze Spektrum von Bedrohungen schaffen und verzahnen, von klassischen militärischen über terroristische bis zu neuen, hybriden Angriffen etwa über unsere Internetverbindungen.

Ich habe die drei Beispiele Außenwirtschaft, Stabilisierung und Sicherheit herausgegriffen, um einen Eindruck meiner Lernerfahrung mit der Komplexität moderner Außenpolitik zu geben. Für diese Außenpolitik müssen wir mehr Aufwand betreiben. Es ist vernünftig, dass wir unsere Bundeswehr auf neue Bedrohungen hin ausbauen und modernisieren. Dass wir die Entwicklungshilfe erhöhen, gehört ohne Frage dazu. Aber wir sollten nicht vergessen, dass Entwicklungs- und Verteidigungspolitik schnell an ihre Grenzen stoßen, wenn sie nicht durch eine vorausschauende, aktive und strategisch angelegte Außenpolitik koordiniert werden. Erst wenn wir den Primat der Außenpolitik verstehen und in allen Bereichen durchdeklinieren, ergeben die verschiedenen Ansätze einen wirklichen, weil nachhaltigen Sinn.

Nur mit Ideen, Konzepten und Leidenschaft ist das nicht zu schaffen. Es ist höchste Zeit für mehr Investitionen in Außenpolitik. Für den Aufbruch in eine moderne Friedensdiplomatie brauchen wir Experten, Geld, Strukturen. Als Faustregel sollten wir daher für jeden zusätzlichen Euro, den wir in die Verteidigung stecken, 1,50 Euro extra für unsere Außen- und Entwicklungspolitik bereitstellen.

Es gibt nämlich genug dringende Aufgaben, für die wir diese Mittel einsetzen sollten. Wir müssen unsere Präsenz in den europäischen Haupt- städten ausbauen, um den Zusammenhalt und die Schlagkraft der EU nach dem Brexit zu organisieren. Im weltweiten Meinungskampf um Werte und Wahrheiten müssen wir uns gegen Trolle, Bots und Propaganda behaupten. Auf Dauer werden wir der wachsenden Bedeutung Afrikas für Deutschlands Wohlstand und Sicherheit nicht gerecht, wenn wir in den meisten afrikanischen Staaten nur Kleinstvertretungen mit einer Handvoll Mitarbeitern unterhalten.

Und nicht zuletzt müssen wir uns der akuten Frage stellen, was wir als Deutschland für die Sicherheit unserer Botschaften auszugeben bereit sind. Die Anschläge auf unsere Vertretungen in Afghanistan sollten uns eine Warnung sein. Wenn deutsche Außenpolitik im eigenen Interesse das Los der Menschen im irakischen Bashika und im somalischen Baidoa bessern soll, müssen wir diesen Gefahren ins Auge sehen. Botschaften zu schließen, weil das Land zu gefährlich ist, spart Geld, nötigt uns aber zu Untätigkeit. Wir aber müssen die Welt gestalten wollen, sonst gestalten andere die Welt ohne uns.

Friedensdiplomatie und kritischer Patriotismus

Unsere deutsche Friedensdiplomatie ist andererseits ein klares Bekennt- nis zum Primat des Politischen, zum nichtmilitärischen, zivilen, präventi- ven Eingreifen. Unser Grundgesetz erteilt uns den Auftrag, unsere Außen- politik nicht auf das Militärische zu stützen, uns nicht auf Angriffskriege einzulassen, sondern auf Ausgleich und ziviles Engagement zu setzen. Aus der Erfahrung unserer Soldatinnen und Soldaten in zahlreichen Ausland- seinsätzen wissen wir, dass nur diese Kombination am Ende Stabilität und nachhaltigen Frieden bringen kann.

Nationale Interessen offen zu proklamieren, heißt in Deutschland – vor dem Hintergrund unserer historischen Last – sich auf dünnes Eis zu begeben. Das war Willy Brandt bewusst, als er 1970 in seinem »Bericht zur Lage der Nation« die Rechtmäßigkeit deutscher Interessen begründete: »Patriotismus verlangt die Erkenntnis dessen, was ist, und den Versuch, immer wieder herauszufinden, was möglich ist. Er verlangt den Mut zum Erkennen der Wirklichkeit. Dies ist nicht gleichbedeutend damit, daß man diese Wirklichkeit als wünschenswert ansieht, oder daß man auf die Hoffnung verzichtet, sie ließe sich im Laufe längerer Zeiträume ändern. Aber die Aufrichtigkeit, ohne die keine Politik auf Dauer geführt werden kann, verpflichtet uns, so meine ich, keine Forderungen zu erheben, deren Erfüllung in den Bereich der illusionären Wunschvorstellungen gehören.«[46]

Mein Plädoyer für einen »kritischen Patriotismus« geht vom Status Deutschlands aus. Dazu gehören die Geburt einer »verspäteten« Nation, die Gräueltaten der Nationalsozialisten, die nicht relativiert werden dürfen, sowie der unterschätzte Einfluss der Teilung und Einheit Deutschlands 28 Jahre später, die jüdische Tradition, unsere Erinnerungskultur, die Aufklärung und das westlich geprägte Menschenbild. In der deutschen Geschichte sind Licht und Schatten, Recht und Unrecht untrennbar miteinander verbunden. Nur wer dies anerkennt, kann aufgeklärt patriotisch sein und Deutschlands Rolle in der Welt mit dem Anspruch verbinden, die eigenen Interessen im Rahmen einer strategischen Außenpolitik zu artikulieren. Dazu braucht Deutschland eine verlässliche Weltordnung.

Afghanistan: Das Versagen des Nation Building

Pünktlich zum 20. Jahrestag der Attentate vom 11. September 2001 haben die Taliban ihre Herrschaft über Afghanistan zelebriert. Nicht nur durch äußere Symbole, sondern auch durch die Aufnahme von Personen in ihre neue Regierung, die auf den internationalen Fahndungslisten für Terroristen stehen: eine sicher gewollte Demütigung des demokratischen Westens und insbesondere der USA.

Denn der Terroranschlag von al-Qaida war der Anlass für den Beschluss des UN-Sicherheitsrats einen internationalen Militäreinsatz in Afghanistan zu billigen, was unter Berufung auf die Beistandsverpflichtung aus

Artikel 5 des NATO-Vertrags zum Kriegseintritt auch Deutschlands an der Seite der USA führte.

Und genau hier beginnt das eigentliche Drama, das wir gerade in Afghanistan erleben. Wäre es beim Kampf gegen al-Qaida und der Zerschlagung der terroristischen Organisation und ihrer Infrastruktur geblieben, hätte die internationale Streitmacht längst aus Afghanistan abziehen können, hätte der Einsatz in Afghanistan mit Gefangennahme von Osama bin Laden im Mai 2011 enden können. Exakt darum ging es, als der damalige deutsche Bundesverteidigungsminister Peter Struck (SPD) seine Begründung für die deutsche Beteiligung am Militäreinsatz in Afghanistan gab: Die Freiheit Deutschlands werde auch am Hindukusch verteidigt. Denn der islamistische Terror Osama bin Ladens richtete sich gegen die gesamte Welt westlicher Demokratien.

Wenn es bei diesem Kampf gegen den Terror geblieben wäre, hätte es vor zehn Jahren schon heißen können: Mission accomplished. Doch bis dahin hatte sich fast unbemerkt ein scheinbar gleichrangiges Ziel des Afghanistan-Einsatzes in den Vordergrund geschoben: Die westliche Militärallianz wollte inzwischen auch »Nation Building« betreiben und dem Land eine halbwegs demokratische staatliche Struktur verordnen.

Wir erleben deshalb erneut eine Zäsur in der noch relativ jungen politischen Geschichte dieses Jahrhunderts: Wie schon in Libyen und im Irak zeigt die viel gelobte »wertegeleitete Außenpolitik« auch in Afghanistan, dass sie zu grausameren Ergebnissen führen kann, als die viel gescholtene Realpolitik. Abermals ist der Versuch gescheitert, einem Land von außen demokratische Strukturen mittels militärischer Intervention aufzuzwingen. In Afghanistan ist es nicht gelungen, für dieses Vorhaben auch nur ansatzweise ein wirklich tragfähiges Fundament in der traditionellen Stammesgesellschaft aufzubauen.

Wohl auch, weil diese Schwerpunktverlagerung eher Produkt einer Verteidigungsstrategie gegen die zunehmende Kritik am Militäreinsatz war als ein durchdachter Teil der Einsatzstrategie, gab es für dieses Projekt nie klare Zielmarken oder Parameter, an denen man Erfolg oder Misserfolg hätte messen können. Nur eins ist klar: Es ist gescheitert. Diejenigen

Frauen und Männer, die an dieses idealistische Vorhaben geglaubt und versucht haben, daran nach Kräften mitzuwirken, müssen jetzt fluchtartig mit ihren Familien das Land verlassen, wenn sie ihrer Freiheit oder nur ihres Lebens sicher sein wollen. Damit dürfte das Zeitalter humanistischer Interventionen mittels Waffengewalt zu Ende gegangen sein, das im Bürgerkrieg des ehemaligen Jugoslawiens seinen Anfang genommen und nach dem Fall des Eisernen Vorhangs in den letzten drei Jahrzehnten die Politik des Westens immer wieder bestimmt hatte. Das bedeutet nicht, dass es in Zukunft einfacher wird insbesondere für uns Europäer. Denn Krieg, Bürgerkrieg und Unterdrückung in unserer unmittelbaren Nachbarschaft, im Nahen Osten und in Afrika bleiben ja leider aktuell. Wie wir damit umgehen, ohne der Illusion zu verfallen, wir könnten mittels militärischer Mittel dauerhaft zur Demokratisierung des betreffenden Landes beitragen, ist vorerst eine ungelöste Aufgabe.

Die Bilder, die wir jetzt sehen und noch sehen werden, zeigen die menschlichen Tragödien in diesem Land. Und es ist eine große Schande, dass es den Verbündeten nicht möglich war, einen sinnvoll koordinierten Rückzug zu organisieren und jedem ihrer afghanischen Helferinnen und Helfern und deren Familienangehörigen eine sichere Ausreise zu ermöglichen.

Niemand konnte ernsthaft überrascht sein, dass der amerikanische Präsident Joe Biden den von seinem Vorgänger Donald Trump beschlossenen vollständigen Rückzug aus Afghanistan in die Tat umsetzen würde. Zu groß ist die innenpolitische Zustimmung zur Beendigung des längsten Kriegseinsatzes in der US-Geschichte. Zu sehr ist Bidens Agenda innenpolitisch geprägt. Außenpolitisch konzentriert er sich und die militärischen Ressourcen seines Landes völlig auf die Auseinandersetzung mit China.

Doch der eigentliche Skandal ist, dass sich in den letzten Monaten offenbar niemand Gedanken über die Frage gemacht hat, was die Folge des Abzugs für die Menschen in Afghanistan wäre. Ausgerechnet der in der Außenpolitik besonders erfahrenen US-Regierung war eine Koordinierung und gemeinsame Planung mit den Verbündeten ziemlich gleichgültig. Zudem haben die USA auch eine Gelegenheit verpasst, mit China und Russland zusammenzuarbeiten. Auch diese Länder haben kein Interesse daran, dass Afghanistan wieder ein »failed state« wird, der erneut internationalen Terrorismus exportiert. Möglicherweise hätte China sogar der Entsendung von Friedenstruppen zugestimmt, die gemeinsam mit den USA und der NATO die Übernahme Afghanistans durch die Taliban hätten aufhalten können.

Und wenn schon die USA nicht mit den Nachbarn Afghanistans spricht, so wäre das auch eine Aufgabe für die europäischen Partner in der NATO – insbesondere für uns Deutsche gemeinsam mit Frankreich und Großbritannien. Sie könnten eine Luftbrücke nach Europa organisieren oder eine gemeinsame diplomatische Mission zu anderen Staaten, die dauerhafte Instabilität und die Rückkehr des Terrorismus vermeiden wollen. Dazu zählen auch Indien, Iran, die Türkei und schwierige Nachbarn wie Pakistan. Und natürlich sollte es sobald wie möglich eine internationale Konferenz geben, die eine humanitäre, wirtschaftliche und politische Stabilisierung zum Ziel hat.

Das derzeitige folgenlose Lamento über die Entwicklungen in Afghanistan ist stattdessen ein hörbares Zeugnis der europäischen Bedeutungs- und Hilflosigkeit. Die seit Monaten immer größer werdende Seifenblase europäischer »Autonomie« ist vorerst geplatzt. Und nicht zuletzt sind wir Zeugen für das Versagen der NATO, in deren Verantwortung der Militäreinsatz in Afghanistan ja stand und die ihn geordnet hätte zu Ende bringen müssen. In Wahrheit dachte jeder nur an sich selbst. Gesiegt haben nicht nur die Taliban, sondern auch der nationale Egoismus.

Jetzt tun alle so, als ob sie von der Entwicklung überrascht wären. Sollte das stimmen, können wir die Nachrichtendienste der USA und Europas getrost auflösen. Die waren offenbar der Überzeugung, dass Kabul zwei bis drei Jahre gegen die Taliban verteidigt werden könnte. Tatsächlich waren es gerade einmal zwei bis drei Tage. Offenbar gab es nicht im Ansatz ein Verständnis für Moral und Kampffähigkeit der selbst ausgebildeten afghanischen Truppen. Oder noch schlimmer: Alle wussten um den tatsächlichen Zustand der landeseigenen Armee, wollten ihn aber nicht öffentlich preisgeben, weil das die eigene Kommunikationsstrategie des Abzugs enttarnt hätte.

Afghanistan ist in jeder Hinsicht eine katastrophale Niederlage. Nicht einmal, dass die islamistischen Terroristen nicht zurückkehren, ist sicher. Destabilisierte Staaten und Regionen entwickeln einen Magnetismus für Dschihadisten aus aller Welt. Und noch stärker als der Irak zeigt sich, dass das idealistische Projekt des »Nation building« von außen scheitert, wenn es in der Bevölkerung und ihren politischen und wirtschaftlichen Eliten nicht den Willen dazu gibt.

Die entscheidende Frage lautet: War das vorhersehbar und deshalb vermeidbar? Vermutlich ja, denn in der jüngeren Geschichte gab es nur zwei Beispiele, in denen bewaffnete Interventionen Ausgangspunkt einer gesellschaftlichen Modernisierung und Demokratisierung waren: in Japan und (West-)Deutschland nach dem Zweiten Weltkrieg. Aber die damaligen wirtschaftlichen, politischen, kulturellen und staatlichen Ausgangsvoraussetzungen waren vollständig anders als die in Afghanistan. Der Westen sollte sich deshalb in Zukunft bescheidenere Ziele setzen.

9.

Die europäische Antwort

Es ist sehr wahrscheinlich, dass der Beginn des zweiten Jahrzehnts im neuen Jahrtausend rückblickend als Beginn einer Zeitenwende in Europa und darüber hinaus angesehen wird. Wenn ich mit Bürgerinnen und Bürgern über die Welt und das, was gerade geschieht, diskutiere, spüre ich ihr Unbehagen, ihre Unsicherheit, aber auch ihren Wunsch, Erklärungen dafür zu bekommen, wohin die Reise geht. Professionelle Beobachter des politischen, medialen und wissenschaftlichen Betriebs sind nicht wesentlich schlauer im Blick auf mögliche Prognosen. Sie sind aber in der Beschreibung der Oberflächenphänomene durchaus geschult und versiert, wenn es um die Analyse der vielen Veränderungsstränge in der Welt geht, die ihre alte Ordnung hinter sich lässt.

Deutschland ist wie schon gesagt in den letzten Jahren ein Sehnsuchtsort geworden für Menschen aus aller Herren Länder, das ist immer noch zutreffend. Aus Europa und seinen Mitgliedstaaten sowieso, aber auch aus den Staaten Afrikas, des Nahen und Fernen Ostens wie auch denen Süd- und Nordamerikas. Vielleicht zum ersten Mal in der Geschichte dieses Landes ist die Welt in Deutschland nicht bei einem sportlichen Event und auch nicht erzwungenermaßen beziehungsweise mit Gewalt, sondern freiwillig zu Gast – wobei viele auch für lange Zeit oder auch für immer bei uns in Deutschland leben wollen. Das sollte uns zuerst einmal freuen – angesichts einer Geschichte, die diesen Glücksfall, Sehnsuchtsort für Millionen Menschen zu sein, nicht geplant hatte.

Natürlich hat diese Entwicklung ihre Ursachen. Sie liegen in einer historisch beispiellosen Offenheit und Liberalität von Staat und Gesellschaft, aber eben auch in einer anhaltenden wirtschaftlichen Prosperität, die in

Europa ihresgleichen sucht. Und ohne eine falsche nationale Idylle zu predigen: Wer auch mehr als nur Touristenhochburgen im europäischen, aber auch außereuropäischen Ausland erlebt hat, der weiß, was man an Deutschland hat, an seiner regionalen Vielfalt, seinen Küsten, seinen Mittelgebirgen, seinen Wäldern, Seen, seinen Naturschutzflächen und Parks, seinen Baudenkmälern, Kirchen, fast makellosen Industrie- und Gewerbeflächen, seiner Infrastruktur, seinen Verkehrswegen, Krankenhäusern, der Verwaltungseffizienz, seinen Hochschulen, Schulen und sonstigen Bildungseinrichtungen. Gewiss, unser Land ist weit davon entfernt perfekt zu sein, aber im globalen Maßstab und im Vergleich mit anderen Ländern ist Deutschland in einem gedachten multiplen Ranking ganz weit oben.

Die Grundlagen für diesen aktuellen Zustand haben die unglaublichen Organisations- und Anstrengungsleistungen von Millionen Menschen über viele Generationen hinweg geschaffen, die hier in Deutschland lebten, lernten, forschten, Unternehmen gründeten und hart arbeiteten. Es ist also eine Gesamtleistung, auch von Zuwanderern. Denn unser Wohlstands- und Geschäftsmodell gründet auf der weltweiten Arbeitsteilung und dem globalen Austausch von Waren und Dienstleistungen. Kein Land auf der Erde kann diese Tradition der Integration in den globalen Welthandel über die letzten 150 Jahre so nachweisen und ist zugleich in seinem Wohlstand so abhängig von ihr wie eben Deutschland.

Wenn sich die globalen Rahmenbedingungen für ein solches Wohlstands- und Geschäftsmodell grundlegend ändern, steht mehr auf dem Spiel als nur ein paar Zehntel beim jährlichen Wirtschaftswachstum. Wir beobachten seit geraumer Zeit eine Fülle von Entwicklungen und Indizien, die auf eine Änderung der Dinge weisen. Nicht abrupt, aber absehbar. Die wichtigsten Entwicklungen habe ich versucht zu beschreiben: Sie haben mit globaler Politik und ihren Akteuren und Ambitionen zu tun, mit den Machtverschiebungen auf dem Globus, dem Anwachsen von unsicheren Räumen und Krisenlandschaften, die von keiner Staatlichkeit mehr wirksam kontrolliert werden bzw. werden können, ferner der Digitalisierung, die sich nach langsamem Start in den 1990er-Jahren nun rasant in alle Wirtschafts-, Arbeits- und Lebensbereiche hineinfrisst; weiterhin der unausweichlichen demografischen Entwicklung, die alle entwickelten

Industriegesellschaften gleichermaßen trifft; und schließlich einem teilweise verzweifelten Versuch von Millionen Menschen, sich in dieser sich rasant verändernden Welt einen gerechten Anteil am globalen Wohlstand zu sichern. Das betrifft Migranten ebenso wie die jeweiligen Inländer, die zu Teilen Adressaten von allerlei populistischen Kampagnen werden. Das können wir weltweit beobachten, aber vor allem in Europa.

Wir in Deutschland spüren das inzwischen auch. Die letzten Wahlen in unserem Land haben gezeigt, dass Deutschland auf seine Weise so einzigartig ist wie jedes andere Land. Im politischen Sinne aber sind wir nichts Besonderes mehr. Auch bei uns hat sich mit der AfD eine rechtspopulistische Partei im Bundestag und in fast allen Landtagen eingenistet, die ganz unverhohlen die Systemfrage stellt, weil sich in den Köpfen der Menschen etwas festgesetzt hat. Das hat etwas mit Konkurrenzdenken zu tun und mit Rechtsansprüchen von Menschen, die hier seit geraumer Zeit arbeiten und leben, und mit denen, die gerade zu uns gekommen sind oder noch zu uns kommen werden.

Als Demokraten auf dem Boden des Grundgesetzes müssen wir klarmachen, dass jeder Mensch in einem Rechtsstaat die gleichen Rechte hat. Wenn wir dies politisch infrage stellen, legen wir die Axt an unser Gemeinwesen. Dies kann nicht oft genug betont werden, weil es Demokraten von Populisten unmittelbar unterscheidet. Dennoch müssen wir feststellen, dass der Populismus inzwischen die offene Gesellschaft und ihre Debatten bestimmt. Dem müssen Demokraten entschieden entgegenwirken. Streitbar, mutig und leidenschaftlich, denn es betrifft unsere demokratische Kultur.

Die Zeiten sind ernster, als sie es bisher waren, weil sich die inneren und äußeren Rahmenbedingungen gleichzeitig in rasantem Tempo ändern. Unser Geschäftsmodell gerät durch weltweiten Protektionismus, globale Migration und sich ausbreitende Krisenlandschaften gewaltig unter Druck. Hinzu kommen die anhaltenden Bürger- und Regionalkriege und eine beschleunigte Digitalisierung, die mit niedrigen Skalierungskosten neue Wettbewerber in aller Welt disruptiv stärkt, zugleich aber unsere Wertschöpfungssysteme zu enormen Anpassungen zwingt. Wir sind mit einer Überalterung unserer Gesellschaft konfrontiert, die für unsere

Arbeitsgesellschaft und unsere sozialen Sicherungssysteme erhebliche Herausforderungen mit sich bringen wird.

Kurzum: Wir haben es in Deutschland und in Europa in den nächsten Jahren mit einer gigantischen Integrationsleistung und zugleich einer notwendigen Fokussierung zu tun, die Politik, Wirtschaft und Gesellschaft gleichermaßen in einen Dauerstresstest versetzt. Selbst Deutschland wird auf dem Gebiet der komparativen Wertschöpfung Mühe haben, seinen bisherigen Vorsprung zu behaupten. Viele andere Wettbewerber haben aufgeholt. Einige unserer Leitindustrien wie der Automobilbau befinden sich in einem offenkundigen Transformationsstau (Stichwort: Elektromobilität), und in der digitalen Champions League mit den Big Five (Apple, Amazon, Facebook, Google, Microsoft) spielen Europa und auch Deutschland keine Rolle.

Vieles, was in den nächsten Jahren auf uns zukommen wird, ist erst in Umrissen erkennbar, am ehesten das Handeln von ökonomischen Akteuren und Unternehmen. Bei den politischen Großmächten sind die Aktionen Chinas und Russlands eher voraussehbar als die der USA. Das ist ein Problem, weil wir Europäer uns seit dem Zweiten Weltkrieg auf Amerika und seinen Schutz verlassen konnten. Dieses multilaterale Konstrukt wankt derzeit deutlich, weil Amerika seine jahrzehntelang anhaltende Phase der Selbstfesselung und Selbstbeschränkung aufgibt. Ob die transatlantischen Verwerfungen nun eine Dauerkrise sind oder zu Kollateralschäden beim Übergang in eine multipolare Welt führen, ist eine offene Frage. Beides, das neue rein interessenbezogene Agieren politischer und wirtschaftlicher Großmächte, sollte für Europa und Deutschland ein Weckruf sein, sich auf einen härteren globalen Wettbewerb vorzubereiten. Zu erwarten haben wir überdies Auseinandersetzungen und die Übernahme von internationaler Verantwortung in den geografischen Räumen, in denen europäische Interessen langfristig gesichert werden müssen.

Eine solche Umorientierung Europas bedeutet, sich darüber klar zu werden, dass wir tiefgreifende Umbrüche im globalen politischen und ökonomischen Gefüge erleben. Deshalb geht es in den nächsten Jahren um die Selbstbehauptung Europas. Dabei sollte die Europäische Union ihre durchaus mächtigen Kräfte und Fähigkeiten bündeln, statt sich um weitere Integrationsschritte oder Erweiterungsprozesse zu kümmern. Für mich heißt das: So bedeutend Harmonisierungsbemühungen in allen Teilpolitikbereichen auch sind, ab jetzt muss es eher darum gehen, die vorhandenen Gemeinsamkeiten der EU-Mitgliedstaaten herauszuarbeiten und sie zu einer kraftvollen Strategie zu bewegen, damit Europas Einfluss und Stimme weiterhin Gewicht hat. Das beginnt bei der Außen- und Sicherheitspolitik, geht über eine gemeinsame Asyl- und Flüchtlingspolitik und hört bei einer europäischen Bildungsinvestitionspolitik noch nicht auf. Wir müssen den Bürgerinnen und Bürgern Europas den praktischen Mehrwert, Europäer zu sein und hier zu leben, Tag für Tag erfahrbar machen. Dabei dürfen wir jene EU-Mitglieder nicht überfordern, die aufgrund ihrer historischen Erfahrung eine andere nationale Identität leben als wir Deutschen, die das in ihrer übergroßen Mehrheit nicht können oder wollen. Auch ich fühle mich seit jeher als ein Verfassungspatriot, der das Grundgesetz in seinen ersten 20 Artikeln als bestes und wirkungsvollstes Gesetz empfindet, das auf deutschem Boden seine Wirkung entfaltet hat.

Wir Deutschen müssen an dieser notwendigen Umorientierung Europas ein elementares Interesse haben, denn ohne Währungsunion und ohne gemeinsame Währung wäre unser seit 2014 anhaltender wirtschaftlicher Aufschwung nicht möglich gewesen. Unsere Unternehmen haben massiv von dieser Konstellation und dem Euro als harter Niedrigwährung gegenüber den übrigen wettbewerbsschwächeren EU-Nachbarn profitiert. Deshalb müssen wir in den kommenden Jahren stärker zur Solidarität bereit sein, als wir es bisher waren. Und wenn diese Solidarität »nur« Geld kostet, dann sollten wir nicht jammern wie die Krämer, sondern handeln wie Investoren in ein politisch einzigartiges Erfolgsprojekt. Dies ist nämlich auch eine Versicherung für den weiteren Aufschwung der deutschen Wirtschaft, weil nur ökonomisch aufholende EU-Mitgliedstaaten Waren und Dienstleistungen deutscher Unternehmen kaufen können. Und nur eine möglichst verflochtene europäische Wirtschaft stärkt Europa als Ganzes.

Wir werden nur zum Besseren in der Welt beitragen können, wenn wir kraftvolle, geeinte und geschlossene Antworten geben, indem wir in Europa gemeinsam handeln. Europas Ambition muss sein, zu einem globalen

Akteur über seine bisherigen Fähigkeiten und Kompetenzen hinaus, etwa beim Klimaschutz, zu werden. Dazu gehört, gerade in Deutschland nicht mehr selbstquälerisch auf die Fehler bei den Integrationsprozessen innerhalb der Europäischen Union zurückzuschauen, sondern den Blick nach vorn auf eine neue globale Ökonomie zu richten, die von der Digitalisierung getrieben ist.

Die Bereiche, in denen Europa in den kommenden Jahren stärker zusammenarbeiten muss, habe ich genannt: Außen- und Sicherheitspolitik, Asyl- und Flüchtlingspolitik, Bildung, Forschung, Steuerpolitik und Innovation. Dabei müssen alle politischen Akteure, die es gut mit ihrem Land meinen, endlich die »richtige« Europa-Erzählung verbreiten. Mit diesem Narrativ sollten wir in Deutschland sofort beginnen, weil niemand mehr von Europa profitiert als wir Deutschen. Wir sind der »Nettogewinner«, wirtschaftlich Jahr für Jahr, aber auch politisch, wenn wir einen Blick zurück ins 20. Jahrhundert werfen. Dieses Wissen muss uns heute nicht mehr in der Kategorie der Schuld belasten, aber in der Kategorie Verantwortung und Zuversicht allemal. Wir dürfen Europa nicht länger schlechtreden, weil dies nur Rechtspopulisten und damit den Gegnern der Demokratie hilft.

Wenn Europa weiterhin eine zivile Großmacht bleiben will, muss es sich im wahrsten Sinne des Wortes zusammenraufen. Das ist eine Organisations- und Haltungsfrage: Warum sollte man einen EU-Gipfel über mehrere Tage nicht auch mal für einen strategischen Neustart Europas nutzen? Um uns klar zu werden, dass die kleinen und die größeren Staaten Europas nur gemeinsam Gewicht haben? Wir werden als Deutsche mit *allen* Partnerländern eng zusammenarbeiten müssen, auch mit denen, die unsere Werte nicht lückenlos vertreten, die aber gemeinsame Interessen an einem anhaltenden Wohlstand innerhalb Europas haben. Dass dies zu neuen Erfahrungen im politischen Austausch mit Frauen und Männern führt, deren Ansichten wir nicht teilen, gehört zum politischen Geschäft. Aber mir muss mal jemand erklären, warum man mit Abgeordneten der AfD im Deutschen Bundestag in einem Ausschuss sitzt und redet, dies aber Ministern der Regierung eines EU-Mitgliedstaates verwehrt, wenn sie einer populistischen Partei in ihrem Land angehören.

Ja, wir werden notwendigerweise zu einem Europa der unterschiedlichen Geschwindigkeiten kommen. Wir werden das Migrationsthema entweder gemeinsam in Europa lösen, oder Europa wird als politische Institution und Einheit daran zerbrechen. Wir werden in Europa mehr in die digitalen Zukunftstechnologien und Jobs für junge Leute investieren müssen, um wirtschaftlich kraftvoll zu bleiben und den Rechtspopulisten das Wasser abzugraben. Wir werden uns in Europa auf die großen Fragen konzentrieren müssen. Eine davon lautet: Wie schaffen wir es, dass alle Europäer ihren Kontinent als ihren Schutz- und Gestaltungsraum begreifen? Viele scheinbar kleinere Fragen sollten wir dagegen nach dem Prinzip der Subsidiarität den Ländern und Kommunen überlassen. Und natürlich müssen wir bedürftigen EU-Mitgliedstaaten weitere Schuldenerleichterungen einräumen, wenn sie glaubwürdig Strukturreformen in Angriff nehmen. Das alles werden wir in den nächsten Jahren miteinander auf eine Agenda zur nachhaltigen Stärkung Europas setzen müssen.

Gegen die vorgebliche Attraktivität des Autoritären helfen keine Worte allein, sondern nur entschlossenes und solidarisches Handeln. Und gegen die globale Macht des autoritären Modells helfen nur interessengeleitete Allianzen von Demokraten gleich welcher Partei, die ihren Auftrag wieder ernst nehmen, die Lebensverhältnisse von Menschen zu verbessern. Für uns Deutsche und für alle diejenigen, die hierzulande leben und arbeiten und dieses Land als ihre Heimat begreifen, müssen wir bereit sein, unsere politische und wirtschaftliche Stärke auf die Lösung von Problemen in Deutschland und Europa zu fokussieren. Dazu gehört auch, dass wir gewillt sein müssen, unseren Wohlstand zu teilen, damit wir denen Chancen einräumen, die sonst an Europa und seinen demokratischen Institutionen zu verzweifeln drohen. Und es gehört dazu, denen auf dem afrikanischen Kontinent zu helfen, die sich bislang auf lebensgefährliche Fluchtwege begeben, um ein besseres Leben zu finden. Das schließt die Bereitschaft zu einer gemeinsamen Kraftanstrengung ein, in humanitären Notsituationen auch künftig Flüchtlinge aufzunehmen, ohne uns und unsere Bevölkerung zu überfordern. Das Prinzip heißt schlicht Solidarität.

Die nächsten Jahre werden darüber entscheiden, welchen Weg Europas Mitgliedstaaten bereit sind gemeinsam zu beschreiten. In Deutschland wird es darum gehen, ob ein starker Staat vor allem für die sozial Schwächeren da ist. Es wird entscheidend sein, dass die Anhänger dieser starken Sozialstaatsidee den Staatsverächtern, den ökoliberalen Teil-Staatsanhängern, denen das Soziale weniger wichtig ist als das Ökologische, und den neoliberalen Protagonisten des Nachtwächterstaates entschlossen entgegentreten. Ein starker Sozialstaat muss funktionieren und handlungsfähig sein. Dieses Staatsvertrauen ist in den letzten Jahren bei vielen Menschen erschüttert worden, weil sich Einkommen und Vermögen auch in Deutschland unanständig auseinanderentwickelt haben. Also muss es wiederhergestellt werden, aber nicht nur im Bereich der inneren Sicherheit, sondern vor allem im Bereich der sozialen Sicherheit, die für einen gelungenen sozialen Zusammenhalt ausschlaggebend ist.

Die Integrationsaufgabe für Europa ist weitaus größer, weil es darum gehen wird, die Interessen von 27 Mitgliedstaaten zu bündeln, um sie kraftvoll gegenüber alten und neu auftrumpfenden, aber nicht unbekannten Großmachtakteuren zu positionieren. Ich bin überzeugt, dass Europas Chancen dabei gar nicht so schlecht sind, wenn wir sie auf europäischer Ebene bündeln. Es wird dann darum gehen, das G20-Format zu einem multilateralen Nukleus zu formieren, in dem die Debatten über Zukunftsthemen auf Augenhöhe mit den beteiligten Ländern geführt werden, damit die Interessen von drei globalen Akteuren nicht allein die Weltläufe bestimmen oder gar beherrschen. In einer Welt mit 194 Staaten sollte dieses Ziel Ansporn für Europa sein. Und die Erfolgschancen, so bedeuteten mir immer viele Ex-Kollegen aus den betroffenen über 150 Staaten außerhalb Europas, stünden gar nicht so schlecht, wenn wir Europäer diese Herausforderung entschlossen und ernsthaft in Angriff nähmen.

Die kommenden Jahre werden für uns Deutsche und Europäer also Weichenstellungen erfordern, wie sie vermutlich nur alle paar hundert Jahre zu entscheiden sind. Ein weiter Blick zurück soll zeigen, was ich damit meine: Zu Beginn des 15. Jahrhunderts entsandte der portugiesische Fürst Heinrich der Seefahrer seine Schiffe, um entlang der Küsten Westafrikas den Seeweg nach Indien zu erkunden. Abenteuerlust, sicher auch Gier, aber vor allem Risikobereitschaft waren die Gründe, warum Seeleute diese gefährliche Reise ins Unbekannte auf sich nahmen. Es war der Beginn des europäischen Aufstiegs in der Welt. Über Jahrhunderte dominierten die Ideen Europas die Weltgeschichte.

Etwa zeitgleich zur Mitte des 15. Jahrhunderts fiel in China eine entgegengesetzte Entscheidung. Der chinesische Kaiser der Ming-Dynastie Yongle ließ seine bis dahin seit mehr als 300 Jahren dominierende Flotte seetüchtiger Langschiffe einmotten. Zu viele Probleme waren im eigenen Land zu bewältigen, Wohlstand und Sicherheit schienen im Reich der Mitte mit seinen Nachbarn ausreichend vorhanden. Das war der Beginn des Abschieds Chinas aus der Geschichte für die folgenden 600 Jahre.

Wie also werden die Historiker in 600 Jahren unsere Zeit beschreiben? Als den Beginn einer neuen chinesischen Ära und den selbst verschuldeten Ausstieg Europas aus der Weltgeschichte? Oder finden sie in den Dokumenten eine Erklärung, dass Europa erneut bereit war, sich in einer risikoreichen und gefahrvollen Welt zu engagieren, um mit anderen im fairen Wettbewerb und mit Respekt die Interessen des »alten Kontinents« in der Weltpolitik zu behaupten?

Die Antworten werden wir mit unserem Handeln in den kommenden Jahren liefern. Und auf die Antworten von uns Deutschen wird es dabei insbesondere ankommen.

10.

Was da alles auf uns zu kommt

Wenn man sich mit der Frage befasst, auf welche Herausforderungen sich Politik und Gesellschaft am Beginn des dritten Jahrzehnts in diesem Jahrhundert einstellen müssen, dann ist gleich am Anfang der Hinweis wichtig, dass die eigentliche politische Herausforderung für Regierende meinst darin besteht, mit dem Nicht-Planbaren, dem Nicht-Erwartbaren und Überraschenden klar zu kommen. Der britische Premier Harold McMillan ist einmal gefragt worden, was denn seine Regierung angetrieben habe. Dessen lapidare Antwort lautete: »Events, dear boy, events.«

Und so war es auch in der Vergangenheit in Deutschland oftmals der Fall. Helmut Schmidts Kanzlerschaft beispielsweise wurde vom Terror der RAF geprägt. Helmut Kohls Kanzlerschaft von dem zumindest für den allergrößten Teil der Politik überraschenden Fall der Mauer. Und Angela Merkel musste in der zweiten Hälfte ihrer Amtszeit fast schon permanent in den Krisenmodus übergehen, weil weder die Annexion der Krim, die Flüchtlingskrise oder die Pandemie vorhersehbar oder gar planbar waren. »Alles, was klappt, wird hinterher zur Strategie erklärt«, lautete deshalb eine Weisheit des früheren Bundeskanzlers Gerhard Schröder.

Trotzdem gibt es natürlich eine Reihe von Aufgaben, die sozusagen auf der Hand liegen. Und es ist naheliegend, sich am Ende einer politischen Ära damit zu befassen, nämlich am Ende der von Angela Merkel geprägten Zeit. Und da nun politisch eine neue Zeitrechnung in Deutschland beginnt, fragen wir uns: Welche Herausforderungen kommen auf unser Land, auf uns und vor allem unsere Kinder zu, und wer übernimmt die Führung des Landes in einer – so viel kann man wohl vorhersagen – durchaus unsicheren Zeit, als wir sie gewohnt waren?

Bevor man in die Zukunft blickt, lohnt sich immer ein Blick in die Vergangenheit. 16 Jahre Kanzlerschaft, das ist schon eine sehr lange Zeit, und bedenkt man, wie rasant die technologischen und geopolitischen Entwicklungen in dieser Zeit vorangeschritten sind, dann zählen diese Regierungsjahre fast doppelt. Denn die heutige Bundeskanzlerin hat Herausforderungen zu bestehen gehabt, wie vorher noch nie in so schneller Abfolge auf unser Land zugerollt sind.

Ein paar wie die Annexion der Krim und den Bürgerkrieg in der Ost-Ukraine habe ich schon genannt. Daneben sind zu erwähnen: Griechenlandkrise, Euro-Krise, Terrorgefahr, Flüchtlingskrise, Brexit und nun die Pandemie. Fast schon erscheint die Kanzlerschaft Angela Merkels zweigeteilt: die erste Phase von 2005 bis 2013, in der die Finanzkrise zu bewältigen war, erscheint rückblickend fast wie eine Ausbildungszeit für die Bewältigung der in schneller Abfolge auftretenden Krisen in der Amtszeit zwischen 2013 und 2021. Man muss nicht mit allem einverstanden sein, was Angela Merkel oder ihre verschiedenen Regierungen in dieser Zeit getan oder nicht getan haben. Allerdings finde ich schon, dass unser Land ziemlich stabil und sicher durch diese stürmischen Zeiten gekommen ist. Und das haben wir in ganz erheblichem Maße auch dem nüchternen und unaufgeregten Regierungsstil der Kanzlerin zu verdanken.

In diesen letzten 16 Jahren hat sich die Welt allerdings auch dramatisch verändert. So, wie Angela Merkel ihr Land durch die damit verbundenen Turbulenzen geführt hat, so hat sie zugleich die Menschen hierzulande relativ wenig auf diesen Wandel vorbereitet. Eher schon hat ihr Regierungsstil dazu beigetragen, uns und unsere Mitbürgerinnen und Mitbürger vor diesem Wandel zu bewahren. Die letzten zehn oder 15 Jahre waren eine »goldene Zeit« voller ökonomischer Prosperität, denn Deutschland war bislang der große Gewinner der Globalisierung und der internationalen Arbeitsteilung. Wir waren und sind sozusagen »der Industriealisierer der Welt« mit unserem Maschinenbau, unserer Elektrotechnik, unserem Fahrzeugbau und mit vielem anderen mehr. Das hat uns wohl dazu verleitet, den rasanten geopolitischen Wandel eher aus dem Augenwinkel wahrzunehmen als ihn ins Zentrum unserer politischen Überlegungen zu rücken. Das macht die eigentliche Ambivalenz der Regierungszeit von Angela Merkel aus. Angela Merkel hat uns vor den wachsenden Härten internationaler Spannungen weitgehend bewahrt. »Leading from behind« kennzeichnete ihren Regierungsstil, was zugleich ausschloss, dem Land und seinen Bürgerinnen und Bürgern gegenüber offensiv gegenüberzutreten, um es auch fordernd auf rauhere und ruppigere Zeiten vorzubereiten. Und wer sich in eine 16-jährige Kanzlerschaft hinein bewegt, hat wenig Grund seinen Regierungsstil zu ändern, denn er war ja erfolgreich.

Sie ahnte das wohl und wollte 2017 ursprünglich nicht mehr antreten, weil »in der besten aller Welten eine Übergabe nach acht Jahren gut gewesen wäre«, so Angela Merkel im Jahr 2017. Die Flüchtlingskrise machte ihr einen Strich durch die Rechnung, denn mitten in der Bewältigung dieser großen autoritären Versuchung in Deutschland wollte sie sich nicht aus der Verantwortung stehlen. Und so hat die glänzende Seite der deutschen Entwicklung der letzten 16 Jahre auch ihre Kehrseite: Unsere Gesellschaft und unsere staatlichen Institutionen haben sich mental nicht auf die großen globalen Schocks eingestellt, die in den kommenden Jahren auch die Regierungspolitik Deutschlands prägen werden:

- Die Verschiebung der zentralen Handels- und Wirtschaftsachsen vom Atlantik und Europa in den Indo-Pazifik und nach Asien. Dort lebt die Mehrzahl der Menschheit, dort wird der größte Teil des Weltsozialprodukts erarbeitet, dort liegt die weit überwiegende Zahl der Mega-Citys und dort existieren inzwischen fünf Nuklearmächte mit Atomwaffen.

- 600 Jahre Dominanz europäischer Ideen in der Weltgeschichte sind damit unwiederbringlich zu Ende gegangen. Nicht mehr der Atlantik ist das Gravitationszentrum der Welt, sondern der Indo-Pazifik.

- Das Ende der Pax Americana, weil die Vereinigten Staaten nicht mehr die globale ökonomische Dominanz besitzen, die es ihnen ermöglicht hat, zugleich Garant der liberalen Weltordnung zu sein.

- Die völlige Veränderung der Wertschöpfungsketten mit einer Verschiebung vom Produkt auf die Datenplattformen, die allerdings nicht wir Deutschen oder Europäer beherrschen, sondern amerikanische und chinesische Tech-Giganten. Das geht einher mit der Verschmelzung der Finanzindustrie mit Kommunikationsplattformen und ganz neuen Wertschöpfungsmodellen, bei denen international langsam die Frage auftaucht, ob hier supranationale Strukturen z. B. durch eigene digitale Währungssysteme entstehen, die sich staatlicher und demokratischer Kontrolle weitgehend entziehen.

- Das Ende des fossilen Zeitalters und die Transformation unserer Ökonomie auf Klimaneutralität.

- Und nicht zuletzt die demografische Entwicklung, der wir eigentlich seit mehr zehn Jahren weitgehend tatenlos zusehen, obwohl wir wissen, dass ab 2030 das eigentliche Problem unserer Rentenkassen und ein massiv anwachsender Fachkräftemangel droht.

Nicht zuletzt der Erfolg der Politik Angela Merkels hat uns ermöglicht, über all das nicht wirklich nachzudenken. Ich weiß nicht, ob die Bundeskanzlerin ihren Spitznamen »Mutti« mag oder nicht, aber die Rolle einer die Untiefen der Welt von »ihren Kindern« fernhaltenden Mutter, hat sie tatsächlich in den letzten Jahren eingenommen. Doch diese Phase neigt sich am Ende Merkels Kanzlerschaft – so oder so – dem Ende zu.

Und wie das auch in Familien gelegentlich der Fall ist, wenn erwachsen gewordene Kinder zu lange im Hotel »Mama« verbleiben und dann erschrocken darüber sind, was im »wirklichen Leben« alles von Ihnen abverlangt wird, so geht es jetzt wohl auch mehrheitlich uns Deutschen: Wir sind mental, kulturelle und politisch nicht gut vorbereitet auf diese sehr veränderte Welt, die zudem auch noch ziemlich rau und ruppig geworden ist. Denn während wir es lieben, über Werte zu diskutieren, beherrscht die Welt inzwischen wieder weit stärker harte Interessenpolitik.

Tatsächlich beginnt nun eine neue Zeitrechnung. Nicht nur die Ära Angela Merkels ist vorbei, sondern – so will es der historische Zufall – mit ihr endet das Zeitalter der euro-atlantischen Zentriertheit der Welt. Das neue Gravitationszentrum liegt in Asien.

Europa wird nur überleben, wenn Deutschland lernt, ohne Großmannssucht wieder von vorn zu führen, und neben Werten auch Interessen zu formulieren. Das ist übrigens für Frankreich, das Vereinigte Königreich und für viele andere Europäer ganz selbstverständlich. Oft gilt das Motto: Werte gelten nach innen, nach außen dominieren unsere Interessen. Das nennt man in diesen Länder Realpolitik. Und angesichts der beschriebenen Herausforderungen ist es fast zwangsläufig, dass die Widersprüche und auch Widerstände in der deutschen Politik eher anwachsen werden. Das gilt besonders für die Außen- und Sicherheitspolitik, wo doch die USA immer weniger bereit sind, uns die unangenehmen Entscheidungen weiterhin so abzunehmen, wie das in den letzten 70 Jahren der Fall war. Wie schnell man sich auf diesem Feld verlaufen und in Widersprüche verwickeln kann, durfte der Ko-Vorsitzende der Grünen, Robert Habeck, erleben, als er aus einem verständlichen Impuls bei der Besichtigung der Kriegsschauplätze in der Ost-Ukraine den Stahlhelm nicht nur tatsächlich, sondern auch symbolisch auf dem Kopf trug und deutsche Waffenlieferungen in dieses Kriegsgebiet vorschlug. Der heftige Gegenwind, der ihm entgegenschlug, war ein zarter Vorgeschmack dessen, was man serviert bekommt, wenn man sich auf das Feld der Außen- und Sicherheitspolitik begibt.

Unpopuläre Entscheidungen werden deshalb ebenso zunehmen wie die Fehlerquote politischer Entscheidungen, denn verlässlichen Grundlagen internationaler Ordnung bleiben vorerst Mangelware. Vermutlich ist die »Ära Merkel« die letzte ihrer Art, weil die Zunahme politischer Konflikte die Reibungsverluste innerhalb von Regierungen deutlich erhöhen werden. So lange Regierungszeiten wie die von Helmut Kohl oder Angela Merkel werden wir vermutlich deshalb so schnell nicht wieder erleben. Das muss nichts Schlechtes sein, denn Demokratie lebt auch vom demokratischen Dissens, vom Streit über die richtigen Sachen und besten Wege. Man darf gespannt sein, wer ihre Nachfolge antritt. Aber eines kann uns beruhigen: Der politische Lebenslauf von Angela Merkel zeigt, dass man Menschen nie unterschätzen sollte.

Bleiben wir noch einen Moment beim Blick auf die Außenpolitik, wenn wir über die politischen Herausforderungen der kommenden Jahre reden. Denn die größte wird wohl Europa werden. Die Europäische Union ist in denkbar schlechter Verfassung. Hätte uns die aktuelle Corona-Pandemie nicht betroffen und wären wir nur Beobachter einer anderen Weltregierung mit einer Pandemiebekämpfung, wie wir sie in Europa erlebt haben, hätten viele hierzulande vermutlich gesagt: »Das könnte *hier* nicht passieren.«

Pandemien und andere Bedrohungen der Gesundheitssicherheit sollten eigentlich ein Problem im und aus dem Globalen Süden sein und keines im reichen Norden und schon gar nicht in Europa. Doch die Unzulänglichkeiten westlicher Staaten bei der Entwicklung und Ausführung kohärenter Pläne, der Koordination staatlicher Stellen, der Kommunikation mit der Öffentlichkeit oder auch nur der Herstellung und Lagerung ausreichender medizinischer und pharmazeutischer Ausrüstung (ganz zu schweigen von der skandalösen Impfstoffeinführung in der EU) haben das Staatsversagen in einer der reichsten Regionen der Welt – in Europa – deutlich gemacht. Ausgehöhlte staatliche Kapazitäten, politische Verwirrung, Vetternwirtschaft, verschwörerisches Denken und Vertrauensdefizite haben die bröckelnde Legitimität offengelegt, die reiche und mächtige Staaten heute wie Bananenrepubliken aussehen lassen.

Wenn man sich die Ranglisten des Vorbereitetseins auf die Pandemie aus der Zeit vor dem Ausbruch von Covid-19 ansieht – wie den Global Security Index oder den »Epidemic Preparedness Index« –, stellt man fest, dass die Vereinigten Staaten und Großbritannien angeblich die beiden am besten vorbereiteten Länder waren, wobei auch die EU-Länder einen exzellenten hohen Rang einnahmen. Das waren Staaten, die der Meinung waren, dass sie aus den Erfahrungen z. B. in Süd-Ost-Asien mit der SARS-Epidemie nichts zu lernen hätten. Und obwohl es nur wenige Länder gibt, die die Pandemie gut bewältigt haben, macht das Staatsversagen im Herzen der westlichen Welt jede selbstgefällige Vorstellung vom Ende der Geschichte und dem Vorrang eines Modells vor einem anderen zunichte. Wir leben in dieser Hinsicht jetzt scheinbar alle in »weniger entwickelten Ländern«.

Die Pandemie ist in dieser Hinsicht wie ein Brennglas unter dem man den Zustand unserer Gesellschaften klar erkennen kann: Die für uns beunruhigende Realität ist, dass das 20. Jahrhundert – mit seinen selbstbewussten, im Krieg geschmiedeten Staatsapparaten, die die sozialen Ergebnisse bestimmten - –vorbei ist. Und dass wir für das 21. Jahrhundert noch keine angemessene neue Form staatlicher Handlungsfähigkeit entwickelt haben. Der deutsche Föderalismus beispielsweise hat über Jahrzehnte der Bundesrepublik gutgetan. In der aktuellen Krise hat er sich eher als organisierte Unverantwortlichkeit dargestellt.

Und auch andere Merkmale des 20. Jahrhunderts sind vorbei: der organisierte politische Konflikt zwischen Links und Rechts oder zwischen Sozialdemokratie und Christdemokratie; der Wettbewerb zwischen universalistischen und säkularen Kräften, der zur kulturellen Modernisierung führte; die Integration der arbeitenden Massen in die Nation durch formale, angemessen bezahlte Beschäftigung; und das schnelle und gemeinsame Wachstum.

Ich kann und will hier nicht auf alle diese Konsequenzen des Modernisierungsschubs eingehen, den wir technologisch und ökonomisch seit gut 20 Jahren erleben. Aber auf ein Problem in der Folge der Pandemie will ich eingehen, weil es gerade in Deutschland Thema werden wird:

Ökonomen lieben es ja, die wirtschaftliche Entwicklung durch Buchstaben aus dem Alphabet zu symbolisieren: Das »V« steht für schnellen Abschwung und ebenso schnellen Wiederaufstieg. Das »L« für schnellen Abstieg und längeren Verbleib auf niedrigerem Niveau. Meine Vermutung ist, dass der Buchstabe »K« für die europäische und vermutlich auch für die weltweite Entwicklung nach der Pandemie stehen wird: Die Regionen und Länder, die vor der Pandemie stark waren, kommen auch wieder stark aus der Krise heraus. Aber diejenigen, die vorher bereits ökonomisch und sozial schwächer waren, werden nach der Krise noch schwächer sein.

Bezogen auf die Europäische Union und insbesondere auf die Eurozone birgt das erheblichen Sprengstoff, denn das bedeutet ja nichts anderes, als dass die bereits existierende Kluft zwischen ärmeren und reicheren Mitgliedsstaaten des Euroraums größer wird. Da den Euro-Mitgliedsstaaten das Mittel der Währungsabwertung nicht mehr zur Verfügung steht, bleibt ihnen für eine bessere Wettbewerbsfähigkeit mit dem reicheren Norden nur die interne Abwertung, was eine freundliche Umschreibung für Lohnkürzungen und Abbau von Sozialleistungen ist.

Da das politisch nur zum Anwachsen europafeindlicher Populisten am linken und rechten Rand führt, dürfte der Ausweg eine höhere Verschuldung sein. Bei der aber haben einige Mitgliedsstaaten der Eurozone bereits heute ihre Schuldentragfähigkeit überschritten. Das heißt, dass sie für neue Schulden einen Zinsdienst leisten müssten, der sie überfordert. Bislang überdeckt die EZB mit ihrer Geldpolitik dieses Problem, aber diese ultraleichte Geldpolitik kommt absehbar an ihr Ende.

Der einzige Weg, der dann noch bleibt, ist ein steigender Finanztransfer vom reichen Norden in den ärmeren Süden. Exakt das aber ist so ziemlich das Unpopulärste, was man in der deutsche Politik finden kann. Hierzulande herrscht ja die Vorstellung, dass der deutsche Steuerzahler der arme Nettozahler für die Leistungsunwilligen im Süden sei. Die Wahrheit ist natürlich, dass wir Nettogewinner sind, weil man nicht Export-Europameister sein kann, ohne dass andere Länder mehr Geld nach Deutschland schicken als wir dorthin. Trotzdem besitzt die Frage, wie wir Europa finanziell, wirtschaftlich und sozial zusammenhalten, ein großes Konfliktpotenzial.

Entscheidend für die Lösung dieses Problems wird sein, ob höhere Transferleistungen von Nord nach Süd tatsächlich zur Verbesserung der wirtschaftlichen Leistungsfähigkeit dieser Länder beitragen können oder ob die Mittel letztlich konsumptiv verbraucht werden, um den sozialen Frieden und damit die Wiederwahl der Regierenden zu wahren.

Das gigantische Investitionspaket des neuen US-Präsidenten Joe Biden ist übrigens eine amerikanische Variante dieser Transferpolitik. Denn Biden will mit seinem insgesamt sechs Billionen US-Dollar – das größte Programm der USA außerhalb von Kriegszeiten – ja drei Ziele verbinden: die Modernisierung der Infrastruktur und der Wettbewerbsfähigkeit der amerikanischen Volkswirtschaft, die Transformation zur Klimaneutralität und die Anhebung der wirtschaftlichen und sozialen Leistungsfähigkeit der Regionen der USA, die zurückgefallen sind und in denen große Teile der Unterstützer des Populisten Donald Trump zu finden sind. Das erwartete Wirtschaftswachstum der USA liegt deshalb bei über sechs Prozent. Zum Vergleich: In Europa erwarten wir durch das European Recovery Programm auch immerhin mehr als vier Prozent.

Die Frage ist, was kommt nach Auslaufen dieses Programms? Und wie wirkt sich die ungeheure Geldschöpfung aus, die weltweit die Zentralbanken ermöglichen und die staatliche Verschuldung antreibt? So lange die Zinsen niedrig bleiben, mag das alles relativ gut zu handhaben sein. Bei steigenden Zinsen aber werden auch bei uns in Deutschland ganz schnell die alten Debatten über Sparhaushalte und Kürzungen in den Sozialtransfers geführt werden. Ruhiges Regieren dürfte also in den kommenden zehn Jahren nicht angesagt sein.

Sie können diese Entwicklung in Form eines »K« übrigens auch auf die globale wirtschaftliche Entwicklung übertragen, denn die weniger entwickelten Staaten der Welt werden ebenfalls ärmer aus der Krise herauskommen.

Das trifft zusammen mit der Debatte um die De-Globalisierung. Teils ausgelöst durch neuen Protektionismus, teil als Reaktion auf die Pandemie. Volkswirtschaften wollen resistenter sein gegen Krisen und ihre Wertschöpfungsketten verkürzen.

Das sieht auf den ersten Blick ganz logisch aus. Es führt aber einerseits dazu, dass bei Rückgang der internationalen Arbeitsteilung natürlich die ärmsten Länder der Erde am härtesten getroffen werden. Denn nur die Globalisierung und Arbeitsteilung hat ihnen ja überhaupt einen Anteil an der industriellen Wertschöpfung der reichen Länder ermöglicht.

Das birgt ein Gefahrenpotenzial ganz anderer Art: Wir wissen, dass sich vor allem die Gesellschaften schnell radikalisieren, in denen es Menschen durch ungeheuer viel Anstrengungen gelungen ist, sich einen kleinen Wohlstand zu erarbeiten. Fällt diese im Vergleich zu unseren westlichen Gesellschaften immer noch relativ arme Mittelschicht auf ihr altes weit tiefer liegendes Armutsniveau zurück, ist dies der perfekte Nährboden für Populisten jedweder Art und für die Radikalisierung von Gesellschaften. In Lateinamerika haben diese Entwicklungen immer wieder auch zu Militärputschen und Diktaturen und zur Zerstörung junger Demokratien geführt.

Die soziale Ungleichheit in der Welt hat inzwischen eine Dimension angenommen, dass hier ein großes Potenzial für Radikalisierungen und Konfrontationen entstanden ist. Zwischen 1998 und heute wurde fast die

Hälfte des weltweiten Einkommenszuwachses von den reichsten fünf Prozent der Weltbevölkerung erzielt. 20 Prozent erreichte sogar nur ein Prozent der erwachsenen Weltbevölkerung. In den USA konzentrieren sich 43 Prozent des gesamten Nettovermögens von Privathaushalten beim reichsten Prozent der Bevölkerung und sogar 83 Prozent bei den reichsten zehn Prozent. Wer Gründe für die dauerhafte Sympathie von großen Teilen der amerikanischen Wählerschaft für Donald Trump sucht, findet hier jede Menge. Denn natürlich bleibt diese wachsende Schere zwischen vielen und hart arbeitenden Menschen der Mittelklasse und dem reichsten Teil nicht verborgen. Der »american dream« oder, wie wir Deutschen es ausgedrückt haben, der Weg vom »Tellerwäscher zum Millionär« existiert nur noch in der Fantasie, aber schon lange nicht mehr in der Realität. Nirgendwo in den entwickelten Demokratien lässt sich der Lebensweg eines Kindes so einfach vorhersagen, in dem man einfach auf den Lebensweg der Eltern schaut, wie in den USA. Das einstige Land der unbegrenzten Möglichkeiten ist das Land mit der geringsten sozialen Mobilität unter den entwickelten demokratischen Industriestaaten geworden. Die autoritäre Versuchung, also die Wahl von Populisten und scheinbar starken Männern, die versprechen, dieser Entwicklung ein Ende zu machen, entspringt nicht ungebildeten Köpfen oder den sozialen Medien des Internets, sondern hat einen ganz realen materiellen Grund.

Das weiß Joe Biden und deshalb versucht er mit seinen gewaltigen Investitionsvorhaben als dritter amerikanischer Präsident nach Theodor Roosevelt mit seinem »New Deal« und Lyndon B. Johnsons Idee einer »Great Society« erneut der amerikanischen Bevölkerung die Hoffnung auf ein besseres Leben zu geben.

In Deutschland übrigens sind im gleichen Zeitraum die Einkommen der untersten zehn Prozent der Haushalte um fast zehn Prozent geschrumpft, die Einkommen der obersten zehn Prozent dagegen um fast 17 Prozent gewachsen. Das DIW ermittelte im Jahr 2020, dass das reichste Prozent der Bevölkerung über rund 35 Prozent des individuellen Nettovermögens verfügt. Die reichsten zehn Prozent sogar über 67 Prozent. Während die untere Hälfte der Einkommenshaushalte nur über ein Prozent verfügt. Ich glaube nicht, dass der Vater der sozialen Marktwirtschaft

oder die Ordoliberalen zu Beginn unserer Republik diese Einkommens-
und Vermögensspreizung im Sinn hatten, als sie die Wirtschaftsverfassung
unseres Landes entwickelten.

Und natürlich hat diese Entwicklung etwas damit zu tun, dass sich seit
rund 40 Jahren zunehmend der Finanz- und Immobiliensektor als Multiplikator von Vermögen entwickelte, mit dem die traditionellen Formen
von Arbeit, Produktion und Beschäftigung nicht mithalten konnten. Seit
den 1980er Jahren hat sich in den westlichen Industriestaaten und insbesondere in den USA das Wachstums der Bruttoinlandsproduktion vom
Wachstum des Einkommens von 90 Prozent der Bevölkerung abgekoppelt.

Die Frage ist: Wie lange lässt sich die Hyperkonzentration von Einkommen und Vermögen und die Entkoppelung vom Wachstum des Bruttoinlandsprodukts noch durchhalten? Oder etwas drastischer formuliert:
wann schmeißen uns die Menschen die Scheiben ein – oder wählen radikale Scheinlösungen für real existierende Ungleichheit und empfundene
Ungerechtigkeit?

Die Erneuerung des Versprechens der sozialen Marktwirtschaft ist vielleicht die schwierigste Herausforderung, vor der die deutsche Regierung
aber wohl insgesamt die westlichen kapitalistischen Demokratien stehen
Wir importieren Rohstoffe aus aller Welt, haben arbeitsintensive Fertigung
in andere Länder verlagert und High-end-Produktion mit hoher Produktivität und hohen Löhnen in Deutschland belassen. Das ist im Kern unser
Wohlstandsmodell. Alles, was diese internationale Arbeitsteilung beein-
trächtigt, wirkt sich auch negativ auf dieses Wohlstandsmodell aus.

In der engeren Innenpolitik Deutschlands kann man die Herausforderungen wohl als die drei großen »D« beschreiben:

- Digitalisierung
- De-Carbonisierung
- Demografie.

Digitalisierung

Die 20er Jahre des 21. Jahrhunderts werden (unabhängig von der gegenwärtigen Coronakrise) zur ersten Phase des umfassendsten Wandels unserer globalen Ökonomie und zu einem in der Tiefe und Geschwindigkeit bislang nicht gekannten Strukturwandel ganzer Volkswirtschaften und der internationalen Arbeitsteilung führen. Dies wird alle Branchen betreffen: die Industrie, Dienstleistungen, Handel, die Versicherungs- und Bankenbranche, das Bildungssystem. Und es wird veränderte und neue Qualifikationsanforderungen an die Beschäftigten, aber auch an die Struktur und die Kultur von Unternehmen, mit sich bringen. Die Coronapandemie wirkt auch hier wie ein Beschleuniger der ohnehin anstehenden Veränderungsprozesse.

Die Wettbewerbsfähigkeit der Unternehmnen und von ganzen Volkswirtschaften wird davon abhängen, wie schnell und umfassend die technologischen Potentiale der Digitalisierung in die bisherige DNA von Volkswirtschaften, deren Unternehmen, in Produktion und Dienstleistungen integriert werden kann.

Die Digitalisierung im Zusammenspiel mit künstlicher Intelligenz und einer neuen Generation von Supercomputern und der immer umfassenderen Produktion und Nutzung von Daten, werden die Treiber dieser Entwicklung sein und die Architektur unserer Volkswirtschaften umfassend verändern.

Die Strukturveränderungen werden enorm sein:

- Daten und die Souveränität über Daten und deren Nutzung werden zur unverzichtbaren Ressource und zur Grundlage dieser Entwicklung, neue Kooperationsformen, sowohl horizontal wie vertikal, neue Netzwerkstrukturen und eine Netzwerkökonomie werden entstehen,
- Produktions- und Logistikketten werden durch die eigenständige Interaktion zwischen intelligenten Produkten, Maschinen,

Betriebsmitteln und Lagersystemen entstehen und die Übergänge von Produktion und Dienstleistungen werden sich immer weiter »verflüssigen«,

- neue Vertriebskanäle werden durch die intelligente Verknüpfung von Individual-, Produktions- und Konsumdaten entstehen,
- eine zunehmende Entgrenzung der Unternehmen und die Digitalisierung von Wertschöpfungsketten wird sich herausbilden.

Digitalisierung als Basisinnovation wird neue Leitmärkte, Leitinfrastrukturen und Leittechnologien erfordern und hervorbringen, schnelle digitale Netze, neuartige und umfassende Cloudsysteme, Künstliche Intelligenz, schnellere und leistungsfähigere Computer mit Rechenkapaziäten von bislang nie gekanntem Umfang. Künstliche Intelligenz fällt dabei eine Schlüsselrolle zu. Denn die Datenökonomie braucht schnelle, leistungsfähige Systeme, die in der Lage sind, die enormen Datenmengen nicht nur zu erfassen, sondern aus ihnen und mit ihnen neue Produkte, Verfahren, Prozesse etc. zu entwickeln. Wer Digitalisierung vorantreiben will, braucht Künstliche Intelligenz als Instrument der Nutzbarmachung von Daten. Datenökonomie und Künstliche Intelligenz bedingen einander.

Im 21. Jahrhundert wird es zu einer Neujustierung der Hierarchien zwischen Unternehmen, Staaten, Regionen, die die Leittechnologien beherrschen und entwickeln und die Souveränität über die damit verbundenen Daten besitzen.

Legt man diesen Maßstab zugrunde, so muss festgehalten werden, dass weder Europa noch Deutschland diese Anforderungen erfüllen. Vielmehr beherrschen amerikanische und chinesische Techunternehmen dieses Feld, nicht nur im Hinblick auf Plattformen, sondern auch im Hinblick auf andere Schlüsseltechnologien. Die Debatte um den Aufbau von 5G-Netzen, das Fehlen einer europäischen Cloud sind nur zwei von vielen Beispielen.

Diese Fragen sind nicht nur standort-, wettbewerbs- oder technologiepolitisch relevant, sondern haben auch eine geopolitische Dimension. Die Welt befindet sich mitten in einem Technologiewettlauf zwischen den

USA und China um Technologieführerschaft, als wesentliches Element von wirtschaftlicher und politischer Dominanz.

Dieser Herausforderung müssen sich Europa und Deutschland umfassender als bislang stellen. Ohne digitale Souveränität, das heißt ohne eigenständige Fähigkeiten und Kompetenzen bei digitalen Infrastrukturen und Schlüsseltechnologien, wird sich das ökonomische und politische Gewicht Europas und auch Deutschlands in der Triade USA/China/Europa weiter reduzieren. Europa und Deutschland müssen sich auf den Leitmärkten des 21. Jahrhunderts behaupten können.

Experten schätzen, dass dazu, nimmt man die enormen Investitionen Chinas und den USA mit den dort ansässigen Techgiganten zum Maßstab, etwa ein Prozent bis zwei Prozent des EU27 BIP pro Jahr über eine Dekade an öffentlichen und privaten Investitionen in Infrastruktur, Forschung und Entwicklung, Unterstützung bei der Marktdurchdringung, zwischen 135 Milliarden und 270 Milliarden Euro erforderlich sind.

Europa und Deutschland brauchen dafür eine gezielte digitale Industriepolitik und die Kooperation und Zusammenarbeit europäischer Unternehmen auf diesem Gebiet. Regierungen und öffentliche Verwaltungen müssen dabei eine aktive Rolle spielen und mit Leitprojekten diesen Prozess fördern.

De-Carbonisierung

Inzwischen dürfte niemand mehr ernsthafte Zweifel daran haben, dass der sich beschleunigende Klimawandel Folge der Industrialisierung der letzten 100 Jahre ist. Als ich geboren wurde, vor rund 60 Jahren, bevölkerten rund 2,5 Milliarden Menschen unsere Welt. Heute sind es bereits mehr als 7 Milliarden und in einigen Jahrzehnten werden es vermutlich 10 Milliarden sein. In rund 100 Jahren hat sich die Menschheit vervierfacht. Würden wir in den kommenden Jahren so weiter wirtschaften wie in den letzten, so bräuchten wir wohl zwei Planeten, um überleben zu können. Die aber haben wir bekanntlich nicht. Der Verbrauch von Wasser, Boden und sauberer Luft und vor allem der Missbrauch der

Atmosphäre als Abfalldeponie mit Treibhausgasen muss drastisch reduziert werden.

Diese Erkenntnis ist nicht neu und immer wieder haben alle Staaten dieser Welt Beschlüsse gefasst, dass sie dem Klimawandel entgegentreten wollen. Die dabei gesetzten Ziele wurden möglichst hoch aber eben auch möglich weit in der Zukunft gesetzt, weil dann niemand der heutigen Verantwortlichen Sorge haben muss, für die Einhaltung zur Rechenschaft gezogen zu werden. Nichts war deshalb beliebter als Beschlüsse zur Klimaneutralität ab dem Jahr 2080.

Es ist deshalb richtig, dass die Europäische Union nun versucht, solche in der Ferne liegenden Ziele mit verbindlichen Zwischenzielen zu unterlegen. Nur so wird ja tatsächlich erkennbar, ob das gesetzte Ziel der Klimaneutralität tatsächlich erreichbar ist.

Die Europäische Union will dabei die wirtschaftliche Modernisierung, Energieeffizienz und den Umstieg auf Erneuerbare Energien nutzen, um zu zeigen, dass wirtschaftlicher Erfolg und wirtschaftliches Wachstum mit dem Ziel des Klimaschutzes vereinbar ist.

Ein solches Beispiel ist auch dringend nötig, denn die ärmeren Länder der Welt, zu denen übrigens auch immer noch China zählt, werden nur dann den internationalen Klimaschutz vorantreiben, wenn sie sehen, dass Wohlstand und Klimaschutz Hand in Hand gehen.

Der europäische Beitrag zu Internationalen Klimaschutz – ebenso wie der amerikanische übrigens – ist also in zweierlei Hinsicht von Bedeutung: einerseits natürlich für den Kampf gegen den Klimawandel selbst. Andererseits aber vor allem als Beispiel dafür, dass Klimaschutz kein Gegensatz zu wirtschaftlichem und sozialem Erfolg ist.

Das europäische Zwischenziel aber hat es in sich: bis 2030 sollen 55 Prozent der Treibhausgasemissionen – gemessen wird immer vom Ausgangsjahr 1990 – reduziert sein. Damit das gelingt, muss eine so große Volkswirtschaft wie Deutschland sogar 65 Prozent abliefern, sonst kann der europäische Durchschnitt von 55 Prozent nicht erreicht werden.

Um zu erahnen, welche Transformationsleistung damit gefordert ist, hier nur der Hinweis, was wir bisher seit 1990 geschafft haben: Bis vor der Pandemie war es Deutschland gelungen in 30 Jahren etwa 35 Prozent seiner Treibhausgasemissionen zu reduzieren. Dabei hat allerdings einen großen Anteil der vollständige Zusammenbruch der alten DDR-Indust-rie. Jetzt wollen wir fast die gleiche Prozentzahl in nur neun Jahren errei-chen – ohne, dass uns eine zweite Deindustrialisierungswelle helfen wird oder gar sollte.

Die dafür notwendigen Technologien sind zwar meist schon vorhan-den, haben aber bei weitem keine Marktreife, die es ihnen ermöglichen würde, im internationalen Wettbewerb mit den Regionen erfolgreich zu bestehen, die bislang noch weitgehend auf Klimaschutzauflagen verzichten.

Da auch von der nächsten internationalen Klimakonferenz nicht zu erwarten ist, dass überall auf der Welt auch nur annähernd ähnliche Kli-maschutzauflagen gelten, besteht die Herausforderung der deutschen und europäischen Politik darin, ihre klimapolitischen Ziele zu erreichen, ohne dabei wesentliche Teile der industriellen Wertschöpfungskette aus dem europäischen und deutschen Markt zu katapultieren.

Wer jetzt z. B. über grünen Wasserstoff redet, muss wissen, dass wir dafür überhaupt nicht genug Flächen zur Erzeugung mittels erneuerbarer Ener-gien besitzen. Wir werden also auf Importe angewiesen sein, z. B. aus Nordafrika. Und selbst dann wird grüner Wasserstoff vor allem für die stati-onäre Industrie benötigt und sicher in den kommenden Jahrzehnten nicht für den Verkehr in ausreichendem Maße zur Verfügung stehen. Deshalb ist es richtig, dass die Automobilindustrie auf batterieelektrische Fahrzeuge setzt, auch wenn selbst dafür ein deutlicher Ausbau der erneuerbaren Ener-gien erforderlich ist und noch niemand die Frage beantworten kann, wo eigentlich die vielen tausend Beschäftigten oder ihre Kinder morgen Arbeit finden, die heute z. B. Zylinderköpfe, Getriebe, Ölfilter oder andere Teile für die bisherigen Verbrennungsmotoren bauen? Denn natürlich braucht man für den batterieelektrischen Antrieb nicht nur weniger, sondern meist auch anders qualifizierte Arbeitnehmerinnen und Arbeitnehmer.

Wir werden die Wasserstoff-Technologie brauchen, um z. B. Stahler-zeugung in Europa noch möglich zu machen. Die Technologie aber verteu-ert die Tonne grünen Stahl in einer Größenordnung, dass sich alle interna-tionalen Wettbewerber außerhalb der EU freuen werden.

Die EU und auch die Nationalstaaten denken deshalb über eine ganze Reihe von Maßnahmen nach. Diese reichen von nationalen Transformationsfonds zur Subventionierung der Transformationstechnologien bis hin zu sogenannten »Carbon Border Adjustment Taxes« – also Klimazöllen für die Einfuhr von Waren aus Ländern ohne vergleichbaren Klimaschutz. Letzteres hört sich gut an, dürfte aber in anderen Ländern wie z. B. China auch nur als ein neuer Name für protektionistische Handelshemmnisse empfunden werden und könnte Auslöser weiterer und dann für Europa und Deutschland sehr unangenehmer Zölle und Auflagen in unseren bisherigen Zielländern für Exporte werden.

Wie schnell eine ambitionierte Klimapolitik die Politik ins kurze Gras führen kann, erleben wir derzeit bei der Benzin-Preis Debatte. Natürlich ist der sinnvollste Weg in der Klimapolitik ein marktwirtschaftlicher: Man gibt dem knappen Deponieraum für Treibhausgase in der Atmosphäre einen Preis. Preise sind ja Knappheitsanzeiger. Das bedeutet, dass der Ausstoss von CO_2 teurer werden muss, damit die Anreize zur Vermeidung steigen und alternative Technologien am Markt eine Chance haben.

Soweit, so gut. Aber natürlich führt dies dann zu höheren Preisen auch bei Benzin oder Erdgas, was wir vor allem zur Beheizung unserer Wohnungen nutzen. Das trifft dann wiederum auf Einkommensungleichheit. Wie hoch dürfen die Mietnebeneinkünfte werden z. B. bei kleinen Rentnern und ohnehin bereits hohen Mieten? Oder wie teuer darf das Autofahren in ländlichen Regionen werden, wo morgens erst die Kinder zur Schule und dann man selbst zur Arbeit gefahren werden muss?

Die aktuelle Bundesregierung hat gerade beschlossen, die CO_2 Preise anzuheben, um den Klimaschutz voranzutreiben. Unmittelbar danach fordert die Regierung eine Benzinpreisbremse. Mindestens die Gleichzeitigkeit beider Ereignisse erfordert ein relativ »ambitioniertes« Verständnis politischer Logik. Das Beispiel zeigt, dass zwischen der richtigen Forderung nach einer ambitionierteren Klimapolitik und deren Umsetzung in die wirtschaftliche und soziale Realität noch eine gewaltige Herausforderung und eine große Transformationsleistung liegt. Und vor allem: dass wir über sehr, sehr viel Geld reden, um diese Transformationsleistung zu schaffen und dabei nicht zu viele Verlierer zurück lassen.

Demografie

Nur wenige Bemerkungen zu dem Problem, bei dem alle Prognosen der deutschen Politik und der Sozialversicherungen derzeit im Jahr 2030 enden, weil erst danach die Probleme nicht mehr zu verbergen sein werden:

Die zurückliegenden Jahre waren dadurch gekennzeichnet, dass die recht geburtenschwachen Kriegsjahrgänge und Nachkriegsjahrgänge das Rentenalter erreichten. Die Folge war so etwas wie eine »demografische Pause«, in der der Altenquotient, also das Verhältnis von Rentenempfängern und Erwerbstätigen kaum stieg.

Diese demografische Pause wird mit der nächsten Legislaturperiode enden, und es wird sich für fast 20 Jahre ein irreversibler, markanter Alterungsschub anschließen. Danach wird die deutsche Wohnbevölkerung zwar schrumpfen, aber das Verhältnis von Erwerbsbevölkerung und Älteren wird halbwegs konstant bleiben. Aus der uns bevorstehenden »doppelten« Alterung wird dann »nur noch« eine »einfache« werden.

Hinzu kommt ein ökonomisches Problem: Das nur zu schätzende, aber nicht zu messende Potenzialwachstum der deutschen Volkswirtschaft liegt derzeit bei etwa 1,3 Prozent pro Jahr.

Da seit etwa 20 Jahren das Produktivitätswachstum – in fast allen etablierten Industrieländer seit vielen Jahren – »flach wie ein Brett« ist, kann der markante Rückgang der Erwerbsbevölkerung dazu führen, dass das Potenzialwachstum – ohne eine deutliche Beschäftigungsausweitung der Älteren – im Laufe der nächsten zehn Jahren auf etwa 0,3 Prozent zurückgehen könnte. Das jedenfalls kann man in der jüngsten, im April erschienen Gemeinschaftsdiagnose lesen.

Ein älter werdendes Land mit einem höheren Bedarf an Sozialleistungen im Bereich von Rente, Krankheit und Pflege, das zugleich mindestens anders, vermutlich aber auch weniger konsumiert, braucht ein weit deutlicheres Wachstum, um nicht schlicht und ergreifend ärmer zu werden.

Dieses Wachstum aber werden wir nicht dauerhaft durch staatliche Investitionen antreiben können, sondern es muss durch private Investitionen vorankommen. Die dafür in mehr als 70 Jahren Friedenszeit angewachsenen bürokratischen Hemmnisse zurückzu chneiden, Infrastrukturinvestitionen deutlich zu erleichtern und zu beschleunigen, dürfte eine der wichtigsten Aufgaben der deutschen Wirtschaftspolitik der kommenden Jahre sein.

Noch allerdings scheinen alle diese innen- und außenpolitischen Herausforderungen nicht so recht in Deutschland angekommen zu sein. Fast hat man den Eindruck, dass – von der Pandemie einmal abgesehen – das Spielerisch-Individuelle in Deutschland sogar noch zunimmt und die Klarheit darüber, was das Gemeinwohl ausmacht, weiter abnimmt.

Dank

Es ist nahezu unmöglich, all diejenigen aufzuführen, die zum Entstehen dieses Buches beigetragen haben. Wenig aber wäre gelungen ohne meine jahrelangen Wegbegleiter: die beiden leidenschaftlichen Sozialdemokraten Rainer Sontowski und Matthias Machnig. Und dass ich nicht in allzu großen sozialdemokratisch motivierten Idealismus verfalle, sondern mich der harten außenpolitischen Realität stelle, habe ich den unzähligen Gesprächen mit den beiden früheren Botschaftern Polens und Israels in Deutschland Janusz Reiter und Shimon Stein zu verdanken.

Von unschätzbarem Wert waren die Gespräche mit den vielen klugen und welterfahrenen Mitarbeiterinnen und Mitarbeitern des Bundeswirtschaftsministeriums, des Auswärtigen Amtes und der Stiftung für Wissenschaft und Politik. Stellvertretend seien hier nur Rainer Baake, Ricklef Beutin, Regine Grienberger, Thorsten Herdan, Andreas Michaelis, Volker Perthes, Urban Rid, Martin Schäfer, Philipp Steinberg und vor allem Ralf Beste genannt, dessen Widerspruchsgeist nie intellektuelle Langeweile aufkommen lässt.

Allen voran aber habe ich Richard Kiessler zu danken, der über Monate hinweg nicht aufgegeben hat, mir die Erkenntnis Kurt Tucholskys nahezubringen, nach der »eine Rede eine Rede ist und eine Schreibe eine Schreibe«. Ihm und der engagierten ehemaligen Lektorin des Verlages Herder Katrin Pommer, welche die erste Auflage des gebundenen Buches betreut hatte, bin ich zu besonderem Dank verpflichtet.

Anmerkungen

1   www.economist.com/leaders/2018/04/14/germany-is-becoming-more-open-and-diverse (zuletzt abgerufen am 7.6.2021).

2   www.spiegel.de/plus/historiker-deutschland-hat-den-ernst-der-stunde-nicht-begriffen-a-00000000-0002-0001-0000-000158383058 (zuletzt abgerufen am 7.6.2021).

3   www.willy-brandt-biografie.de/wp-content/uploads/2017/08/Regierungserklaerung_Willy_Brandt_1969.pdf (zuletzt abgerufen am 14.06.2021)

4   Ivan Krastev: Europadämmerung, Berlin 2017, S. 25.

5   www.spiegel.de/kultur/gesellschaft/fluechtlinge-politikwissenschaftler-im-interview-migration-ist-die-neue-revolution-a-1162957.html.

6   Ivan Krastev: Europadämmerung, Berlin 2017, S. 46.

7   www.nzz.ch/meinung/in-der-weltpolitik-findet-eine-zeitenwende-statt-ld.1388459 (zuletzt abgerufen am 10.8.2018).

8   www.swp-berlin.org/fileadmin/contents/products/studien/2017S01_ild.pdf (zuletzt abgerufen am 7.6.2021).

9   www.wiwo.de/politik/europa/oekonomie-fairness-first-/19964796.html (zuletzt abgerufen am 8.6.2021).

10   Branko Milanović: Die ungleiche Welt. Migration, das Eine Prozent und die Zukunft der Mittelschicht, Berlin 2016, S. 20.

11   Interview mit Timothy Garton Ash, in: Der Spiegel 29/2018.

12   Ian Bremmer: Machtvakuum. Gewinner und Verlierer in einer Welt ohne Führung, München 2013.

13   Ebd., S. 74.

14   www.deutschlandfunknova.de/beitrag/herfried-muenkler-ueber-den-dreissigjaehrigen-krieg (zuletzt abgerufen am 8.6.2021).

15   www.nytimes.com/2018/03/20/opinion/donald-trump-vladimir-putin-turkey.html (zuletzt abgerufen am 10.08.2018).

16   Heinrich August Winkler: Zerbricht der Westen? Über die gegenwärtige Krise in Europa und Amerika, München 2017.

17   Kurt Riezler, Tagebücher, Aufsätze, Dokumente: Ausgabe 25, eingel. u. hg. von Karl Dietrich Erdmann, Göttingen 1972, S. 191.

18 https://presseportal.zdf.de/pressemitteilung/mitteilung/zdf-politbarometer-mai-2018/seite/6/ (zuletzt abgerufen am 8.6.2021).

19 www.blaetter.de/archiv/jahrgaenge/2018/juni/tribut-fuer-china-die-neue-eurasische-weltordnung (zuletzt abgerufen am 8.6.2021).

20 Ebd.

21 www.vorwaerts.de/artikel/spd-erkennen-putin-will-revision-grenzen-europa (zuletzt abgerufen am 8.6.2021).

22 www.spiegel.de/politik/ausland/ukraine-krise-obama-verspottet-russland-als-regionalmacht-a-960715.html (zuletzt abgerufen am 8.6.2021).

23 Katja Gloger: Putins Welt. Das neue Russland, die Ukraine und der Westen, Berlin 2015, S. 165.

24 www.ipg-journal.de/kommentar/artikel/krimkrise-die-schlafwandler-des-21-jahrhunderts-295/ (zuletzt abgerufen am 8.6.2021).

25 www.vorwaerts.de/artikel/spd-erkennen-putin-will-revision-grenzen-europa (zuletzt abgerufen am 8.6.2021).

26 www.faz.net/aktuell/feuilleton/debatten/globalisierung-wo-bleibt-die-china-kompetenz-15666576.html (zuletzt abgerufen am 9.6.2021).

27 Ebd.

28 Ebd.

29 www.blaetter.de/archiv/jahrgaenge/2018/juni/tribut-fuer-china-die-neue-eurasische-weltordnung (zuletzt abgerufen am 9.6.2021).

30 Henry Kissinger: China. Zwischen Tradition und Herausforderung, München 2012, S. 517.

31 Dambisa Moyo: Winner Take All: China's Race for Resources and What It Means for the World, New York 2012.

32 www.welt.de/print-welt/article541856/Europa-hat-keine-Gestaltungsmacht.html (zuletzt abgerufen am 10.08.2018)

33 Francis Fukuyama: The Origins of Political Order. From Prehuman Times to the French Revolution, New York 2011, S. 7.

34 www.sipri.org/sites/default/files/2017-11/yb_17_summary_de.pdf, S. 1 (zuletzt abgerufen am 9.6.2021).

35 Thea Dorn: Deutsch, nicht dumpf. Ein Leitfaden für aufgeklärte Patrioten, München 2018.

36 Die Unterscheidung von »*somewheres*« and »*anywheres*« nach David Goodhart: Road to Somewhere. The Populist Revolt and the Future of Politics. London 2017.

37 Ernst-Wolfgang Böckenförde: Staat, Gesellschaft, Freiheit, Frankfurt am Main 1976, S. 60.

38 https://www.faz.net/aktuell/feuilleton/debatten/europa-wie-waere-es-mit-aufklaerung-12136147-p2.html (zuletzt abgerufen am 6.9.2021).

39 Ebd.

40 https://de.ambafrance.org/Staatsprasident-Macron-auf-der-Frankfurter-Buchmesse (zuletzt abgerufen am 9.6.2021).

41 www.nytimes.com/1992/04/26/us/the-1992-campaign-clinton-s-standard-campaign-speech-a-call-for-responsibility.html (zuletzt abgerufen am 8.6.2021).

42 www.zeit.de/wirtschaft/2018-07/altersarmut-deutschland-rente-die-linke (zuletzt abgerufen am 8.6.2021).

43 www.welt.de/politik/deutschland/article113387555/Richter-nennt-Kindergeld-Rueckgabe-von-Diebesgut.html (zuletzt abgerufen am 8.6.2021).

44 Alexander Brenner, in: https://www.spiegel.de/politik/ausland/juedische-gemeinden-immer-mehr-drohbriefe-a-192856.html, 21.4.2002 (zuletzt abgerufen am 3.9.2021).

45 Herfried Münkler: Der Dreißigjährige Krieg. Europäische Katastrophe, deutsches Trauma 1618–1648, Reinbek bei Hamburg 2017, S. 38.

46 Verhandlungen des deutschen Bundestages, 6. Wahlperiode, 22. Sitzung vom 14. Januar 1970. Stenographische Berichte. Hrsg. Deutscher Bundestag und Bundesrat, Bonn 1970/1971, https://dserver.bundestag.de/btp/06/06022.pdf, S. 842 (zuletzt abgerufen am 3.9.2021).

Personenregister

Über den Autor

Sigmar Gabriel, geboren 1959, bis November 2019 Mitglied des Deutschen Bundestages, ist einer der prägendsten deutschen Politiker der letzten Jahrzehnte; von 1999 bis 2003 war er niedersächsischer Ministerpräsident, er bekleidete danach das Amt des Bundesumweltministers (2005–2009), des Bundeswirtschaftsministers (2013–2017) sowie des Bundesaußenministers (2017–2018); von 2013 bis 2018 war er Vizekanzler und von 2009 bis 2017 zugleich Vorsitzender der SPD. Seit Juni 2020 steht er der Atlantik-Brücke vor, die das Ziel hat, die transatlantische Zusammenarbeit zu vertiefen.